本书为2017年度湖北省社科基金一般项目“中国传媒产业生态系统健康评价”（项目编号：2017082）的阶段性成果。

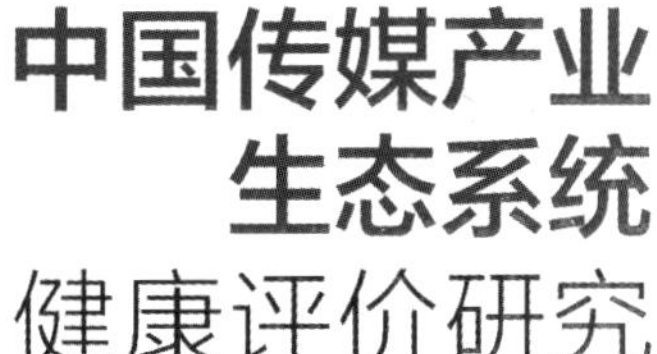

中国传媒产业生态系统健康评价研究

Study on
Ecosystem Health Assessment of
Media Industry in China

陶喜红◎著

中国社会科学出版社

图书在版编目（CIP）数据

中国传媒产业生态系统健康评价研究/陶喜红著. —北京：中国社会科学出版社，2019.7

ISBN 978-7-5203-4651-1

Ⅰ.①中… Ⅱ.①陶… Ⅲ.①传播媒介—产业发展—研究—中国 Ⅳ.①G219.2

中国版本图书馆 CIP 数据核字(2019)第 128617 号

出 版 人　赵剑英
责任编辑　郭晓鸿
特约编辑　王　潇
责任校对　闫　萃
责任印制　戴　宽

出　　版　中国社会科学出版社
社　　址　北京鼓楼西大街甲 158 号
邮　　编　100720
网　　址　http://www.csspw.cn
发 行 部　010-84083685
门 市 部　010-84029450
经　　销　新华书店及其他书店

印　　刷　北京明恒达印务有限公司
装　　订　廊坊市广阳区广增装订厂
版　　次　2019 年 7 月第 1 版
印　　次　2019 年 7 月第 1 次印刷

开　　本　710×1000　1/16
印　　张　26
插　　页　2
字　　数　411 千字
定　　价　108.00 元

序

进入21世纪以来，全球传媒产业发生了明显的变化。传媒产业内部各种媒介之间、传媒产业与其他相关产业之间出现了融合发展的趋势，产业融合成为影响传媒产业发展的重要动力。传统媒体一直在积极寻求转型发展的路径，新兴媒体正在拓展新的市场空间，探索新的运营模式，传媒产业发生一系列结构性的变化，进而对传媒产业生态系统产生深远的影响。

近年来，媒介融合的进程正在加速，媒体生态发生了重大变化，传媒产业与其他产业的相互嵌入现象表现得更加明显。各类媒介都在积极探索媒介融合，“媒体+互联网”“互联网+媒体”在不同程度上推动了媒介融合的发展，给传统媒体注入了活力。然而，仅仅是产品层面的改革与探索并不能准确描绘未来媒介生态的图景，简单的技术捏合与修修补补也不能从根本上促进媒介融合，反而会丧失发展机遇。因而，必须实现全方位融合，使传媒产业发生连锁性变化，才能从根本上推动媒体融合。所以，媒体融合的下一阶段，一定要搭建自己的技术平台，借助平台实现媒体在内容、渠道、经营、管理等方面的迭代升级。近年来，国家为媒体融合做了顶层设计，2014年8月18日，中央全面深化改革领导小组第四次会议召开，习近平总书记强调：“推动传统媒体和新兴媒体融合发展，要遵循新闻传播规律和新兴媒体发展规律，强化互联网思维，坚持传统媒体和新兴媒体优势互补、一体发展，坚持先进技术为支撑、内容建设为根本，推动传统媒体和新兴媒体的深度融合。”会议审议通过了《关于推动传统媒体和新兴媒体融合发展指导意见》，从政策上为媒体内容、渠道、平台、经营、管理等全方位融合提供了支持。过去，不同类型的媒介之间技术经济联系相对较少，随着媒介融合的不断推进，不同媒介之间的业务合作、技术经济联系越来越多，媒体的生存环境、生产流程和竞争格局都将发生明显的变化。不仅仅是不同媒介之间的融合，传媒产业与电信产业、旅游产业等均通过不同的形式展开广泛的合作，进一步深化了产业融合在传媒领域的发展。这些变化对原来的传媒产业生态系统形成极大的冲击，传媒产业生态系统健康状况如何，需要重新审视。

面对新技术的冲击，传媒产业的市场结构也在不断变化。20 世纪 90 年代，传媒产业内部各子产业的产业边界比较清晰，传媒之间的竞争往往是直接的内容竞争、传播渠道竞争等。随着媒介融合的不断深入，相关产业、相关业务和技术环节相互嵌入，原来的广播、电视、报纸、期刊等媒介处于相对分立状态，现在这些媒介之间的技术、业务交叉融合表现得尤为突出，传媒的产业边界、技术边界、业务边界、市场边界均发生明显的变化，总体上表现出模糊不清的状态。随着媒介技术的升级以及媒介融合的发展，传媒之间的竞争也变得更加复杂，不同媒体、不同渠道、不同链条的全方位竞争成为常态。传媒产业市场结构的变化还表现在媒介产品、市场壁垒等方面。从媒介产品的角度来说，随着媒介融合的加深，媒介产品差别化程度更为明显，产品形态更加丰富，内容更加多样，能够从不同的层面满足用户的需求。从市场壁垒的角度来讲，媒介融合的深入使不同媒介之间、传媒产业与其他产业之间的各种关联明显增多，介入彼此领域的情况大大增多，这就间接地降低了传媒产业市场进入壁垒。过去，创办传媒机构会面临很高的市场进入壁垒，主要包括制度性进入壁垒、必要的资金壁垒、策略性壁垒等，其中，制度性进入壁垒表现得尤为明显。在一定的时间段内，国家对媒体机构总量实行宏观控制，新的媒体机构进入市场面临严格的限制。近年来，受产业融合和媒介技术发展的影响，媒介进入市场的方式表现得非常灵活，媒介可以在资本、技术、产品等环节突破限制，轻松地进入某些传媒市场，市场进入壁垒出现明显的降低趋势。除此之外，传媒产业的市场退出壁垒也出现降低趋势，一个明显的标志是报纸不再固守刊号不放，在经营受挫的时候会主动退出市场，其他新兴媒介退出市场的现象也司空见惯。这说明传媒产业市场进入和退出壁垒正在趋于规范化、合理化，这些变化对传媒产业生态系统的总体状况产生深远的影响。

进入21世纪以来，传媒组织结构发生了巨大的变化，传媒机构内部的部门、各个层次之间的排列方式、内在关系、媒介产品的生产流程等均发生一定的变化。随着媒介融合的推进，传媒组织结构表现出网络化的特征，组织内部各要素之间、各部门与外部环境之间存在极其密切的相互依赖性。原来由传媒集团生产的媒介产品，可能不再需要传媒集团全面参与生产，而是引入其他力量参与其中。原来的纵向产业链将变得更加复杂，形成纵横交错的产业链。因此，今后不能再按照媒体类型来划分组织结构了，而是要顺应市场需求，按照业务流程和要素来搭建传媒内部的组织结构。当代的媒体组织结构要淡化媒体类型的概念，代之以内容制作、渠道传播、技术服务、整合营销等部门，其目标是全媒体融合和平台化改造。这一点，在当今世界大型传媒机构内部都有所表现，中国的一些国家级媒体也在探索组织结构变革，以便适应媒介市场需求的变化。传媒组织结构的变化给整个传媒产业生态系统造成巨大的变化，我们的思维方式、经营方式、竞争方式等都面临新的考验。未来的媒体将生产多元产品，一次创意对应的不仅仅是一次生产，而是多品类生产，多终端分发。一些广播电视媒体所推出的一云多屏分发方式，其产品设计在云端，形成了产品多样化、渠道多样化、平台规模化的生产与传播格局。媒体产品和云端服务有助于更集约地完成内容生产，降低生产成本。生产方式的变化直接导致传媒组织结构的变化，原来的金字塔式的组织结构不利于应对新的问题，类型化的部门结构很难适应当今的媒介生产流程，平台化的全媒体机构将成为今后传媒组织结构的主要特征。组织结构层面所发生的这些变化都会或多或少地影响传媒产品生产格局、传媒竞争格局等，最终作用于传媒产业生态系统。因而，有必要对传媒产业生态系统的变化加以评估。

面对传媒产业生态的变化，学术界给予较多的回应。在众多研究文献中，陶喜红教授的《中国传媒产业生态系统健康评价研究》视角独特，体系完善，运用产业组织、产业生态学等理论深入探讨传媒产业生态变化，对于广受关注的传媒产业市场结构、组织结构、产业活力等问题做了深入研究。尤其难能可贵的是，该书用产业生态理论将上述各要素很好地融合在一起，建构了传媒产业生态系统健康评价指标，评估了中国传媒产业生态系统健康状况，为传媒产业政策调整和产业组织建设提供了很好的借鉴。

近年来，有不少研究借助产业组织理论、产业生态学理论分析传媒产业发展，但是很少有成果将这两方面理论融会贯通，《中国传媒产业生态系统健康评价研究》无疑在这方面做了很好的尝试。该书对两大理论的文献梳理非常清楚，每一项指标的选择都有丰富的文献基础，并结合传媒产业的特性确定各项指标，最终建立了以产业活力（vigor of industry）、产业组织（organization of industry）和产业恢复力（resilience of industry）为一级指标的传媒产业生态系统健康评价指标体系。该指标体系摆脱了单纯依靠经济指标来度量传媒产业生态系统健康状况，而是用经济－社会－自然复合生态系统指标体系来测度传媒产业生态系统健康，这些思路具有一定的前瞻性和创新性。运用该指标体系对中国报纸、电视和网络视频产业生态系统健康状况进行了综合评估，每一部分内容既具有独立性，也具有内在关联性。目前，学术界较少从产业生态学和产业组织的角度来探讨传媒产业生态系统健康问题，该书理论视角新颖，对传媒产业组织理论建设具有较大贡献，对于传媒产业生态结构调整有积极的参考价值。

该书认为，传统的报纸和电视产业活力处于下降阶段，而新兴的网络视频产业具有较大的产业活力。传统媒体的发展潜力存在诸多限制，新兴传媒产业发展潜力较大，应对传媒生态入侵能力较强。传媒产业对外依存度较低，不利于传媒参与国际竞争。难能可贵的是，该书能够很好地将其他学科理论与传媒产业问题结合在一起，拓展了传媒产业组织的研究领域，提出了一些具有创新性的理论问题。如该书对传媒产业生态承载力、对外依存度、产业恢复力等方面的研究具有一定的创造性，为今后进一步深入研究传媒产业组织理论提供了新的视角。该书在理论研究的基础上密切关注现实，提出了传媒产业生态结构调整的策略，主要包括：通过推动产业共生模式提升传媒产业的发展活力；调整传媒产业生态结构，提高该产业的市场绩效；增强传媒产业的弹性力，提高应对生态入侵的能力；推进传媒产业政府规制改革，优化传媒产业生态系统健康状况。这些观点对当前传媒改革有一定的借鉴意义，对于优化传媒产业生态系统具有积极的意义。总之，该书文献扎实，观点新颖，结构严谨，逻辑性强，文笔流畅，表达清晰。当然，如果该书能够结合全媒体发展趋势来考量传媒产业生态系统健康，将会有更多新的发现。不过，瑕不掩瑜，该书是一部具有学术价值和应用价值的高水平著作。

陶喜红教授在中国传媒大学从事博士后研究期间，学术态度严谨，工作认真负责，先后主持了博士后面上项目和特别资助项目，博士后出站报告被评为优秀出站报告。作为陶喜红的合作导师，很欣慰地看到他的著作即将付梓，也希望他在今后的学术研究中能够取得更丰硕的成果。

胡正荣

2018 年 12 月 26 日

（作者系中国教育电视台总编辑，教授、博士生导师，中国电视艺术家协会副主席、国务院学位委员会新闻传播学评议组召集人、教育部高等学校新闻传播类专业教学指导委员会主任委员、中国传媒大学原校长）

目　录

第一章　绪论

一　研究背景

大众传播媒介经历了漫长的成长过程，不同类型的媒介与各个时期的物质条件、公众的社会需求以及人文环境等因素之间存在紧密的联系。对于传统媒介来说，每一种新媒介的出现都是一次生存考验。当报纸出现之后，人们认为杂志将丧失生命力；当广播出现之后，人们认为广播对报纸会产生致命的冲击，甚至断言广播会冲垮报纸；电视的出现具有更强的冲击力，人们开始讨论广播是否被电视取代……事实证明，每一种新媒介的出现，并非完全替代已存在的媒介，而是在原有媒介的基础上，再叠加一种媒介而已。这是20世纪90年代以前我们对于新媒介与传统媒介之间竞争关系的基本判断。

近年来，以互联网为平台的各类新媒体彻底改变了传媒产业的发展格局。传统媒体受到前所未有的挑战，其生存发展面临严峻的危机。新兴媒体的扩张导致整个传媒产业存在一些不稳定因素，一方面，大量新媒体涌入市场，使传媒业态不断更新；另一方面，一些新媒体并没有找到很好的盈利模式，生存发展受到一定的限制。面对这种情况，从行政管理部门到传媒单位，从中央到地方都极为重视传媒改革问题，力图减少传媒发展所遭遇的危机。2013年8月19日，习近平总书记在全国宣传思想工作会议上指出，要加快传统媒体和新媒体的融合发展。2014年8月18日，习近平总书记在中央全面深化改革领导小组第四次会议上强调："着力打造一批形态多样、手段先进、具有竞争力的新型主流媒体，建成几家拥有强大实力和传播力、公信力、影响力的新型媒体集团，形成立体多样、融合发展的现代传播体系。”2017 年 1 月 5 日，在中央推进媒体深度融合工作座谈会上，中共中央政治局委员、中央书记处书记、中宣部部长刘奇葆强调，要坚定不移地推进传统媒体和新兴媒体的深度融合，尽快从目前的相“加”阶段迈向相“融”阶段。可见，传媒产业生态变化已经引起中央的高度重视，产业生态布局已经上升到国家层面，这无疑为推动传媒产业改革与升级提供了良好的机遇。

传媒产业总体发展格局怎么样？外部环境对传媒产业发展产生怎样的影响？传媒内部竞争状况如何？现有的成果中，涉及上述问题的研究比较多，并且学者们主要从微观或者宏观展开研究，体现成果的深度和高度。目前，学术界从中观层面研究传媒产业生态格局发展还有待加强，尤其缺乏从生态系统健康的层面来思考传媒产业发展问题。传媒产业同生物界的动物和植物一样，也存在自身健康发展问题。从产业经济的角度来说，传媒产业发展的情况会通过一系列生产、消费方面的数据呈现出来。传媒产业与其他产业之间存在一定的物质、能量与信息的交换，这些经济活动都可以通过数据展示出来。并且，数据之间往往存在内在关联，通过这些数据可以看出整个传媒产业生态系统存在的问题。为此，本书尝试从产业生态的角度来思考传媒产业的健康发展问题，以期诊断传媒产业生态系统健康状况，为下一步传媒改革与发展提供参考。

（一）新业态导致传媒产业重新洗牌

在人类的新闻传播史上，媒介技术的更迭都会推动新闻传播事业向前发展。其中，有些重大的媒介技术创新则会引致大众传媒的革命性变化。近一百年来，人类经历了影响较大的两次媒介技术创新，形成了新闻传播史上的两次飞跃：第一次飞跃发生在 19 世纪 30 年代，印刷技术的社会化发展推动了大众化报纸的普及，使人类的新闻传播从“小众”向“大众”过渡；第二次飞跃发生在 20 世纪 90 年代，互联网的普及使双向传播和多级传播成为现实，为“新经济”的出现奠定了基础，进一步推动了传播的革命。① 与传统

① 程曼丽：《论百年新闻传播史上的两次飞跃》，《国际新闻界》2000 年第 6 期。

的纸媒、电视等媒介不同，互联网是一种“高维媒介”[①]，互联网对于传媒业态的最大改变，是将原有的以传媒机构为单位的社会性传播，转变为现在以个人为单位的社会性传播。[②] 社交媒体的大量涌现，激活了普通民众的信息传播热情，传统媒体的新闻从业者的职业地位受到较大的威胁。各种类型的自媒体借助其长尾效应对传统的信息传播格局产生极大的冲击。目前，传媒产业面临并不明朗的生态竞争环境：旧的传播格局被打破了，但是，新的传媒经济格局还没有完全确立起来。传统媒体在探索转型发展的新路径，新兴媒体在探索新的盈利模式，多数自媒体缺乏资金，规模较小，单个媒体的影响力有限，整个传媒产业处于破旧立新的阶段。

互联网正在不断地改变媒体资源的配置方式。近年来，报纸读者大量流失，版面锐减，其赖以生存的广告经营额出现了断崖式下滑。广播和电视广告经营额增长乏力，甚至出现负增长的状况，传统媒体转型发展迫在眉睫。当前，传媒业态的变化让人应接不暇。遗憾的是，前些年传媒业界并没有很好地应对这一变化，甚至当发达国家在探索报业转型的时候，国内的部分报纸还处于观望状态。等到我们发现报社需要尽快转型的时候，危机已经难以扭转，读者迅速地将注意力转移到新兴媒介上面，以报纸为代表的传统媒体经营业务不断萎缩，经营业绩持续下滑，整个传媒产业正在经历重新洗牌的过程。

互联网作为一种平台，为传媒产业带来无限的发展空间。当前传媒业态急剧变化，在前些年被称为新媒体的商业网站，甚至已经以传统媒体自居。传媒产业正处于大浪淘沙的动态格局中，有的媒体一夜之间积累大量的人气，成为传媒界的翘楚，然而其地位并不稳固。或许在不久的将来，其积累起来的人气很快就会消失殆尽。这种格局既给媒体发展带来机遇，也令传媒经营者深感焦虑。总之，在传媒变革时代，新兴媒体打破了原有的相对平衡的产业生态，但新的、相对稳定的平衡状态尚未形成，目前的发展格局对传媒产业生态系统健康产生怎样的影响，值得深入探讨。

---

① 喻国明：《互联网是一种“高维”媒介》，《南方电视学刊》2015 年第 3 期。

② 喻国明、高兴利、李力可、孙航：《新闻传播新业态下传媒转型中的基因重组》，《新闻战线》2015 年第 9 期。

（二）新时期传媒产业存在经营风险

改革开放以来，中国传媒业经历了漫长的探索过程。1978 年，《人民日报》等 8 家报纸试行企业化管理，新闻媒体在保持其事业属性不变的前提下开始实施企业化改革。广告费、发行收入、收视费等逐渐成为媒体盈利的重要方式。1996 年 5 月 29 日，中国第一家报业集团——广州日报报业集团宣布成立。在此后的十余年时间里，中国涌现了大量的报业集团、广播电视集团、出版集团等传媒集团，传媒产业化运作取得了较大进展。经历了 30 余年的市场化发展，中国传媒产业总量急剧增加，媒体单位的经营意识也明显增强。但是，与一般的产业相比，传媒产业在经营管理上存在许多亟待解决的问题。一是传媒产业的体制机制没有理顺，很多媒体经营单位没有将自身作为独立的市场主体参与市场竞争，有明显的“等、靠、要”的思想。遇到问题，不是主动想办法解决，而是希望政府在财政上、政策上、项目上给予支持，帮助自己渡过难关。二是传媒产业的摊子很大，但是个体实力不强，传媒集团参与国际竞争的实力不足，影响传媒经济的跨国运营，不利于传媒产业走出去。三是从经营绩效上来考察，传媒经营单位还存在较多问题，产业经营活力不足，市场创新不足。四是传媒产业应对产业变革的能力存在明显的不足，在产业转型中缺乏主动性，加大了产业的经营风险。

2011 年 10 月，中国共产党第十七届中央委员会第六次全体会议审议通过了《中共中央关于深化文化体制改革若干重大问题的决定》（以下简称《决定》）。该决定成为指导新时期我国文化体制改革的行动路线图。《决定》提出，要以建立现代企业制度为重点，对经营性文化单位实施改革，打造合格的市场行为主体。按照《决定》要求，国有文化企业可以面向资本市场融资，这为传媒产业发展注入活力，但同时也对传媒企业的经营能力和市场适应能力提出了要求。传媒资本来源由过去依靠国家补贴转向依靠经营盈利，传媒经营模式也相应地发生变化，这对于现行的传媒管理体制与管理人才都是巨大的考验。经过了几年的转企改制，媒体机构的经营模式以及传媒产业生态健康状况都发生了一定的变化，需要加以评估。

传统媒体转型能否取得预期效果，并没有多少可供参考的范例。当今世界上发达国家的传统媒体已经取得一些转型发展的经验，但是由于中外传媒产业存在巨大的差异，其参考价值打了不少折扣。在这种情况下，业界不少人认为，传统媒体不转型是在等死，转型有可能是在找死。尽管这种说法可能存在偏颇，但至少说明传媒发展面临左右为难的困境。毋庸置疑，当前传统媒体存在明显的经营风险。另外，新兴媒体的发展也并非一帆风顺，无论是技术创新、产品创新，还是市场创新，同样都要承担风险成本。很多新媒体在发展中经历了各种挫折，提高了风险成本。在这种情况下，通过现有的数据与经验性分析来评估传媒产业的经营风险，对于提升传媒产业生态系统健康水平无疑具有较大参考价值。

（三）分散竞争严重制约传媒业发展

从产业组织的角度来讲，中国传媒产业存在大而不强的问题，主要表现在两个方面。一是中国传媒产业整体规模较大，各种类型的媒体数量较多，在世界上属于传媒大国，但还不是传媒强国。二是中国传媒集团的个体规模偏小，市场集中度较低，存在明显的分散竞争状况。这种竞争状况所带来的结果是，传媒产业的市场控制力不强，大型传媒在整个市场中占有的份额较小，传媒产业各子产业以分散竞争为主。中国传媒集中趋势不明显，在某些区域内存在一定程度的垄断，但在全国范围内存在明显的分散竞争，这种结构性的矛盾制约了传媒产业升级。传媒产业市场结构①还不完善，存在过度竞争的现象，盈利变得困难，影响了传媒产业生态系统健康发展。

根据中国传媒产业发展的基本情况，今后需要提升传媒产业的发展活力，保持合理的市场控制力，这是提高传媒产业传播能力的基础，也是打造一流媒体的物质条件。当前，传媒产业的竞争力主要局限于国内，传媒产品的消费主要面向国内受众，要提高传媒产业的国际影响力和国际传播能力，需要打造大型传媒集团，使其在世界范围内有一定的竞争力，这是

---

① 在产业组织理论中，产业的市场结构指的是企业市场关系的特征和形式。主要包括以下四种市场关系：一是卖方（企业）之间的关系；二是买方（企业或消费者）之间的关系；三是买卖双方的关系；四是市场内现有的买方、卖方与正在进入或可能进入该市场的买方、卖方之间的关系。从根本上来说，市场结构反映的是市场竞争和市场垄断关系的一个概念。参见苏东水《产业经济学》，高等教育出版社2010年版，第94页。

提升传媒集团话语权的物质条件。传媒产业与其他产业一样，都存在规模经济现象。而中国的传媒产业又呈现出小而全，区域分割严重的情况，这种格局延续了数十年，阻碍了传媒产业规模经济的发展。从理论上来讲，互联网平台的出现，在一定程度上强化了不同媒体之间的经济技术联系，有助于改善传媒分散竞争的格局。但是，在现实中，这种情况并没有得到缓解，传媒的分散竞争依然表现得比较明显，不能充分发挥规模经济效应。从产业生态的角度来讲，这并不是最健康的生态格局。因而，梳理清楚当前传媒产业竞争与垄断的状况，有助于为传媒产业改革把脉，改善传媒产业生态系统健康状况。

（四）传媒产业的对外贸易水平较低

在经济、文化全球化背景下，我们不可能关起门来办传媒，实施传媒“走出去”战略是大势所趋。因而，我们应该适度提高传媒产业的对外依存度，尤其要加大媒介产品与媒介技术对外输出力度，以提升传媒集团的国际影响力和竞争力。实施传媒“走出去”战略，亟须改变传媒发展的驱动力量，使传媒业由制度保护下的发展模式转变为由制度规范与市场运作双重驱动的发展模式，从而推动传媒产业健康有序的发展。当前，中国传媒产业市场化程度较低，与国外传媒业技术经济联系较少，利用外资也相对较少，这是由中国的传媒管理体制所决定的。在这种条件下成长起来的传媒企业，对国外传媒的运作流程不太熟悉，对其管理规范也缺乏了解，在开辟国外市场方面也没有太多经验。多年来，中国传媒经营单位深谙国内媒介竞争手段与操作模式，熟悉如何与国内传媒开展竞争，但缺乏拓展国外市场的经验。近年来，业外资本与外资进入传媒业的门槛有所降低。国家规定，文化企业国有资本必须控股51%以上，这是保障传媒产业健康发展与信息安全的需要。这些保护性措施为确保传媒的正确舆论导向作用奠定了基础，同时也让国内多数传媒免受国外传媒大鳄的打压。不过，国内多数省市传媒产业运用外资的水平普遍较低，参与国际竞争的能力也难以提高，缺乏竞争活力。在这种情况下，实施传媒产业“走出去”战略，必须要提高传媒集团竞争力，适度提升传媒对外依存度，确保传媒产业健康发展。

中国传媒产业对外贸易水平存在明显的不足，究其原因，不能仅仅归结于体制机制，内容产品的不成熟也是重要原因之一。“内容创作的局限和束缚很多，内容生产体系和生产机制不够健全，内容产业尚不具备一定规模，这些都是内容生产环节的问题，内容流通机制也同样存在问题。”① 内容生产与流通环节存在能力不足、沟通不畅等问题，对于传媒产业参与国际竞争产生很大的影响。传媒产业是内容产业，所生产的内容产品走不出去，传媒产品的出口对外依存度一直保持较低的水平。这样，中国传媒就很难产生国际影响力，受众规模拓展就会遇到障碍。

（五）传媒生态健康是文化强国之基

建设文化强国是实现中华民族伟大复兴的题中应有之义。党的十八大将“文化强国”上升为国家战略，我们要努力提高文化软实力，推动社会主义文化大发展大繁荣，建设人民的精神家园。习近平总书记在中共中央政治局第十二次集体学习时强调，要弘扬社会主义先进文化，深化文化体制改革，不断增强文化整体实力和竞争力，朝着建设社会主义文化强国的目标不断前进。② 党的十九大提出了新时代文化建设的目标，即坚持中国特色社会主义文化发展道路，激发全民族文化创新创造活力，建设社会主义文化强国。可见，为了将文化大国打造成文化强国，必须在文化体制改革中抓住机遇，提升中国文化产业竞争力和整体实力。

传媒产业是文化产业的重要组成部分，增强传媒集团的实力，构建健康的传媒生态，成为当前传媒改革的重要目标。中国文化产业表现出“虚胖”的特征。传媒产业的发展一方面会直接壮大文化产业，提高文化产业的竞争力；另一方面也会间接地推动文化产业的发展，为文化产业提供宣传渠道，为建设文化强国提供舆论支持。在全国各省市中，部分省市的文化产业发展得很好，但是其传媒产业发展得不太好。换言之，文化产业与传媒产业发展不完全成正比。不过，总体上来看，但凡传媒产业发展较好

---

① 胡正荣：《中国如何把握机会在国际话语体系中争取一席之地》，《理论导报》2015 年第 8 期。

② 习近平：《习近平谈建设社会主义文化强国》，http：//theory. people. com. cn/n/2014/0901/c148980 - 25578176. html。

的地区，其文化产业大多发展得比较好。并且，文化产业发展较好的区域，都充分发挥大众传媒的宣传功能。因此，文化产业的发展离不开传媒产业的健康发展。为了更好地服务于文化强国建设，必须充分发挥传媒产业的带动作用和宣传功能。在建设文化强国的大背景下，传媒产业如何提升竞争力和经营活力，如何实施“走出去”战略，如何构建健康的传媒生态体系等，都是亟待解决的问题。

二　研究综述及选题意义

国外学者对产业生态问题的研究比较早。20 世纪 50 年代，学者们研究发现，人类活动具有同自然生态系统相似的生物物理规律。① 20 世纪 60 年代，仿生学的发展，使人们不断思考：人类可否模仿自然生态系统的物质循环和能量流动，从而构建产业发展体系？20 世纪 70 年代末，国内外学者已经开始关注现代工业发展带来的一系列问题，主要包括产业危机和环境污染等。早期对于产业生态研究是从工业园区开始的，如 20 世纪 70 年代，丹麦建立了“卡隆堡”工业园区，确立了降低成本和环境保护两个目标，这是早期产业生态思想的发端。此后，罗伯特·福布什（Robert Frosch）和尼古拉斯·加罗布劳斯（Nicolas Gallopoulos）于 1989 年正式提出了产业生态系统（industrial ecosystem）这一概念。他们发表在《科学美国人》上的文章提出，生产方式的革新可以减轻工业对环境的影响，并由此引出产业生态学理念。②

1991 年，第一届“产业生态学”论坛在美国举办，对产业生态学研究产生深远的影响。此后，关于产业生态的研究层面和研究深度逐渐拓展开来。美国学者 Moor(1999) 从生物学角度研究企业组织发展战略，把生物竞争引进企业竞争，认为企业竞争与合作经历 4 个阶段，可从 7 个维度来管理企业

① Odum, H. T. and Pinkerton, R. C., “Times' Speed Regulator: the Optimum Efficiency for Maximum Power Output in Physical and Biological Systems”, *American Scientist*, 1955, Vol. 43, No. 2, pp. 331 - 343.

② Frosch, R. A., Gallopoulos, N., “Strategies for Manufacturing”, *Journal of Scientific American*, 1989, Vol. 261, No. 3, pp. 144 - 152. Frosch R. A. Industrial Ecology, “Adapting Technology for a Sustainable World”, *Journal of Environment*, 1995, Vol. 37, No. 10, pp. 16 - 37.

生态系统。Allenby(1999)提出了产业生态理论的框架。Graedel 和 Allenby(2003)对产业生态学的研究方法和研究领域做了系统阐述。有学者提出了产业生态系统演化的三级理论，认为进化过程经历了线性的、不完全循环以及完全循环等三个阶段。Raymond P. Cote 和 E. Cohen-Rosenthal(1998)研究了产业共生问题，通过案例支持产业共生理论①，产业生态园效率的提升即从一个侧面说明了这一问题。② 针对产业生态化将提高企业成本的观点，学者们的研究认为，产业生态化提高企业的成本只是短期的状态，随着企业技术的不断创新，其国际竞争力必然得到有效提升。③ 上述观点表明，国外在产业生态方面的研究起步较早，学者对产业生态问题较为关注，取得了很丰富的成果。在 20 世纪的最后几年时间里，关于产业生态理论研究尤为丰富。新千年以来，以实证研究和对策研究居多。

我国学者从 20 世纪 90 年代中后期开始关注产业生态，截至目前，其研究领域不断扩大，主要涉及以下内容。一是关于产业生态发展的驱动力量。主要从可持续发展④、产业共生⑤、发展循环经济⑥等角度展开研究。这些成果注重分析产业生态发展的内驱力，回答了为什么重视产业生态问题。研究表明，实现产业生态化具有长远的战略意义。二是分析产业生态的影响因素。

---

① Raymond P. Cote, E. Cohen-Rosenthal, "Designing Eco - industrial Parks: a Synthesis of Some Experiences", *Journal of Cleaner Production*, 1998, Vol. 10, No. 6, pp. 181 - 188.

② Ernest A. Lowe, "Eco - industrial Parks Handbook For Asian Developing Countries", *http: // indigodev. com/ADBHBdownloads. html*, 2013 - 01.

③ Ambec, S. , P. Barla, "Can Environmental Regulations Be Good for Business? An Assessment of the Porter Hypothesis", *Journal of Energy Studies Review*, 2006, Vol. 14, No. 1, pp. 42 - 46. Andre J. F. , Gonzalez P. "Strategic Quality Competition and Porter Hypothesis", *Journal of Environmental Economicsand Management*, 2009, Vol. 57, No. 6, pp. 182 - 194.

④ 刘则渊、代锦：《产业生态化与我国经济的可持续发展道路》，《自然辩证法研究》1994 年第 12 期；吴鸣然、赵敏：《中国不同区域可持续发展能力评价及空间分异》，《上海经济研究》2016 年第 10 期。

⑤ 袁增伟、毕军：《生态产业共生网络运营成本及其优化模型开发研究》，《系统工程理论与实践》2006 年第 7 期；陈有真、段龙龙：《产业生态与产业共生——产业可持续发展的新路径》，《理论视野》2014 年第 2 期。

⑥ 李慧明、朱红伟、廖卓玲：《论循环经济与产业生态系统之构建》，《现代财经—天津财经学院学报》2005 年第 4 期；韦欣、龙文静、王于鹤：《循环经济的风险识别、评估与控制》，《生态经济》2017 年第 3 期。

主要研究了技术进步①、政府引导②、制度环境③、政策④与市场环境⑤等因素对产业生态的影响。产业生态的影响因素与产业经济发展水平之间存在紧密的联系，通过调整相关影响因素可以改善产业生态，提高产业经济发展水平。因而，这方面研究为其他后续研究奠定了基础。三是产业生态的模型建构与对策分析。郭莉、苏敬勤、徐大伟运用自组织理论中的哈肯模型，建立了一个产业生态系统演进的方程，分析了21个省份的环保生产率，得出了绿色技术创新有助于提升环保投资的投入产出效率的结论。⑥ 江兵、耿江波、周建强（2009）等学者基于物质流、能量流和信息流建立了科普产业生态模型，分析了科普产业生态系统的运行机制。刘传江、吴晗晗、胡威建立了一个投入、占用、产出、排放（Input - Occupancy - Output - Emission）模型，简称IOOE模型，用以分析中国产业生态化转型的状况。⑦ 毛志锋、郑洋、肖劲松、朱高洪分析了城市产业生态环境危机的状况，提出了从产业生态系统内部的物质流和外部的环境入手，促进城市产业生态健康发展的对策。⑧ 刁晓纯、苏敬勤则从内外资源整合、建立利益激励机制、营造和谐人文环境和建立网络成员间协调机制等角度分析了建构工业园区生态网络的对策。⑨ 张晶、王丽萍等（2012）分析了中国产业生态的形势及面临的挑战，并提出了产业生态化发展的相应措施。赵卫宏、熊小明、苏晨汀运用扎根理论以及实证研究方法，建

① 徐艳梅、韩福荣、柳玉峰：《技术进步对产业生态扰动、变迁的影响——以数码成像对传统成像的替代为例》，《科技管理研究》2003年第5期；吕明元，陈磊：《“互联网+”对产业结构生态化转型影响的实证分析——基于上海市2000—2013年数据》，《上海经济研究》2016年第9期。

② 徐浩然、许箫迪、王子龙：《产业生态圈构建中的政府角色诊断》，《中国行政管理》2009年第8期。

③ 周建安：《我国循环经济战略实施与产业生态发展的制度安排》，《宁夏大学学报》（人文社会科学版）2008年第3期；张嶠喆，周振：《制度供给约束与新兴产业发展——基于东北地区经济振兴的逻辑》，《宏观经济研究》2016年第12期。

④ 周燕芳、杨钟红：《中国产业生态化政策分层次分析与建议》，《生态经济》2014年第8期。

⑤ 傅首清：《区域创新网络与科技产业生态环境互动机制研究——以中关村海淀科技园区为例》，《管理世界》2010年第6期。

⑥ 郭莉、苏敬勤、徐大伟：《基于哈肯模型的产业生态系统演化机制研究》，《中国软科学》2005年第11期。

⑦ 刘传江、吴晗晗、胡威：《中国产业生态化转型的IOOE模型分析——基于工业部门2003—2012年数据的实证》，《中国人口·资源与环境》2016年第2期。

⑧ 毛志锋、郑洋、肖劲松、朱高洪：《城市生态示范区产业生态系统发展对策研究》，《中国软科学》2004年第5期。

⑨ 刁晓纯、苏敬勤：《促进工业园区产业生态网络进化的对策研究》，《管理学报》2008年第3期。

立了生态区域品牌的维度模型与测量量表，分析了产业生态区域平台的建构策略。① 以上研究中，部分研究者视角较为广泛，问题意识强，具有一定的指导性。不过，由于产业生态实践正处于起步阶段，目前的研究还只是初步的探索。由于产业生态的发展与部分群体的短期利益之间存在矛盾，因而，在具体实施中，产业生态健康发展受到来自各方面力量的制约，很难实现最佳状态。

相比较而言，目前关于传媒产业生态的研究成果较少，现有的研究主要集中在以下几个方面：

（一）国外的相关研究

国外对于媒介生态的研究比较深入，其研究内容主要集中在以下几个方面。

1. 媒介生态的渊源及科学基础

现代技术所构筑的复杂环境对人的生存发展产生深刻的影响，这一思想为媒介生态研究奠定了理论基础。20 世纪 60 年代，北美学术界萌发了媒介生态学思想，刘易斯·芒福德（Lewis Mumford）早期的著作中体现出了媒介生态的理念。② 传播学者的研究发现，媒介的偏倚对社会形态、人们的心理和社会结构均产生深远的影响。③ 20 世纪 60 年代，加拿大媒介理论家马歇尔·麦克卢汉（H. Marshall McLuhan）先后出版了《古登堡星汉璀璨》（1962）和《理解媒介：人的延伸》（1964）等著作，创造性地将“媒介生态”作为隐喻引入媒介研究。尼尔·M. 波兹曼（Neil M. Postman）将媒介生态作为学术话题正式提出来，并将其定义为“将媒介作为环境来研究”。从此，媒介生态学从一般意义上的修辞隐喻正式转向学术研究领域。学者们从考古学、古典文学、政治学、生物学等领域汲取了营养，为媒介生态学研究奠定了基础。美国学者约翰·W. 迪米克（John W. Dimmick）对媒介生态学研究做出了突出

① 赵卫宏、熊小明、苏晨汀：《生态区域品牌的维度及构建策略研究：资源与制度视角》，《宏观经济研究》2016 年第 1 期。

② ［美］兰斯·斯瑞特，林文刚著：《刘易斯·芒福德与科技生态学》，杨蕾萍译，崔保国校，载香港《中国传媒报告》（*China Media Reports*）2003 年第 3 期。

③ Harold Innis，*The Bias of Communication*，Toronto：University of Toronto Press，1951.

贡献，2003 年出版的《媒介竞争与共存：生态位理论》，详细论述了生态位理论在传媒行业的运用，奠定了他在媒介生态学领域的地位。此后，他又公开出版一系列论著，《从生态学角度分析了传媒业满意度的问题及建构》[①]《有线电视和广播电视的竞争》[②]《网络和传统媒体的竞争》[③] 等。

2. 媒介生态的发展及学理构建

"拟剧论"把"场所"（社会）比作剧场，其中的"场所"即人类的符号环境。[④] 媒介环境理论强调了新媒介对环境的重塑与伤害，并提出保护文化自身协调与平衡问题。[⑤] 媒介情境论认为，每一种行为需要一种独特的情境，电子媒介促成了旧情境的合并。[⑥] 信息技术、媒介传播和社会行为之间存在明显的互动关系。[⑦] 不少学者对媒介生态理论进行学理反思和方法论考察，使其研究更加系统化和科学化。

3. 媒介生态的应用研究

人们在采纳新技术的同时，往往也伴随着抗争[⑧]，智能手机、平板电脑等的广泛使用正在将信息消费纳入"时间和空间生态位"[⑨]。新媒体生态环境下，媒介生态学的方法在很大程度上对我们的思考方式、行动方式和组织形

---

① Dimmick, J., & Rothenbuhler, E., "The Theory of the Niche: Quantifying Competition among Media Industries", *Journal of Communication*, 1984, Vol. 34, No. 1, pp. 103 – 119.

② Dimmick, J., & Wallschlarger, M., "Measuring Corporate Diversification: A Case Study of New Media Ventures by Television Nework Parent Companies", *Journal of Broadcasting Electronic Media*, 1986, Vol. 30, No. 1, pp. 1 – 14.

③ Dimmick, J., Ptterson, S., Albarran, A., "The Theory of the Niche: Competition Between Cable and the Broadcast Industries", *Journal of Media Economics*, 1992, Vol. 5, No. 1, pp. 13 – 30.

④ Erving Goffman. *The Presentation of Self in Everyday Life*, New York: Anchor, 1959.

⑤ Postman, Neil, *Amusing Ourselves to Death: Public Discourse in the Age of Show Business*, USA: Penguin, 1985.

⑥ Joshua Meyrowitz, *No Sense of Place: The Impact of Electronic Media on Social Behavior*, New York: Oxford University Press, 1985.

⑦ David L. Altheide, *An Ecology of Communication: Cultural Formats of Control. Harvthorone*, New York: De Gruyter, 1995.

⑧ Lunceford, Brett, "Reconsidering Technology Adoption and Resistance: Observations of a Semi – Luddite", *Explorations in Media Ecology*, 2009, Vol. 8, No. 1, pp. 29 – 47.

⑨ Struckmann S., Karnowski V., "News consumption in a changing media ecology: An MESM – study on mobile news", *Telematics & Informatics*, 2016, Vol. 33, No. 2, pp. 309 – 319.

式产生影响。[①] 生物选择机制给人类文化和技术选择提供新的选择视角。[②] 媒介生态学和科技哲学相互结合，为学术界的研究带来新的视角，相关的应用也提上议事日程，物联网的应用就是很好的例证。[③] 在媒介转型背景下，媒介生态学的相关理论正广泛地用来阐释新闻信息传播和媒介产业发展，为新闻传播学理论研究拓展了新的领域。

（二）国内的相关研究

目前关于中国媒介生态的研究成果主要集中于理论探索，通过构建指标体系进行实证分析的文献很少见到。现有的研究主要集中在以下几个方面。

1. 媒介生态理论的探索与拓展

相关研究认为，电视媒介传播者应该具备媒介生态意识，塑造良好的电视文化生态，减少电视媒介对青少年的消极影响。[④] 应当树立人－媒介－社会系统的良性循环的媒介生态观念，将媒介生态的整体观、互动观、平衡观、循环观、资源观作为认识和理解媒介发展的价值观和资源观，构建媒介系统的“循环式食物链”和“绿色生态链”。[⑤] 西方媒介生态研究者在结构和互动中考察媒介生态，为我们研究媒介生态提供了参考，但其思想根源的矛盾和逻辑推导的漏洞值得反思。[⑥] 可以从文化维度、政治维度和国际维度来考量电视媒介生态，实现电视媒介的和谐、均衡与良性发展。[⑦] 当前，中国媒介生态环境出现恶化的趋向，建立和谐的媒介生态必须遵循整体原则、差异原则、适度原则、互动原则等四大原则，在此基础上处理好四重关系：政府与媒介的良性互动，媒介与受众的协同进化，媒介与媒介的共存共进及媒介内部的

---

① Strate, L. The Robert K. , “Logan Effect Extending Media Ecology and the Toronto School”, *Explorations in Media Ecology*, 2010, Vol. 9, No. 3, pp. 137－140.

② Olesen, M. , “Media Evolution and ‘Epi－technic’ Digital Media: Media as Cultural Selection Mechanisms”, *Explorations in Media Ecology*, 2016, Vol. 14, No. 1, pp. 141－160.

③ Irwin, S. O, “Media Ecology and the Internet of Things”, *Explorations in Media Ecology*, 2016, Vol. 15, No. 2, pp. 159－171.

④ 尹鸿：《电视媒介：被忽略的生态环境——谈文化媒介生态意识》，《电视研究》1996 年第 5 期。

⑤ 邵培仁：《论媒介生态的五大观念》，《新闻大学》2001 年第 4 期。

⑥ 单波、王冰：《西方媒介生态理论的发展及其理论价值与问题》，《新闻与传播研究》2006 年第 3 期。

⑦ 孔令顺：《论电视生态和谐的三个维度》，《中国广播电视学刊》2013 年第 4 期。

协调平衡。[①] 在新时期，要有可持续发展的意识，树立大系统观，避免恶性竞争与掠夺式开发，建设良性循环的传媒生态。[②] 在媒介技术充分发展的情况下，物联网技术应用和传播媒介的拓展两者相互结合，万物融通的形态演绎和间性重塑是建立在物质与精神双重意义之上的，最终形成了“交互主体性”沟通模式。[③] 传媒产业生态格局的变化还会带来深层次的影响，人们对传媒生态体系的构成、外延及其特征都将有新的认知。在未来若干年内，中国媒介生态将发生巨大变化，内容产品生产平台、新闻分发平台、用户平台以及信息终端等都将出现全新的格局，传媒原有的产业边界正在逐步消解，新的更大的传媒产业版图正在逐步形成。[④]

二是运用媒介生态理论分析传媒产业发展。媒介生态中的资源处于循环状态，媒介生态资源的合理开发与利用至关重要，如果媒介资源的开发超过了媒介生态环境的承载能力，就会导致传媒生态环境恶化，这成为对传媒生态资源进行有效整合的理论依据。[⑤] 受众、媒介和社会三者的多元互动构建了丰富、具体而复杂的传媒生态，三者角逐、争鸣与论战是传媒生态演进的动力之源。[⑥] 在媒介生态环境中，媒介群落、种间、种内竞争异常激烈，几种形态的竞争相互影响，形成了传媒产业的系统竞争格局。[⑦] 在激烈的竞争中，新闻出版工作与其生态环境之间保持相对稳定的适应关系，就形成生态平衡状态；反之，就容易引发传媒生态失衡。[⑧] 在强劲发展的网络文化产业中，潜藏着较为明显的生态危机，创意内容同质化、创意人才匮乏、创意产业链失衡等问题对网络产业生态产生一定程度的影响。[⑨] 在媒介技术变革背景下，各种类型的媒介生态结构发生明显的变化。在视听新媒体的冲击下，传统电视群落的生态链发生较大变化，其产品流、资金流、信息流、人员流均表现出新

---

① 蒋晓丽、杨琴：《媒介生态与和谐准则》，《西南民族大学学报》（人文社科版）2005 年第 7 期。

② 卢劼：《关于传媒生态可持续发展的思考》，《现代传播》2011 年第 5 期。

③ 艾莉莎、李钢：《物媒融合的间性嬗变——新型物联化传媒生态的技术哲学解读》，《系统科学学报》2015 年第 4 期。

④ 彭兰：《未来传媒生态：消失的边界与重构的版图》，《现代传播》2017 年第 1 期。

⑤ 邢彦辉：《传媒生态系统中的资源循环》，《当代传播》2006 年第 3 期。

⑥ 姚必鲜、蔡骐：《论新媒介生态下受众、媒体和社会的多维互动》，《求索》2011 年第 6 期。

⑦ 卢文浩：《中国传媒业的系统竞争研究：一个媒介生态学的视角》，中国经济出版社 2009 年版。

⑧ 范卫平：《出版生态平衡与出版业治散治滥》，《中国出版》2008 年第 10 期。

⑨ 李宣、仕重：《威客视角下网络文化产业生态危机治理》，《人民论坛》2013 年第 14 期。

的特质，电视群落内部的“协同进化”将不断持续下去，形成“旧平衡—不平衡—新平衡”的循环式变化模式，并对宏观媒介生态系统产生影响。[①] 电视剧产业生态环境发生较大变化，电视剧产业成长需要与相应的经济、政治、文化因素匹配互动，应根据媒介技术因子变化的趋势对媒介生态环境做出预判，将有助于为信息化时代电视剧产业发展做出更好的战略选择。[②] 运用生态位分析模型的研究发现，广播、电视和网络的生态位宽度不断拓展，电视与广播、网络的生态位重叠度较高，容易出现替代竞争；广播与网络之间的生态位重叠度较低，竞争相对缓和。当前情况下，电视媒体比广播和网络更具生态位优势，但这种优势正在逐步下降。[③] 自媒体改变了媒介内容生产方式，对媒介生态带来巨大冲击。[④] 传媒产业的边界不再清晰，壁垒逐步降低，在新的传媒生态环境中，传统平台和传统模式不断丧失吸引力，企业自媒体平台的勃兴，使部分企业摆脱媒体的束缚，直接面对受众、客户和消费者，并建立传播与销售关系，进一步消解了传媒的经济影响力。[⑤]

三是探讨优化媒介生态的对策。当前，传媒产业生态出现了一系列问题，学界从各个角度分析解决的办法。从整个传媒产业发展的角度来讲，在科学发展观的指导下，构建传媒产业科学发展的系统观、创新观、和谐观、全球观与人本观。[⑥] 构建和谐媒介生态是当今媒介生态建设的目标，其特点是外部环境和谐，内部生态平衡。除了社会系统的建设之外，也要发挥媒介自身的主观能动性，实行自我调适，树立良好的媒介形象，提升媒介产品质量，理顺媒介发展的机制，从而构建和谐的媒介生态环境。[⑦] 大数据、移动互联网、云计算将分立的传媒产业生态转变为平台式上下游一体化产业生态模式，传媒产业生态模式创新势在必行，新的传媒产业商业模式遵循从草根到主流，

---

① 韩建中：《视听新媒体的崛起对我国电视群落的影响——基于媒介生态视角的分析》，《现代传播》2011 年第 11 期。

② 于晓风：《我国电视剧产业的媒介生态与政策调整》，《南京社会科学》2014 年第 12 期。

③ 冉华、周立春：《2007—2013 广播、电视与网络媒介产业间的竞争态势——基于生态位理论与受众资源的实证分析》，《现代传播》2015 年第 11 期。

④ 魏武挥：《自媒体：对媒介生态的冲击》，《新闻记者》2013 年第 8 期。

⑤ 王武彬：《勃兴的企业自媒体，正在改变媒体生态》，《中国记者》2015 年第 2 期。

⑥ 杨琳：《论媒介生态与传媒业科学发展观的构建》，《兰州大学学报》（社会科学版）2007 年第 1 期。

⑦ 孔德明：《论和谐媒介生态环境的构建》，《中国广播电视学刊》2006 年第 10 期。

从边缘到中心的道路，用户的互动、参与、共享成为推动商业模式创新的新动力，商业模式的重塑使传媒生态变革成为必然。① 从传媒产业各个子产业的角度来讲，不同的媒介形态具有不同的产业性质，也呈现出不同的产业生态问题。广播产业的广告基础比较薄弱，资源质量较低，增长乏力，要积极创造有助于广播产业发展的生态小环境。② 树立网络产业的生态观念，强化网络生态的伦理意识，建构开放、整体、普遍、多元的网络媒介生态。③ 对于电视媒体来说，应该紧紧抓住与新兴媒体融合的机遇，在渠道、服务、内容等方面加强融合，既要开放终端融入更多的互联网应用，又要以优质的内容对接终端应用。④ 这些建议为今后的传媒规划与政策制定提供了参考。

（三）国内外研究现状的评价及研究前景展望

综上所述，国外对于媒介生态的研究起步早，研究范式成熟，研究成果较为丰富。尤其在北美，媒介生态研究形成了多伦多学派和纽约学派。前者以哈罗德·亚当斯·英尼斯（Harold Adams Innis）和马歇尔·麦克卢汉（Marshall McLuhan）等学者为代表，研究了媒介时空、媒介对人体的延伸等理论；后者以尼尔·波兹曼（Neil Postman）和兰斯·斯特雷特（Lance Strate）等学者为代表，对媒介环境、媒介情境等理论做了深入的探讨，形成较为完整的理论体系，对全球媒介生态研究具有较大的参考价值。

国内学术界在媒介生态研究方面取得一定的成果，主要集中在宏观层面和微观层面的分析。宏观上关注了整个传媒产业的生态系统发展问题，微观上关注了各种具体媒介内部生态发展格局问题。其中，宏观研究如果不能持续下去，就难以深入阐释整个传媒产业的生态系统状况。媒介生态构建问题受到学者们的重视，但提出的解决路径是否科学，还有待实践检验，评价指标体系的构建和实证研究极为缺乏。在微观分析中，不少学者借助产业生态学的相关理论探讨不同媒介形态、节目、栏目等竞争格局，落脚点比较具体，

① 莫林虎：《新技术对我国传媒产业商业模式的完善与重塑》，《编辑之友》2016 年第 3 期。
② 马少军：《重建广播健康和谐的媒介生态》，《中国广播电视学刊》2009 年第 2 期。
③ 周庆山、骆杨：《网络媒介生态的跨文化冲突与伦理规范》，《现代传播》2010 年第 3 期。
④ 谭天、张冰冰：《电视与新兴媒体融合的新生态与新变局》，《新闻与写作》2015 年第 4 期。

为解决部分传媒机构的现实问题提供了很好的思路。上述研究成果为今后从深层次探讨传媒产业生态奠定了基础，其开拓意义毋庸置疑。当然，也应该看到，媒介生态有其特定的理论内涵、研究框架和战略意义，而目前新闻传播学界在这方面的研究还比较分散，观点并不统一，理论范式不成熟，有些成果只是将生态学的相关理论借鉴到传媒产业的研究中，并没有很好地消化与具体化。总体而言，从生态学的角度研究传媒产业发展还处于起步阶段，该研究领域已经出现拓荒者，但深入、持续的研究还没有跟进，成熟的研究范式尚未形成，亟待进一步深入挖掘。

目前，有一些成果从中观层面研究传媒产业生态结构，但比起宏观和微观方面的研究，中观层面的研究还存在明显的不足。现有的成果对当下传媒生态的关注较多，从历时的角度分析传媒产业生态变迁的比较少。在文化强国建设和传媒“走出去”战略背景下，从中观层面评价当前传媒产业生态系统健康状况显得弥足珍贵。目前，国内外学界对传媒产业生态健康的评价缺乏足够的重视，极少学者研究传媒产业生态系统健康预警，为后续研究留下了一定的空间。作为一个产业，传媒生态系统健康状况如何，至今没有一个信度较高的测度标准，导致难以客观地评价传媒产业生态结构，也不利于构建健康发展的传媒体系。因此，以下几方面问题有待进一步研究：（1）传媒产业生态系统健康的学理构建问题；（2）运用合理的评价指标体系对传媒产业生态系统健康进行综合评价，为传媒产业发展把脉；（3）对传媒产业生态系统健康进行预警研究；（4）研究提升传媒产业生态系统健康水平的对策。鉴于此，本书将利用产业生态学理论工具评价中国传媒产业生态系统健康状况，并针对传媒产业生态系统健康所存在的问题提出对策，相关研究对于正确、客观地认识与理解传媒产业生态格局具有一定的借鉴意义，为相关机构制订传媒政策和发展规划提供参考。

（四）选题意义

1. 理论意义

（1）本书对传媒产业生态系统健康评价体系做了探索性思考，建立了相对完整的传媒产业生态系统健康评价指标体系，为传媒产业生态理论研究奠定了基础。在传媒经济研究中，传媒产业生态系统健康方面的研究成果较少。本书以中国传媒产业生态系统健康为切入点，构建了传媒产业生态系统健康评价体系，以报纸、电视和网络视频等产业作为分析对象，深入研究传媒产业活力、产业组织结构、产业恢复力等问题。本书确立了传媒产业生态系统健康的研究框架，拓展了传媒产业生态理论研究领域。

（2）本书尝试将产业组织理论与产业生态理论结合起来，从产业组织结构方面重点考量传媒产业生态系统健康，对传媒产业组织理论研究具有一定的贡献。在当前的传媒产业发展的相关研究中，以产业组织理论体系为依据的研究所占的比例较少，从产业生态学理论展开研究的则更少。对于传媒产业来说，产业组织和产业生态方面的研究都属于中观研究，将这两个理论视角结合起来，从新的中观层面阐释传媒产业发展，具有较大的空间和前景。本书以产业生态为主要理论依据，同时运用产业组织相关理论来充实和印证传媒产业生态状况，以期在传媒产业理论研究上有一定的推进。

（3）拓展传媒经济研究范式。当前传媒经济的研究范式主要包括经济学范式、管理学范式和传播学范式①，而经济学范式主要包括微观经济学范式和产业经济学范式②，也有学者认为政治经济学研究进路是传媒经济的重要研究取向。③ 由此可见，关于传媒经济的研究，已经形成部分有影响的学术共同体。本研究报告主要从产业生态的角度来研究传媒产业，为传媒产业发展把脉，以期发现传媒产业生态系统健康存在的问题，这既是对现有的传媒产业生态的有益拓展，也是一个新的尝试，该项研究对于构建传媒产业生态学研究范式有一定的推动作用。

2. 现实意义

（1）本书有助于诊断传媒产业生态结构存在的问题，发现制约传媒产业发展活力和竞争力的主要因素，为维持传媒产业生态系统健康发展提供借鉴。

---

① 崔保国：《传媒经济学研究的理论范式》，《新闻与传播研究》2012 年第 4 期。

② 潘力剑：《传媒经济学的研究范式——传媒经济研究的一个基础问题》，《新闻记者》2004 年第 7 期。

③ 郭炜华：《传媒经济研究的进路——兼与〈传媒经济学的研究范式〉商榷》，《新闻记者》2005 年第 2 期。

相关研究成果为传媒管理部门制定政策和管理办法提供参考，为改善传媒产业分散竞争和低效竞争的问题提供解决的思路。

（2）本书成果对构建传媒产业生态系统健康预警机制有重要的启发意义，为制定传媒产业发展战略、实现文化强国战略提供一定的参考。在文化体制改革背景下，通过传媒产业活力、产业组织结构和产业恢复力等指标研究传媒产业生态问题，对构建具有竞争优势、安全运营的传媒产业发展体系具有一定的借鉴意义。

三　基本思路、研究方法、主要观点和创新点

（一）研究思路

本书运用产业生态学相关理论构建传媒产业生态系统健康评价指标体系，进而分析传媒产业生态系统健康状况及问题，最后提出解决的路径。本书成果大体上分为四个板块：第一板块是研究背景和相关理论；第二板块是传媒产业生态系统健康的评价指标体系构建；第三板块是分析传媒产业生态系统健康现状及问题，包括传媒产业活力、传媒产业组织以及传媒产业恢复力等方面，本书选择报纸、电视和网络视频作为个案，依次分析这三大产业生态系统健康状况，这一板块是本书的重点，总共有三章内容；第四板块是传媒产业生态系统建构。最后是研究结论和对策建议。

（二）研究方法

1. 文献资料法

研究传媒产业生态系统健康要搜集整理大量文献资料，通过对现有文献的分析发现传媒产业生态的现状与问题。对于传媒产业生态的相关研究进行归纳总结，从已有的研究中发现可资借鉴的地方，取长补短，进而构建相对合理的传媒产业生态系统健康评价指标体系。

2. 统计分析法

通过大量的数据测度来评价传媒产业生态系统健康的现状及趋势。通过纵向的数据分析发现传媒产业生态的变化格局，提出问题，总结规律，并进行理论思考，提出对策，解决问题。

（三）主要观点

从总体上来看，中国传统媒体的生态系统处于亚健康状态，产业发展活力不足。相比较而言，新兴媒介呈现出较好的发展势头，产业活力较强。中国传媒产业各子产业生态系统健康状况存在较大差异，这与当前受众的信息接触习惯、各子产业的产业生命周期等因素存在紧密的关系。传统媒介的受众市场正在萎缩，产业发展的生态承载力不足，新兴媒介的受众市场规模增势迅猛，生态承载力呈上升趋势。不同区域的传媒产业盈利指数相差较大，广告开发度和受众消费时间等指标存在不均衡的状况，传媒的营销水平也存在较大的差异。传媒产业的国际竞争力较小，不利于传媒参与国际竞争，对于做大做强传媒产业也产生一定的影响。总之，传媒产业的成长性、受众市场开发等方面还有很大的潜力，传媒生态承载力有较大的提升空间，为今后传媒产业发展提供了条件。

中国传媒产业的市场集中度和空间聚集度较低，不利于传媒集团健康成长。中国传媒产业的竞争力亟待提升，在媒介产品结构方面还有待优化。中国报纸发行与广告市场集中度较低，属于分散竞争型市场结构；电视收视与广告市场集中度并不高，处于竞争型和寡占型市场结构之间。尽管在一定的小区域内，传媒产业市场集中度较高，但在全国范围内，大型传媒集团的竞争优势并不明显。中国传媒的区域聚集度较高，有助于提高传媒产业的规模效益，打造合理的传媒产业链，同时也有助于提升传媒集团应对经营风险的能力。中国传媒产业中存在较为明显的产品同质化现象，对媒介产品以及受众市场的开发产生不利的影响。

中国传媒产业具有较好的恢复力，传媒产业发展潜力较大，应对传媒生态入侵的能力较强。其中，制度性进入壁垒对国内其他地区以及国外传媒的入侵起到强有力的抵御作用。传媒产业的资本使用效率高于一般产业，平均利润率也相对较高，新媒介的人均研发费用较高，但传统媒介的人均研发费用不足，不利于传媒产业发展与媒介技术升级。传媒产业应对生态入侵的能力较强，主要体现在制度性进入壁垒对市场进入行为的抵御作用。提升传媒产业的策略性进入壁垒和结构性进入壁垒有助于提高传媒产业竞争活力。传媒产业的媒介产品、高端媒介技术出口对外依存度很低，媒介产品进口对外依存度保持比较适度的水平，而传媒产业资本对外依存度相对较低，亟须提升。

为了构建健康的传媒产业运营体系，必须优化传媒产业市场结构。适度提高传媒产业市场集中度，构建具有较高垄断力量的寡占型市场结构。今后要抓住文化体制改革的机遇，在跨区域经营上采取相应措施，尤其是提高传媒的影响力和竞争力。在资本运作上放开手脚，通过上市、适当降低资本进入市场的壁垒等方法，让业外资本或者外地资本等进入传媒市场，为提升传媒集团的实力奠定物质基础。在政策允许的范围内进一步加强整合力度，适度提高传媒产业的市场集中度，构建有效竞争的传媒产业市场结构，这是今后提升传媒产业发展水平的必由之路。

不仅要对中观层次上的传媒市场结构进行调整，还要对媒介组织、媒介产品等微观结构做出相应的调整。通过跨媒体和跨行业经营来调整媒介组织结构，抓住产业融合的契机，尤其要抓住媒介融合的机遇，不断探索新的盈利模式，走在媒介改革的前沿，建立网络型传媒组织结构，这是提升传媒关联效益的基础。优化媒介产品的品种结构和媒介产品的呈现形式，多生产数字图书、数字报刊和音频视频内容，避免过度竞争和同质竞争，开展错位竞争。传媒集团要把提升媒介产品创造性、附加值和技术含量作为今后的重要考核指标，提升媒介产品的国际竞争力。适度提高媒介产品的出口对外依存度，提高动漫、影像等数字产品出口量，通过实施“走出去”战略增加其国际影响力和竞争力。

（四）创新点

本书在分析传媒产业现实问题的基础上，提出了构建传媒产业生态系统健康评价指标体系的设想，这些思路具有一定的前瞻性，为进一步深入研究传媒产业生态系统健康奠定了基础，对传媒产业发展研究具有开拓意义。本书提出了传媒产业生态系统健康的概念，建构了传媒产业生态系统健康的VOR分析框架，即产业活力（Vigor of industry）—产业组织（Organization of industry）—产业恢复力（Resilience of industry）的分析框架（简称VOR框架），这些研究具有一定的创新性。

本书构建了经济－社会－自然复合生态系统指标体系，用以评价中国传媒产业生态系统健康状况。通过大量的文献梳理，建立了产业生态系统健康的具体指标，动态地呈现了传媒产业生态结构变化及其影响。国内学者很少从产业活力和恢复力等角度思考传媒产业发展，对于传媒产业的对外依存度、生态承载力等问题的思考也比较少，本研究角度较新，得出的结论有一定的创新性。

本书提出了传媒产业生态链多维断裂的观点，认为推动传媒产业互利型、偏利型、寄生型、混合型共生模式有助于推动传媒产业融合，从而优化传媒产业生态系统结构，维持传媒产业生态系统健康。本书探讨了传媒产业弹性力存在的问题及其应对策略，认为传统媒体的弹性力不足，遇到危机和压力不能很好地应对，导致传统媒体在遇到产业入侵的情况下难以在短时间内恢复健康，需要通过结构性因素的调整来提升传统媒体的弹性力和恢复力，为重构产业生态系统奠定基础，上述观点有一定的新意。

四　相关概念与理论基础

为了更好地研究传媒产业生态系统健康状况，有必要对几个相关概念进行解释。

（一）产业

在经济学中，产业是一个介于微观经济与宏观经济之间的“集合”概念。“现代产业泛指国民经济中的各行各业，从生产到流通、服务，以至文化教育等各个部门，其概念介于微观的经济细胞（企业）与宏观经济单位

（国民经济）之间的若干集合……一个产业是具有某种同一属性的经济活动的集合。"[①] 有学者认为，产业是由提供相近产品和服务，或使用相同原材料、相同工艺技术，在相同或相关价值链上活动的企业共同构成的集合。[②] 有学者给产业下的定义是，由国民经济中具有同一性质，承担一定社会经济功能的生产或其他经济社会活动单元构成的具有相当规模和社会影响的组织结构体系。[③] 上述表明，产业集合具有明显的同质性、规模性和层次性等特征。在传统的经济学中，产业主要指的是物质生产部门，如农业、工业、交通运输等产业。产业的内涵有广义和狭义之分，广义的产业是指大产业，即第一、第二、第三产业。狭义上的产业是指大产业内部细分所形成的丰富的产业形态。本书所探讨的传媒产业就是指狭义上的产业。

（二）传媒产业

关于传媒产业的内涵，学者们的观点不尽相同。有的学者从较为广泛的视角来界定传媒产业，认为传媒产业是指具有经济学投资价值，围绕文字、图像的生产经营和制作、播出的系列相关活动，向公众提供相应文化信息产品和服务的企业群所组成的相互作用的经济活动的集合或系统。包括广播、电视、报纸、期刊、电影、音像、新媒体等主要媒体的产业，并涉及为之配套的相关产业，包含广告公司、节目制作公司、发行公司、发行监测机构、收视收听监测公司、广告监测公司和其他配套服务商。[④] 这是广义上的传媒产业，其涵盖范围不仅包括不同的媒介形态，还将大众传播媒体之外的相关监测机构也纳入传媒产业范畴。有学者认为，传媒产业是通过大众传播媒介从事信息产品的生产和传播，提供信息服务，以市场为导向的经济实体的集合。传媒产业包括报纸、杂志、电视、电影、图书、音像制品，以及目前正在迅速崛起的互联网络。[⑤] 这一定义的外延就狭窄一些，主要针对大众传媒机构。

① 中国人民大学区域经济研究所：《产业布局原理》，中国人民大学出版社 1997 年版，第 1 页。

② 干春晖：《产业经济学：教程与案例》，机械工业出版社 2006 年版，第 5 页。

③ 周新生：《产业分析与产业策划》，经济管理出版社 2005 年版，第 13 页。

④ 童清艳：《传媒产业经济学导论》，复旦大学出版社 2007 年版，第 12 页。

⑤ 柳旭波：《传媒业产业组织研究——一个拓展的 RC－SCP 产业组织分析框架》，经济科学出版社 2007 年版，第 39 页。

有学者认为，媒介产业大致可以划分为两个层面，一是主体产业，包括报纸、杂志、图书出版、广播电台、电视台、电影、网络媒介等。二是相关产业，包括节目制作、音像制作、印刷装潢、媒介设备与工程等。① 这种划分方法将信息传播的主要机构部门和相关业务功能模块分开，有助于根据不同属性开展研究，也为传媒管理工作提供了可资借鉴的新思路。

从上述的定义可以看出，学者们对传媒产业的认识有一定的差异，综合学者们的观点，有几点是基本一致的。其一，传媒产业的主体是大众传播媒介，既有传统的几大媒介，又有新兴的、以互联网为平台的其他媒介。其二，传媒产业是提供信息产品生产和传播等信息服务的产业形态。其三，传媒产业是在市场中从事经济活动的集合或系统。这些共同特征说明，从根本上讲，传媒产业不同于一般产业，是一个特殊的行业。该产业是以信息生产与服务为基本功能，并在此过程中开展媒介经济活动，形成以市场为导向的经济集合体。因为篇幅所限，本书所探讨的传媒产业主要涉及广播、电视、报纸、期刊以及互联网媒体等大众传播媒介。在具体研究中，我们选择了报纸、电视和网络视频等三种媒介形态作为样本，分别代表传统的纸质媒介、电子媒介和新兴的网络媒介。本书将着重探讨媒介变革背景下传媒产业生态系统发生哪些变化，这些变化对传媒产业生态系统健康状况的影响，通过数据的整理与分析来评价传媒产业生态系统健康状况，以期为传媒产业改革提供参考。

（三）媒介种群

在生态学中，有专门的种群生态学，指的是研究种群数量的动态变化及其与环境相互作用关系的科学。更具体地说，主要就种群内部成员之间，种群和其他生物种群之间，乃至种群和周围非生物因素之间相互作用的规律。所谓的种群，指的是在特定的时空范围内同种个体的集合。② 种群并非同种个体的简单相加，而是由个体通过种内相互作用形成的统一体。一般来说，种群有 4 个特征，即种群的数量特征、空间特征、系统特征和遗传特征。数量特征反映的是种群数量方面的统计，主要考察单位面积上所拥有的个体数量

① 王桂科：《媒介产业经济分析》，广东人民出版社 2006 年版，第 12 页。

② 林育真、付荣恕：《生态学》（第二版），科学出版社 2011 年版，第 46 页。

的多少，其常用指标是密度。影响种群数量的基本参数包括出生率、死亡率、迁移率等因素。种群的空间特征主要反映的是特定区域内种群分布状况；遗传特征指的是由基因决定的种群遗传能力和生态进化的相关特征；系统特征指的是种群所具有的自身组织秩序以及自我调节能力的生态系统。

近年来，种群生态学的相关理论被应用到产业经济研究中。相关研究认为，在产业发展中，同行业企业或者产品容易在地理空间上集中起来，形成企业种群。所谓的企业种群，是指由同一个地域同行业企业或产品具有相似功能的企业所组成的企业群集。[①] 企业种群处于动态演化之中，其演化过程受到地理环境、区域资源、技术条件、经济、政治、文化和人口结构等多种因素的影响。[②] 企业种群的同质性和多样性对企业供应链、产业链、价值链以及企业网络中企业的数量与关系强度产生较大的影响。在不同的产业生命周期中，企业种群的密度、相互之间的关系存在较大差异。[③] 随着传媒产业化进程的不断推进，媒介种群的发展呈现出与企业种群相似的特征，生物种群和企业种群的相关理念为我们分析传媒生态系统健康提供了新的视角。

在中国，媒介种群的思想由来已久，田本相、崔文华（1988）认为，报纸、广播和电视之间的关系，就是植物群落似的文化传播结构形态。这几种媒介自身要能够获得适宜的生存空间，获得相应的营养，这样才能够很好地生存下去。不同的媒介维持着植物群落式的结构，它们之间相互竞争，保持和谐共生的状态。[④] 邵培仁等（2008）认为，在媒介生态学中，种群是指占有一定时间和一定空间的具有相同传播要素的个体汇集，包括传

---

① Hannan, M., J. Freeman, "Structural Intria and Organizational Change", *American Sociological Review*, 1984, Vol. 49, No. 2, pp. 149 - 164.

② Hannan, M. T., "Inertia, Density and the Structure of Organizational Populations: Entries in European Automobile Industries, 1886 - 1981", *Organization Studies*, 1997, Vol. 18, No. 2, pp. 193 - 228. Hannan, M. T., Carroll, G. R. Dundon, E. A., and Torres, J. C., "Organizational Evolution in a Multinational Context: Entries of Automobile Manufacturers in Belgium, Britain, France, Germany, and Italy", *American Sociological Review*, 1995, Vol. 60, No. 4, pp. 509 - 528.

③ 王仕卿、韩福荣：《高新技术企业种群的演化规律》，《北京工业大学学报》2006年第11期。

④ 田本相、崔文华：《论电视、报纸、广播的关系》，《中国广播电视学刊》1988年第4期。

者种群、信息种群、符号种群、媒介种群、营销种群和受众种群等。[①] 传媒种群即可以理解为从事信息产品和服务的组织机构所组成的集合群。在传媒产业中，媒介种群、受众种群和广告客户种群的划分均能够从不同侧面展现传媒产业发展状况。我们可以根据媒介的形态将媒介种群分为报纸种群、广播种群、电视种群等，也可以采取其他的分类标准将媒介种群分成不同的类别，还可以将每一种群进一步细分。受众种群可以根据人口统计学的方法、受众的信息接受特点等分为不同的种群，广告客户种群也可以细分为不同的种群。

运用种群理论来分析传媒产业具有一定的理论意义。通过数据分析媒介种群的密度与分布状况，探讨种间关系，一方面有助于从生态学理论上认识传媒产业组织结构的合理性，另一方面体现了传媒产业各子产业之间的关联性和系统性。从学理的层面上来讲，这一视角推进了传媒产业组织理论研究。

（四）产业生态系统

在自然界中，生态系统种类繁多，大小不一。大到各种生物圈和生态圈，小到动物有机体内部的微生物系统。因此，生态学的研究层次各不相同。一般来说，可以按照从高到低的顺序将生态学研究领域分为四个层次，即个体生态、种群生态、群落生态和生态系统。[②] 其中，个体生态学是生态学研究的最基本的单位，主要关注个体对环境变化的适应和反应等。种群生态学主要研究种群的出生率和死亡率、迁入率和迁出率等问题，从中发现种群波动的范围和规律，分析种群成长、衰落和灭绝的影响因素。群落则是由一定种类的生物种群所组成的多种生物种群的集合体，一般来说，群落包括植物、动物和微生物种群。[③] 与种群相比，群落的结构更加复杂。在一些情况下，群落的边界比较明显；在另外一些情况下，群落的结构又比较模糊，难以截然区分。与上述几个概念相比，生态系统显然更为复杂。所谓生态系统，指的是“在一定的空间内生物的成分和非生物的成分通过物质的循环和能量的流动互

---

① 邵培仁等：《媒介生态学：媒介作为绿色生态的研究》，中国传媒大学出版社 2008 年版，第 83 页。

② 尚玉昌：《普通生态学》（第三版），北京大学出版社 2010 年版，第 3 页。

③ 同上书，第 273 页。

相作用、互相依存而构成的一个生态学功能单位”①。生态系统是人类生存与社会发展的基础，从根本上来讲，生态系统指在一定时空范围内共同栖居的所有生物与环境之间进行物质循环、能量流动与信息传播活动，形成了相互作用和相互依存的统一整体。② 在地球上，生物与非生物相互作用，进行物质与能量循环，形成统一的生态系统。对于生态系统的范围，没有明确的界定，学界根据研究问题的不同来界定具体对象的范围。一般来说，研究的对象一旦确定，其生态系统的边界也应当加以确定。地球上有无数个生态系统，这些生态系统有一些共同的特点，如生态系统内部一般具有自我调节功能；生态系统具有能量流动、物质循环与信息传递等三大功能；生态系统是一个动态系统，一般经历从简单到复杂、从不成熟到成熟的过程，即使是复杂的、成熟的生态系统，其平衡状态也只是相对的、动态的平衡，而非绝对的平衡。

产业生态学将产业视为一个生态系统，系统中的物质、能量与信息的交换与储存并非孤立地、简单地叠加在一起，而是类似于自然生态系统中所进行的物质、能量循环，多种因素相互依赖、相互影响，形成一个个复杂的相互关联的生态网络系统。③ 产业生态系统与自然生态系统不是简单的类比，而是运用自然生态学中的一些运行规则，来规划产业生态运行，实现人类的可持续发展。当然，对于自然生态系统理论的借鉴必须是有选择的，而不是生态系统中所有结构、运行规律都可以在产业系统中生搬硬套。在产业生态系统模拟的过程中，选择适当的切入点与角度，是保证产业生态化的准确度与实用性的前提。④ 总之，产业生态系统是以自然生态系统为参照，以企业或者产业为主体而建立的社会经济子系统。主要包括微观、中观和宏观三个层面的研究。其中，微观层面的研究主要是模拟自然生态来建构企业与产业生态系统；中观层面的研究主要是建构经济园区产业生态系统；宏观层面的研究

---

① 尚玉昌：《普通生态学》（第三版），北京大学出版社 2010 年版，第 371 页。

② 林育真、付荣恕：《生态学》（第二版），科学出版社 2011 年版，第 154—155 页。

③ Korhonen Jouni, “Four Ecosystem Principles for An Industrial Ecosystem”, *Journal of Cleaner Production*, 2001, Vol. 9, No. 3, pp. 253 - 259.

④ 邓伟根、王贵明：《产业生态学导论》，中国社会科学出版社 2006 年版，第 29 页。

主要是关注跨区域的产业生态系统。[①] 在模拟自然生态系统的基础上，有学者总结了产业生态系统的四个基本的生态系统原则（参见表 1－1）。

表 1－1　　产业生态系统的四个基本原则

自然生态系统	产业生态系统
循环传输(Roundput) 物质循环 能量层叠	循环传输(Roundput) 物质循环 能量层叠
多样性(Diversity) 生物多样性 物种、有机体多样性 相互依赖、协作多样性	多样性(Diversity) 成员多样性(行业、部门、企业等) 互相依赖、协作多样性 工业输入－输出多样性
地域性(Locality) 利用地方资源 注重地方特色 限制因子 地方依赖型协作	地域性(Locality) 利用地方资源、废物 注重地方特色 限制因子 地方成员间协作
渐变(Gradual change) 利用太阳能进化 通过繁殖进化 轮回的时间周期性和季节性 系统多样性发展缓慢	渐变(Gradual change) 利用废物、能源和再生资源 系统多样性发展缓慢

资料来源：王少平、凌岚：《产业共生网络的结构特征》，同济大学出版社 2012 年版，第 20 页。

传媒产业生态系统是一个结构功能的单位，系统中的各个要素通过物质和能量交换形成有机联系，构成竞争与合作的共生关系。本书主要从传媒产业物质能量交换的角度分析该产业存在的结构失衡状态，并在此基础上评估

① 娄美珍、俞国方：《产业生态系统理论及其应用研究》，《当代财经》2009 年第 1 期。

产业生态健康存在的问题。因而，本书着眼于传媒产业生态系统。当然，由于生态系统是由产业种群和产业群落组成，在分析的时候，不可能不涉及种群与群落，甚至对个体生态也会有所观照。传媒产业生态系统是基于传媒产业生态承载能力、传媒自身及其外部环境相互依存而形成的生态学功能单位。邵培仁认为，完整的媒介生态系统应该包括媒介生态因子（如媒介各构成要素之间、媒介之间的相对平衡的结构状态）和环境因素（如政治、经济等外部环境因素与媒介关联互动而达到的一种相对平衡的结构状态）两方面。[①] 综合来看，考察传媒产业生态系统，需要注意以下要素：一是研究者要以一种系统的、综合的视角看待传媒产业经济及其与外界环境之间的关系；二是传媒产业生态强调人类活动的生物物理属性，比较重视产业系统内部和外部的物质能量交换及其相互关系；三是传媒产业生态不仅考虑技术的活力，还会考虑制度的活力。

（五）生态系统健康

健康概念来源于医学领域，最先用于人体，然后扩展到动植物，随之又出现公众健康（public health）之说。人类对自然环境的污染危及到自身健康，学术界针对这一现象，将健康应用到环境学科和医学交叉研究中，产生了环境健康学和环境医学等研究范畴。早在20世纪40年代，美国著名的生态学家奥尔多·利奥波德（Aldo Leopold）就提出了土地健康（Land health）的理念，并且将土地功能紊乱（dysfunction）描述为“土地疾病”（land sickness）[②]。但是，这项研究并没有引起学术界的重视。20世纪中期以后，环境问题日益凸显，生态系统不断恶化，这些问题引起人类的关注。

20世纪80年代以后，可持续发展理念得到学界的广泛认同，人类意识到生态环境对社会发展的重要性。学术界开始反思经济管理方法和工程技术方法，发现人类的活动中较少采用生态的方法，渐渐萌发出用生态的方法来解决复杂的资源和环境问题，生态系统健康理论应运而生。1988年，生态系统

---

① 邵培仁等：《媒介生态学：媒介作为绿色生态的研究》，中国传媒大学出版社2008年版，第5页。

② Aldo Leopold，“Wilderness as a Land Laboratory”，*Living Wilderness*，1941，Vol. 7，No. 6，p. 3.

健康的度量问题[①]引起学界的关注。1989 年，有学者探讨了生态系统健康的内涵。[②] 20 世纪 90 年代以来，生态系统健康问题引起了更为广泛的关注。在景观设计、区域管理等领域，生态系统健康的研究成为热点。

对于生态系统健康的内涵，学者们的看法不尽一致。一般意义上而言，生态系统健康指的是生态系统保持健康、稳定和可持续发展的态势，即生态系统保持活力，维持组织的发展和自主性，在外部胁迫下能够自主恢复。[③] 研究生态系统健康的目的在于保护和提升生态的恢复力，一方面要提高生产力，另一方面要保护自然，使两者协调起来，为人类发展服务。通过分析生态系统遭遇危机时的特征，对其进行有针对性的诊断，发现生态系统退化或者不健康的预警指标，从而进行调整以防止其退化或者出现病态。[④] 一般来说，健康的生态系统具有如下特征：第一，没有失调症状；第二，具备良好的生态恢复力和自我维持能力；第三，对经济社会发展和人类的健康具有支持和推动作用；第四，对临近的生态系统不会造成危害。[⑤]

在方法论上，生态系统健康研究采用的是跨学科的方法。生态系统既受到人类活动的影响，又受到自然发展的影响，这些问题的解决可能会牵涉到生态学、经济学、医学、化学、土壤科学等多学科的知识和方法。生态系统健康评价主要涉及生物学、社会经济、人类健康和社会公共政策等范畴。[⑥] 在传媒产业生态系统健康评价中，主要涉及社会经济范畴和社会公共政策范畴，同时也会用生物学的相关理念来辅助解释一些现象。

在已有的关于生态系统健康的文献中，有不少学者提出了生态系统健康的评价标准。由于出发点和分析对象不同，各自的标准也存在一些差别。学

---

① Schaeffer, D. J., Herricks, E. E., Kerster, H. W., "Ecosystem Health: 1. Measuring Ecosystem Health", *Environmental Management*, 1988, Vol. 13, No. 4, pp. 445 – 455.

② Rapport, D. J., "What Constitutes Ecosystem Health?", *Perspectives in Biology and Medicine*, 1989, Vol. 33, No. 1, pp. 120 – 132.

③ Rapport, D. J., Costanza, R., McMichael, A. J., "Assessing Ecosystem Health", *Trends in Ecology and Evolution*, 1998, Vol. 13, No. 10, pp. 397 – 402.

④ Costanza, R., Norton, B. G., Hashell, B. D., *Ecosystem Health: New Goals for Environmental Management*, Washington D. C.: Island Press, 1992.

⑤ Rapport, D. J., Costanza, R., McMichael, A. J., "Assessing Ecosystem Health", *Trends in Ecology and Evolution*, 1998, Vol. 13, No. 10, pp. 397 – 402.

⑥ 吴刚、郭青海：《生态系统健康学与生态系统健康评价》，《土壤与环境》1999 年第 1 期。

界公认的标准有产业活力、产业恢复力、组织结构、生态系统服务功能的维持、管理选择、外部输入的减少、对临近系统的破坏和对人类健康的影响等8个方面。其中，最重要的是前3项指标。[①] 也有学者认为，生态系统活力、生态系统的组织结构、生态系统的负荷能力、生态系统的恢复力和生态系统的扩散力是考量生态系统健康的5个主要指标。[②]

产业生态健康是产业战略管理的重要内容，既牵涉宏观经济问题，又涉及产业经济和微观经济问题，尤其在产业经济中，更重视产业的有效运营与健康发展。“健康的生态系统的重要特征是生态系统的可持续性，即在外界胁迫因素的作用下，系统能够维持其组织结构和功能。”[③] 因此，生态系统健康的标志就在于“生态系统持久地维持或支持其内在组织、组织结构和功能动态健康及其进化发展的潜在和显在的能动性的总和”。[④] 在产业经济研究中，要从产业发展是否具有活力、产业结构是否合理、产业遭遇胁迫时的恢复能力等方面来衡量产业生态系统健康状况。从一定意义上来讲，产业生态健康是推动产业经济发展的必备条件。产业生态健康的内涵较为丰富，产业结构、市场结构、产业布局、经济效益、竞争实力以及政策体系等都会给产业生态健康体系带来影响。我们认为，可以从动态和静态两个方面来考察产业生态系统健康，一是要考量产业生存的基本状态问题，二是要考量产业受到威胁时的状况，并分析产业抵御威胁的能力。因此，产业生态系统健康是指产业处于健康的生存和发展环境中，它体现了免受威胁的状态和能力。

---

① Rapport, D. J., *Ecosystem Health*. Oxford: Blackwell Science, Inc., 1998; Costanza, R., Norton, B. G., Hashell, B. D., *Ecosystem Health: New Goals for Environmental Management*, Washington D. C.: Island Press, 1992.

② Jamieson, D., “Ecosystem Health: Some Preventative medicine”, *Environmental Values*, 1995, Vol. 4, No. 4, pp. 333 - 344.

③ 许芳、刘殿国：《产业安全的生态预警机制研究》，科学出版社2010年版，第39页。

④ 胡聃：《生态系统可持续性的一个测试框架》，《应用生态学报》1997年第2期。

第二章　传媒产业生态系统健康评价指标体系的建构

在自然界中，不同物种之间相互竞争、相互抑制、相互影响，通过这种相互作用构成生物种群、生物群落乃至生态系统。自然生态系统由生态群落和生态环境两大体系构成，在生态群落之中，有大量的、种类繁多的生物，这些生物之间、生物与外界环境之间进行物质和能量的交换。生物系统具有自我调节功能，正常情况下能够实现自身的动态平衡。但是，如果遇到强大外力的冲击，生态系统可能会丧失自我平衡的能力，出现不健康的状况。如果生态系统中的主要生物种群或者较多的生物种群出现不健康的情况，就会导致整个生态系统紊乱。从生态学角度来看，一个国家或者地区的各个产业与其周围环境之间的关系类似于生物有机体，相互之间不断进行各种竞争与合作，形成互动的生态关系，这就是产业的生态系统。20 世纪末，生态学相关理论被部分学者应用于经济学研究之中。学者们认为，生物生存规律对于人类社会的发展具有一定的解释力。基于此，本书拟借鉴生态学的相关理论，建构传媒产业生态系统健康的评价指标体系。

一　传媒产业的生态学研究视角

在产业生态系统中，同行业企业的集合形成了类似于生物种群的企业种群，它们为了争取更大的市场份额、更多的客户和更丰厚的利润，相互之间不断地进行竞争与合作。在一定的市场环境下，各种不同行业的企业以及相关机构形成的集合体即为企业群落。在企业群落里，不同企业之间、企业与外部环境之间进行着物质和能量的交换，形成一定的群落环境。企业群落与其赖以生存和发展的外部环境就构成了产业生态系统。产业生态系统中包含了各行业的企业、相关机构和大量的顾客。同时，还包含与企业生产密切联系的经济、政治、文化环境以及自然环境等。

在产业经济中，企业的规模有的大有的小，企业的组织结构有的复杂有的单一。在生态系统中，同类的生物也存在着强壮与弱小之分，它们在获取食物与营养的过程中显现出的能力也不一样。同类的企业为了壮大自身力量，往往采取兼并重组的策略扩展规模，这样有助于企业参与市场竞争，获取更多的利润。这一点与生物界动物群落依靠团队作战获得食物有着相似之处。随着企业的进化，不同的上下游企业为了节约成本，往往选择在同一区域经营，这就形成了产业集群。这种经营组织方式极大地改进了企业生产方式，进一步提升了企业生产力，降低了经营成本，提升了企业盈利能力。实际上，在生物领域，食物链的上下游生物聚集在一起，形成一种相对平衡的生态结构，一旦食物链的某个环节出现问题，就容易产生连锁反应，甚至导致生态格局发生变化，这种自然现象对当今企业发展有较大的启发意义。在自然生态进化中，食物链断裂导致的生态灾难现象并不鲜见。20世纪50年代，麻雀被当作“四害”之一遭到大肆捕杀，最终导致很多地方麻雀绝迹。其结果是，庄稼地里害虫肆虐，许多地方粮食歉收，直至后来将麻雀移除“四害”名录，这一食物链才重新连接起来，生态结构逐步恢复原貌。在产业经济中，其上下游产业链的断裂也会给产业发展带来危机。如何从自然生态的关联中吸取经验教训，进一步改进产业经济生态系统结构，优化产业经济绩效，成为产业组织领域的重要研究目标。生物种群的某些规律及其在产业经济中的运用，为我们研究传媒产业生态系统健康提供了新的思路。

近年来，从生态学的角度探讨传媒产业发展成为一个很有价值的研究方向。传媒产业是整个产业生态系统中的一个细小分支。在传媒产业运行中，传媒各构成要素之间、不同传媒之间、传媒与外部环境之间如果不能保持相对平衡的结构状态，传媒经营就可能出现风险，传媒产业生态健康就有可能受到威胁。传媒产业生态系统健康与其他产业的健康发展既有联系，又有不同之处。从广义上来讲，传媒产业生态系统健康是指传媒产业的生存和发展保持相对平衡，不受威胁，既能保持传媒经济的持续健康发展，又能实现新闻信息安全的运营状态。从狭义上来讲，传媒产业生态系统健康则是指传媒产业能够持续健康的发展，受到胁迫因素的冲击，系统能够尽快恢复，维持其组织结构的功能。鉴于新闻信息安全方面的研究成果比较多，本书主要从狭义的角度展开研究，以便为传媒产业生态系统健康发展把脉。

提出传媒产业生态系统的概念，并不是借鉴“仿生”的理念，而是用生态系统的思维来阐释传媒产业的生存发展状态。仿生学是模仿生物的结构、功能以及工作原理，并运用到工程技术领域，从而产生新的发明创造，加速科学发展。如根据动物的体型设计流线型的汽车、模仿飞鸟的体型设计飞机、模仿海豚皮制作海豚皮游泳衣等。这些创造更多的是移植、借鉴与模仿。而传媒产业生态系统（Media Industry Ecosystem）是一个新的概念，它的提出旨在借用生态观念，评估传媒产业发展的结构、功能等要素的合理性、平衡性、可持续性和健康程度。

本书将借鉴产业组织 SCP 框架的部分思想分析中国传媒产业生态系统结构的健康问题，尤其是产业组织 SCP 框架中对市场结构因素的相关研究，为探讨生态系统结构提供了有益的借鉴。按照产业组织结构主义学派乔·贝恩（Joe S. Bain）的观点，一个产业的市场结构（structure）决定其市场行为（conduct），市场行为决定市场绩效（performance），这就是结构主义学派的经典框架 SCP 框架。在后来的研究中，学者们从各个角度探讨这一框架的合理性和优化的方案。笔者认为，用传统的结构 - 行为 - 绩效（SCP）框架解释当下的传媒产业生态系统健康，存在以下三个问题：一是该框架是一种单线条的、静止的框架，而其内部各种因素之间实际存在网络状相互影响的因素，因而在研究中应该用动态的、多角度的思维看待传媒产业，从而揭示该产业生态系统健康状况。二是该框架强调市场边界要清晰，这样能够更好地对市场结构进行测量与分析，进而为分析市场行为和市场绩效及其相关性奠定基础。但当前传媒产业融合成为大势所趋，市场边界不可能保持其原有的清晰度。在产业融合背景下，传媒产业内部、传媒产业与其他产业之间的技术边界渐渐消失，相关业务出现互补的现象，市场边界变得模糊不清，不同产业之间往往你中有我，我中有你。[①] 因而，在分析传媒产业市场结构的时候应该重新考虑产业边界问题，以适应当下传媒变革，准确把握传媒产业生态。三是结构－行为－绩效原本关注的是产业的市场结构，实际上不仅仅是市场结构起到决定作用，传媒产业的区域结构、贸易结构等结构性因素对产业发展也产生较大的影响，因而我们应该从更广阔的视角认识与分析传媒产业的生态结构问题，并分析这些结构性的因素对传媒产业的经营与竞争行为产生什么样的影响，进而分析结构和行为对绩效产生什么样的影响。因此，本书的相关研究力图在SCP框架的基础上往前推进，从更为广阔的视角思考传媒产业生态系统的结构、活力和竞争力问题，以期为评价和改善传媒产业生态系统提供参考。

传媒产业是一个庞大的产业体系，加上近年来媒介融合成为大势所趋，相关产业不断渗透到传媒产业中，这给传媒产业生态系统健康评价带来一些困难。我们不能给传媒产业一个笼统的评价，因为传媒产业分为若干个子产业，每一个子产业在发展中都面临不同的情况，并且处于不同的产业生命周期，其产业活力和恢复力均存在较大差异。鉴于此，本书将选择传媒产业中影响力较大的几大产业，分别分析其生态系统健康状况，以便为更有效地评价各产业的发展状况提供依据。

二　生态系统健康的评价指标体系

生态系统是维持人类社会生存发展的基本条件之一。在国外，很多学者研究了生态系统健康的评价指标体系。早在1985年，拉波特（Rapport）等学者提出了以“生态系统危险症状”（Ecosystem Distress Syndrome，EDS）作为生态系统非健康的指标，因为生态系统出现危险症状，会导致生态系统退化，进而影响生态发展，甚至危及人和动物的健康。

要保持生态系统健康，必须保证生态系统结构的相对平衡。生态系统

① 陶喜红、王灿发：《产业融合对传媒产业边界的影响》，《新闻界》2010年第1期。

健康评价方法主要包括两种：一是结构功能评价指标，二是指示物种评价指标。前者包括单项指标评价、复合指标评价以及指标体系评价。其中，指标体系评价包括自然指标评价体系、经济－社会－自然复合生态指标体系等。

美国的生态经济学家罗伯特·科斯坦萨（Robert Costanza）等人于1992年设计了生态系统健康评价指标体系①，该指标体系涵盖面相对较宽，涉及较多科学，具有较强的可操作性，被认为是权威的生态系统健康评价指标体系。目前，国内学者构建的产业生态系统健康指标体系，往往参考了罗伯特·科斯坦萨等学者的生态系统健康评价指标体系。其中，肖风劲和欧阳华（2002）设计的生态系统健康预警评价指标体系（参见表2－1）具有一定的代表性，受到广泛关注，近年来被广泛引用。在该指标体系中，活力是指“生态系统的功能，指能量的交换能力。它描述的是一个生态系统的产出水平与发展水平”。一般通过生产力和新陈代谢等指标测量生态活力。② 具体指标是生态系统的初级生产力与物质循环。在一定时空范围内，生态系统输入的能量越多，其物质循环速度越快，生态系统越具有活力。当然，这并不是说，一个生态系统能量输入多或者物质循环快，其生态系统就越健康，因为还要综合考量其他指标。但是，一个生态系统能量输入有限，物质循环缓慢，则其生态系统健康可能出了问题。“组织结构是指生态系统的复杂性，或其能量交换途径的有效性和完善性，即生物种群和生物群落的多样性以及它们之间相互关系的复杂性。”③ 一般通过对多样性指标和平均共有信息的网络分析来探讨生态组织结构。“恢复力是生态系统维持结构与格局的能力。当出现外来物种的冲击或人类活动受到干扰时，系统本身也具有一定的克服压力以及反弹恢复的能力。”④ 一般采用模拟模型来计算生态恢复力。

---

① Robert Costanza, Bryan Norton and Ben Haskell, *Ecosystem Health: New Goals for Environmental Management*, Washington, D. C.: Island Press, 1992.

② 许芳、刘殿国：《产业安全的生态预警机制研究》，科学出版社2010年版，第45页。

③ 同上书，第48页。

④ 同上。

表 2－1　　　　　　生态系统健康的各项测量指标

生态系统健康指标	相关的概念	相关的测量指标	起源领域	使用方法
活力	功能	初级总生产力、初级净生产力	生态学	测量
	生产力	国内生产总值	经济学	
	生产量	新陈代谢	生物学	
组织结构	结构生物多样性	多样性指数	生态学	网络分析
		平均共有信息		
恢复力		生长范围	生态学	模拟模型
		种群恢复时间		
		化解干扰能力		
综合		优势度	生态学	
		生物整合性指标		

资料来源：肖风劲、欧阳华：《生态系统健康及其评价指标和方法》，《自然资源学报》2002 年第 2 期。

三　传媒产业生态系统健康评价指标体系

传媒种群的发展与生物种群都遵循相同的竞争原则。传媒单位是特殊的生命体，与其周围的经济社会之间的关系极其密切，类似于生物种群与周围环境的物质能量交换关系。传媒产业组织与其周围环境之间不断地进行物质、能量和信息交换，在此基础上构成统一的整体，我们称之为传媒产业生态系统。该系统是具有生态学属性的产业体系，可以借用生态学的相关理论来分析其产业生态系统健康状况。

为了更加细致地分析中国传媒产业生态系统健康状况，我们通过广泛讨论，并参阅多种产业生态评价指标体系，力图构建相对合理的传媒产业生态系统健康的评价指标体系，以此来测度中国传媒产业生态系统健康状况，以便发现问题，为构建健康、稳定、具有生机活力的传媒产业生态系统提供参考。传媒产业生态系统健康评价指标体系包括三级指标，一级指标主要包括产业活力指标、产业组织结构指标以及产业恢复力指标。每个一级指标又包含若干二级指标，再通过若干三级指标来表征二级指标。之所以确立这些指标来评价传媒产业生态系统健康，主要参照了其他产业的相关研究，并结合传媒产业的属性和特征，做了归纳与筛选，体现了传媒产业生态系统的一般性和特殊性。

（一）产业活力指标

活力表示产业生态系统的能量交换能力，一般用来描述产业的产出水平和发展状态。一个产业是否具有活力，要根据产业发展的不同阶段来分析其不同指标的增长率状况。同时，要考虑现有资源能否很好地支撑整个产业的发展，市场机制在资源配置中是否起到作用，等等。传媒产业活力指标考察的是传媒产业产出水平和发展状态，主要包括传媒产业的成长性、传媒生态承载力和传媒市场化程度等三项指标。对于传媒产业来说，不同的子产业所处的发展阶段不尽相同，上述三个考察指标是可以共用的，我们在分析的时候，要注意不同子产业的生命周期，根据实际情况来分析。其他领域对于产业活力的相关研究为传媒产业活力指标的选取提供了广泛的借鉴。

1. 企业与产业的成长性指标

（1）企业成长性的内涵

企业的成长性是微观经济研究中较为关注的问题。罗纳德·哈里·科斯（Ronald H. Coase）从多角度来认识企业成长，既包括企业经营规模的扩张，又包括企业功能的扩展和市场交易的内部化，最终使企业边界不断扩大。① 在后来的研究中，学者们从不同的角度分析企业成长所依赖的条件，逐渐形成

① Coase，R. H.，“The Nature of the Firm”，*New Series*，1937，Vol. 4，No. 16，pp. 386 – 405.

了企业成长性的不同理论观点。

① 资源禀赋论

彭罗斯（Penrose，E. T.）认为，企业内部知识与能力的积累与增加引起企业规模和性质的变化，推动着企业的成长。彭罗斯认为，企业通过收购或兼并的方式实现规模扩张，会受限于企业内部的管理能力，在此基础上提出了著名的“Penrose 曲线”。[①] 奥利弗·伊顿·威廉姆森（Oliver·Eaton·Williamson）主要关注企业量的扩张，突出企业以纵向边界为特征的量的扩张。[②] Abemathy 认为，企业成长就是从非最优经济规模向最优经济规模发展的过程。[③] Covin 与 Stevin 提出，企业成长的速度主要取决于成长的驱动因素以及企业对成长的渴望程度，包括创业者的能力、组织资源和市场条件等因素。[④] Storey 认为，影响企业成长性的因素主要包括企业管理者的素质、企业内在素质和企业业务发展战略范围等。[⑤] Canals 运用企业成长综合评价模型来分析企业的成长性，认为影响企业成长性的因素主要包括外部环境、内部环境、经营理念、资源和能力、成长战略等五大类。[⑥] Erkki K. Laitinen 则从企业的竞争力、生产要素、生产成本、财务状况、产品、作业与收入等 7 个方面入手，建立了一个评价指标体系，考量了芬兰 93 家高新技术企业的成长性。[⑦] 上述观点表明，学术界对于企业成长的禀赋有较多的讨论，基本涵盖企业成长所涉及的生产要素、政策条件、经营理念等诸多方面，为进一步分析传媒产业成长性提供了参考。

---

① Penrose，E. T.，*The Theory of the Growth of the Firm*，Oxford：Oxford University Press，1959，pp. 55 – 60.

② Williamson，O.，*Markets and Hierarchies*：*Analysis and Anti – Trust Implications*，New York：The Free Press，1975，pp. 267 – 78.

③ Abemathy，Utterback，“The Dynamics of Product and Process Innovation”，*Omega*，1975，Vol. 3，No. 6，pp. 639 – 655.

④ J. G. Covin，D. P. Stevin，“New venture strategic posture，structure and performance：An industry lifecycle analysis”，*Journal of Business Venturing*，1990，Vol. 5，No. 2，pp. 123 – 125.

⑤ D. J. Storey，“New firm growth and bank financing”，*Small Business Economics*，1994，Vol. 6，No. 2，pp. 139 – 150.

⑥ Jordi Canals，*Managing Corporate Growth*，Oxford：Oxford University Press，2000.

⑦ Erkki K. Laitinen，“A Dynamic Performance Measurement System：Evidence from Small Finnish Technology Companies”，*Scandinavian Journal of Management*，2002，Vol. 18，No. 1，pp. 65 – 99.

② 企业生命周期论

20 世纪 70 年代以后，一些学者用生物体的生命周期规律来对比企业成长，提出企业生命周期理论。1972 年，哈佛大学的拉芮·格雷纳（Greiner, Larry E.，1972）首次提出了企业生命周期的概念[①]，这一理论后来成为学术界长期关注的话题。Adizes 将企业分为成长和老化两个阶段，每个阶段又分为 5 个时段。第一阶段为企业持续成长阶段，可以分为孕育期、婴儿期、学步期、青春期和盛年期；第二阶段为老化期，可以分为稳定期、贵族期、官僚化早期、官僚期和死亡期。[②] 每一个时段都会遇到一些特殊的问题，挑战着管理者的应对策略。分析企业成长性，要充分考虑企业生命周期，因为同样的企业在不同的生命周期里，会表现出不同的生命特征，其物质、能量和信息的交换方式也存在较大的差异。

③ 企业核心能力论

普哈拉和哈默（Prahald and Hamel）提出以“核心能力”这一概念来评价企业组织内部那些重要的能力。在普哈拉和哈默看来，企业的核心能力不会因为长期使用而贬值，它有助于企业提高运作效率。[③] 哈默和贺尼（Gary Hamel, A. Heene）认为企业的核心能力包含显性知识和隐性知识，核心能力在企业的成长过程中起到举足轻重的作用。[④] 上述学者将企业的核心能力视为影响企业成长性的重要指标，对于认识与评价企业成长性具有一定的参考价值。

④企业动态能力论

Teece、Pisano 和 Shuen（1990）在《公司能力、资源和战略概念》中提出企业动态能力的概念，此后该理论不断被引用和拓展。Teece 从“外部环境—组织能力”的角度展开研究，分析企业如何在动态环境中保持竞争优势，

---

① Greiner, Larry E., “Evolution and Revolution as Organizations Grow”, *Harvard Business Review*, 1972, Vol. 50, No. 4, pp. 37 -46.

② Adizes, I., Naiman, M., “Corporate Lifecycles: How and Why Corporations Grow and Die and What to Do About It: Prentice Hall (1988)”, *Long Range Planning*, 1992, Vol. 25, No. 1, p. 62.

③ Prahalad, C. K., Hamel, G., *The Core Competence of the Corporation. Organization of Transnational Corporations*, Berlin: Springer, 1993, p. 359.

④ Hamel, Gary, Heene Aimé, *Competence - based Competition*, New York: John Wiley & Sons. 1994, p. 51.

认为企业需要不断更新内外部组织知识、资源与技能，才能够适应市场环境的变化与挑战。[①] 这些研究在一定程度上丰富了企业成长性的研究视角，有助于从动态的角度来认识企业成长性，从而更全面地评价与分析企业的健康发展。

（2）企业成长性的评价指标

关于企业成长性的评价，由于学者们的视角不同，其评价方法也存在较大差异。但总体上来说，可以分为两大类别，即单一评价指标和复合评价指标。

单一评价指标是相对简单的测量指标，主要包括销售额指标、雇用人指数和就业指标等。Dunne 和 Hughes[②] 和 Merz 和 Sauber[③] 以企业 5 年的销售额绝对增长值为衡量指标来测度其成长性。Cooper 等[④]和 Hart 等[⑤]以企业 3 年间的雇用人员相对增长数量作为评价指标，对企业的成长性进行测度。Lewis 和 Churchill 认为，就业指标往往比销售额更能直观地反映企业成长性。[⑥]

复合评价指标比单一评价指标显得更为科学，也更为复杂。单一评价指标存在顾此失彼的问题，很难全面地展示企业成长性的状态，因而不少学者采用复合评价指标来测量企业成长性。Acs 和 Audretsch 利用销售额的平均变化数据、销售额的增长状况、员工数量变化率等复合指标评价企业的成长性。[⑦] 2001 年，原中国企业评价协会联合课题组运用 GEP 评价方法对中小企业成长性进行了评估，其评价指标主要包括企业发展水平、获利水平、经济

---

① Teece, D. J., *Dynamic Capabilities and Strategic Management: Organizing for Innovation and Growth*, USA: Oxford University Press, 2009, p. 19.

② Dunne, P., Hughes, A., "Age, Size, Growth and Survival: UK Companies in the 1980s", *The Journal of Industrial Economics*, 1994, Vol. 42, No. 2, pp. 115 – 140.

③ Russell, Merz G., Sauber, M. H., "Profiles of Managerial Activities in Small Firms", *Strategic Management Journal*, 2007, Vol. 16, No. 7, pp. 551 – 564.

④ Cooper, A. C., Gimeno – Gascon, F. J., Woo, C. Y., "Initial Human and Financial Capital as Predictors of New Venture Performance", *Journal of Business Venturing*, 1994, Vol. 9, No. 5, pp. 371 – 395.

⑤ Hart, P. E., Oulton, N., "Growth and Size of Firms", *The Economic Journal*, 1996, Vol. 106, No. 438, pp. 1242 – 1252.

⑥ Lewis, V. L., Churchill, N., "The Five Stages of Small Business Growth", *Harvard Business Review*, 1983, Vol. 61, No. 3, pp. 30 – 50.

⑦ Acs, Z. J., Audretsch, D. B., "The Determinants of Small – firm Growth in US Manufacturing", *Applied Economics*, 1990, Vol. 22, No. 2, pp. 143 – 153.

效率、偿债能力以及行业成长性等5个指标。① 符林、刘铁芳、迟国泰以现金量、净利润增长率、资产增长率、收入增长率、偿债能力等复合评价指标测量上市企业的成长性。② 杨宜苗运用总资产收益率、净利润、主营业务收入、股东权益和主营利润等几项指标的增长率来衡量企业成长性。③ 一些学者在复合量化指标的基础上，加上了质性分析指标，从多角度衡量企业成长性。王举颖、汪波、赵全超采取财务价值、客户/市场、内部运作流程、学习与成长等4个维度来分析企业的成长性，在分析中兼顾了量化分析和质性分析。④ 陈琦、曾燕红认为，企业的成长是“量”的增长和“质”的提升两者并举的过程。⑤ 何志勇选择了销售毛利率、总资产周转率、成本费用利润率和资产负债率的倒数以及主营业务收入增长率等5项指标作为分析对象，以此来反映出版类上市公司的盈利能力、偿债能力、运营能力和发展能力。⑥ 吴丹通过大量文献的分析显示，学者们对高技术企业成长性的研究，主要选择了技术创新能力、竞争能力、经营绩效、核心竞争力、外部环境支撑和信用风险等视角，也有部分学者从财务与非财务两个维度展开分析。⑦ 上述研究表明，关于企业成长性的评价已经有较多研究文献，指标体系相对健全，为更加客观地评价企业成长状况提供了参考。

（3）产业成长性的评价指标。

成长性产业指的是一个产业的市场需求旺盛、发展空间广阔、企业之间的横向并购效果较好、新产品市场前景好的产业。产业成长性是建立在企业成长性基础之上的一个概念，如果一个产业中的企业成长性普遍较差，其产业成长性也不可能很好。相应的，一个产业的多数企业成长性良好，这个产

---

① 国家经济贸易委员会中小企业司，国家统计局工业交通司，中国企业评价协会联合课题组：《成长型中小企业评价的方法体系》，《北京统计》2001年第5期。

② 符林、刘铁芳、迟国泰：《上市公司的成长性判定方法与实证研究》，《财经问题研究》2008年第6期。

③ 杨宜苗：《业态战略、企业规模、资本结构与零售企业成长——以零售上市公司为样本》，《财贸研究》2010年第1期。

④ 王举颖、汪波、赵全超：《基于BSC－ANP科技型中小企业成长性评价研究》，《科学学研究》2006年第4期。

⑤ 陈琦、曾燕红：《高技术企业成长的内涵及其影响因素分析》，《湖南工程学院学报》2009年第4期。

⑥ 何志勇：《我国出版传媒类上市公司成长性评价实证研究》，《现代出版》2015年第5期。

⑦ 吴丹：《高科技企业成长性评价研究综述与展望》，《工业技术经济》2016年第3期。

业的成长性也比较好。可见，某个产业的成长性与该产业中绝大多数企业成长性之间存在正相关关系。依据产业生命周期不同阶段的特点，分析某一产业的销售增长率和产业利润率的变动趋势，可以判断该产业是否为成长性产业。范从来、袁静认为，一个产业的增长率在两个时期内均高于平均增长率，这个产业属于成长产业；当前一时期接近于平均增长率，后一时期远远高于平均增长率，该产业属于发展产业；当前一时期比平均增长率高，后一时期渐渐低于平均增长率，则属于成熟产业；当两个相邻时期的增长率都比平均增长率低的话，这个产业就属于衰退产业。① 一般来说，这种产业在两个相邻时期的增长率往往高于平均增长率。② 一个产业是否为成长性产业，往往取决于以下两个因素，其一，产业内的企业实施技术创新之后整个产业保持相对旺盛的增长势头；其二，产业内的企业通过外延式增长即规模拓展保持产值持续增加。③ 李远涛将产业规模、产品结构、增长方式和产销对比作为分析图书出版产业成长性的指标，得出如下结论：中国图书出版产业增长趋势变缓，产销失衡，产品库存增加，以粗放式发展支撑产业扩张的格局亟待改观。④ 王忠云等运用生态位理论，从需求生态位、资源生态位、技术生态位和制度生态位 4 项指标综合分析民族文化旅游产业演化的外源动力，以此来判断民族文化产业的成长性。⑤

学术界对其他企业成长性和产业成长性的研究已经比较丰富了，相关理论和指标体系比较成熟，这些研究为我们分析传媒产业成长性提供了参考依据。关于传媒产业成长性的研究则比较少，还有较大的探讨空间。王琪泰提出了成长性传媒经济的概念，认为有影响力的传媒不断成长壮大，形成了区别于其他产业的独特的经济现象。⑥ 桂运东从报纸内容、市场空间和产业关联等角度对地市级报纸产业的成长性做了分析，认为地市报要兼顾报网互动与

---

① 范从来、袁静：《成长性、成熟性和衰退性产业上市公司并购绩效的实证分析》，《中国工业经济》2002 年第 8 期。

② 仉建涛：《中原崛起与河南成长性产业研究》，《经济经纬》2006 年第 1 期。

③ 同上。

④ 李远涛：《我国图书出版产业成长性分析》，《出版参考》2010 年第 22 期。

⑤ 王忠云、张海燕：《基于生态位理论的民族文化旅游产业演化发展研究》，《内蒙古社会科学》（汉文版）2011 年第 2 期。

⑥ 王琪泰：《中国成长性传媒经济的政治经济学分析》，《现代传播》2011 年第 9 期。

资源共享，实现与新媒体的有效融合，审慎发挥产业关联的作用，优化地市报的产业成长性。[①] 总体上来讲，关于传媒产业成长性的研究成果较少，已有的研究多数只是提到传媒产业成长性问题，而没有对其成长性进行量化分析，更没有将传媒产业成长性作为评价其生态系统健康的指标。在传媒产业发展中，传媒经营单位的成长性是反映传媒产业是否具有发展活力的重要参考指标。如果传媒产业成长性较好，必然具有较大的产业活力，对传媒产业健康发展也有一定的推动作用。

上述文献分析为我们确立传媒产业成长性评价指标提供了有益的参考。但是，测量传媒产业成长性要考虑该产业发展的实际情况，不能生搬硬套其他产业的评价指标，因为传媒产业有其特殊性，其经营管理情况和产业的基本属性与其他产业存在一定的差异。同时，在测量传媒产业成长性的时候，也要考虑到数据的易得性。鉴于此，我们选择了传媒市场规模增长率、主营业务收入增长率、新产品的市场增长率等作为分析指标，以此反映传媒产业各子产业的成长性，为评估传媒产业活力提供依据。

2. 生态承载力

承载力（Bearing Capacity）一词来源于古希腊，是物理力学中的一个概念，指的是某一物体在不出现破坏的情况下所能够承受的最大负荷。1789 年，英国人口学家马尔萨斯（Thomas Robert Malthus）运用承载力来解释环境对人类物质增长的限制。[②] 生态承载力指的是生态环境的承载能力，反映的是在一定环境中，一种个体所能够存在的最大极限。人类的生产活动必须依靠周围的水、大气、土地、植物、动物等自然生态系统，这些自然物质为人类生产生活提供了最基本的物质能量。在一定的范围内，人类能够很好地利用周围的环境实现自身的发展，人类对物质能量的需求并没有危及周围的环境，这就说明人类的活动没有超出生态环境所能承受的压力。如果在一定的范围内人类的数量增长太快，人类的生产和生活对周围的生态系统造成破坏与威胁较大，超出生态环境的承受能力，生态系统无法正常调节，人与自然的和谐

① 桂运东：《地市报产业成长性思考》，《新闻前哨》2011 年第 4 期。
② ［英］托马斯·罗伯特·马尔萨斯：《人口原理》，陕西师范大学出版社 2008 年版。

相处就会受到限制，这种状态就超出了生态承载力的范围。

在传媒产业发展过程中，各个地区各种类型的媒介与周围的自然、社会环境存在必要的物质能量交换关系。如果周围的政策体系、受众资源、盈利状况等条件能够很好地满足传媒发展的需求，说明传媒产业生态承载力较强，可以支撑传媒的发展；反之，说明传媒产业生态承载力较弱，不能保持健康的传媒产业生态。由此可见，生态承载力在一定程度上能够解释传媒产业对周围资源的利用状况，为评价传媒产业生态系统健康提供一定的参考。

（1）生态承载力的研究进展

20 世纪 20 年代，帕克和伯吉斯（R. E. Park，E. W. Burgess）将承载力概念引入人类生态学，其内涵得以扩展，主要指在一定的环境条件下，某一种生物可以存活的最多数量的潜力①，即各种因子组合满足个体需求的最大极限②。生态承载力的概念处于演变之中，经历了种群、资源、环境到生态系统的过程。随着人类对自然物质的利用出现越来越多的矛盾，承载力概念被引入自然－社会系统。20 世纪 70 年代以后，有了土地承载力、人口承载力、环境承载力等概念，承载力的研究领域不断扩大，其解释力也得到拓展。Bailey 认为，可以从经济和生态两个角度来划分承载力。③

中国对生态承载力的研究起步较晚。杨贤智从生态系统所能承受的外部扰动能力的角度来考察生态环境承载力。④ 王中根、夏军从生态环境对人类经济社会活动的支撑能力角度来定义生态环境承载力。⑤ 高吉喜认为，生态承载力应该包括资源、环境和社会 3 个子系统，“生态承载力是指生态系统的自我维持、自我调节能力，资源与环境子系统的供容能力及其可维持的社会经济活动强度和具有一定生活水平的人口数量”。⑥ 向芸芸认为，考量生态承载力，

---

① Odum，E. P.，*Fundamentals of Ecology*，Saunders：Philadephia，PA，1971.

② Park，R. E.，Burgess，E. W.，*Introduction to the science of sociology*，Chicago：The University of Chicago Press，1921.

③ Bailey，J. A.，*Principles of wildlife management*，New York：John Wiley & Sons，1984.

④ 杨贤智：《开发草地资源发展农区草业》，《广东农业科学》1990 年第 1 期。

⑤ 王中根、夏军：《区域生态环境承载力的量化方法研究》，《长江职工大学学报》1999 年第 4 期。

⑥ 高吉喜：《可持续发展理论探索：生态承载力理论、方法与应用》，中国环境科学出版社 2001 年版，第 15 页。该定义中资源与环境子系统的供容能力是指资源和环境的承载能力大小。

应重点把握3个方面的因素：一是研究包括人类在内的复合生态系统；二是资源环境的容纳能力；三是时空尺度的依赖性问题。①

由此可见，学者们的研究领域和知识背景的不同，其关注的重点有较大的差别，对生态承载力的定义也存在一定的差异。总体来看，学者们认为生态承载力不仅仅是生态问题，而应该将这一理念放在更为广阔的自然与社会的综合环境中来考量，这一理念对于传媒产业生态系统健康评价具有一定的参考意义。

（2）生态承载力的测量方法

生态承载力的测量方法较多，主要包括自然植被净第一性生产力估测法、生态足迹方法、供需平衡法、能值分析方法和生态承载力综合评价法等。Lieth等学者在《生物圈的第一生产力》中，采用自然植被净第一性生产力估测法来测度生态承载力②，后来这一方法不断被使用与改进。20 世纪 90 年代，加拿大经济学家 William 与 Wackernagel 引入“生态足迹”（Ecological Footprint）的概念，使该领域的研究范围进一步扩大，从生态系统里的单一要素研究扩展到整个生态系统研究。③ 加拿大经济学家 William 运用生态足迹方法来测量生态承载力，主要通过测量一定区域中维持人类生存和发展的自然资源消费量，再测量吸纳人类所产生的废弃物占用的生物生产性土地面积，将计算结果与规定的人口区域生态承载力进行比较，以此来评价人类对其赖以生存的生态系统的影响。④ 此后，学术界不断改进生态承载力的评价模型，包括时间序列足迹模型、投入产出足迹模型等。有学者采用了能值分析理论，将生态系统中不同能值转换为相同的能值，通过对能值的比较来分析生态承载力。⑤ 中国学者周广胜和张时新综合水热平衡联系方程以及植物的生理生态

① 向芸芸：《生态承载力研究和应用进展》，《生态学杂志》2012 年第 11 期。

② Lieth, H., *Modeling the Primary Productivity of the World. Primary Productivity of the Biosphere*, Berlin: Springer, 1975, pp. 237 - 263.

③ William, E., Rees, "The Ecology of Sustainable Development", *The Ecologist*, 1990, Vol. 20, No. 1, pp. 18 - 23.

④ Rees, W. E., "Ecological Footprint and Appropriated Carrying Capacity: What Urban Economics Leaves Out", *Environment and Urbanization*, 1992, Vol. 4, No. 2, pp. 121 - 130.

⑤ Brown, M. T., Ulgiati, S., "Energy - based Indices and Rations to Evaluate Sustainability: Monitoring Economies and Technology Toward Environmentally Sound Innovation", *Ecological Engineering*, 1997, Vol. 9, No. 1 - 2, pp. 51 - 69.

特点，建立了自然植被净第一性性生产力估测法[①]，在生态学研究中也具有一定的知名度。

王中根通过考察一定区域内经济社会发展和人类生存发展的需求，分析人类所使用的资源量和生态环境质量之间的平衡性，在此基础上评价生态承载力。[②] 陈天乐、王开运、邹春静等学者运用层次分析法建立了生态承载力综合评价指标体系，通过对空间量化与生态承载力空间分异的研究来测量生态承载力。[③] 可见，学术界不断改进生态承载力的测度方法，并在不同的领域得到运用，这些成果为传媒产业生态承载力的研究提供了有益的借鉴。

（3）传媒产业生态承载力及其分析方法

目前，关于传媒产业生态承载力的研究较少。朱建伟提出了出版体制承载力概念，认为出版机制要有灵活性，这是出版产业活力的体现，但出版机制的灵活性不能超越体制的承载力。[④] 俞涛、王道平等关注了科技期刊的环境承载力和出版资源承载力等因素，认为这些因素是影响科技期刊生态系统优化的重要因素。[⑤] 谢明礼认为，提倡绿色出版、循环出版和低碳出版需要关注出版资源承载力问题。[⑥] 厉亚、俞涛、贺战兵提出了出版产业生态系统承载力的概念，认为出版产业生态系统承载力由出版资源承载力、出版生态系统的自我维持和调节能力、出版市场承载力等因素构成，该文并没有进一步对出版生态系统承载力进行量化分析。[⑦]

在自然生态领域，环境承载力是指在某一时期，某种环境状态下，某一

---

① 周广胜、张时新：《全球气候变化的中国自然植被的净第一性生产力研究》，《植物生态学报》1996 年第 1 期。

② 王中根、夏军：《区域生态环境承载力的量化方法研究》，《长江职工大学学报》1999 年第 4 期。

③ 陈乐天、王开运、邹春静等：《上海市崇明岛区生态承载力的空间分异》，《生态学杂志》2009 年第 4 期。

④ 朱建伟：《出版体制改革背景下的出版安全观》，《河南大学学报》（社会科学版）2006 年第 5 期。

⑤ 俞涛、王道平、张高明、黄桂芳、屈姝存：《科技期刊生存与发展的生态学思考》，《编辑学报》2007 年第 1 期。

⑥ 谢明礼：《关于绿色出版、循环出版和低碳出版的几点思考》，《编辑之友》2010 年第 9 期。

⑦ 厉亚、俞涛、贺战兵：《生态出版产业内涵研究》，《出版科学》2012 年第 5 期。

区域环境对人类社会经济活动的支持能力的阈值。① 传媒环境承载力是指一定的制度环境、经济基础和文化系统为保证一定质量和规模传媒健康发展的能力，它是传媒产业发展的外部条件。同其他生态系统一样，在一般情况下，传媒生态系统有自我调节和自我恢复功能。在内外扰动或者压力不超过其弹性限度时，生态系统在偏离原来状态后可以恢复到原有状态，这就是生态系统的“弹性力”。②

上述表明，传媒产业生态承载力问题已经引起部分学者的关注，但目前的研究仅仅停留在对概念的使用和注意事项的探讨方面，没有详细地研究传媒产业生态承载力的测量方法，较少学者从学理的角度做更深层面的探讨，这为后续研究留下较大空间。传媒产业的发展要消耗一定的能量和资源，现有的资源能否承载传媒的发展，是我们考量传媒产业生态系统健康的重要参考指标。在评估传媒产业生态承载力的时候，既要考量传媒的生存空间、传者资源、受众资源、广告资源能否承载现有媒介的发展，又要考虑传媒发展的制度环境、传媒自身的生态弹性力对其发展的影响。上述指标能够在一定程度上反映传媒产业发展中能量交换的质量和速度，从而帮助我们判断传媒产业是否具有发展活力，为进一步评估传媒产业生态系统健康提供依据。

3. 市场化程度

在国外，与市场化程度内涵相近的概念是“经济自由度”，具有国际影响力的评价方法有加拿大弗雷泽研究所提出的“世界经济自由度指数”（EFW）以及美国传统基金会的“经济自由度指数”（EFI）。前者采用十分制的形式，从 5 个方面测算了 1972 年以来世界经济自由度，后者采用百分制的评分办法，从 4 个方面测算了 1995 年以来世界经济自由度。经济自由度的各项评估指标与国内市场化程度评价指标有很大的相关性，多数指标可以相互对应。③

---

① 唐剑武、郭怀成、叶文虎：《环境承载力及其在环境规划中的初步应用》，《中国环境科学》1997 年第 1 期。

② ［英］E. 马尔特比：《生态系统管理——科学和社会问题》，科学出版社 2003 年版，第 91—94 页。

③ 范爱军、罗璇：《中国市场经济地位的确认与改革进程评价——基于经济自由度的视角》，《经济学动态》2009 年第 5 期。

Havrylyshyn 等运用转型早期的欧洲复兴开发银行（EBRD）的转型指标，发现市场化改革与经济增长呈明显的正相关。[①] Laeven 采用主成分分析法测度了 1988—1998 年间 13 个国家金融自由度。[②] 学者们普遍认为，经济自由度高的国家往往能够通过推动本国技术进步[③]、提高要素生产力[④]、吸取先进国家的创新技术[⑤]等方式来促进经济增长。

影响传媒市场化程度的因素很多，主要包括法律环境、政治环境和经济环境。[⑥] 其中，传媒机构的进入壁垒、政治障碍[⑦]、传媒机构国有资产所占的比重[⑧]等因素与传媒产业市场化程度成反比；而区域一体化状况[⑨]、非政府机构对传媒所有权的控制[⑩]、媒介产品的自由贸易[⑪]、传媒资本的自由流动（Michael Curtin）[⑫]、传媒经营收入（International Federation of Newspaper Publishers）[⑬] 等因素与传媒产业市场化程度成正比。与中国相比，欧美发达国家

---

① Havrylyshyn, O., Rooden, R. V., "Recovery and Growth in Transition Economies 1990 - 97: A Stylized Regression Analysis", *IMF Working Paper*, 2006, Vol. 107, No. 1, pp. 68 - 72.

② Laeven, Luc, "Does Financial Liberalization Relax Financing Constraints on Firms?", *World Bank Working Paper*, No. 2467, 2000.

③ Romer, Paul M., "Increasing Returns and Long - Run Growth", *Journal of Political Economy*, 1986, Vol. 94, No. 5, pp. 1002 - 1037.

④ Lucas, R., "On the Mechanism of Economic Development", *Journal of Monetary Economics*, 1988, Vol. 22, No. 1, pp. 3 - 42.

⑤ Barro, T., *Democracy Growth, A Cross - Country Empirical Study*, Cambridge: MIT Press, 1992.

⑥ Freedom House, *Freedom of the Press* 2006: *A Global Survey of Media Independence*. Ed. Karin Deutsch Karlekar. New York: Rowman & Littlefield, 2006.

⑦ Alessandro D' Arma, "Global Media, Business and Politics: A Comparative Analysis of News Corporation's Strategy in Italy and the UK", *International Communication Gazette*, 2011, Vol. 73, No. 8, pp. 670 - 684.

⑧ Yu, Hong, Between Corporate Development and Public Service: the Cultural System Reform in the Chinese Media Sector, Media, Culture & Society, 2014, Vol. 36, No. 5, pp. 610 - 627.

⑨ Chung, Peichi, "Co - Creating Korean Wave in Southeast Asia: Digital Convergence and Asia' s Media Regionalization", *Journal of Creative Communications*, 2013, Vol. 8, No. 2 - 3, pp. 193 - 208.

⑩ Vaclav, Stetka, "From Multinationals to Business Tycoons: Media Ownership and Journalistic Autonomy in Central and Eastern Europe", *The International Journal of Press/Politics*, 2012, Vol. 17, No. 4, pp. 433 - 456.

⑪ Chung - Sok Suh, Young - Dal Cho and Seung - Ho Kwon, *The Korean Wave in Southeast Asia: An Analysis of Cultural Proximity and the Globalization of the Korean Cultural Products*. Retrieved from http: //congress. aks. ac. kr/korean/files/2_ 1358476377. pdf Straubhaar, J. 2007.

⑫ Michael Curtin. Comparing media capitals: Hong Kong and Mumbai, *Global Media and Communication*, 2010, Vol. 6, No. 3, pp. 263 - 270.

⑬ International Federation of Newspaper Publishers, *World Press Trends*, Paris: International Federation of Newspaper Publishers, 1995.

传媒经济自由度很高，市场化经营是其最基本的特征，除了一些反垄断和涉密信息方面的限制之外，传媒机构拥有很大的经营自主权。尽管欧美发达国家传媒产业市场化程度很高，但是一直没有学者对传媒市场化程度进行测度分析。

在国内，市场化指的是从计划经济向市场经济进行体制转轨的过程，这一系统工程涉及经济、社会、法律等全方位的变革。① 从20世纪90年代以来，一些学者积极研究市场化程度的测度，主要从全国市场、区域市场以及具体行业等三个层面来测度经济市场化程度。第一，对全国经济市场化程度进行综合研究与评估。最早建立的市场化程度指标体系包括宏观指标、市场主体（企业）拥有自主经营权程度、体现市场取向的经济改革的有关指标等三个一级指标，并细化为若干个二级指标。② 不过，该研究只是停留在指标设计上，并没有运用这一指标体系来测度市场化程度。此后，学者们利用统计数据直接评估各项指标的百分比，以便从整体上来判断不同产业的市场化程度③。不过，运用简单的百分比统计的方法不能从宏观上衡量市场化程度，且大多数研究的时间跨度较短，难以展现市场化程度演变过程。学者们运用主成分分析法对上市家族企业④、经济增长⑤、自主创新配置效率⑥等进行分析。其中，影响较大的是樊纲、王小鲁等所带领的中国市场化指数课题组对2001年以来中国市场化指数的测度与分析。该课题组选择政府与市场的关

---

① 樊纲、王小鲁：《中国市场化指数》，经济科学出版社2001年版。

② 宋则行：《试论考察地区经济市场化程度的指标体系》，《学术研究》1993年第4期。

③ 卢中原、胡鞍钢：《市场化改革对我国经济运行的影响》，《经济研究》1993年第5期；宋则行：《试论考察地区经济市场化程度的指标体系》，《学术研究》1993年第4期；江晓薇、宋红旭：《中国市场经济度的探索》，《管理世界》1995年第6期；陈述云、吴小钢：《我国地区经济市场化程度的比较研究》，《数量经济技术经济研究》1995年第1期；顾海兵：《中国经济市场化程度的最新估计与预测》，《管理世界》1997年第2期；顾海兵：《中国经济市场化程度："九五"估计与"十五"预测》，《经济学动态》1999年第4期；郑春芳：《再议中国经济的市场化程度》，《山西财经大学学报》2005年第1期。

④ 陈文婷、李新春：《上市家族企业股权集中度与风险倾向、市场价值研究——基于市场化程度分组的实证》，《中国工业经济》2008年第10期。

⑤ 刘江会、唐东波：《财产性收入差距、市场化程度与经济增长的关系——基于城乡间的比较分析》，《数量经济技术经济研究》2010年第4期；王丽英：《市场化程度与区域经济增长的实证研究——基于省际面板数据的分析》，《经济体制改革》2010年第2期。

⑥ 成力为、孙玮：《市场化程度对自主创新配置效率的影响——基于Cost - Malmquist指数的高技术产业行业面板数据分析》，《中国软科学》2012年第5期。

系、非国有经济的发展、产品市场的发育程度、要素市场的发育程度以及市场中介组织和法律制度环境等5个方面18个分项指标，运用主成分分析法生成各指标的权重，对各省、自治区、直辖市的市场化程度进行测度。该项研究已经成为一个稳定的观测体系，基本概括了市场化的各个方面，避免了将制度变量与度量发展程度的变量混淆在一起，其相关成果为多个领域的研究提供了参考依据。上述研究表明，近年来市场化程度的研究视角不断拓展，逐渐从宏观经济转向具体的经济领域，研究成果更具有指导性和参考价值。学者们也从早期仅仅测度市场化程度转变为更复杂、更深入的研究，如分析市场化程度与其他经济指标之间的内在关联性等，其研究结论具有更广泛的应用价值。

改革开放以来，市场化运作在传媒产业的各个领域与环节有着不同程度的发展。唐绪军认为，报业市场化"指的是报业经营机制以市场为指向，通过市场获得办报活动所耗费的物质资源和劳动力资源的价值补偿并有一定的盈余，从而使报业在经济上得以自立的过程"①。市场化程度指标体系的确立是一项复杂的工作，学者们的观点存在较大差异。在第三产业中，生产者、消费者、人才、技术、知识、教育、信息等各个要素的供给与需求是否通过市场进行，是衡量该产业市场化程度的重要指标。② 在现有的文献中，主要从以下几方面来评价传媒产业市场化程度：

第一，产品市场。传媒产品经营是传媒市场化程度加深的一个标志③，如电视节目的制播分离④、电视节目交易市场化⑤、电视广告定价方式的灵活性⑥等是影响传媒市场化程度不可或缺的因素。在中国电视媒体行业，电视业务链的不同环节的市场化程度不尽相同。其中，节目制作和播出等业务

① 唐绪军：《报业经济与报业经营》，新华出版社1999年版，第106页。

② 唐之享：《调查与研究》（上册），红旗出版社2010年版，第8页。

③ 匡导球：《报业资本运营的内在逻辑与现实路径》，《南京社会科学》2008年第8期。

④ 刘沙白：《中国电视产业与市场化程度研究》，人民网传媒频道，http：//www. people. com. cn/GB/14677/22114/36721/36723/2744416. html；黄力：《传媒企业市场化改革探析——基于厦门广播电视集团制播分离的实践》，《新疆财经大学学报》2008年第2期；喻国明，姚飞：《项目制公司：电视节目制播分离的可行性模式探讨——基于操作层面的运营模式设计》，《现代传播》2014年第3期。

⑤ 刘成付：《中国广播电视体制创新》，南方日报出版社2007年版，第72页。

⑥ 黎斌、蒋淑媛等：《中国电视广告经营模式创新研究》，中国传媒大学出版社2005年版，第34页。

的市场化程度最低，其他环节的业务市场化程度略高一些（黎斌，2004）。第二，要素市场。电信运营商、网站运营商、内容供应商、技术服务商、终端生产商等市场发展状况①、版权贸易市场②的发展状况是决定传媒市场化程度的标志。传媒机构的资金来源是其市场化程度的重要评判标准之一，财政拨款与传媒市场化程度成反比③，业外资本和外资投入状况则同传媒产业市场化程度成正比。④ 影视剧市场的资本、产权、人才、信息、技术等文化生产要素市场的培育是评价市场化程度的依据，知识产权代理、市场开发、市场提供、法律咨询等中介组织和行业组织的建立，是该项业务市场化程度的重要标志。⑤ 第三，盈利渠道。报纸市场化程度的高低，主要取决于广告收入、来自读者自费订阅的收入⑥以及其他市场经营活动在整个报业总收入中所占的比例⑦，如果比例越大，表明其市场化程度越高。开放广告经营是中国大陆传媒产业市场化的开端，因而广告成为反映传媒市场化程度最重要的指标。⑧

上述论证表明，传媒产业市场化改革已经成为国内外学术界关注的重要话题，在传媒经济、传媒组织管理以及新闻自由等领域都会涉及这一话题。尽管这一话题比较重要，但是现有的成果较多从理论层面反思传媒市场化的现状、问题及影响，或者将传媒产业市场化作为一个现实背景，并没有成果对传媒产业市场化程度进行测度与分析，现有的研究为传媒产业市场化程度的评估提供了有益的参考。

为了充分反映中国传媒产业市场化程度，在选取评价指标时，主要遵循以下原则：①评价指标要具有明确的社会经济意义；②评价指标要具有

---

① 杨明品：《我国广播影视发展的新形势和新趋势》，《中国广播电视学刊》2014 年第 9 期。

② 牟俊翰、李昕：《我国电视版权贸易现状与问题研究》，《编辑之友》2011 年第 11 期；郝婷，黄先蓉：《论媒介融合背景下数字版权交易制度的完善》，《数字图书馆论坛》2016 年第 7 期。

③ 耿同劲：《文化产业供应链融资研究》，《贵州社会科学》2013 年第 6 期。

④ 蒋晓丽、李建华：《中国新闻传媒 30 年巨变及其反思》，《西南民族大学学报》（人文社科版）2008 年第 12 期。

⑤ 蓝甲云、王铁军、陈冠梅：《文化产业市场化的价值导向》，《财经理论与实践》2007 年第 3 期。

⑥ 唐绪军：《报业经济与报业经营》，新华出版社 1999 年版，第 106 页。

⑦ 陈怀林：《论中国报业市场化的非均衡发展》，《新闻与传播研究》1996 年第 2 期。

⑧ 纪华强、刘忻、范鹏：《对大陆传媒“市场化”发展问题的反思》，《上海管理科学》2008 年第 6 期。

代表性，即评价指标能够涵盖广播电视产业市场发展的最基本的特征；③在保证获取最可靠、最全面信息的前提下，最大可能地限制指标的数量；④数据的准确性和可获得性。在遵循上述原则的基础上，本书主要选择了传媒产业固定资产投资、劳动力、技术与设备进出口状况、财政收入状况等作为评价其市场化程度的指标。由于一些指标在产业组织结构和产业恢复力等方面已经做了分析，因此，在本书中，主要以政府财政投入、非国有经济在固定资产投资中所占比例等作为指标，以此评价传媒产业的市场化程度。

（二）产业组织指标

1. 媒介种群结构

在自然界的一定空间范围里，各种类型的生物之间、生物与自然界之间存在复杂的有机联系，食物链就是在这种联系中形成的。生物体之间、生物体与自然界之间维持动态平衡的关系，生物体形成自组织、自适应和能动发展的机制。在传媒产业中，也存在类似的机制，不同的媒介组成各种媒介种群，在一定范围内，所有共存的媒介构成了媒介群落，群落内的媒介之间、媒介与其他产业之间进行着能量和价值交换。

传媒的竞争可以分为种内竞争和种间竞争，种内竞争对媒介单位的影响较大，可能会产生种内此消彼长的现象；种间竞争对媒介种群的生命力产生重要的影响，弱势种群如果不能很好地应对竞争，很可能会在竞争中落败，导致种群发展受限。Hannan 和 Freeman 认为，种群组织指的是那些依靠同类物质和社会环境，依靠相同资源的组织的集合。① 种群的数量是由多种因素决定的，Douglas R. Wholey 和 Susan M. Sanchez（1991）认为，一个产业中企业种群的数量、进入与退出行为是由多种因素决定的，种群生态理论能够很好地解释企业种群的进入与退出行为以及市场结构的

① Hannan, F. M. T., “Niche Width and the Dynamics of Organizational Populations”, *American Journal of Sociology*, 1983, Vol. 88, No. 3, pp. 1116 – 1145.

变化情况。①

郭骁运用结构方程模型分析企业种群密度与集群企业的创新强度之间的关系，研究表明，那些个体绩效低于平均绩效的企业，当种群密度增大的时候，企业创新强度会降低；那些个体绩效高于平均绩效的企业，种群密度增大会提高企业的创新强度。② 徐学军、唐强荣、樊奇运用生态学种群 Logistic 生长方程分析中国生产性服务产业与制造产业种群的共生关系，研究表明，增加种群环境的容量能够推动生产性服务业与制造业的共生种群发展。③ 由此可见，外部环境的变化无疑对于产业共生关系产生一定的影响，这为传媒产业发展与改革提供了有益的参考。

2. 媒介生态位宽度和生态位重叠度

在生态学中，生态位是指自然生态系统中的某一种群在时间和空间上的位置及其与其他相关种群间的功能关系。④ 企业管理者从生态学领域中引入生态位理念，提出了企业种群生态位和个体生态位⑤，认为企业生态位是指企业在资源需求和生产能力方面的相似程度，企业生态系统由各不相同的生态位组成。1984 年，中国著名的生态学家马世骏和王如松提出复合社会系统的概念，把对生态位的探讨从生物种群系统引入人工生态系统领域。⑥

生态位理论可以用来解释企业多样性问题。从企业竞争的角度来看，生态位相似的企业种群之间会发生竞争，并且生态位的相似度越高，竞争越激烈，其结果是不能抵抗压力的企业最终退出市场。种群生存所依赖的资源维度是考量生态位的重要指标。媒介生态位有六个方面的宏观维度，

---

① Douglas R. Wholey, Susan M. Sanchez, “The Effects of Regulatory Tools on Organizational Populations”, *Academy of Management Review*, 1991, Vol. 16, No. 4, pp. 743 - 767.

② 郭骁：《种群密度、企业异质与创新强度的实证研究》，《中州学刊》2011 年第 6 期。

③ 徐学军、唐强荣、樊奇：《中国生产性服务业与制造业种群的共生——基于 Logistic 生长方程的实证研究》，《管理评论》2011 年第 9 期。

④ 李博：《生态学》，高等教育出版社 2000 年版，第 103 页。

⑤ Hannan, M. and J. Freeman, “Structural Intria and Organizational Change”, *American Sociological Review*, Vol. 49, No. 2, pp. 149 - 164; Baum, Joel A. C. and Jitendra V. Singh, “Organizational Niche and the Dynamics of Organizational Mortality”, *American Journal of Sociology*, 1994, Vol. 5, No. 4, pp. 346 - 380.

⑥ 马世骏、王如松：《社会 - 经济 - 自然复合生态系统》，《生态学报》1984 年第 1 期。

分别是获得的满足、满足机会、消费者支出、时间支出、广告投放以及媒体内容。[①]

探讨媒介生态位，有两个概念是无法回避的，即生态位宽度和生态位重叠。在媒介发展中，生态位宽度又被称为生态位广度（niche width）、生态位大小（niche size），尽管学者们对这一概念的解释不尽相同，但有些核心理念却是一致的，它主要表示物种或者种群对环境适应的状况或者对资源的利用程度。[②] 一般来说，可以对某一特定资源维度或资源轴的生态位区域进行度量，以此来衡量生态位宽度。比如测量媒介消费中满足需求状况、满足机会、时间支出、经费支出以及广告投放等。以电影和电视两大种群为例，前者主要靠票房收入盈利，其生态位宽度相对狭窄，而后者的盈利手段包括广告费、收视费等，其生态位宽度明显更宽一些。生态位重叠（niche overlap）主要考量两个种群之间的生态相似性。在生态位空间模型里，重叠是两个相邻的生态位空间所共有的区域[③]。

对于传媒产业来说，如果所需要的资源是有限的，生态位重叠就意味着相互竞争，重叠度越高，竞争就越激烈；如果媒体机构所利用的资源重叠度不高，相互之间的竞争就不会太激烈，其共存的几率明显提升。强月新、张明新（2009）运用生态位理论对传媒产业间的广告资源竞争进行深入分析，研究发现，报纸、广播、电视、杂志和网络五大传媒广告资源竞争异常激烈，而网络与其他四种传媒广告资源竞争强度相对较弱，报纸的生存环境最为恶劣。[④] 姜照君、顾江采用 Levins[⑤]、Dimmick 和 Rothenbuhler[⑥] 的生态位宽度和生态位重叠度的计算公式测度了江苏省广播电台、电视台

---

① ［美］约翰·W. 迪米克：《媒介竞争与共存：生态位理论》，王春枝译，清华大学出版社 2003 年版，第 49 页。

② Skyrme, D. J., *Knowledge Networking: Creating the Collaborative Enterprise*, Oxford: Butterworth - Heinemann, 2001.

③ ［美］约翰·W. 迪米克：《媒介竞争与共存：生态位理论》，王春枝译，清华大学出版社 2003 年版，第 62 页。

④ 强月新、张明新：《中国传媒产业间的广告资源竞争：基于生态位理论的实证分析》，《新闻与传播研究》2009 年第 5 期。

⑤ Levins, R., *Evolution in Changing Environments*, Princeton: Princeton University Press, 1968.

⑥ Dimmick, J., & Rothenbuhler, E., "The Theory of the Niche: Quantifying Competition among Media Industries", *Journal of Communication*, 1984, Vol. 34, No. 1, pp. 103 - 119.

和报社的生态位宽度和生态位重叠度，数据显示，江苏省广播电台、电视台和报社的生态位宽度变化较大，从“专用型”转变为“通用型”，后来又返回“专用型”。并且，三者的生态位重叠度较高，竞争异常激烈。[①] 相比较而言，电视台的生态竞争优势最强。郭兵、李富华、罗守贵运用超效率DEA的方法，从互补性资产角度分析了文化传媒企业生态位的“态”与“势”，研究发现，文化传媒企业的“态”与“势”要素效率存在差异，前者比后者更高效，提高宣传推广费和研发费有助于提高文化传媒企业生态位“势”要素。[②]

同城同类报纸之间的竞争往往非常激烈，因为这些报纸的生态位相似，对同类资源的依赖与争夺导致竞争加剧，而资源的枯竭将驱使弱者退出市场。比较理想的情况是，生态位相似的媒介，通过自然选择，其生态位发生分化，从而减少与原先同类媒介之间的竞争，使双方共同生存下去。由此可见，媒介生态结构的多样性是保持媒介生态系统健康的重要因素。

3. 传媒产业市场集中度

考察传媒产业生态系统健康，要充分把握传媒产业竞争与垄断状况，这样有助于了解传媒内部各家媒体之间的竞争关系。在产业组织理论中，产业的市场结构是反映企业市场关系特征和形式的一个概念，弄清楚市场结构状况，能够帮助我们了解产业的竞争和垄断情况。一般来说，市场结构包括四种市场关系：①卖方之间的关系；②买方之间的关系；③买卖双方的关系；④市场内买方、卖方与正在进入或者可能进入该市场的买方、卖方之间的关系。由此可见，市场结构即反映市场竞争和市场垄断关系的一个概念。[③] 市场结构的衡量指标很多，包括市场集中度、产品差别化程度、市场进入、退出壁垒等。其中，最核心的指标是市场集中度。

在产业组织研究中，市场集中度是用于反映特定产业或者市场中，卖方或者买方所具有的相对规模结构的指标，是反映某一行业的竞争和垄断程度

---

① 姜照君、顾江：《江苏省传媒业的广告资源竞争——基于生态位理论的实证分析》，《现代传播》2014 年第 8 期。

② 郭兵、李富华、罗守贵：《基于互补性资产的文化传媒企业生态位态势效率评价研究》，《现代管理科学》2015 年第 11 期。

③ 苏东水：《产业经济学》（第三版），高等教育出版社 2010 年版，第 94 页。

的概念。市场集中度能够反映某一产业内部大企业的经济支配能力。一般来说，可以采用行业集中度、基尼系数、洛仑兹曲线、赫芬达尔－赫希曼指数等指标来评估产业的市场集中度。本书主要采用行业集中度测算传媒产业的市场集中度。

行业集中度（Concentration Ratio）是指某一产业中，规模最大的前几家企业的某一数值 X（如产量、产值、销售量、销售额、资产总额等）占该产业市场的份额，一般以产业内最大若干家企业的销售额占全产业的比重来衡量。[①] 见公式 2－1：

$$CR_n = \sum_{i=1}^{n} X_i \Big/ \sum_{i=1}^{n} X_i \qquad (2-1)$$

式中：CR_n 表示某一产业中规模最大的前 n 家企业的市场集中度，其中 CR 是 Concentration Ratio（行业集中度）的缩写，n 表示产业内的企业数量。

X_i——产业中第 i 位企业的产值、产量、销售额、销售量、资产总额或者职工人数等数值。

行业集中度是通过计算若干家最大企业的销售额等指标在整个产业经济总量中所占的比重来反映。一般来说，取产业内 4 家或者 8 家最大企业的相关数值来衡量某一产业的市场集中度。哈佛学派认为，某一产业市场集中度越高，表明市场的竞争者越少，市场竞争程度越低，越容易形成合谋和垄断行为，从而提高价格。

根据市场集中度数值的大小，可以判断传媒产业属于何种类型的市场结构，这样能够帮助我们更清楚地认识和把握传媒产业的结构状况。在产业经济学中，人们根据市场竞争与垄断程度的不同，将市场结构分为完全竞争市场结构、垄断竞争市场结构、寡头垄断市场结构和完全垄断市场结构等 4 种类型。在研究中，完全垄断和完全竞争市场结构为垄断竞争和寡头垄断市场结构的行为特征和绩效分析提供了参照和依据。有学者将上述 4 种市场结构类型的结构、行为和绩效的特征总结出来，参见表 2－2。

---

① 金碚：《产业组织经济学》，经济管理出版社 1999 年版，第 114 页。

表 2－2　不同市场结构的特征

市场类型	结构			行为			绩效		
	企业数量	进入条件	产品类型	价格策略	产量策略	促销策略	利润率	效率	技术进步
完全竞争	很多	容易	标准化	无	独立	单个企业需要	正常	很高	好
垄断竞争	较多	较容易	差异化	未察觉到的依赖	单个企业值得	单个企业值得	正常	较高	较好
寡头垄断	较少	有阻碍	标准化或差异化	可察觉的依赖	各种手段	各种手段	有超额利润	较差	一般
完全垄断	一个	很困难	完全差异化	独立	企业等于行业	企业等于行业	较高超额利润	很差	差

资料来源：简新华、魏珊：《产业经济学》，武汉大学出版社 2001 年版，第 142 页。

美国产业组织代表人物乔·贝恩（Joe S. Bain）于 1959 年出版了《产业组织》一书，贝恩根据产业内前四位和前八位企业的相关数值占整个行业的市场份额来评估行业集中度，对不同竞争、垄断结合程度的产业的市场结构进行了分类，见表 2－3：

表 2－3　贝恩的市场结构分类

市场结构 \ 集中度	CR_4(%)	CR_8(%)
寡占Ⅰ型	$85 \leqslant CR_4$	—
寡占Ⅱ型	$75 \leqslant CR_4 < 85$	或 $85 \leqslant CR_8$
寡占Ⅲ型	$50 \leqslant CR_4 < 75$	$75 \leqslant CR_8 < 85$
寡占Ⅳ型	$35 \leqslant CR_4 < 50$	$45 \leqslant CR_8 < 75$
寡占Ⅴ型	$30 \leqslant CR_4 < 35$	或 $40 \leqslant CR_8 < 45$
竞争型	$CR_4 < 30$	或 $CR_8 < 40$

资料来源：转引自苏东水《产业经济学》（第三版），高等教育出版社 2010 年版，第 97 页。

国外关于传媒产业市场集中度的研究成果较多，美国的学者研究表明，地方性日报市场集中程度几乎达到完全垄断的地步①，电视节目和辛迪加市场早就出现垄断局面②。有线电视领域也存在一定程度的集中趋势③。2000年以后，互联网产业逐渐向垄断竞争方向发展。④ 因此，从20世纪90年代开始，寡头垄断成为世界上常见的传媒产业市场结构形态。⑤ 在墨西哥，20个广播公司几乎控制了该国的广播产业，大约92%的广播电台为一个广播网络所覆盖。⑥ 在西欧、加拿大和澳大利亚等国，传媒集中化趋势正在加剧。⑦

近年来，不少学者对中国传媒产业市场结构做了较为深入的研究。相关研究表明，区域性报业发行市场多数属于寡占型市场结构⑧，报业广告市场属于垄断竞争型市场结构⑨，广电产业集团化建设使该产业趋于集中⑩，期刊行业市场竞争较为充分，市场集中度低⑪，电视产业市场集中度较高，属于垄断竞争型市场结构⑫，电影产业市场也存在明显的集中趋势。⑬ 总体上来讲，在全国性市场中，报纸、期刊发行市场和广告市场集中度偏低，属于分散竞争型市场结构；而电视和网络广告市场集中度较高，属于寡占型市场结构。⑭ 在

---

① Picard, R. G., "Measures of Concentration in the Daily Newspaper Industry", *Journal of Media Economics*, 1988, Vol. 1, No. 1, pp. 61 – 74.

② Owen, B. M., J. H. Beebe, and W. G. Manning, Jr., *Television Economics*, Lexingon: M. A.: D. C. Heath, 1974.

③ Sylvia M. Chan – Olmsted, Litman B. R., "Antitrust and Horizontal Mergers in the Cable Industry", *Journal of Media Economics*, 1988, Vol. 1, No. 2, pp. 3 – 28.

④ ［美］本杰明·M. 康佩恩、道格拉斯·戈梅里：《谁拥有媒体？大众传媒业的竞争与集中》（第三版），詹正茂、张小梅、胡燕等译，中国人民大学出版社2006年版，第707页。

⑤ G. Pascal Zachary, "Lets Play Oligopoly! Why Giants Like Having Other Giants Around", *Wall Street Journal*, 1999, Vol. 8, No. 2, pp. 1 – 10.

⑥ ［美］爱伦·B. 艾尔巴兰等：《全球传媒经济》，中国传媒大学出版社2007年版，第44页。

⑦ Peter J. Humphrey, *Media and Media Policy in Western Europe*, Oxford: Providence, 1994, pp. 66 – 110; Mary Vipond, *The Mass Media in Canada*, Toronto: James Lorimer and Company, Publications, 1989, pp. 78 – 86; Ian Ward, *Politics of the Media*, Queensland: Macmillan Education Australia PTY LTD, 1995, pp. 124 – 153.

⑧ 肖光华：《我国报业产业市场结构实证分析》，《求索》2004年第10期。

⑨ 王威：《我国媒介广告市场集中度分析》，《国际新闻界》2007年第4期。

⑩ 商建辉、赵亮：《SCP视角下电视产业集中度的分析》，《新闻界》2011年第9期。

⑪ 王桂科：《我国媒介业的产业视角分析》，暨南大学博士学位论文，2004年。

⑫ 王礼生：《中国电视业市场结构实证分析》，《系统工程》2007年第5期。

⑬ 高铖：《中国大陆电影产业的市场结构：集中度分析》，《北京电影学院学报》2007年第2期。

⑭ 陶喜红：《中国传媒产业广告市场集中度研究》，《新闻大学》2014年第1期。

产业融合不断推进的情况下，未来的传媒产业将逐步形成一种网络型寡占市场[①]，并且从纵向一体化向横向一体化的结构形态演变[②]。纵观中国传媒产业发展的过程和趋势，制度变迁、技术创新和产业融合在传媒产业市场结构演变中起到举足轻重的作用。[③]

市场结构在一定程度上影响了传媒产业生态系统健康。当传媒产业市场过度集中的时候，垄断力量不断加剧，容易产生福利损失；如果传媒产业市场集中度过低，竞争就比较充分，但是容易出现恶性竞争的情况，也会导致福利损失。并且，过度分散不利于传媒产业的技术创新，因为在原子型的市场中，很少有企业能够拿出足够的经费开展技术创新，最终导致产业发展受限。由此可见，传媒产业市场结构状况是评价传媒产业生态系统健康的重要因素。

4. 传媒产业区域聚集度

在其他产业中，区域经济发展对于产业生态系统健康具有一定的影响。研究表明，人们对区域自然资产的双重功能进行利用和培育，能够最大限度地发挥自然资产功能价值，拓展环境容量并促进生态健康。[④] 然而，区域经济的过度聚集会带来负外部性，进而造成产业福利损失，适度的区域聚集对产业发展带来正外部性。因而，改善区域聚集水平是提升产业活力的有效手段之一。[⑤] 可见，区域聚集对于产业生态系统健康具有一定的作用。

区域传媒发展存在结构性的差异，这一点一直是学界较为关注的话题。现有的研究表明，中国传媒产业存在明显的区域差异，区域非均衡现象表现得比较突出，东部地区传媒产业的发展明显高于中西部地区。[⑥] 中国传媒产业逐渐形成了数个增长极，但是这些增长极并没有带来很好的辐射效应，而是产生了极化效应，出现了增长极“孤岛现象”。区域分割是增长极扩散效应不

---

① 肖赞军：《产业融合进程中传媒业市场结构的嬗变》，《新闻大学》2009 年第 3 期。

② 肖赞军：《产业融合进程中传媒产业的市场结构——从纵向一体化向横向一体化的演变》，《湖南师范大学社会科学学报》2010 年第 3 期。

③ 陶喜红：《中国传媒产业市场结构演变研究》，中国社会科学出版社 2013 年版。

④ 刘红梅、陆健健、董双林、方建光：《区域生态建设与经济发展的双赢理论及模式研究》，《生态经济》2008 年第 6 期。

⑤ 吴颖、蒲勇健：《区域过度集聚负外部性的福利影响及对策研究——基于空间经济学方法的模拟分析》，《财经研究》2008 年第 1 期。

⑥ 向志强、黄盈：《中国传媒产业区域非均衡发展实证研究》，《新闻与传播研究》2009 年第 6 期。

畅的主要原因。[①] 区域传媒经济之所以存在差异，与区域经济差异存在密切的关系。[②]

传媒产业区域聚集对于传媒产业生态系统健康会不会产生一定的影响呢？现有的研究表明，传媒产业在地理上聚集对产业发展具有一定的积极意义。作为具有能动性的地理单元，传媒的物理空间及虚拟空间的互动影响着媒介的变革图景。[③] 中国传媒产业出现了向大城市集中的态势，形成了较为密集的媒介城市带，大城市逐渐成为信息传播的中心，传媒的地理集群和能量积聚具有整合、优化、发散等功能，对媒介生态系统健康发展有较大的意义。[④] 与分散竞争型的传媒相比，传媒产业集群在交易成本、人力资源、品牌竞争以及技术创新等方面均具有一定的竞争优势。[⑤] 从区域经济学视角来看，中国传媒产业呈现出浓厚的“行政区经济”特色，不利于传媒经济发展，需要向区域经济演进，培育传媒产业增长极，实现区域内传媒一体化运作。[⑥]当然，应该看到，中国传媒产业区域聚集也存在一定的风险，主要表现为唯市场论风险、结构性风险等，因而需要通过政策调整、产业优化等方式规避产业聚集的潜在风险。[⑦] 中国传媒产业正在不断向城市聚集，应该注意这一问题，进行有效规划和引导，促进传媒产业健康发展。[⑧] 上述表明，传媒区域聚集在一定程度上影响传媒产业经济效益，进而影响传媒产业生态系统健康状况。

（三）产业恢复力指标

传媒产业恢复力是指传媒产业生态系统所具有的抵御外界压力的能力、可持续发展的能力以及自我调节恢复的能力，主要包括传媒产业的对外依存

① 刘洁、胡君：《媒介产业增长极“孤岛现象”成因及解决路径》，《新闻与传播研究》2007 年第 3 期。

② 喻国明、李慧娟：《中国传媒发展指数（2014）：区域传媒经济差异与相关因素分析》，《西南民族大学学报》（人文社会科学版）2015 年第 6 期。

③ 王斌：《空间变革：嵌入地域发展的传媒产业集群》，《山西大学学报》（哲学社会科学版）2008 年第 6 期。

④ 邵培仁：《论中国媒介的地理集群与能量积聚》，《新闻大学》2006 年第 3 期。

⑤ 陈艳彩、曲红：《论媒介产业集群的竞争优势》，《当代传播》2006 年第 6 期。

⑥ 张辉锋：《区域经济学视角下的中国传媒业发展模式分析》，《国际新闻界》2009 年第 5 期。

⑦ 翟光勇、高月：《中国媒介产业集聚的风险及其规避》，《编辑之友》2015 年第 6 期。

⑧ 申中华：《中国传媒产业集聚的内在机制与发展前景——基于城市经济学视角》，《当代传播》2017 年第 2 期。

度、产业发展潜力和抵御生态入侵的能力等指标。通过这些指标来分析受到外力胁迫的时候，传媒系统克服压力以及反弹恢复的能力。可以通过测量胁迫力量消失之后传媒系统的恢复速率及其对胁迫力量的抵抗力来判定。具体来说，主要包括产业对外依存度、产业发展潜力以及产业抵御生态入侵的能力等几项指标。

1. 产业对外依存度

在经济全球化日趋明显的情况下，大多数国家的经济发展与世界经济存在紧密的依存关系。在经济学里，用产业对外依存度来表示这种经济依赖关系。产业对外依存度的高低对产业发展产生深远的影响。20 世纪 90 年代，有学者认为，中国经济对外依存度不存在过高的问题，应该大幅度提高中国经济对外依存度，充分发挥高依存度所带来的静态利益和动态效应。① 然而，外贸依存度过高，将会带来结构性的风险，主要表现为出口市场风险和进口市场风险。② 出口市场风险主要表现为，出口产品的国际竞争力普遍较低，缺乏抗跌性，容易引发贸易风险。③ 而过于依赖进口，就会导致国内经济自主发展能力降低，出现“卡脖子”式的风险。④ 由此可见，任何产业对外贸易都应该保持合理的结构，进出口结构失衡都会对产业发展带来不利的影响，需要加强贸易结构调整，提高贸易风险防范能力。

关于传媒产业对外依存度的研究成果较少，但不代表这方面问题没有引起关注。学术界从不同侧面关注传媒产业对外贸易状况，对于我们认识与评价传媒产业生态系统健康有较大帮助。目前，对于传媒产业对外贸易的研究主要集中于以下几个方面。

一是传媒产品进出口现状的分析。报纸发行对外贸易存在明显的进出口逆差现象，总体上看，报纸出口种数、总量均比较少，对报业国际竞争力的

---

① 刘力：《贸易依存度的演化规律及对中国的启示》，《国际经贸探索》1999 年第 3 期。

② 傅钧文：《外贸依存度国际比较与中国外贸的结构型风险分析》，《世界经济研究》2004 年第 4 期。

③ 林发彬：《全球价值链下中国提高出口依存度与其经济风险的防范研究》，《现代经济探讨》2015 年第 10 期。

④ 张军果：《传统经济发展模式的风险》，《中国金融》2015 年第 3 期。

提升产生不利的影响。[①] 中国出版物的进口、出口、版权引进以及输出数量不成正比，进口远大于出口。[②] 中国出版物在欧美国家的市场占有率比较低，在国际竞争中处于劣势。[③] 影视文化产品在世界贸易中占据很小的比例，贸易逆差较大，影视产品出口国家主要集中于亚洲，出口的类型主要集中于古装剧、武打片等。[④] 总之，中国与国外文化贸易逆差比较大，文化产业发展处于幼稚期，在国际竞争中明显处于劣势。[⑤]

二是传媒产品进出口的影响因素分析。传媒产品出口增长乏力，其影响因素是多方面的。内容创新程度、国际化水平、文化折扣、跨文化表达能力、营销推广能力等都会影响媒介产品出口。[⑥] 报纸、影视等文化产品进口与出口国人口呈负相关，因为出口国的文化产品首先要满足本国民众的需求。[⑦] “政策驱动”在一定程度上消解了出版企业参与国际竞争的主体地位，使出版企业“走出去”的驱动力结构出现失衡。[⑧]

三是传媒产业进出口的政策建议。对于新闻出版业产品进口问题，应加强市场准入规制正式制度供给，规范新闻出版产业贸易行为，提高贸易绩效。[⑨] 对于文化差异导致的文化产品进出口问题，应该认清中国同贸易对象国之间文化差异的程度，盲目缩小文化差异并非可行的解决办法，应该根据实际情况缩小或者增大文化差异，从而增加贸易量。[⑩] 对于中国传媒产业进出口中出现的问题，学者们提出了各种解决办法。对于影视产品出口乏力的问题，有学者提出，应该突破影视集团化的发展瓶颈，打造影视产业集群，构建全

---

① 张大伟：《中国报纸进出口的现状、原因与对策》，《新闻界》2006 年第 6 期。

② 范军：《我国出版物出口现状、问题及对策》，《中国出版》2005 年第 12 期。

③ 付海燕、陈丹、刘松：《中国出版物出口竞争力提升研究》，《科技与出版》2016 年第 9 期。

④ 魏婷、夏宝莲：《中国影视文化贸易现状及原因分析》，《国际经贸探索》2008 年第 3 期。

⑤ 江凌：《中国文化软实力建设的十个问题——基于中美文化软实力比较的视角》，《福建论坛》（人文社会科学版）2012 年第 6 期。

⑥ 刘姝辰：《中国图书出口促进战略研究》，《科技与出版》2014 年第 6 期。

⑦ 蒙英华、黄宁：《中国文化贸易的决定因素——基于分类文化产品的面板数据考察》，《财贸研究》2012 年第 3 期。

⑧ 朱春阳：《扶持政策如何才能效能优化——基于我国出版业“走出去”驱动力结构的分析》，《编辑学刊》2013 年第 2 期。

⑨ 姚德权、徐军：《新闻出版市场准入规制：共时考量与简要评析》，《财经理论与实践》2005 年第 6 期。

⑩ 宋一淼、李卓、杨昊龙：《文化距离、空间距离哪个更重要——文化差异对于中国对外贸易影响的研究》，《宏观经济研究》2015 年第 9 期。

国统一大市场。[①] 通过国家联合制片降低出口影视作品的文化折扣，提高出口影视作品在国外的接受度和认可度。[②]

近年来，笔者对中国电视产业和报纸产业对外依存度进行了分析。主要从媒介产品、技术与设备、资本等方面分析了电视、报纸以及期刊等产业对外依存度，总体上来看，中国传媒产业对外依存度较低，对产业发展产生不利的影响。[③] 目前，还没有文献从对外依存度的角度来考察传媒产业生态系统健康。产业对外依存度并非一个简单的指标，对外依存度太高和太低都不是好事情，具体什么样的对外依存度是比较合适的，目前还没有明确的标准。在其他产业中，对外依存度太高，容易引起产业安全问题，导致产业对国外过度依赖，最终引发产业经营风险。当产业对外贸易过度集中于少数几个国家的时候，容易引发经营风险，如中国出口商品主要集中于日本、美国、欧盟、东盟和韩国等国家和地区，这些地区占中国出口总额的96%以上。[④] 从理论上来讲，存在一定的风险。

由此可见，对外依存度比较复杂，总体上不能太高，也不能太低；对某些区域和国家的对外依存度太高或者太低也存在经营风险，最终都会影响产业生态系统健康。与其他产业相比，传媒产业的对外依存度更为复杂，因为传媒产业不仅仅是营利性产业，还承载着引导舆论、建构新闻信息环境的重任，所以传媒首先要确保舆论导向的正确性和意识形态的安全性，在此基础上才能去谈论传媒经济的发展。传媒产业对外依存度过高，对信息安全和舆论导向不利，同时也会影响产业生态系统健康。也就是说，新闻舆论和传媒经济都不能受制于人。传媒产业对外依存度过低，表明我们与国外媒体以及相关产业的联系太少，媒介产品在国外影响力较小，显然不利于开展国际传播。同时，传媒产业对外依存度太低，不利于我们向传媒发达的国家学习经验，也难以引入其先进的技术和经营理念。其结果是，传媒产业处于相对封

---

① 朱春阳：《我国影视产业“走出去工程”10年的绩效反思》，《新闻大学》2012年第2期。

② 魏婷、夏宝莲：《中国影视文化贸易逆差形成的原因及对策分析》，《经济问题》2008年第1期。

③ 陶喜红、胡正荣：《中国电视产业对外依存度的测度与分析》，《新闻大学》2013年第1期；陶喜红、陈莹：《文化全球化背景下中国出版产业外向度的测度与分析》，《科技与出版》2014年第7期；陶喜红、陈云峰：《中国报业经济外向度评析》，《编辑之友》2016年第4期。

④ 崔大沪：《中国外贸依存度的分析与思考》，《世界经济研究》2004年第4期。

闭的空间里，经营活力受到限制。

2. 产业发展潜力

产业发展潜力是指产业对先进技术掌握得较好，保持潜在的发展能力，产业具有较大的前景和活力。产业发展潜力的大小涉及的因素很多，包括产业劳动力成本状况、研发投入状况以及获取资源的能力等。一般来说，产业发展潜力的评价指标具有模糊性，学术界通常将产业发展潜力分为四个等级：很大、较大、一般、小。①

张芳、陈家作（2013）认为，构建产业发展潜力评价指标体系应该坚持定量指标优先、总量指标和效率指标兼顾、外延便捷性、相关系数最小等基本原则。在上述原则的指导下，张芳、陈家作建立了保增长能力和可持续发展能力两个一级指标，并将这两个一级指标细化为增长指标、产业规模指标、再生产能力指标、研发投入指标和研发产出指标等 5 个二级指标，再用 16 个三级指标表征 5 个二级指标。运用所建立的指标体系对浙江嘉兴 16 个产业的发展潜力进行综合评价，在此基础上可以确立 4 个支柱产业。② 霍影（2012）以科技实力、金融环境、政策环境为评价准则，建立了 20 个数据观测点的评价指标体系，对东北三省的战略性新兴产业发展潜力进行评估。数据表明，三个省份战略性新兴产业的排名先后顺序分别为辽宁省、黑龙江省和吉林省，这一结果与三省的“工业化”、“产业竞争力”和“产业集群”等水平的历史排名基本吻合。③ 杜焱（2014）以政府调控与管理、经济支撑、社会支撑、产业基础保障等 4 个评价因子为基础，建立了 25 个观测点的评价指标体系，详细分析了湖南省旅游产业发展潜力，研究发现：2000—2012 年间，湖南省旅游产业发展潜力呈提升趋势，旅游产业竞争能力和发展潜力呈现出协同演进的态势。④

总体上来说，产业发展潜力的评价指标体系具有一定的科学性、客观性

① 董学锋、王林：《我国产业发展潜力的模糊评价体系探讨》，《科技进步与对策》2000 年第 3 期。

② 张芳、陈家作：《区域产业发展潜力评价指标体系设计及测算》，《统计与决策》2013 年第 14 期。

③ 霍影：《战略性新兴产业发展潜力评价方法研究——以东北 3 省为例》，《科学管理研究》2012 年第 1 期。

④ 杜焱：《旅游产业发展潜力的测度与评价——以湖南省为例》，《经济地理》2014 年第 6 期。

和代表性，以量化为主。但是，不同的学者对产业发展潜力的内涵理解有一定的差异，学者们根据产业属性、数据可得性等方面的因素来确立产业发展潜力的评价指标体系，因而现有的产业发展潜力评价指标体系存在较大的差异。当然，这些差异并不会从根本上影响我们对产业发展潜力的认知，反而会从不同的侧面加强我们对产业发展现状和规律的认知，有助于我们优化产业结构，提升产业经营绩效。

劳动力成本是衡量产业发展潜力的重要依据。一般来说，劳动力成本过高，就容易出现产业的适应能力较差①、产品国际竞争力较弱②等问题。不仅如此，劳动力成本太高，其最终可能出现的结果是，国内很少生产相应的产品，市场得不到满足，只能依靠进口来解决市场需求问题。③ 从国际贸易的角度来讲，劳动力成本低，有助于提高比较优势，甚至是绝对优势。④ 但是，劳动力成本过低，就会导致一个国家或区域的某些产业处于全球产业链的低端，最终使自身承担了“世界组装车间”的角色。⑤ 劳动力成本过低表明经济绩效差，生产力低下，市场机制不健全。而劳动力成本上升，会在一定程度上抑制产业的增长，但是也必将促进企业进行研发，或者将相关业务外包出去。⑥ 相关研究表明，劳动力成本不断提升是激励企业开展创新的动力之一，1998—2007 年间中国工业企业的数据支撑以下的结论：企业创新能力随着劳动力成本的提升而不断提升。⑦ 由此可见，劳动力成本太高和太低都不利于产业的发展。在特定发展阶段，劳动力成本的高低有助于平衡产业发展的结构性矛盾，但是从长远的角度来讲，一个产业的劳动力成本应该保持在相对合理的状态中，这是推动产业技术进步和激励产业发展的重要动力，也是考量一个产业是否具有发展潜力的依据之一。

不同产业的劳动力成本存在差异，这对其产业发展潜力产生一定的影响。

---

① 王仁曾、仲鑫：《欧盟与美国、日本的国际竞争力比较》，《欧洲》2001 年第 4 期。

② 邱立成：《论国际直接投资与国际贸易之间的联系》，《南开经济研究》1999 年第 6 期。

③ 王检贵、黄磊：《如何看待和应对美国贸易赤字持续激增》，《国际经济评论》2007 年第 1 期。

④ 李丽红：《试析特别保障措施条款的非公正性与双重危害性》，《中央财经大学学报》2006 年第 3 期。

⑤ 崔连翔、曾繁华：《试论廉价劳动力对我国经济发展的阻碍》，《江西社会科学》2012 年第 2 期。

⑥ 王晶晶、陈启斐：《扩大内需、人力资本积累与 FDI 结构性转变》，《财经研究》2013 年第 9 期。

⑦ 林炜：《企业创新激励：来自中国劳动力成本上升的解释》，《管理世界》2013 年第 10 期。

相对于中国的出口竞争国，中国的制造业单位劳动力成本具有一定的优势，原因在于制造业劳动生产率的增加速度比工资的增长速度快，这有助于提升产业发展潜力。[①] 相关研究表明，2001—2010 年，中国制造业小时劳动报酬和小时劳动生产率均呈增加态势，但中国劳动力成本远远低于美、日、德、法等发达国家。按照目前的提升趋势，很快就会超过菲律宾和马来西亚等国。劳动力成本较低，有助于保持制造业的国际成本竞争力，但是这对于提升产业劳动生产率并没有明显的帮助，为了保持产业的健康发展，最终要提升产业的劳动生产率。[②] 尽管中国的劳动力成本保持快速增长的态势，但是与发达国家相比，中国的劳动力成本依然较低，目前还拥有劳动力成本优势。为了应对劳动力成本上涨的压力，需要调整出口结构，将服务贸易作为出口结构优化的重要手段，提高劳动者素质和人力资本，充分发挥国际、国内两个市场和两种资源的优势。

3. 抵御生态入侵能力

生态入侵是生物学界比较关注的话题。所谓生态入侵，指的是“物种进入以前从未出现过的区域，并且伴随着大规模的扩散”[③]。生态入侵的途径可以分为自然途径和人为途径。在传媒产业中，生态入侵以人为途径为主，而人为途径又有主动和被动之分。前者是指主动引入新的媒介种类，后者是指新的媒介种类在本地发展，本地媒介只能被动面对新媒介的入侵。除了新的媒介种类的入侵，还应该考虑传媒跨区域入侵，比如国外传媒以及国内其他地区的传媒对本地传媒市场的冲击和占领。我们要正确地面对生态入侵，不能片面地抵制生态入侵。因为，在当今媒介技术飞速发展的情况下，对于代表先进传播技术的媒介，仅仅靠抵制解决不了问题，而应该寻找更好的解决办法。应对生态入侵的能力是考量传媒产业生态系统健康状况的重要指标，也是衡量传媒产业是否具有竞争优势的依据之一。从生态入侵的原因这一角度来划分，当前传媒产业生态入侵的方式主要有主动引入、融合进入和被动

---

① 王燕武、李文溥、李晓静：《基于单位劳动力成本的中国制造业国际竞争力研究》，《统计研究》2011 年第 10 期。

② 魏浩、郭也：《中国制造业单位劳动力成本及其国际比较研究》，《统计研究》2013 年第 8 期。

③ 刘苏、王祥荣：《生态入侵及其对植被生态系统服务功能的影响研究》，《复旦学报》（自然科学版）2002 年第 4 期。

入侵等方式。对于不同的入侵方式，一般会采取不同的应对措施。

在生态学中，生态系统健康评价方法主要有两种，第一种是指示物种评价方法，第二种是结构功能指标评价方法。前者主要依据生态系统的关键物种、特有物种、指示物种、濒危物种等的数量以及生产力等结构性指标来评价种群的生态系统健康。后者则综合了生态系统的多项指标，从生态系统的结构、功能等角度分析生态系统转换过程，度量生态系统的健康状况。①

与生物种群相比，传媒种群有其自身的规律与特征。考察一般的动物与植物种群的生态系统健康，更多地要考虑自然环境因素，如自然干扰、自然系统的退化等自然因素的变化对生物种群的影响很大。而传媒种群受自然因素的影响相对较小，总体经济环境、投资行为、媒介消费行为等人为因素对传媒种群生态系统的影响远远大于自然因素的影响。

基于此，建构传媒产业生态系统健康评价指标体系，需要更多地考虑经济、社会方面的因素。本书主要采用结构功能评价指标体系，既有单项指标的依次评价，又有复合指标评价，最终建立了经济 - 社会 - 自然复合生态系统指标体系来评价中国传媒产业生态系统健康状况。该指标体系的一级指标包括：产业活力（vigor of industry）、产业组织（organization of industry）、产业恢复力（resilience of industry）（简称 VOR 分析框架），每项一级指标分为 3 个二级指标，又通过若干个三级指标来表征二级指标，参见表 2 - 4。在具体的分析中，我们通过传媒产业发展的相关数据来反映三级指标状况，进而对传媒产业生态系统的二级指标和一级指标做出评价。

根据生态学以及产业生态学的相关研究，一个生物种群的成长性差，生态承载力弱，其成长性相对较差；生物种群生态位宽度较窄，发展潜力较小，抵御其他生态入侵的能力较差，产业生态系统健康将受到较大影响，容易产生生态系统紊乱的情况，甚至出现严重的生态危机。对于一个产业来说，产业各项指标的增长状况能够反映该产业的成长性，产业所依赖的外部环境较好，能够为产业发展提供足够的承载力，产业生态系统健康状况良好，反之，

① 孔红梅、赵景柱、马克明、张萍、姬兰柱、邓红兵、陆兆华：《生态系统健康评价方法初探》，《应用生态学报》2002 年第 4 期。

就会影响产业生态系统健康。产业经济的集中程度以及区域聚集情况也能够在一定程度上反映产业的组织结构合理性，合理的结构有助于促进产业增长，激发产业发展活力，否则就会影响产业生态系统健康。当产业遇到生态入侵的时候，产业所具有的相关特征有助于抵御外来入侵，使产业在最短时间内恢复健康，这主要通过产业的部分结构性指标反映出来。

表 2－4　传媒产业生态系统健康的评价指标体系（简称 VOR 分析框架）

一级指标	二级指标	三级指标
产业活力 (Vigor of industry)	传媒产业成长性 传媒生态承载力 传媒市场化程度	市场规模、主营业务收入、新产品增长状况等 受众资源承载力、经济承载力、消费承载力等 政府财政投入占比、非国有经济占比等
产业组织 (Organization of industry)	传媒种群结构 市场集中度 产业聚集水平	传媒种群密度、出生率等 受众、广告等集中度等 产业资源聚集度、产业收入聚集度等
产业恢复力 (Resilience of industry)	产业对外依存度 产业发展潜力指标 抵御生态入侵能力	技术、资本、产品对外依存度等 劳动力成本、获取资源能力、研发费用等 政府限制入侵力度、企业规模、抵御机制等

资料来源：借鉴肖风劲、欧阳华（2002）所建构生态系统健康评价指标体系，通过系统的文献综述，确定相应的二级指标和三级指标，结合传媒产业的基本属性，构建适合传媒产业的生态系统健康评价指标体系。参见肖风劲、欧阳华《生态系统健康及其评价指标和方法》，《自然资源学报》2002 年第 2 期。

上述情况在传媒产业中亦有较为明显的反应。我们可以搜集并处理传媒产业发展的相关数据，按照现有的指标体系对传媒产业生态系统健康状况进行评估。通过产业发展的各项指标表征产业成长性状况，分析受众资源、广告资源等能否承载现有媒体的发展。通过市场集中度、区域聚集度、广告资源生态位宽度等指标分析传媒产业组织结构的平衡性和健康状况。通过分析传媒产业的对外依存度、研发费用占比等指标，来揭示传媒产业抵御生态入侵的能力。

产业的结构状况是反映生态系统健康的重要评价指标，可以通过多种指标来反映。传媒产业结构失衡是否表明产业生态不健康？这要根据具体情况来判断。本书认为，过度分散竞争和高度市场垄断均属于不健康的产业生态结构。过度竞争是一种“没有赢家”的市场结构状态，产业缺乏凝聚力，活力不足，小作坊，技术创新氛围不足，产业发展潜力不大，应对其他产业入侵的能力较差。因而，过度竞争存在明显的生态危机。高度的市场垄断同样存在经营风险，因为这种市场结构排斥市场竞争，弱势竞争对手被强势的市场领导者所压制，很难获得生存空间。强势的垄断者在一定时间内拥有绝对的霸主地位，不会受到潜在竞争对手的直接威胁。但是，其生态威胁无时不在，一旦竞争对手找到强势垄断者的弱点，从侧面入侵，最终垄断者有可能被市场无情地抛弃。其他产业中存在类似的案例，比如曾经在世界最畅销的10 款手机中，手机品牌诺基亚占据九席，然而该品牌没有及时更新技术，被采用安卓系统的高端和低端品牌双面夹击，最终丧失优势地位，成为竞争的失败者。柯达胶卷曾经是胶卷市场的王者，在美国乃至世界占据相当大的市场份额，但是柯达被自己发明的数码技术所毁灭。上述案例说明，对于产业发展来说，对其生态系统健康进行预先评估至关重要。

需要指出的是，建立传媒产业生态系统健康评价指标体系，并不能从根本上解决传媒产业发展中滋生的所有“病症”，而是在产业生态学的框架下，结合传媒产业发展的基本属性，审视传媒产业生态系统状况，确定传媒产业生态系统破坏的最低和最高阈值。在可持续发展的理念下进行产业生态系统健康预警，并在政府规制、产业政策的约束下，按照产业发展的规律对传媒产业生态系统进行适度调整，为维护传媒产业生态系统健康提供建议。

本书采用产业活力（Vigor of industry）-产业组织（Organization of industry）-产业恢复力（Resilience of industry）的分析框架（简称 VOR 框架），该框架的一些二级指标和三级指标同传统的产业组织市场结构（Structure）-市场行为（Conduct）-市场绩效（Performance）分析框架（简称 SCP 框架）有一些交叉之处。比如，在产业活力指标中，涉及产业的成长性、主业收入和新产品的发展等情况，这与 SCP 框架中的市场绩效有一定的联系。在产业组织指标中，涉及种群结构、市场集中度等指标，与SCP框架中的市场结构有紧密的联系。在产业恢复力指标中，涉及劳动力成本、研发费用等指标，既与传媒组织有关系，也与市场绩效有关系。

与传统的SCP框架不同的是，VOR分析框架体现了传媒生态的关联性，不同指标之间存在一定的联系。另外，VOR分析框架引入了一些有价值的分析指标，如传媒产业生态承载力、传媒产业聚集度、传媒产业对外依存度等指标，这些指标充分考虑了整个传媒产业发展的基础条件、区域布局、传媒经济的国内外联系等因素，体现了传媒产业的生态属性。

第三章　中国报纸产业生态系统健康评价

报纸是中国传媒发展史上存在时间最悠久的大众媒介形态。中国汉代就有了邸报，但是邸报的读者范围极小，不能算是大众传媒。1609 年，德国率先出版定期报纸。19 世纪末 20 世纪初，报纸逐渐从小众化扩展到大众化媒体。过去，报纸最大发行量只有几万份，20 世纪初，有些报纸可以发行十几万份甚至几十万份。报纸读者范围不断扩大，从过去政界、工商界等上层社会逐渐扩展到中下层社会。大众化报纸的来临，推动了报纸产业化发展。在中国，近现代以来的《申报》《新闻报》《大公报》等民营报纸的兴起，大大推动了报纸产业的发展。成舍我、史量才、张竹平等报人力图按照国外报团的发展模式来改革中国报业经营方式，极力推动报业托拉斯建设。尽管民国时期知名报人的中国报业托拉斯梦想最终破灭，但是这种设想和做法对推动报业改革，促进报业生态结构调整起到一定的作用，是一次有益的尝试。①

在报纸发展历程中，先后经历了广播、电视和网络媒体的冲击。广播和电视媒介的强力冲击，并没有将报纸逐出市场，反而让报纸焕发新的生机与活力。20 世纪 90 年代，在产业化、市场化和集团化发展过程中，中国的报纸迎来了新的辉煌，中国组建了一大批有实力的报业集团。进入 21 世纪，中国报业依然保持一定的增速，即便是国外报业经营出现危机的时候，中国报业市场依然保持一定的增长势头。然而，好景不长，随着网络媒体的持续发力和新媒介形态的不断拓展，报纸遭遇了自诞生以来最严重的危机，直接影响了报业生态系统健康，其经营发展面临严峻的挑战，报业转型呼声四起。如何应对当前的报业发展危机，成为过去几年报业经营中的最大难题。全面评

① 刘小燕：《中国民营报业托拉斯道路的破灭》，《新闻大学》2003 年第 4 期。

价报纸产业生态系统健康，对于更清晰地认识报业市场格局，准确把脉报业发展中的问题，具有积极的现实意义。

本书拟从报纸产业活力、产业组织结构和产业恢复力等3个方面来分析中国报纸产业生态系统健康状况，以便发现中国报纸产业发展所面临的根本问题，为推动报业转型提供参考。

一　报纸产业活力：成长性差，承载力弱

（一）成长性不足制约报纸产业发展

一个产业的经营能力如何，发展前景如何，关键要看这个产业是朝阳产业还是夕阳产业，可以通过一些数据展示该产业的成长性，进而分析产业的发展前景和生产力情况。具体来讲，主要看该产业是否有较大的市场空间，维持产业发展的因素是否持续发挥作用。一般来说，可以通过产业的经营总额增长率、主营业务收入增长率、利润增长率等指标来评价。

成长性是衡量报纸产业发展速度的重要指标，是报业整体竞争力的体现。分析报业成长性的目的，在于考察报业在一定时期内经营能力的发展状况。从世界各国报业发展进程来看，具备良好成长性的报业，其报纸发行和广告经营呈现出良好的发展势头，为整个报业经济发展奠定良好的基础。本书主要从报纸发行市场增长率、报纸广告经营额增长率和报纸新产品市场增长率等3项指标来综合分析报纸产业的成长性。

1. 报纸发行成长性

为了测量中国报纸发行市场增长率，我们搜集了从1978—2015年中国报纸印刷的相关数据。具体包括全国报纸平均期印数、报纸总印数和总印张数等3项数据，参见表3－1。从3项数据的平均增长率来看，1978年以来，全国报纸平均期印数年均增长率为6.85%，报纸总印数年均增长率为5.19%，报纸总印张数年均增长率为11.52%。这组数据表明，近30年来，中国报纸发行市场保持增长势头，整个市场规模处于不断扩大的状态。然而，简单地

看平均增长率的情况并不能很好地解释近年来报纸发行市场遭遇的危机，更不可能诊断报业发行生态系统的健康状况。因此，根据相关产业中学者们的研究经验，有必要对这些纵向数据进行细分，按照不同阶段的增长率来重新考量中国报业发行市场增长率状况。

表 3-1　　中国报纸印数统计（1978—2015 年）

年份	平均期印数(万份)	总印数(亿份)	总印张数(亿印张)
1978	4280	127.8	113.5
1980	6236	140.4	141.7
1985	19107	246.8	202.8
1990	14670	211.3	182.8
1995	17644	263.3	359.6
1996	17877	274.3	392.4
1997	18259	287.6	459.8
1998	18211	300.4	540.0
1999	18632	318.4	636.7
2000	17914	329.3	799.8
2001	18130	351.1	938.9
2002	18721	367.8	1067.4
2003	19072	383.1	1235.6
2004	19522	402.4	1524.8
2005	19549	412.6	1613.1
2006	19703	424.5	1658.9

续　表

年份	平均期印数(万份)	总印数(亿份)	总印张数(亿印张)
2007	20545	438.0	1700.8
2008	21155	422.9	1930.6
2009	20837	439.1	1969.4
2010	21438	452.1	2148.0
2011	21517	467.4	2272.0
2012	22762	482.3	2211.0
2013	23696	482.4	2097.8
2014	22265	463.9	1922.3
2015	20968	430.1	1554.9

资料来源：根据历年《中国统计年鉴》《中国新闻年鉴》等相关数据整理。

为了更清晰地呈现中国报业发行市场增长率的变动情况，我们参照了范从来、袁静（2002）关于产业发展阶段分类的方法①，将一定年份的相关数据分为前后两个阶段，对其平均增长率进行对比，为判断产业衰退情况提供依据。为此，本书选择1999—2006年间的数据作为参照数据，2007—2015年的数据作为后9年的考量数据。之所以这样划分，主要依据在于，20世纪90年代中后期，中国报业市场进入新的繁盛时期，报业集团化建设取得较大进展，报纸发行进入稳定的增长期，广告收入逐年增多，报业处于较好的成长期，这一时段是近30多年来报纸发展的黄金时期。而进入21世纪以来，报纸产业延续了短暂的繁荣之后，进入了一个较为明显的下滑期，报纸的发行和广告均遭遇了前所未有的危机。将两个不同时段的报纸发行与印刷数据的增长状况进行对比，能够较为清楚地把握该行业的发展状况。

① 范从来、袁静：《成长性、成熟性和衰退性产业上市公司并购绩效的实证分析》，《中国工业经济》2002年第8期。

表 3 -2 的数据显示，1999—2006 年，中国报纸行业的平均期印数年均增长率为 0. 80%，而 2007—2015 年，这一比例为 0. 26%。这表明，中国报纸平均期印数变化不大，后 9 年比前 8 年年均增长率略低。这一数据说明报纸产业的成长性较差，考虑到部分发行量较小的报纸退出市场，在一定程度上影响了报纸的平均期印数，造成假象，这样就可能出现以下情况：报纸的平均期印数增加，但整个报业市场并不景气。因此，还要借助其他指标的变化情况来判断报纸产业到底处于什么样的发展阶段。1978 年以来，中国报纸平均期印数年均增长率为 6. 85%，远远高于近 17 年来的年均增长率，说明报纸平均期印数呈明显的下降趋势，进一步证明了中国报纸成长性较差这一现状。

表 3 -2　　相邻时期报纸印数增长率对比　　单位：%

年份	平均期印数年均增长率	总印数年均增长率	总印张数年均增长率	产业类型
1999—2006	0. 80	4. 19	14. 66	衰退产业
2007—2015	0. 26	-0. 23	-1. 12	
1978—2015	6. 85	5. 19	11. 52	

资料来源：根据表 3 -1 的数据计算所得。

1999—2006 年间，中国报纸总印数年均增长率为 4. 19%，而 2007—2015 年，这一比例下降为 -0. 23%，这两组数据均低于 1978 年以来的平均增长率；因此，从报纸总印数年均增长率这一指标来看，中国报纸产业符合衰退产业的特征。从表 3 -2 的数据可以看出，中国报纸总印张年均增长率由前 8 年的 14. 66% 降至后 9 年的 -1. 12%，前一阶段的年均增长率略高于 1978 年以来的年均增长率，而后一阶段报纸总印张年均增长率出现了大幅下滑。从这一指标来看，该产业生态系统健康出现了较大问题。这与现实中报纸发行量“断崖式”下滑相吻合。因此，从这一数据来看，中国报纸产业的成长性较差，纸质版报纸处于衰退的边缘。从报纸发行与印刷的角度来看，当前纸质版报纸面临严重的生存困境，发行难以拓展，给报业经济与报业经营带来致命的打击。

报纸的成长性是观测报纸产业在一定时期内经营能力和生存状态的重要指

标，可以结合产业生命周期的特征来分析报纸产业成长性，这样有助于更科学地把握报纸产业生态系统健康状况。一般来说，在产业引入期和成长期，产业的各项经济指标增长较快，产业生命力较强，表现出良好的成长性。当产业进入成熟期之后，其相关指标基本稳定下来，各项指标的增长率相对平缓，产业盈利能力较强，成长性较好。到了产业衰退期，部分指标停滞不前，甚至出现下降趋势，产业成长性较差。中国报纸产业有一百多年的发展历程，早已经过了引入期和成长期，也经历了20世纪90年代的成熟期，目前正处于艰难的衰退期。数据表明，当前报纸产业的成长性较差，极大地影响了报纸产业的生态系统健康。报纸要依赖广告生存，而广告需要发行来驱动，报纸的平均期印数和总印数都出现下滑趋势，并且不少报纸主动减少版面，很多报纸主动停止发行纸质版，甚至退出市场。这是近几十年来，中国报业市场比较罕见的事情，说明成长性较差这一问题已经严重影响到报纸产业生态系统健康。

2. 报纸广告成长性

在报业经营中，报纸发行和广告都很重要，并且报纸广告经营与报纸发行量之间存在明显的正相关性。一般来说，报纸发行量大，读者面广，影响力相对较大，其广告经营效益也随之提升。对于多数报纸来说，其经营活动类似于自行车行走，两个轮子一起转，否则任何一个轮子停下来，自行车都无法行走。仅就直接支撑报业生存的业务来说，广告经营业务首当其冲。对于多数媒体的经营来说，广告都是至关重要的一环，甚至在有些媒体中，广告就是唯一的经济支柱。在美国，广告收入占广播电视台总收入的90%，免费报纸和广播电台的收入来源几乎全部依靠广告；在非免费报纸中，日报的80%收入来源于广告；不同类型的杂志对广告的依赖程度不尽相同，大体上为50%—90%。[①] 当然，各个国家的报纸对广告的依赖程度存在较大差异。据2001年的统计数据显示，美国报业广告占报纸总收入的比例大约为87%，加拿大为73%，澳大利亚为67%，法国为41%，日本为39%。[②] 在中国，广

① Alison Alexander，James Owers，Rod Carveth，C. Ann Hollifield，Albert N. Greco，*Media Economics – Theory and Practice*（*Third Edition*），New Jersey：Lawrence Erlbaum Associates，2004.

② 喻国明、丁汉青、支庭荣、陈端：《传媒经济学教程》，中国人民大学出版社2009年版，第135页。

告收入占报纸总收入的比例更高，甚至有的报社 90% 以上的收入来源于广告经营额。喻国明认为，中国传媒的盈利模式主要有 4 种，分别是卖内容、卖广告、卖活动和资本运作。[①] 毫无疑问，中国报业是靠卖广告来盈利的。因此，我们选择报纸广告经营额作为分析指标，分析其增长率变化情况，以此来评价中国报纸产业主营业务的成长性。

自 1978 年以来，中国报纸广告经营额总体上保持增长态势。表 3－3 的数据显示，1985—2015 年间全国报纸广告经营总额年均增幅为 19.83%。1999 年以来，中国报纸广告经营额增幅最大为 30.41%，出现了 4 次负增长的情况，第一次负增长发生在 2004 年，比上一年度下降了 5.06%，不过这一次广告经营额下降并没有影响整个报业广告的发展态势，因为此后的若干年中，报业广告经营额基本上保持增长态势。如果仅仅就报纸广告经营额年均增长率来看，还算是比较可观的。然而，报纸广告经营额并非保持连续增长的态势，尤其是近几年，中国报业广告经营额出现了大幅下滑的趋势，参见图 3－1。2013 年比 2012 年下降了 9.17%，2014 年和 2015 年，中国报业广告经营额均呈一定程度的下降趋势。

按照范从来、袁静（2002）对产业成长的分析方法，1999—2006 年，中国报纸广告经营额年均增长率为 15.75%；2007—2015 年，中国报纸广告经营额年均增长率为 5.68%，两者相差 10.07%；从 1985 年到 2015 年，中国报业广告经营额年均增长率为 19.83%。由此可见，1999 年以来，前 8 年与后 9 年报业广告经营额年均增长率均比 1978 年以来的年均增长率低很多。从这一指标来看，报业广告经营与范从来、袁静（2002）界定的衰退产业的特点极为相似。近年来，中国报业广告经营额出现了明显的增长失速状况，并在 2012 年之后出现难以逆转的下滑态势。直到目前，报业广告经营额的降低趋势还没有见底。报业广告成长性较弱的问题明显地影响了报纸产业的发展活力，报业整体利润下降，不少报纸版面减少，不得不裁员以降低经营成本。传统报业的广告流失导致人才流失，最终陷入恶性循环。目前，报业在探索数字化转型和全媒体发展，通过载体和传播方式的改变来推动整个报业的改革，但这并不能保证救活所有的报纸，传统报业很难在短时间内摆脱生存危机。

① 喻国明：《当前中国传媒业发展客观趋势解读》，《现代传播》2004 年第 2 期。

表 3－3　　中国报业广告经营额及其增长情况（1999—2015）

年份	广告经营额(万元)	比上年增长(%)	年均增长率(%)
1999	1123156	7.63	1999—2015 年年均增幅为 10.21%
2000	1464668	30.41	
2001	1576993	7.67	
2002	1884758	19.52	
2003	2430113	28.94	
2004	2307242	－5.06	
2005	2560497	10.98	
2006	3125894	22.08	
2007	3221927	3.07	
2008	3426700	6.36	
2009	3704600	8.11	
2010	4390000	18.50	
2011	4694500	6.94	
2012	5556300	18.36	
2013	5047000	－9.17	
2014	5016700	－0.60	
2015	5011200	－0.11	

资料来源：根据《中国统计年鉴》《中国新闻年鉴》《中国广告业二十年统计资料汇编》《现代广告》（2016 年第 7 期）相关数据整理计算所得。

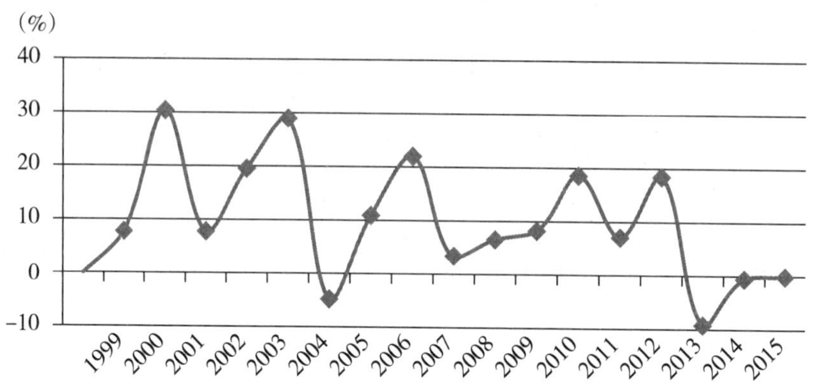

图 3-1　中国报业广告经营额增长率曲线

资料来源：根据《中国统计年鉴》《中国新闻年鉴》《中国广告业二十年统计资料汇编》《现代广告》（2016 年第 7 期）相关数据整理计算所得。

3. 报纸新产品成长性

近年来，传统的纸质版报纸发行遇到了瓶颈，广告收入锐减，已经到了生死存亡的最危急时刻。① 甚至有学者预言，一百年之后，我们只能够在博物馆里看到纸质版的报纸了。② 由此可见，纸质版报纸转型迫在眉睫。近年来，各家报纸都在寻找新的出路。比如，出版数字报纸、手机报，推出手机客户端、微博、微信等传播方式。其中，运作时间较长、比较成熟的方式是出版数字报纸。数字报纸是出版方式的转型，也是各家报社近年来着力打造的新的产品形态，其发展水平如何，可以从侧面呈现报业新产品的成长状况。

为了分析中国数字报纸出版状况，我们搜集了 2006 年以来中国数字报纸产业的相关收入数据，并与其他数字出版产业收入情况进行对比，以此综合评价中国数字报纸的成长性，参见表 3-4。

① 喻国明：《中国报业已经到了生死存亡的最危急时刻》，http：//www.21ccom.net/html/2016/gqmq_0705/5505.html。

② 匡文波：《一百年后，人们将只能在博物馆中见到纸质媒体》，《中国编辑》2008 年第 3 期。

表 3-4　　中国数字出版产业收入情况（2006—2015）　　单位：亿元

年份	数字报纸	互联网期刊	电子书	博客	在线音乐	网络动漫
2006	1.00	1.00	1.50	6.50	1.20	0.10
2007	1.50	1.60	2.00	9.75	1.52	0.25
2008	2.50	5.13	3.00	—	1.30	—
2009	3.10	6.00	4.00	—	—	—
2010	6.00	7.49	5.00	10.00	2.80	6.00
2011	12.00	9.34	16.50	24.00	3.80	3.50
2012	15.90	10.83	31.00	40.00	18.20	10.36
2013	11.60	15.00	38.00	15.00	43.60	22.00
2014	10.50	14.30	45.00	33.20	52.40	38.00
2015	9.60	15.85	49.00	11.80	55.00	44.20
年均增幅(%)	28.57%	35.94%	47.31%	6.85%	52.96%	96.76%

资料来源：根据中国数字出版产业年度报告课题组发布的历年《中国数字出版产业年度报告》整理，中国新闻出版网，http：//www.chinaxwcb.com/2012-07/26/content_247895.htm。

由表 3-4 可以看出，2006 年，中国数字出版总体规模较小。其中，数字报纸在几类数字出版中属于规模较小的行业。2006 年，全国数字报纸总收入只有 1 亿元，到 2012 年，增加到 15.90 亿元。随后，数字报纸又出现了持续下降的趋势，到 2015 年，全国数字报纸的总收入为 9.60 亿元，比 2012 年减少了 6.30 亿元。在几类数字出版行业中，数字报纸的增长率偏低。2006—2015 年，中国数字报纸、互联网期刊、电子书、博客、在线音乐和网络动漫的收入年均增幅分别为 28.57%、35.94%、47.31%、6.85%、52.96%、96.76%。尽管 28.57% 的年均增长率不算太低，但是考虑到两个因素，数字报纸的发展并不令人满意：一是数字报纸在良好的增势之下，持续走低，其市场发展前景存疑；二是数字出版产业正处于产业生命周期的引入期，按照产业发展的规律，其产业规模是不断扩张的，由于基数小，年均增幅较大属于正常现象。而数字报纸产业的年均增幅偏小，说明这种新的媒介形态并没有形成良好的发展态势，其产业成长性较弱。在各类新媒体市场规模普遍增加的情况下，数字报纸的低速增长预示着该产业的市场接受度较低，远远没有达到预期。

（二）生态承载力下降影响报业转型

所谓报纸产业生态承载力，指的是在现有的经济、政治、文化等外部条件下，维持报纸存在数量的最高极限。我们可以将报纸产业视为一个生态系统，其内部各种报纸之间存在竞争与合作关系。报纸产业与读者乃至整个社会保持互动关系，使得该产业类似一个生态圈，按照一定的规律不断进化，遵循从低级到高级，从单一到多样发展的生命逻辑。同自然生态系统一样，报纸产业也具有一定的承载力。一旦报纸产业的总体规模、内部结构等超出社会需求和相应资源承受能力，其再生产能力和信息资源流动等就会受到破坏，报纸产业生态系统将失去平衡。适度的生态承载力将推动报纸产业升级，相反，生态承载力过小不利于报纸产业发展。我们主要选择读者资源承载力、报业经济承载力以及读者的报纸消费承载力作为评价指标，以此来评估报纸产业生态承载力状况。

1. 读者资源承载力

读者资源是报纸产业生存的土壤，为报纸产业发展提供了源源不断的动力。报纸产业能否很好地运行，要看报纸是否符合读者需求。如果报纸发展缺乏赖以生存的读者市场，表明报纸读者资源已经无法承载报纸运行。这样，报纸产业就处于生存危机的边缘，其产业生态系统健康就会受到威胁。这就类似于在土地上种植庄稼，土地的养分、水分、二氧化碳等是庄稼生长不可或缺的物质条件。一定数量的土地一般只能承载一定数量的庄稼，也就是说，一定数量的土地的承载力是有限的。如果在一定数量土地上种植超过其承载力的庄稼，庄稼就不可能生长得很茂盛；如果土地的养分、水分以及二氧化碳等物质条件不够，表明其承载力下降了，庄稼同样不能很好地生存。为了推动报纸产业的发展，过去往往采用“跑马圈地”的方式扩张规模，这样可以有效地拓展报纸的读者市场，通过这种方式可以先做大后做强，是特定时期报纸产业拓展市场规模的有效途径。但是，我们必须注意，不能让报纸发展超过其最大资源承载力，一旦出现这种情况，就会损害报纸产业生态系统健康。在美国的一些城市，经过激烈的报业竞争之后，形成了“一城一报”的格局。究其原因，主要在于报业读者资源承载力有限，报纸种数太多会导致单份报纸读者资源承载力下降，报纸利润也随之下降，生存困难，部分报纸不得不退出市场。

读者资源承载力与相应的社会经济、文化发展水平有着密切的关系，尽管中国古代就有报纸，但是读者的报纸消费水平和习惯都没有培养起来，因而不可能出现大众化报纸。民国时期，中国很多中心城市出现了大量的民营小报，但由于读者资源承载力不足，多数报纸陷入了恶性竞争，亏本倒闭，不得不退出市场。20 世纪 90 年代以来，中国的一线城市的都市生活类报纸不断涌入市场，导致报业竞争异常激烈，报业生态承载力下降。随着网络媒体的替代竞争日益加剧，报纸的读者资源承载力进一步降低，报业生存环境越来越差。由此可见，报纸的成长与读者资源承载力之间为高度正相关。

为了考量中国报纸读者资源的状况，本书借助了中国新闻出版研究院所发布的历次《全国国民阅读调查报告》的相关数据，前 6 次报告没有统计国民报纸阅读率①、人均每天阅读报纸时间和人均每年读报量的数据。因此，本书截取 2007—2015 年间《全国国民阅读调查报告》的相关数据，分析中国报纸读者阅读率、读报时间与读报量等指标，以便为进一步考量中国报纸读者资源承载力提供参考依据。

从表 3 - 5 可以看出，近年来，中国报纸读者阅读率呈明显下降的趋势。2007 年，报纸阅读率为 73.80%，到 2015 年，这一比例已经下降到 45.70%。其中，降幅最大的是 2015 年，比上一年度下降 17.06%。2007—2015 年，报

---

① 阅读率是衡量一张报纸或期刊价值（包括广告价值）的系列指标之一。它的含义是阅读某报刊的人数占所覆盖地区人口总数的比例。

纸阅读率年均下降5.82%。人均每天读报时间也呈一定程度的下降趋势，2009年，人均每天读报21.02分钟，2015年，人均每天读报17.01分钟。2007—2015年，人均每天读报时间存在一些波动，平均降幅为3.47%。从人均每年读报量来看，最近几年也存在较大波动，人均每年读报份数最多为2010年的101.16份，到2015年降到了54.76份，2007—2015年，人均每年读报份数年均降幅达5.86%。因此，从这3项数据来看，报纸赖以生存的读者资源正在不断流失。值得关注的是，在中国国民综合阅读率不断提升的情况下，报纸阅读率持续走低，导致该产业生态承载力不断下降，直接威胁着报纸产业生态系统健康。

表3-5　中国报纸读者阅读率、阅读时间与读报量

年份	报纸阅读率(%)	增长率(%)	人均每天读报时间(分钟)	增长率(%)	人均每年读报量(份)	增长率(%)
2006	74.30	—	38.00	—	—	—
2007	73.80	-0.67	48.00	26.32	88.80	—
2008	63.90	-13.41	35.00	-27.08	88.60	-0.23
2009	58.30	-8.76	21.02	-39.94	73.01	-17.60
2010	66.80	14.58	23.69	12.70	101.16	38.56
2011	63.10	-5.54	22.00	-7.13	100.70	-0.45
2012	58.20	-7.77	18.91	-14.05	77.20	-23.34
2013	52.70	-9.45	15.50	-18.03	70.58	-8.58
2014	55.10	4.55	18.80	21.29	65.03	-7.86
2015	45.70	-17.06	17.01	-9.52	54.76	-15.79

资料来源：根据中国新闻出版研究院主持调查并发布的历次《全国国民阅读调查报告》整理，http://www.chuban.cc/ztjj/yddc/。

表 3 - 6　　中国期刊读者阅读率、阅读时间与阅读量

年份	期刊阅读率(%)	人均每天阅读期刊时间(分钟)	人均每年阅读期刊量(本)
2007	58.40	—	8.40
2008	50.10	—	8.20
2009	45.60	15.40	6.97
2010	46.90	13.66	7.19
2011	41.30	11.80	6.67
2012	45.20	13.19	6.56
2013	38.30	10.05	5.51
2014	40.30	13.42	6.07
2015	34.60	8.83	4.91

资料来源：根据中国新闻出版研究院主持调查并发布的历次《全国国民阅读调查报告》整理，http：//www.chuban.cc/ztjj/yddc/。

中国新闻出版研究院主持的历次《全国国民阅读调查报告》数据显示，2015 年，中国国民综合阅读率[①]为 79.6%，而 2005 年，中国国民综合阅读率为 48.7%。10 年来，中国国民综合阅读率年均增长 5.04%，而报纸阅读率年均下降 5.82%，两者存在巨大的反差。报纸阅读率下降，读者并非不阅读，而是选择了其他类型的媒介。不仅仅是报纸读者的阅读习惯在改变，期刊读者的阅读率、每天阅读时间和阅读量也呈下降趋势。2009 年，中国读者的期刊阅读率为 45.60%，每天阅读时间为 15.40 分钟，人均每年阅读期刊 6.97 本，到 2015 年，读者的期刊阅读率为 34.60%，每天阅读时间为 8.83 分钟，人均每年阅读期刊 4.91 本，三项指标均呈大幅度下降趋势。第 13 次《全国国民阅读调查报告》数据显示，2015 年，全国 51.30% 的成年

① 综合阅读率反映居民对书报刊和数字阅读等各类阅读方式的接触率。

人通过网络在线阅读，60.00%的成年人通过手机阅读，有51.90%的成年人通过微信阅读。由此可见，传统读者正在转变为新型读者，他们采用新的阅读工具，纸质版报纸的读者主要是年龄偏大的老人、机关事业单位的工作者等。失去了读者，纸质版报纸就失去了生存的土壤，现有的读者资源难以承载更多的报纸，部分难以生存下去的报纸逐渐退出市场，报纸纷纷减少版面，报纸广告经营额不断下降，等等，这些都是读者资源锐减的必然结果。

千人日报拥有量是国际上比较公认的衡量一国报业发展水平的重要标准。目前，中国只有北京、上海、广州三个城市的千人日报拥有量达到了发达国家的水平。从全国范围来看，2012年，中国每千人日均拥有报纸97.6份，增长2.7%。[①] 以上数据表明，中国报纸的普及程度较低。读者资源是报业生存发展的最重要、最基本的承载力，其他承载力主要依附于读者资源承载力之上，读者资源的萎缩制约了报业市场规模的拓展，这是当前报业生态系统健康状况欠佳的主要症结所在。

2. 报业经济承载力

生物群落在一段时间内获得的能量和支出的能量之间往往存在一定的差值，当获得的能量大于或等于支出的能量时，生物拥有足够的能量保持生存发展；当生物群落获得的能量持续小于支出的能量时，表明生物发展存在一定的能量危机。报业的发展与生物群落的发展类似，报业的利润是该产业在一段时间内总收入减去总成本后的差值，这一指标可以用来衡量报业发展的活力。总收入的增加与减少能够帮助我们评价产业活力的增加与减少，总支出、总成本的增加和减少能够帮助我们了解该产业竞争力的变化态势。

为了分析中国报业经营情况，我们搜集了2005—2015年间中国报纸定价总金额、全国报纸营业收入、全国报纸利润总额等相关数据，并对上述数据的变动情况进行计算，参见表3－7。

① 张贺：《〈2012年新闻出版产业分析报告〉公布》，http：//www.gapp.gov.cn/news/1656/152559.shtml。

表 3 – 7　　中国报纸盈利情况（2005—2015）

年度	报纸发行定价总额(亿元)	增长状况(%)	营业收入(亿元)	增长状况(%)	利润总额(亿元)	增长状况(%)
2005	261.02	3.31	—	—	—	—
2006	276.09	5.77	—	—	—	—
2007	306.53	11.03	—	—	—	—
2009	351.72	—	627.55	—	70.44	—
2010	367.70	4.54	729.40	16.23	100.80	43.10
2011	400.40	8.89	818.90	12.27	98.60	–2.18
2012	434.39	8.49	852.32	4.08	99.24	0.65
2013	440.36	1.37	776.65	–8.88	87.67	–11.66
2014	433.66	–1.52	697.81	–10.15	76.44	–12.81
2015	434.25	–0.14	626.15	–10.27	35.77	–53.21

资料来源：根据国家新闻出版广电总局①发布的历年《新闻出版产业分析报告》的相关数据整理计算。参见 http：//www.gapp.gov.cn/govpublic/60.shtml。

数据显示，从 2005 年到 2013 年，中国报纸定价总金额总体上呈增加趋势，2014 年，报纸定价总金额首次出现下降，降幅达 1.36%，2015 年，报纸定价总金额出现增长态势，但增长的幅度很小。这从侧面印证了前面的结论：报纸总印数年均增幅呈下降趋势，说明报纸印刷与发行市场增长乏力。通过表 3 – 7 可以看出，2009—2015 年间，中国报纸发行定价总额呈小幅提升趋势，但在 2014 年之后，中国报纸发行定价总额呈下降趋势，这与我们的常识

① 2018 年 3 月，中共中央印发《深化党和国家机构改革方案》，将国家新闻出版广电总局的新闻出版管理职责划入中央宣传部，中央宣传部对外加挂国家新闻出版署（国家版权局）牌子；在国家新闻出版广电总局广播电视管理职责的基础上组建国家广播电视总局，作为国务院直属机构。在本书中，没有统一各机构的名称，而是根据具体的时间来确定相应的称呼。

基本一致：中国报纸的纸质版发行遭遇危机。报纸发行量下滑，读者流失，直接影响报纸的广告经营，进而影响报纸产业的营业收入与利润总额。2009—2012 年，中国报纸营业收入呈上升趋势，而 2013 年以来，中国报纸营业收入出现明显的下滑趋势，分别下降了 8.88%、10.15% 和 10.27%。从 2010 年到现在，中国报业利润总额呈明显的下降趋势，2015 年，下降幅度更是达到 53.21%，传统报业盈利能力正在经受严峻的考验。

据 2013 年和 2014 年《新闻出版产业分析报告》的数据显示，2013 年，全国报业出版集团主营业务总收入降低 14.6%，利润总额降低 6.9%；全国 43 家报业集团中有 15 家出现营业利润亏损的情况，亏损率为 34.88%。2014 年，全国有 46 家报刊出版集团的主营业收入和利润总额呈降低趋势，降低幅度分别为 1.0% 和 16.0%；全国有 17 家报业集团营业利润出现亏损，亏损率为 39.53%。2015 年，全国 43 家报业集团中，有 31 家报业集团营业利润出现亏损，亏损率进一步增加到 72.09%。到 2017 年，全国报纸的营业收入为 578.30 亿元，比 2016 年下降 0.04%；利润总额为 37.50 亿元，比 2016 年增长了 24.60%。[①] 可见，中国报业经营正在经历严峻的考验，甚至不少报业集团依靠副业养活主业，比如有些报业集团依靠游戏产业、房地产产业、金融投资等方面的利润来维持报纸的生存，这些非相关多元化发展模式并不能从根本上解决问题，如果报纸的纸质版亏损面进一步增加，报业经营收入难以承载报纸的发展，纸质版报纸将被迫转型直至退出市场。

2009 年以来，中国报纸营业收入不断下降。2013—2015 年，报纸营业收入出现负增长。最值得警醒的是，近 5 年来，报纸利润总额有 4 年是负增长。近年来，各地报业发展情况表明，报纸的盈利能力正在不断下降，产业发展潜力严重下滑。2015 年，浙江省图书、期刊和报纸等纸质传媒实现增加值 91.4 亿元。其中，报纸实现增加值 27.2 亿元，比上一年度下降了 9.6%，降幅最大。报纸营业收入 44.7 亿元，比上一年度下降 16.3%，利润总额为 1.3 亿元，比上一年度下降 55.5%。[②] 20 世纪 90 年代以来，广东报业成为中国纸

① 《2017 年新闻出版产业分析报告》，中国新闻出版广电网，http：//data.chinaxwcb.com/epaper2018/epaper/d6803/d6b/201807/89802.html。

② 浙江省新闻出版广电局（版权局）：《我省首份传媒产业监测分析报告出炉》，http：//www.zjxwcb.gov.cn/art/2016/9/6/art_ 646_ 20826.html。

质媒体运作最为成功的典型。近年来，广东报业也遭遇了严重的危机。数据显示，2000 年，广东省每年发行报纸 346268 万份，到 2010 年，每年报纸发行增加到 455912 万份，此后，每年报纸发行总量均呈下降趋势。到 2015 年，广东省报纸发行总量下降到 327660 万份，比 2010 年下降了 28.13%，报纸总印张数比 2010 年下降了 54.14%。① 广东省和浙江省报业发展状况是中国报纸产业发展的缩影，这一状况预示着传统报业的衰落过程正在加速，报纸读者流失、发行和广告下滑使其缺乏生长活力，其发展潜力已经降至历史新低，报业转型势在必行。

3. 报纸消费承载力

报纸属于文化产业的一部分，文化产业的发展水平影响着报业的发展水平。人民群众的文化消费水平对文化产业乃至报业的发展起到直接的促进作用。当人民群众有文化消费意愿的时候，文化产业就能够持续、健康、快速地发展；反之，文化产业生态系统就会受到不同程度的破坏。因此，文化消费水平是决定文化产业发展状况的重要因素。一个国家的文化产业越发达，其报业生存发展的潜在可能性越大。

为了分析中国读者对报纸的消费欲望与消费水平，我们搜集了 2006—2015 年之间中国报纸定价总金额、中国每户平均人口数量等数据，在此基础上计算出平均每户人口每年消费报纸金额。之所以选择以户为单位来分析，主要原因是广播电视和互联网媒体一般以户来计算其收视费和网络费，这为后续的比较分析提供方便。数据显示，近年来，中国报纸的平均消费水平不高。从表 3-8 可以看出，2006 年，平均每户订阅或购买报纸 65.14 元，相当于全国每户家庭当年消费支出的 0.33%，这表明中国人对报纸的消费欲望不强，消费水平较低。到 2015 年，平均每户订阅或购买报纸 97.90 元，相当于全国人均消费支出的 0.16%。2015 年，中国居民年均消费支出比 2006 年增长了 2 倍以上，而订阅或购买报纸的支出只增长了 50.29%。报纸消费动力不足给报业发展带来不利影响，报纸主要靠发行带动广告，通过售卖读者的注意

① 根据历年《广东统计年鉴》的相关数据整理计算，http://www.gdstats.gov.cn/tjzl/tjkw/gdtjnj/。

力弥补发行亏损，并借此盈利。数据显示，近年来，报纸消费明升暗降，因为物价水平、人均收入的增长速度明显比报纸销售收入增长速度快，导致报纸消费承载力不足，最终影响了报纸产业生态系统健康。

表 3－8　　平均每户人口报纸消费情况（2006—2015）

年份	定价总金额（亿元）	中国历年人口数量（亿人）	全国每户平均人口数（人）	居民平均消费水平（元）	平均每户每年消费报纸（元）	增长幅度（%）
2006	276.09	13.14	3.10	6416	65.14	—
2007	306.53	13.21	3.10	7572	71.93	10.44
2008	351.72	13.28	3.10	8707	82.10	14.14
2009	367.70	13.35	3.10	9514	85.38	4.00
2010	400.40	13.41	3.10	10919	92.56	8.41
2011	434.39	13.47	3.10	13134	99.97	8.01
2012	440.36	13.54	3.02	14699	98.22	－1.75
2013	433.66	13.61	3.02	16190	96.23	－2.03
2014	434.25	13.68	3.02	17778	95.87	－0.38
2015	434.25	13.75	3.10	19308	97.90	2.13

资料来源：根据历年《中国统计年鉴》、国家新闻出版广电总局发布的历年《新闻出版产业分析报告》相关数据整理计算所得。

读者购买报纸的投入情况能够反映报业的生态承载力，因为购买投入比例大，说明这一市场有发展活力和潜力；反之，说明该市场缺乏活力和潜力，报纸发展的承载力不足，市场存在风险。然而，我们难以搜集到读者购买报纸费用的连续性数据，不能直接反映读者的报纸消费情况。为了从侧面分析居民在报纸上的消费，我们搜集了2000年以来的居民教育文化娱乐方面消费支出的数据，以此来分析居民对文化消费的投入状况，从而间接地呈现报业发展的潜在物质基础和外部条件。

从表3－9可以看出，2000年以来，中国居民人均可支配收入以及人均教育、文化与娱乐消费支出均处于稳定增长态势。2000年，中国城镇居民人均可支配收入为6280.00元，到2015年增长为31194.80元，增加了2.97倍，年均增幅为11.28%。2000年，农村居民人均纯收入①为2253.40元，到2015年增加为10772.00元，增加了2.78倍，年均增幅为10.99%。城乡居民人均可支配收入与纯收入的增加，为居民文化消费奠定了物质基础。2000年，城镇居民人均教育、文化与娱乐消费支出为627.82元，2015年增加为2381.00元，年均增幅为9.29%；2000年，农村居民人均教育、文化与娱乐消费支出为186.72元，2015年增加为969.30元，年均增幅为11.61%。上述数据表明，城乡居民人均可支配收入（纯收入）和教育、文化与娱乐消费支出大体上呈正相关。进一步分析发现，城镇居民教育、文化与娱乐方面的支出占可支配收入的9.41%，农村居民教育、文化与娱乐方面的支出占纯收入的7.66%。这些数据表明，不管是城镇居民，还是农村居民，都在教育、文化与娱乐方面有相当比例的投入。

表3－9　我国居民人均可支配收入、纯收入与人均教育文化娱乐消费支出状况

年份	城镇居民				农村居民			
	人均可支配收入(元)	年增长率(%)	人均教育、文化与娱乐消费支出(元)	年增长率(%)	人均纯收入(元)	年增长率(%)	人均教育、文化与娱乐消费支出(元)	年增长率(%)
2000	6280.00	—	627.82	—	2253.40	—	186.72	—
2001	6859.60	9.23	690.00	9.90	2366.40	5.01	192.64	3.17
2002	7702.80	12.29	902.28	30.77	2475.60	4.61	210.31	9.17

① 城镇居民可支配收入和农村居民纯收入是不同的概念。城镇居民可支配收入是指城镇居民的实际收入中能用于安排日常生活的收入，是用以衡量城市居民收入水平和生活水平的最重要和最常用的指标。农村居民纯收入，则是指农民的总收入扣除相应的各项费用性支出后，归农民所有的收入。这个指标是用来观察农民实际收入水平和农民扩大再生产及改善生活的能力。

续 表

年份	城镇居民				农村居民			
	人均可支配收入（元）	年增长率（%）	人均教育、文化娱乐消费支出（元）	年增长率（%）	人均纯收入（元）	年增长率（%）	人均教育、文化娱乐消费支出（元）	年增长率（%）
2003	8472.20	9.99	934.38	3.56	2622.20	5.92	228.97	8.87
2004	9421.60	11.21	1032.80	10.53	2936.40	11.98	247.63	8.15
2005	10493.00	11.37	1097.46	6.26	3254.90	10.85	295.48	19.32
2006	11759.50	12.07	1203.03	9.62	3587.00	10.20	305.13	3.27
2007	13785.80	17.23	1329.16	10.48	4140.40	15.43	305.66	0.17
2008	15780.80	14.47	1358.26	2.19	4760.60	14.98	314.53	2.90
2009	17174.70	8.83	1472.76	8.43	5153.20	8.25	340.56	8.28
2010	19109.40	11.26	1627.64	10.52	5919.00	14.86	366.72	7.68
2011	21809.80	14.13	1851.74	13.77	6977.30	17.88	396.36	8.08
2012	24564.70	12.63	2033.50	9.82	7946.60	13.89	445.49	12.40
2013	26955.10	9.73	1986.30	-2.32	8895.90	11.95	754.40	69.34
2014	29381.00	9.00	2140.70	7.77	9892.00	11.20	859.20	13.89
2015	31194.80	6.17	2381.00	11.23	10772.00	8.90	969.30	12.81
年均增长率（%）	11.28	—	9.29	—	10.99	—	11.61%	—

资料来源：根据历年《中国统计年鉴》的相关数据整理计算所得。

根据历年的数据可以得出，文化娱乐方面的消费支出占教育、文化与娱乐消费的四分之一左右，而其中用于购买报纸的支出则占据其中很小的一部分。但通过这些数据至少可以看出，中国居民在文化方面有一定的消费意愿，这有助于培养居民的传媒消费习惯。从这个角度来讲，外部经济发展和居民的文化消费意愿能够承载报业的发展。至于这种承载力能否承载纸质版报纸的发展，那需要考虑读者的文化消费习惯。

据此，可以初步判断，中国报业发展具有一定的文化消费传统，也有较好的经济支撑。危及其生态系统健康的并非经济发展或者居民文化消费投入的问题，而是报纸传播形态不符合读者文化消费习惯，读者资源承载力不足，导致广告资源承载力不足，最终使报业发展遇到有史以来最大的困境。

综上所述，中国报纸产业生态承载力在20世纪90年代处于较好的状态。进入21世纪以来，中国报业的读者资源承载力、报业经济承载力增长乏力，甚至在近几年出现下滑趋势。从数据上来看，报纸消费承载力有所提升，但是考虑到物价上涨以及文化消费多元化等因素，真正用在购买报纸上的费用很少。总体上来说，中国报业生态承载力处于下降状态。中国报业正处于转型发展的关键时期，传统报纸的生存空间正在被各种新兴媒介所挤压，新的报业形态并没有找到稳定的盈利模式，读者的注意力正在不断流失。报纸生态承载力持续下滑对报业发展产生不利的影响，当前报业转型发展必然面对生态承载力下降的严峻现实。报纸的老读者正在老去或者流失，新的读者阅读兴趣没有培养起来。对于报纸来说，丧失青年受众是致命的打击。报纸新产品的开发需要建立在新的生态承载力之上，只有不断开发新的受众群体，才能够保持报业健康发展，这是今后报纸产业重新崛起的出发点。

（三）市场化中的矛盾制约报业改革

在报业经济发展中，报业的市场化程度是分析报纸产业活力的重要因素，而报业市场化程度主要通过市场配置资源反映出来的。如果报业资源完全由政府来配置，就能够更好地把握报纸的舆论方向，同时报业经济不会出现失控的情况，但报业经济活力会受到一定程度的限制；如果报业资源完全由市场来配置，报业经济活力能够得到有效提升，但报纸舆论容易受市场化的影响，报业市场也可能会出现无序竞争的情况。比较理想的报业经济环境是政府的宏观调控有一定的力度，制度供给充足，同时给报业的市场化运作留有较大的空间，市场在报业资源配置中起到较大的作用。

市场化指的是以市场作为解决经济、政治与社会问题的基础手段，实行市场化就意味着政府适度放松对经济的管制。传媒产业对意识形态的影响极为明显，世界各国都非常重视大众传媒的发展，因此都采取不同的手段加以控制与管理。管理的手段不同，控制的力度不同，传媒的市场化程度也不尽相同。

在中国报业发展史上，国家的调控与管理历来比较严格。从 1978 年到现在，报纸发展经历了市场化、产业化、集团化的发展历程，这对于解放报业生产力，提升报业竞争力和影响力具有积极的意义。对报纸产业市场化程度的测量与分析，有助于我们从新的角度认识报纸产业发展活力。

1. 财政投入占比

无论在什么产业中，财政投入比例的大小无疑对产业发展具有重要的意义。财政投入较大的产业，各经营单位受益良多，能够缓解经营单位的经济压力和财务风险。财政投入较小的产业，经营单位需要具有较强的盈利能力，靠自身的经营赢得生机。

报纸属于党和政府的喉舌，是党和政府联系群众的纽带。一直以来，中国非常重视报纸的引导功能，在报纸产业发展中给予较多政策倾斜和财政支持。从表 3 - 10 可以看出，2006—2015 年，中国新闻出版产业财政支持力度相对较大，对产业发展产生积极的影响。2006 年，新闻出版产业政府财政支出占该产业总收入（包含财政支出）的比重为 8.58%，到 2015 年，这一比例提升至 17.95%。从总体上来看，新闻出版领域财政支持力度相对较大，且这种支持力度正在缓慢提升。2011—2015 年都在 10% 以上，对于一个努力走市场化发展道路的产业来说，这一比例相对较高。财政支出高的产业，其创新能力和竞争激烈程度会受到相应的影响。由于能够获得财政支持，在位的报业集团能够通过身份的特殊性获得优势，给即将进入或者刚刚进入该产业的媒体和机构带来巨大的压力。一些传媒因此不敢贸然进入，丧失了发展机遇。财政投入较高，传媒机构被淘汰的风险降低，其开拓创新意识明显不足，给传媒产业发展带来不利影响，中国报纸产业即存在这样的问题。

表 3-10　　新闻出版产业财政支出占比（2006—2015）①　　单位：%

年份	2006	2007	2008	2009	2010	2011	2012	2013	2014	2015
财政支出占比	8.58	8.62	9.23	9.10	9.52	10.73	11.97	12.42	10.97	17.95

资料来源：根据《中国财政年鉴》发布的历年财政预算数据和国家新闻出版广播电视总局发布的历年《新闻出版产业分析报告》的相关数据整理计算所得。

2. 非国有经济在固定资产投资中所占比例

在产业经济发展过程中，国家对产业经济行为管得越多，其市场化程度就越低。在计划经济时代，报纸所需资源完全靠政府配置，报纸的生产、销售等环节由政府来决策，报社没有经济创收的负担。在这种经济体制下，报纸无须为广告发愁，其发行上的压力也不大。1978 年以来，报社的经营管理提上议事日程，报纸不仅仅要做新闻，还要考虑发行和广告经营，市场在资源配置中的作用越来越大。但报业始终没有进入完全市场化阶段，政府在报纸话语权和资源配置方面一直具有较大的权力。同一般的产业一样，政府在资源配置方面起到的作用越大，产业的市场化程度越低。

在报纸产业固定资产投资方面，国有及国有控股资金所占的比例一直比较大，可以看出，政府在固定资产的配置方面起到了决定性的作用，大大降低了报纸的市场化程度。为了考量报纸产业城镇固定资产投资的市场化程度，我们搜集了新闻出版业城镇固定资产投资方面的数据，以此模糊地估算报纸产业固定投资市场化程度，参见表 3-11。从表 3-11 的数据可以看出，2004 年以来，新闻出版业城镇固定资产投资中，国有及国有控股资金所占的比重很高。其中，2006 年，国有及国有控股资金在全国新闻出版产业固定资产投资中所占的比重为 94.76%，是近年来最高的一年；2013 年，这一比例降至近年来最低，为 65.80%。2004—2006 年，

① 由于难以获得报纸产业财政支出数据，采用新闻出版产业财政支出数据计算该产业财政支出占比，以此反映报纸产业财政支出情况。在计算的时候，选取新闻出版领域的发行与广告等两项主营业项目作为总收入的参考依据。具体计算公式为：财政支出占比 = 新闻出版产业财政投资/（发行收入 + 广告收入 + 财政投资）×100%。

中国新闻出版业城镇固定资产投资中，国有及国有控股占比均高于94%。可见，固定资产投资方面的市场化程度较低。2007—2010年，国有及国有控股占比为81%—90%；2011—2015年，国有及国有控股占比为65%—74%。可以看出，中国新闻出版业固定资产投资的市场化程度大体上呈现出下降趋势。

表3-11　新闻出版业城镇固定资产投资（2004—2015）　单位：亿元

年份	固定资产投资总额	内资	港澳台投资	外商投资	国有及国有控股	国有及国有控股占比（%）	集体及集体控股	集体及集体控股占比（%）	私营个体及私人控股	私营个体及私人控股占比（%）
2004	18.70	18.70	0	0	17.70	94.65	0.20	1.07	0	0
2005	16.90	16.90	0	0	16.00	94.67	0.10	0.59	0	0
2006	26.70	26.70	0	0	25.30	94.76	0.10	0.37	1.30	4.87
2007	36.40	36.40	0	0	30.50	83.79	1.60	4.40	4.20	11.54
2008	65.60	57.60	0	8.00	53.20	81.10	3.70	5.64	8.40	12.80
2009	53.00	53.00	0	0	43.70	82.45	1.10	2.08	8.10	15.28
2010	50.90	50.90	0	0	45.80	89.98	2.20	4.32	2.80	5.50
2011	81.60	81.50	0	0	58.10	71.20	6.40	7.84	17.00	20.83
2012	69.40	69.20	0.10	0	49.00	70.61	6.40	9.22	8.10	11.67
2013	103.80	103.80	0	0	68.30	65.80	2.00	1.93	15.10	14.55
2014	102.40	102.40	0	0	74.80	73.05	0.90	0.88	16.60	16.21
2015	129.80	129.10	0	0.7	87.80	67.64	0	0	36.50	28.12

资料来源：根据历年《中国统计年鉴》整理计算。

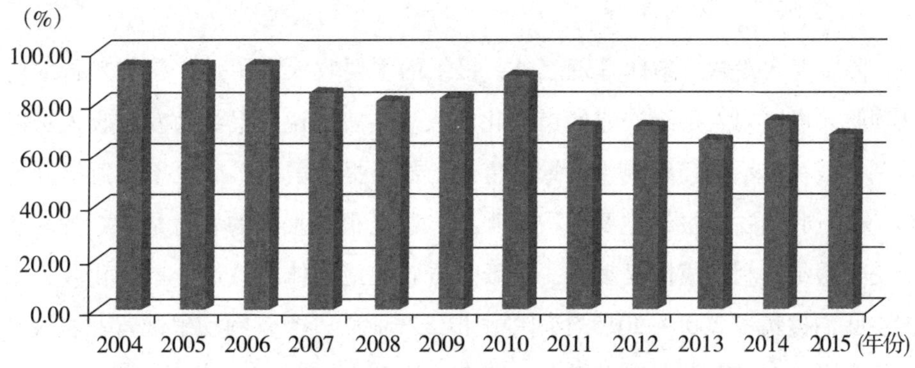

图3-2　国有及国有控股资金在固定资产投资中所占比例

资料来源：根据历年《中国统计年鉴》整理计算。

在新闻出版业固定资产投资中，国有及国有控股资金占比下降，私营个体以及私人控股占比则出现攀升趋势，集体及集体控股资金先升后降，但变动幅度较小。港澳台和外商投资占比较小，内资占据将近100%的比例。由此可见，中国共产党和政府极为重视新闻出版业在舆论宣传领域的作用，对该领域的发展给予较大支持，为新闻出版业的发展解决了后顾之忧。从社会效益这个角度来讲，这是好事。如果从产业经营的角度来讲，国家管理太紧，产业就会缺乏活力。国家在经费上的支持较多，为产业发展奠定了良好的基础。报纸产业受到国家政策上的倾斜比较多，在财政支持方面也受益良多，这样，报社自身的建设能力和市场开拓能力就不能够得到充分的释放，在位的企业自身奋斗的意愿就会降低。当报业真正进入市场竞争中，很难依靠自身的力量去拓展市场，尤其是报纸参与国际竞争的力量难以得到有效提升。

从绝对金额上来讲，国家每年在报纸产业固定资产投资方面的投入幅度相对较小，但是这释放了一个信号：国家并没有把报纸完全推向市场，在必要的时候会提供相应的支持。也就是说，报纸产业在固定资产投资方面并不是完全依赖市场，国家是报纸产业发展的坚强后盾。这种资源配置方式具有两面性，一是有助于保护在位报纸的发展，报纸在经营失利后能够获得缓冲余地；二是报纸具有这方面得天独厚的条件，在市场竞争方面缺乏一定的紧迫感，其生存压力容易被掩盖，导致报纸遇到竞争时不能从容地应对。

3. 报业广告收入占比

除了财政拨款、集体筹资之外，报纸的主要收入来源是广告与发行，这两项收入可以列入报纸产业的市场化收入。一般来说，报纸的发行收入难以盈利，报社也不会轻易调整报纸的售价，甚至报纸增长扩版也不随意提升价格。发行收入并非报纸主要的盈利渠道，甚至很多报纸的发行是亏本的。从历史上报纸盈利构成情况来看，报纸广告收入最能体现该产业市场化收入情况。我们搜集了2006—2015年间中国报纸产业广告经营额和报纸营业收入等数据，在此基础上计算出报纸广告经营额占报纸营业收入的比重，参见表3－12。通过表3－12可以看出，2006—2015年间，中国报纸广告收入占整个报业营业收入的比例均超过50%，最低为51.25%，最高为80.03%，平均为61.65%。近年来报业发行下滑，除了广告之外，其他盈利渠道也没有打开，导致报纸营业收入不升反降。尽管报业广告出现下滑趋势，但仍然是报纸的主要收入来源，甚至报业广告收入在报业营业收入中所占的比例呈不断提高的趋势。从报纸营业收入结构来看，市场化收入占比较高，这是近年来中国报业市场化改革所取得的成绩之一。不过，报业市场化收入的单点支撑格局依旧没有得到缓解，报业经营风险仍旧没有消除。

表3－12　报纸广告经营额占报业营业收入的比重（2006—2015）

年份	广告经营额(万元)	报纸营业收入(万元)	广告收入占比(%)
2006	3125894	5886800	53.10
2007	3221927	6287200	51.25
2008	3426700	6606300	51.87
2009	3704600	6276000	59.03
2010	4390000	7294000	60.19
2011	4694500	8189000	57.33
2012	5556300	8523000	65.19

续　表

年份	广告经营额(万元)	报纸营业收入(万元)	广告收入占比(%)
2013	5047000	7767000	64.98
2014	5016700	6978000	71.89
2015	5011200	6261500	80.03

资料来源：根据国家新闻出版广电总局发布的历年《新闻出版产业分析报告》的相关数据整理计算，http：//www.gapp.gov.cn/govpublic/60.shtml。

从上述分析可以看出，近年来，中国报业市场化程度有所提升，报业资金来源中，财政拨款所占的比例较小。尽管固定资产投资中，国有及国有控股企业投资占比较高，但是其比例结构正在逐步降低。广告、发行等市场化收入在报业收入中所占的比重很大。因此，与改革开放以前相比，报业经营的市场化程度大幅提升。不过，中国报业经营行为受到政府隐形力量的影响较大，比如报业集团组建、报业的跨区域经营、报业与其他产业的融合发展等等，这些改革行为都少不了政府的引导。这样，报业集团负责人的经营改革就会显得比较保守，创新性不足，对于当下急剧变化的传媒产业生态来说，报业较为保守的改革措施在一定程度上制约了报业生态的重构，影响了报业生态系统健康。

二　报纸产业组织：生态失衡，张力不足

传媒产业组织指的是该产业中传媒机构之间的组织或者市场关系，本书主要讨论的是影响传媒产业经营活力、竞争格局的结构性因素，包括传媒产业及其子产业市场集中状况、种群结构、区域布局等结构性因素。与生态系统结构类似，报纸产业系统的组织结构也是复杂的。报社内部组织结构以及报社之间的结构均具有多样性，其生产出来的报纸产品也具有多样性。报业的结构状况如何，对其生态健康有重要的影响。结构失衡往往为报业发展埋

下隐患，报业生态健康会因此受到威胁。报业结构分析指标包括报业种群生态位、市场结构、区域布局、媒介产品差异化、进入和退出壁垒、市场需求的价格弹性、市场需求的增长率以及短期成本结构等因素。为了分析中国报业的结构状况，我们选择了报业种群结构、市场集中度、产业聚集度等几个相对重要的二级指标，搜集整理了大量数据，在此基础上研判中国报纸产业组织结构现状与问题，以便为中国报业生态系统健康把脉。

（一）种群结构：密度降低预示产业危机

种群密度是考察传媒产业结构布局的重要因素。报业种群密度是单位面积上报纸个体的数量，某一地区报业种群的个体密度状况主要取决于该区域报业的内在质量以及公众对报纸的需求。一般来说，在生物领域，不同种群密度差异较大，同一种群在不同地区的密度也存在很大的差异。种群密度的大小受很多因素的影响，比如种群的出生率和死亡率、迁入率和迁出率等因素直接影响种群的数量，种群对周围环境的适应情况也影响其生存发展。当外界条件适宜种群生存发展的时候，种群的数量会不断增加；当外界条件恶化，对种群生长不利的时候，种群数量就会不断减少。

报纸在中国出现已经有几百年的历史了，但是报纸市场化发展进程比较缓慢，直到近代才逐渐出现市场化的倾向。晚清民国时期，报纸逐渐呈现出大众化发展趋势，报业种群的规模慢慢变大。中国报业种群在战争中受到较大的影响，部分报纸遭受摧残。中华人民共和国成立后，中国报纸市场化进程非常缓慢，直到改革开放之后，报纸市场化发展才真正提上议事日程。

为了分析中国报业种群密度，我们搜集了2006—2015年间中国各省区市报纸出版的种数，并根据各省份面积计算出每100平方千米拥有的报纸种数。报纸产业不同于一般的生物领域或者工业产业，每种报纸的覆盖面相对较大，传阅率较高，因而报纸种数是有限的，比一般的工业产品和生物种数少得多。因此，我们选择100平方千米为区域单位。数据显示，中国报业种群密度呈现出如下特点：一是全国报业种群密度变化很小。2006—2015年，中国报业种群平均密度的方差为0.000001，表明报业种群密度离散程度非常小，数据变化不大，报业种群数量保持稳定状态。二是不同区域报业种群密度变化幅度存在差异。北京、广西、上海、山西、内蒙古、青海等省市的报业种群密度变化稍大，其余的大多数省份报业种群非常稳定，变化极小。主要原因在于，2003 年全国报业整顿之后，一部分报纸退出市场，全国报业市场基本保持稳定状态。可以预见，随着中国部分纸质版报纸退出市场，其报业种群密度会出现一些变化。三是全国各省市报业种群分布存在较大差异。从表3 - 13 可以看出，2015 年，全国报业种群平均密度为 0. 0771 种/百平方千米，通过计算中国区域报业种群密度 TGI 指数①可以看出，TGI 指数超过 100 的只有 3 个省市，分别是上海（1587. 36）、北京（289. 31）和江苏（109. 58），处于第一梯队，属于报业种群密度最大的地区，读者市场开发好，市场需求大。浙江（93. 89）、山东（78. 61）、广东（77. 92）、辽宁（66. 67）、河南（64. 86）处于第二梯队，其报业种群密度比较大，报业相对比较发达，读者市场开发较好，市场需求较大。云南（15. 28）、甘肃（15. 28）、内蒙古（6. 81）、青海（5. 00）、新疆（8. 47）等省区市的报业种群密度最小，其读者市场开发不好，市场需求较小。2015 年，报纸出版种数减少的省份分别为上海（2 家）、浙江（1 家）、湖北（1 家）、广东（1 家）等，报纸出版种数增加的只有新疆，增加了两种。总体上来讲，2006—2015 年，中国报业种群密度变化不大，报业种群区域分布保持相对稳定的状态。近年来，中国报纸退出市场的情况逐渐增多，报业种群密度下降速度明显提升。

表 3 - 13　历年中国各省、自治区、直辖市报纸出版种数（2006—2015）

单位：种/百平方千米

省份/年份	2006	2007	2008	2009	2010	2011	2012	2013	2014	2015
北京	0. 2083	0. 2083	0. 2083	0. 2083	0. 2083	0. 0310	0. 2202	0. 2083	0. 2083	0. 2083
天津	0. 2389	0. 2389	0. 2478	0. 2478	0. 2478	0. 0144	0. 2389	0. 2124	0. 2124	0. 2124
河北	0. 0352	0. 0352	0. 0352	0. 0352	0. 0352	0. 0422	0. 0341	0. 0341	0. 0346	0. 0346

① 目标群体指数（Target Group Index，TGI），用于反映目标群体在特定研究范围（如地理区域、人口统计领域、媒体受众、产品消费者）内的强势或弱势。其计算方法如下：TGI 指数 = ［目标群体中具有某一特征的群体所占比例/总体中具有相同特征的群体所占比例］× 标准数 100。

续 表

省份/年份	2006	2007	2008	2009	2010	2011	2012	2013	2014	2015
山西	0. 0384	0. 0384	0. 0384	0. 0384	0. 0384	0. 0051	0. 0384	0. 0384	0. 0384	0. 0384
内蒙古	0. 0052	0. 0052	0. 0052	0. 0052	0. 0052	0. 0418	0. 0052	0. 0051	0. 0049	0. 0049
辽宁	0. 0555	0. 0555	0. 0555	0. 0514	0. 0514	0. 0432	0. 0500	0. 0480	0. 0480	0. 0480
吉林	0. 0267	0. 0267	0. 0277	0. 0277	0. 0277	0. 0277	0. 0277	0. 0277	0. 0277	0. 0277
黑龙江	0. 0158	0. 0158	0. 0158	0. 0154	0. 0154	0. 0154	0. 0152	0. 0150	0. 0150	0. 0150
上海	1. 1746	1. 1746	1. 1429	1. 1429	1. 1429	1. 1429	1. 1429	1. 1587	1. 1429	1. 1111
江苏	0. 0780	0. 0780	0. 0780	0. 0780	0. 0780	0. 0784	0. 0780	0. 0789	0. 0789	0. 0789
浙江	0. 0686	0. 0686	0. 0686	0. 0686	0. 0686	0. 0501	0. 0696	0. 0676	0. 0676	0. 0667
安徽	0. 0365	0. 0365	0. 0365	0. 0365	0. 0365	0. 0420	0. 0365	0. 0365	0. 0365	0. 0365
福建	0. 0354	0. 0354	0. 0354	0. 0354	0. 0354	0. 0257	0. 0363	0. 0346	0. 0346	0. 0346
江西	0. 0240	0. 0240	0. 0240	0. 0240	0. 0240	0. 0260	0. 0311	0. 0246	0. 0246	0. 0246
山东	0. 0553	0. 0553	0. 0559	0. 0572	0. 0572	0. 0509	0. 0566	0. 0566	0. 0566	0. 0566
河南	0. 0473	0. 0473	0. 0473	0. 0473	0. 0473	0. 0425	0. 0467	0. 0467	0. 0467	0. 0467
湖北	0. 0398	0. 0398	0. 0398	0. 0398	0. 0398	0. 0349	0. 0393	0. 0398	0. 0398	0. 0393
湖南	0. 0236	0. 0236	0. 0236	0. 0236	0. 0236	0. 0278	0. 0236	0. 0231	0. 0227	0. 0227
广东	0. 0561	0. 0561	0. 0556	0. 0556	0. 0556	0. 0428	0. 0550	0. 0561	0. 0561	0. 0556
广西	0. 0233	0. 0233	0. 0233	0. 0233	0. 0233	0. 1618	0. 0216	0. 0229	0. 0229	0. 0229
海南	0. 0471	0. 0471	0. 0471	0. 0412	0. 0412	0. 0194	0. 0412	0. 0412	0. 0412	0. 0412

续　表

省份/年份	2006	2007	2008	2009	2010	2011	2012	2013	2014	2015
重庆	0.0316	0.0316	0.0328	0.0316	0.0316	0.0054	0.0316	0.0328	0.0328	0.0328
四川	0.0177	0.0177	0.0179	0.0181	0.0181	0.0483	0.0185	0.0185	0.0183	0.0183
贵州	0.0176	0.0176	0.0176	0.0176	0.0176	0.0081	0.0176	0.0176	0.0170	0.0170
云南	0.0110	0.0110	0.0110	0.0112	0.0112	0.0342	0.0112	0.0110	0.0110	0.0110
西藏	0.0187	0.0187	0.0187	0.0187	0.0187	0.0112	0.0187	0.0187	0.0204	0.0204
陕西	0.0214	0.0214	0.0214	0.0214	0.0214	0.0097	0.0214	0.0209	0.0209	0.0209
甘肃	0.0123	0.0123	0.0123	0.0123	0.0123	0.0078	0.0114	0.0112	0.0110	0.0110
青海	0.0035	0.0035	0.0035	0.0035	0.0035	0.0377	0.0037	0.0037	0.0036	0.0036
宁夏	0.0226	0.0226	0.0226	0.0226	0.0226	0.0009	0.0226	0.0211	0.0211	0.0211
新疆	0.0060	0.0060	0.0060	0.0060	0.0060	0.0058	0.0058	0.0061	0.0061	0.0063

资料来源：根据历年《中国统计年鉴》的数据整理计算。

中国各省区市报业种群密度大体上呈下降趋势，数据显示，天津、河北、内蒙古、辽宁、黑龙江、上海、浙江、福建等省市的报业种群密度均出现下降趋势。总体来看，近年来，全国接近60%的省市报业种群密度呈下降趋势，说明中国报业市场需求正在下滑。中国报业种群密度存在较大的区域性差异，部分城市报业种群数量较大，但这并不会因为种群过于密集而导致报纸产业生态健康受到威胁。恰恰是那些种群密度较小的省市，其报业消费习惯没有培养起来，读者对报纸的需求较小，报业生态承载力较小，这些因素不利于报纸产业发展，造成产业生态失衡，最终危及报业生态系统健康。

报纸种群密度在一定程度上反映了报纸产业区域布局状况。在整个报业经济总量一定的情况下，报业种群密度越小，表明单个报业集团或报社的经济收入越大；报业种群密度越大，表明单个报业集团或报社的经济收入越小。因此，报业种群密度太大和太小都不是最理想的状态。在报业引入期和成长期，报业种群密度不断提升；进入报业成熟期之后，报业种群密度就会保持相对稳定的状态。如果出现报业兼并重组的情况，报业种群密度会有一定的变动。在报业衰落期，由于不断有报纸退出市场，报业种群密度会出现下降的趋势。在中国报业经济总量下降的情况下，报业广告和发行均出现下滑趋势，全国报纸出版种群数出现下降的情况，部分省市的报业种群密度也随之下降。在报业经济总量和报纸种群密度都下降的情况下，报业生态系统健康状况必然受到较大威胁。

（二）市场结构：集中度低加剧分散竞争

报业市场结构是反映报业市场竞争与垄断状况的重要因素，其主要的衡量方法是计算报业的市场集中度。要测量报业市场集中度，可以选择不同的指标，比如报纸的发行量、广告经营额、报社的营业收入、报纸的利润额、报社的总人数，等等。指标不同，得出的市场集中度也存在较大差异。本书主要选择报纸的发行量、广告经营额两项指标来分析中国报业市场集中度。之所以选择这两项指标，主要有两点原因，一是这两项指标最能够反映报纸的经营状况，报纸办得好不好，在市场中有没有竞争力，主要看其发行和广告做得怎么样。如果报业发行和广告市场集中度太低，报业竞争容易出现无序状态，不利于报业健康发展；如果报业市场集中度太高，缺乏适度竞争的机制，同样会出现生态系统健康失常的状况。二是数据的可得性，关于各家报纸的利润额、营业收入等数据牵涉到报业集团的商业秘密，很难搜集齐全。因此，我们选择报纸发行量、广告经营额两项相对容易获得的数据作为考量指标，来分析中国报业市场结构状况。

1. 中国报业发行市场集中度

为了分析中国报业发行市场集中度，我们搜集了1996年以来中央及省、自治区、直辖市级综合报纸出版数量相关数据，计算出综合报纸日均发行总量和发行量排名前4家、8家、10家、20家、50家、100家报纸所占的市场份额，从而对报纸发行市场结构进行较为全面的分析。在过去的报业市场集中度研究中，因为难以掌握全面的数据，学者们一般选择前 4、8、10 家报纸的发行数据来分析，如王艳萍、商建辉、陶喜红①等的相关研究，能够从不同的角度反映中国报业发行市场竞争格局。但数据上的局限性不利于全面地认识与分析报业市场结构。因为中国报业市场是一个较为分散、区域割裂较为明显的市场，发行数据搜集得越多，就越能够全面地把握报业发行市场竞争与垄断情况。鉴于此，我们搜集了 100 家综合报纸的发行数据，分别计算出中国综合日报发行市场集中度 CR_4、CR_8、CR_{10}、CR_{20}、CR_{50}、CR_{100}等数据，以期最大范围地呈现报纸发行竞争与垄断情况。

从表 3－14 可以看出，从 1996 年到 2015 年，中国综合日报发行市场集中度 CR_4近年来出现了一定幅度的波动。1996 年前后，中国综合日报发行市场集中度 CR_4数值较高，接近 18%，随后不断下降。到 2003 年前后，前 4 家报纸所占的市场份额保持在 13% 以内。2015 年，综合日报发行市场集中度 CR_4提升到 19.48%。通过表 3－14 和图 3－3 可以清晰地看出，中国综合报纸发行市场集中度 CR_8、CR_{10}、CR_{20}、CR_{50}、CR_{100}大体上保持与 CR_4一样的变化规律。随着一些经营效益较差的报纸逐渐退出市场，报业发行市场集中度会出现一定程度的提升趋势，但提升的幅度不太大，且不能从根本上优化报业发行市场结构。

表 3－14　　中国综合报纸发行市场集中度演变情况（1996—2015）　　单位：万份，%

年份	综合报纸日均发行量之和	前 4 家报纸平均发行量之和	CR_4	前 8 家报纸平均发行量之和	CR_8	前 10 家报纸平均发行量之和	CR_{10}	前 20 家报纸平均发行量之和	CR_{20}	前 50 家报纸平均发行量之和	CR_{50}	前100 家报纸平均发行量之和	CR_{100}
1996	4782.00	844.83	17.67	1323.87	27.68	1511.65	31.61	2170.76	45.39	3278.83	68.57	4083.99	85.40
1997	4788.88	850.77	17.77	1340.43	27.99	1526.50	31.88	2175.13	45.42	3305.58	69.03	4080.98	85.22

① 参见王艳萍《市场集中度的国际比较——以报业市场为例》，《国际经贸探索》2006 年第 3 期；王艳萍：《报业市场集中度的中外比较》，《学术研究》2006 年第 8 期；商建辉：《都市类报业市场集中度分析》，《当代传播》2008 年第 4 期；陶喜红：《中日两国日报发行市场集中度比较》，《国际新闻界》2012 年第 3 期；陶喜红：《中国传媒产业广告市场集中度研究》，《新闻大学》2014 年第 1 期；等等。

续 表

年份	综合报纸日均发行量之和	前4家报纸平均发行量之和	CR_4	前8家报纸平均发行量之和	CR_8	前10家报纸平均发行量之和	CR_{10}	前20家报纸平均发行量之和	CR_{20}	前50家报纸平均发行量之和	CR_{50}	前100家报纸平均发行量之和	CR_{100}
1998	5132.66	828.92	16.15	1343.76	26.18	1544.84	30.10	2193.28	42.73	3369.00	65.64	4282.77	83.44
1999	5230.16	799.46	15.29	1330.15	25.43	1527.54	29.21	2207.93	42.22	3398.67	64.98	4332.59	82.84
2000	5532.34	787.93	14.24	1361.87	24.62	1581.94	28.59	2337.16	42.25	3537.30	63.94	4492.31	81.20
2001	5763.94	745.28	12.93	1277.14	22.16	1520.28	26.38	2340.96	40.61	3564.71	61.85	4593.03	79.69
2002	6125.60	740.50	12.09	1231.38	20.10	1457.16	23.79	2308.26	37.68	3614.44	59.01	4765.26	77.79
2003	6354.69	794.77	12.51	1305.26	20.54	1516.65	23.87	2349.25	36.97	3709.20	58.37	4911.40	77.29
2004	6109.09	790.86	12.95	1266.45	20.73	1470.75	24.07	2277.19	37.28	3679.27	60.23	4829.30	79.05
2005	4956.47	824.04	16.63	1287.04	25.97	1489.84	30.06	2284.04	46.08	3516.22	70.94	4528.50	91.37
2006	5088.71	831.59	16.34	1295.79	25.46	1504.98	29.57	2376.43	46.70	3659.40	71.91	4652.31	91.42
2007	5182.52	834.49	16.10	1335.49	25.77	1549.92	29.91	2429.40	46.88	3765.64	72.66	4758.66	91.82
2008	5311.93	898.32	16.91	1408.71	26.52	1621.71	30.53	2532.71	47.68	3817.45	71.87	4858.07	91.46
2009	5281.98	919.18	17.40	1495.49	28.31	1705.49	32.29	2550.83	48.29	3835.36	72.61	4817.70	91.21
2010	5515.93	909.47	16.49	1483.43	26.89	1703.43	30.88	2620.34	47.50	4020.55	72.89	5082.34	92.14
2011	5723.24	950.23	16.60	1562.23	27.30	1805.47	31.55	2737.19	47.83	4178.33	73.01	5258.85	91.89
2012	5606.26	927.95	16.55	1533.83	27.36	1760.83	31.41	2704.79	48.25	4167.07	74.33	5211.49	92.96
2013	5510.00	972.09	17.64	1613.76	29.29	1840.77	33.41	2707.19	49.13	4019.64	72.95	5069.03	92.00
2014	5499.57	946.79	17.22	1590.92	28.93	1817.93	33.06	2685.60	48.83	4003.80	72.80	5052.45	91.87
2015	4663.67	908.59	19.48	1488.89	31.93	1707.00	36.60	2425.07	52.00	3510.74	75.28	4338.11	93.02

资料来源：根据历年《中国新闻出版统计资料汇编》的数据计算所得。

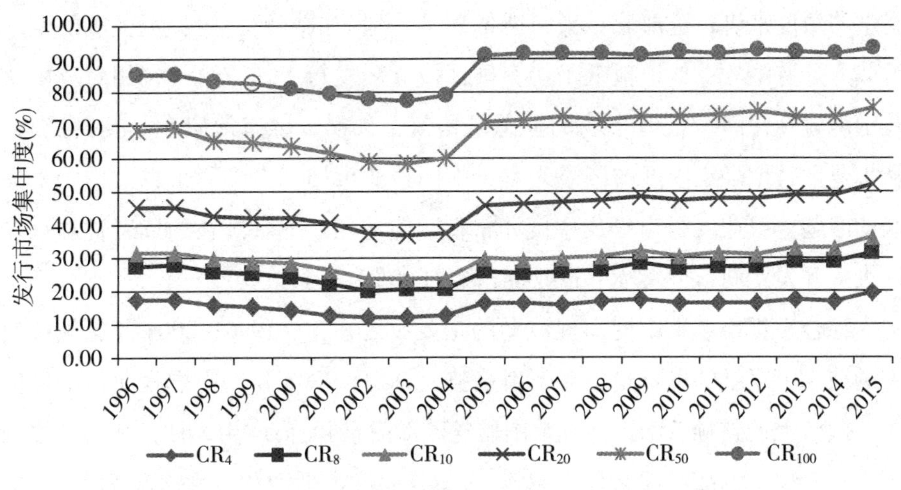

图 3－3　中国综合报纸发行市场集中度演变（1996—2015 年）

资料来源：根据历年《中国新闻出版统计资料汇编》的数据计算所得。

依据贝恩（1959）对市场结构的划分标准，$CR_4<30\%$，或者 $CR_8<40$，这种市场就属于竞争型市场结构类型。从表 3－14 可以看出，中国综合报纸发行市场集中度属于较低层次的竞争型市场结构，报纸发行市场处于分散竞争状态。

中国报纸区域分割较为严重是综合报纸发行市场集中度较低的主要原因。中国传媒产业中长期存在着“条块分割”现象，“条”指的是按照国家行政组织体系对传媒进行管理，“块”指的是各级地方党委在传媒的属地管理中起到较大的作用。这种管理模式给传媒发展带来一定的促进作用，减少发生无序竞争的现象，确保新闻舆论工作的顺利开展。从媒介经营的角度来讲，“条块分割”在一定程度上限制了传媒发展的活力，导致传媒经济效益被局限在相对较小的区域中。在报业市场中，这种条块分割的现状使报业跨地区、跨行业经营受到限制。一些实力雄厚的报社难以向外扩张，造成资源浪费，报业经营活力难以提升，这是报业集团难以做大做强的主要原因之一。在中国的报业市场中，中央报纸所占的比例为 10.89%，地方性报纸所占的比例为 89.17%①，在地方性报纸中，绝大多数报纸发行区域局限于当地。从产业生

① 此数据根据近 18 年里《中国新闻出版统计年鉴》中《全国各级报纸出版数量》相关数据计算所得。

态学的角度来讲，这部分报纸只能依靠某一地方的资源，而特定区域的生态承载力是有限的，如果报纸不能突破区域开展发行工作，继续在相对狭小的范围内成长，区域报业市场的生态结构就会失衡，生态健康就会受到威胁。从报业发行市场集中度的测量来看，中国报业市场就面临着市场结构严重失衡的问题。报业发行市场集中度非常低，前些年，中国潜在的读者资源存在巨大的开发空间，但实际上报业生态结构并没有得到改善。

综合报纸市场集中度出现波动的主要原因在于，1996—2004 年，规模较大的前 4 家报纸的发行量出现下滑趋势，其中，2003 年，中国报业市场经历了一次较大的整顿，纳入治理范围的党政部门报刊合计 1452 种，其中被停刊的有 677 种，占被治理总数的 47%。① 这次报刊治理涉及一些省市级以上的综合报纸，其发行量基本上依靠摊派，在市场中的成长性较弱，依靠自身经营很难创造利润，因此被国家强制退出市场。这些报纸退出市场后，报业市场结构得到一定程度的改善。从 2005 年开始，中国报业发行市场集中度出现一定程度的提高趋势，其主要原因在于 2003 年那部分经营效益不好的报纸在行政力量的主导下退出了市场。由此可见，行政力量在报业市场结构优化中起到较大的作用。如果没有行政力量的介入，这部分报纸还不会轻易退出市场，因为这些报纸可以继续借助各级行政力量推动报纸发行，即所谓的摊派发行。这样，报业竞争中既有市场力量的参与，也有行政力量的参与，竞争更为复杂，报业生态系统健康受到较大程度的影响。2005 年以后，中国报业集团化建设经历了一段时间的“磨合期”，逐步走向正轨，发行市场表现出“强者愈强”的趋势，发行市场集中度呈缓慢提升趋势。随着近年来一些纸质版报纸退出市场，报纸的发行市场集中度将出现一定程度的提升趋势。

2. 中国报业广告市场集中度

报业广告市场集中度是反映报纸广告市场竞争与垄断的主要指标，能从竞争秩序和竞争力方面衡量报业生态系统健康。一般来说，报业广告市场集中度应该保持在一定的范围内，这样既能够激发报业竞争活力，又能够提升报业的规模经济效益。因此，报业广告市场集中度过高与过低都不是最理想

① 《2003 年全国报刊大整顿 677 种报刊停办》，《人民日报》2003 年 11 月 28 日，第 2 版。

的状态。笔者曾经对中国报纸产业广告市场集中度做过分析，结果显示，在全国性报业市场中，报纸广告市场集中度明显偏低；而在区域性报业市场中，报业广告市场集中度比较高。① 不过，近几年报业广告市场受到各种新媒体广告的巨大冲击，其市场集中度出现明显的变化。

为了分析中国报业广告市场集中度变化情况，我们搜集了 1995 年以来中国报业广告经营总额和前 4、8、10 家报社（报业集团）广告经营额等数据，在此基础上计算出中国报业广告市场集中度 CR_4、CR_8、CR_{10}，参见表 3 – 15。通过表 3 – 15 可以看出，1995—2014 年，中国报业广告市场集中度较低，CR_4 的数值范围在 13%—29% 之间，均值为 22.00%；CR_8 的数值在 19%—42% 之间，均值为 31.93%；CR_{10} 的数值在 21%—47% 之间，均值为 35.85%。按照乔·贝恩（Joe S. Bain，1959）的市场结构分类标准，整个报业广告市场大体上为竞争型市场结构，只有 1999 年、2004 年和 2005 年报业广告市场结构为寡占Ⅴ型市场结构。

表 3 – 15　　中国报纸产业广告市场集中度演变状况（1995—2015）

单位：万元，%

年份	报业广告经营总额	前 4 名广告总额	CR_4	前 8 名广告总额	CR_8	前 10 名广告总额	CR_{10}
1995	646768	145252	22.46	214881	33.22	242281	37.46
1996	776891	167481	21.56	236606	30.46	260454	33.53
1997	968265	208395	21.52	314774	32.51	356774	36.85
1998	1043546	231675	22.20	332558	31.87	373665	35.81
1999	1123256	303181	26.99	451359	40.18	515838	45.92
2000	1464668	355565	24.28	571565	39.02	655948	44.78
2001	1576993	347232	22.02	551672	34.98	636166	40.34

① 陶喜红：《中国传媒产业市场结构演变研究》，中国社会科学出版社 2013 年版，第 46—49 页。

续 表

年份	报业广告经营总额	前 4 名广告总额	CR_4	前 8 名广告总额	CR_8	前 10 名广告总额	CR_{10}
2002	1884758	497962	26. 42	681777	36. 17	751577	39. 88
2003	2430113	663693	27. 31	929948	38. 27	1033648	42. 54
2004	2307242	632901	27. 43	923797	40. 04	1038397	45. 01
2005	2560497	731722	28. 58	1054549	41. 19	1195309	46. 68
2006	3125894	682868	21. 85	1002948	32. 09	1132948	36. 24
2007	3221927	746510	23. 17	1090887	33. 86	1226587	38. 07
2008	3426700	799588	23. 33	1089508	31. 79	1210634	35. 33
2009	3704600	791700	21. 37	1122225	30. 29	1228536	33. 16
2010	4390000	872059	19. 86	1237288	28. 18	1386288	31. 58
2011	4694500	741769	15. 22	1092327	22. 42	1234516	25. 33
2012	5556300	754798	13. 58	1108264	19. 95	1240922	22. 33
2013	5047000	752830	14. 92	1119775	22. 19	1250810	24. 78
2014	5016700	652855	15. 83	817750	19. 83	878040	21. 29
2015	5011200	—	—	—	—	—	—

注：由于 2006—2014 年的报纸（报业集团）广告与前些年的统计标准有一定出入，对市场集中度的下降趋势造成一定程度的影响。

资料来源：根据《中国广告业二十年统计资料汇编》，历年《中国广告年鉴》《中国统计年鉴》《中国新闻年鉴》《现代广告》2000 年第 3 期、2001 年第 7 期、2002 年第 3 期、2003 年第 4 期、2005 年第 4 期等数据，以及中国广告协会网（http：//xh. cnadtop. com/xh_list. html？id1 =24&id2 =1）刊载的“中国广告经营单位排序报告”等相关数据计算所得。

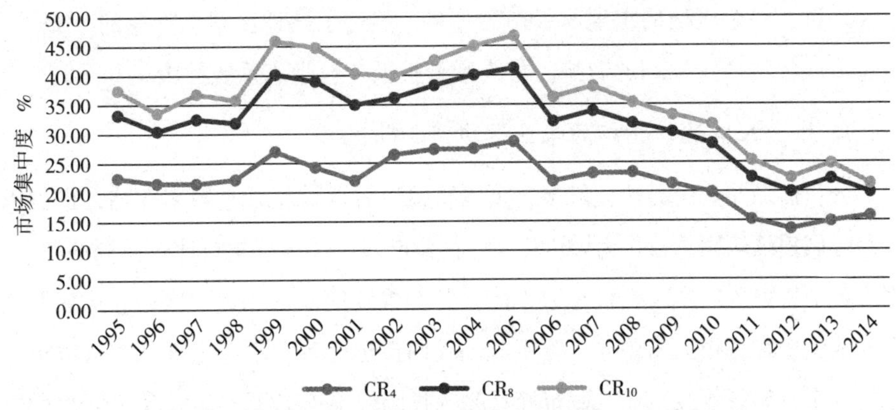

图 3-4　中国报业广告市场集中度演变趋势（1995—2014）

资料来源：根据《中国广告业二十年统计资料汇编》，历年《中国广告年鉴》《中国统计年鉴》《中国新闻年鉴》《现代广告》2000 年第 3 期、2001 年第 7 期、2002 年第 3 期、2003 年第 4 期、2005 年第 4 期等数据，以及中国广告协会网（http://xh.cnadtop.com/xh_ list.html? id1 = 24&id2 = 1）刊载的“中国广告经营单位排序报告”等相关数据计算所得。

从表 3-15 的数据可以看出，中国报业广告市场竞争一直很激烈。在全国范围内，没有哪家报业集团拥有垄断力量。当然，全国范围内的分散竞争并不排斥区域范围内的垄断因素。在中国报业广告市场中，报纸比较集中的城市，其报纸发行存在高度的垄断情况，报纸广告经营也存在较高程度的垄断力量，这一点在上海、广州、武汉等城市均表现得比较明显。

从图 3-4 可以看出，中国报业广告市场集中度总体上呈现先升后降的态势，1999 年和 2005 年出现两个相对较高的增长状态。2005 年以后，报业广告市场集中度大体上呈下滑趋势，表明报业广告市场的竞争日趋激烈。同时也可以看出，中国报业自始至终缺乏具有明显竞争优势的报业集团，报纸在发行和广告领域都存在一定的过度竞争现象。

（三）区域结构：分布不均影响生态效应

报业区域布局反映的是报纸产业在各个区域的动态组合分布情况，是影响报纸产业生态系统健康的因素之一。影响报业区域布局的因素很多，包括人口因素、文化因素、社会经济因素、地理位置、科学技术等。一般来说，报业空间聚集较密的区域，其报业经济更为发达，报纸产业成长性更好。相反，报业空间分布较散的区域，其报业经济相对落后。当然，从产业生态的角度来讲，一个区域的报纸出版种数过多，超过了该地区报纸产业的承载力，也对报业经济产生不利的影响，最终影响报纸产业生态系统健康。

1. 基于人口统计指标的报业区域布局状况

分析区域布局的方法比较多，可以直接以各区域报纸种数来评估，也可以将各区域报纸印刷总数作为评价指标，但只能对上述指标进行比较模糊的评估。因为各个省份各年度的人口总数不同，各种报纸的发行总数不同，人均拥有报纸的数量也存在很大的差异。鉴于此，我们拟选择各省市千人报纸拥有数量这一指标来分析各年度报业区域布局状况。我们搜集了 1996—2015 年之间报业发展的相关数据：各年度全国报纸总印数、全国人口总数、各省市报纸总印数、各年度人口总数等，根据上述数据计算出中国大陆各年度千人报纸拥有量。为了便于分析，我们将各年度全国千人报纸拥有量设为 1，其余各省市分别与全国进行比较，得出各省市当年的相对比值，作为各省市报纸发行区域布局分数，以此反映报纸产业在各个区域的分布情况，参见表 3－16。

表 3－16　　中国报纸发行区域布局评分（1996—2015）

省份/年份	1996	1997	1998	1999	2000	2001	2002	2003	2004	2005	2006	2007	2008	2009	2010	2011	2012	2013	2014	2015
北京	2.84	2.51	2.38	2.61	2.53	2.57	2.86	2.75	2.77	2.29	2.07	1.72	1.51	1.27	1.21	2.01	1.97	1.45	1.30	1.25
天津	2.65	2.61	2.61	2.40	2.30	2.65	2.80	2.75	2.73	2.63	2.70	2.49	2.41	2.37	2.15	1.96	1.89	1.56	1.48	1.48
河北	0.50	0.47	0.59	0.58	0.52	0.50	0.55	0.54	0.62	1.01	1.00	1.01	1.01	0.81	0.61	0.57	0.57	0.63	0.63	0.63
山西	0.84	0.91	0.94	0.85	0.74	1.13	1.49	1.63	1.90	2.52	1.89	1.87	1.63	1.80	1.71	1.62	1.62	1.71	1.75	1.77
内蒙古	0.36	0.24	0.29	0.30	0.29	0.30	0.28	0.41	0.35	0.45	0.32	0.31	0.32	0.36	0.32	0.34	0.34	0.31	0.40	0.41
辽宁	0.95	1.03	1.05	1.04	1.16	1.13	1.05	1.04	1.11	1.17	1.19	1.13	1.24	1.23	1.06	1.06	1.06	1.05	1.01	0.94
吉林	0.68	0.59	0.64	0.69	0.79	0.90	0.89	0.83	1.03	0.79	0.71	0.99	0.99	0.88	0.94	0.82	0.83	1.02	0.99	0.91
黑龙江	0.84	0.83	0.82	0.82	0.74	0.67	0.68	0.66	0.65	0.62	0.62	0.62	0.57	0.60	0.61	0.60	0.60	0.55	0.53	0.53
上海	5.95	5.71	5.60	4.94	4.00	3.69	3.35	3.24	3.46	3.18	2.75	2.68	2.41	2.24	2.04	1.95	1.93	1.53	1.39	1.45
江苏	1.10	1.13	1.08	1.23	1.22	1.28	1.19	1.18	1.06	1.12	1.06	1.10	1.06	1.01	1.02	1.02	1.02	1.02	1.04	1.04
浙江	1.41	1.46	1.39	1.47	1.43	1.56	1.55	1.68	1.68	1.68	1.75	1.70	1.71	1.81	1.77	1.89	1.90	1.78	1.81	1.77
安徽	0.37	0.36	0.46	0.40	0.48	0.45	0.40	0.44	0.45	0.53	0.51	0.53	0.50	0.53	0.58	0.58	0.58	0.58	0.59	0.55

续 表

省份/年份	1996	1997	1998	1999	2000	2001	2002	2003	2004	2005	2006	2007	2008	2009	2010	2011	2012	2013	2014	2015
福建	0.73	0.72	0.75	0.76	0.78	0.77	0.79	0.77	0.82	0.78	0.83	0.83	0.79	0.74	0.80	0.79	0.79	0.90	0.87	0.92
江西	0.37	0.36	0.35	0.38	0.37	0.40	0.43	0.42	0.41	0.46	0.46	0.47	0.46	0.47	0.47	0.48	0.48	0.80	0.74	0.79
山东	0.72	0.79	0.83	0.78	0.86	0.84	0.81	0.80	0.91	0.79	0.80	0.89	0.95	0.95	1.03	1.03	1.03	0.92	0.92	0.94
河南	0.47	0.43	0.49	0.51	0.52	0.51	0.57	0.52	0.56	0.66	0.66	0.68	0.67	0.68	0.67	0.66	0.66	0.64	0.66	0.67
湖北	0.58	0.70	0.69	0.83	0.91	0.88	0.92	0.96	0.87	0.81	0.84	0.84	0.91	0.91	0.94	0.99	0.99	0.96	0.97	0.83
湖南	0.44	0.46	0.48	0.51	0.49	0.51	0.50	0.57	0.50	0.53	0.50	0.52	0.49	0.60	0.58	0.53	0.53	0.56	0.60	0.63
广东	1.61	1.58	1.63	1.73	1.54	1.62	1.68	1.60	1.55	1.37	1.42	1.33	1.33	1.37	1.29	1.26	1.25	1.16	1.07	0.97
广西	0.47	0.50	0.48	0.46	0.45	0.45	0.49	0.48	0.42	0.40	0.40	0.40	0.40	0.42	0.45	0.42	0.42	0.43	0.45	0.46
海南	0.65	0.63	0.58	0.64	0.61	0.85	0.78	0.76	0.73	0.99	0.87	0.90	0.94	0.80	0.71	0.80	0.79	0.80	0.80	0.86
重庆	—	—	0.63	0.68	0.66	0.70	0.61	0.57	0.55	0.62	0.64	0.57	0.65	0.60	0.61	0.65	0.65	0.59	0.61	0.62
四川	0.60	0.86	0.61	0.59	0.69	0.60	0.58	0.57	0.61	0.60	0.59	0.58	0.62	0.57	0.63	0.62	0.62	0.59	0.61	0.63
贵州	0.24	0.25	0.24	0.26	0.30	0.30	0.29	0.30	0.28	0.24	0.27	0.22	0.29	0.31	0.31	0.37	0.37	0.31	0.31	0.29
云南	0.30	0.31	0.29	0.28	0.33	0.31	0.32	0.33	0.34	0.35	0.37	0.37	0.39	0.43	0.41	0.40	0.40	0.39	0.38	0.31
西藏	0.52	0.46	0.17	0.42	0.37	0.31	0.38	0.35	0.39	0.30	0.37	0.40	0.58	0.61	0.66	0.61	0.61	0.69	0.71	0.82
陕西	0.65	0.65	0.56	0.69	0.74	0.68	0.63	0.61	0.61	0.50	0.53	0.51	0.47	0.49	0.49	0.52	0.52	0.51	0.53	0.50
甘肃	0.40	0.38	0.44	0.35	0.39	0.36	0.39	0.51	0.45	0.44	0.45	0.45	0.44	0.48	0.47	0.51	0.51	0.56	0.58	0.62
青海	0.39	0.35	0.31	0.32	0.30	0.29	0.30	0.30	0.26	0.26	0.25	0.44	0.48	0.50	0.51	0.50	0.50	0.61	0.69	0.61
宁夏	0.40	0.37	0.35	0.38	0.43	0.43	0.47	0.44	0.53	0.54	0.56	0.56	0.53	0.41	0.51	0.45	0.45	0.48	0.49	0.54
新疆	0.53	0.52	0.46	0.50	0.61	0.67	0.64	0.64	0.60	0.55	0.58	0.61	0.63	0.59	0.63	0.61	0.61	0.70	0.71	0.71
及格线	0.57	0.56	0.55	0.55	0.53	0.55	0.55	0.55	0.57	0.56	0.54	0.54	0.53	0.52	0.51	0.52	0.51	0.50	0.50	0.49

资料来源：根据历年《中国统计年鉴》各省区市人口数量、历年《中国新闻出版统计资料汇编》各省市报纸印刷数量计算所得，先计算出各省区市千人报纸拥有量以及全国千人报纸拥有量，将全国千人报纸拥有量设为1，表中数据=相应省市当年报纸拥有量÷全国报纸拥有量。

每个省市得分在平均值60%以上的，记为及格年度，低于60%以下的，记为发行预警年度，参见表3－17。通过表3－17可以看出，1996－2015年之间，中国大陆31个省市的618个发行数据（除去重庆市1996年和1997年的两个数据）中，有359个数据评分在及格线以上，占总数的58．09%；259个数据处于及格线以下，即报纸发行预警年度，占总数的41．91%。

通过表3－16和表3－17可以看出，中国各省市报纸发行区域布局存在较大差异。可以将中国报业发行区域布局状况分成3个类别：

第一类为优势区域，主要指那些评分在全国平均分以上的省市，主要包括北京、天津、上海、江苏、浙江、广东、山西、辽宁等省区市。具体来说，每个省市的报纸区域布局状况又有一定的变化。在20世纪90年代初和21世纪的前几年中，上海、北京、广东的报纸区域布局优势比较明显，如上海千人报纸拥有量最高时候接近370份，最近几年则降到200份以下。浙江、山西千人报纸拥有量则出现一定程度的提升趋势。由此可见，报业区域布局表现出动态变化的特点，但一些优势区域由于有着优良的传统，其报业发展的经济、文化承载力较强，报业成长性相对较好，形成了报纸产业密集带。部分区域在历史上就是报业比较发达的地方，比如上海、北京、广东、浙江、江苏和天津等地，其近代报业非常发达，有着优良的传统，加上这些地方的经济、文化发展相对较好，给报业发展提供良好的支撑。

第二类为一般区域，主要指那些评分在全国平均分60%以上和全国平均分之间的区域，主要包括吉林、黑龙江、山东、湖北、海南、重庆、四川等省市。这些省市的一些中心城市报业比较发达，但比起那些优势区域，整个省市的报业发行区域布局还存在较大的差距。比如，武汉市、成都市、济南市等城市报业相对比较发达，但是就全省报业发行来说，没有多大优势。

第三类为预警区域，这部分省市的报业发展相对较弱，千人报纸拥有量低于全国平均值60%以下，即根据表3－17的及格线来判断，当年分数低于及格线以下的为发行预警年份。从表3－17可以看出，发行预警区域主要集中在西部地区，如广西、贵州、云南、西藏、甘肃、青海、宁夏、内蒙古等省市，中部地区如安徽、江西、湖南、河南等省市部分年份也处于预警线以内。另有少数省市部分年份处于发行预警线以内，如河北、重庆、陕西、新疆等省市，报纸发行数量处于预警线上下波动状态。

表 3-17　　中国报纸发行区域年度预警状况（1996—2015）

区域/年份	1996	1997	1998	1999	2000	2001	2002	2003	2004	2005	2006	2007	2008	2009	2010	2011	2012	2013	2014	2015
全国	1.00	1.00	1.00	1.00	1.00	1.00	1.00	1.00	1.00	1.00	1.00	1.00	1.00	1.00	1.00	1.00	1.00	1.00	1.00	1.00
北京	2.84	2.51	2.38	2.61	2.53	2.57	2.86	2.75	2.77	2.29	2.07	1.72	1.51	1.27	1.21	2.01	1.97	1.45	1.30	1.25
天津	2.65	2.61	2.61	2.40	2.30	2.65	2.80	2.75	2.73	2.63	2.70	2.49	2.41	2.37	2.15	1.96	1.89	1.56	1.48	1.48
河北	预警	预警	0.59	0.58	预警	预警	0.55	预警	0.62	1.01	1.00	1.01	1.01	0.81	0.61	0.57	0.57	0.63	0.63	0.63
山西	0.84	0.91	0.94	0.85	0.74	1.13	1.49	1.63	1.90	2.52	1.89	1.87	1.63	1.80	1.71	1.62	1.62	1.71	1.75	1.77
内蒙古	预警	预警	预警	预警	预警	预警	预警	预警	预警	预警	预警	预警	预警	预警	预警	预警	预警	预警	预警	预警
辽宁	0.95	1.03	1.05	1.04	1.16	1.13	1.05	1.04	1.11	1.17	1.19	1.13	1.24	1.23	1.06	1.06	1.06	1.05	1.01	0.94
吉林	0.68	0.59	0.64	0.69	0.79	0.90	0.89	0.83	1.03	0.79	0.71	0.99	0.99	0.88	0.94	0.82	0.83	1.02	0.99	0.91
黑龙江	0.84	0.83	0.82	0.82	0.74	0.67	0.68	0.66	0.65	0.62	0.62	0.62	0.57	0.60	0.61	0.60	0.60	0.55	0.53	0.53
上海	5.95	5.71	5.60	4.94	4.00	3.69	3.35	3.24	3.46	3.18	2.75	2.68	2.41	2.24	2.04	1.95	1.93	1.53	1.39	1.45
江苏	1.10	1.13	1.08	1.23	1.22	1.28	1.19	1.18	1.06	1.12	1.06	1.10	1.06	1.01	1.02	1.02	1.02	1.02	1.04	1.04
浙江	1.41	1.46	1.39	1.47	1.43	1.56	1.55	1.68	1.68	1.68	1.75	1.70	1.71	1.81	1.77	1.89	1.90	1.78	1.81	1.77
安徽	预警	预警	预警	预警	预警	预警	预警	预警	预警	预警	预警	预警	预警	0.53	0.58	0.58	0.58	0.58	0.59	0.55
福建	0.73	0.72	0.75	0.76	0.78	0.77	0.79	0.77	0.82	0.78	0.83	0.83	0.79	0.74	0.80	0.79	0.79	0.90	0.87	0.92
江西	预警	预警	预警	预警	预警	预警	预警	预警	预警	预警	预警	预警	预警	预警	预警	预警	预警	0.80	0.74	0.79
山东	0.72	0.79	0.83	0.78	0.86	0.84	0.81	0.80	0.91	0.79	0.80	0.89	0.95	0.95	1.03	1.03	1.03	0.92	0.92	0.94
河南	预警	预警	预警	预警	预警	预警	0.57	预警	预警	0.66	0.66	0.68	0.67	0.68	0.67	0.66	0.66	0.64	0.66	0.67
湖北	0.58	0.70	0.69	0.83	0.91	0.88	0.92	0.96	0.87	0.81	0.84	0.84	0.91	0.91	0.94	0.99	0.99	0.96	0.97	0.83

续 表

区域/年份	1996	1997	1998	1999	2000	2001	2002	2003	2004	2005	2006	2007	2008	2009	2010	2011	2012	2013	2014	2015
湖南	预警	预警	预警	预警	预警	预警	预警	0.57	预警	预警	预警	预警	预警	0.60	0.58	0.53	0.53	0.56	0.60	0.63
广东	1.61	1.58	1.63	1.73	1.54	1.62	1.68	1.60	1.55	1.37	1.42	1.33	1.33	1.37	1.29	1.26	1.25	1.16	1.07	0.97
广西	预警	预警	预警	预警	预警	预警	预警	预警	预警	预警	预警	预警	预警	预警	预警	预警	预警	预警	预警	预警
海南	0.65	0.63	0.58	0.64	0.61	0.85	0.78	0.76	0.73	0.99	0.87	0.90	0.94	0.80	0.71	0.80	0.79	0.80	0.80	0.86
重庆	—	—	0.63	0.68	0.66	0.70	0.61	0.57	预警	0.62	0.64	0.57	0.65	0.60	0.61	0.65	0.65	0.59	0.61	0.62
四川	0.60	0.86	0.61	0.59	0.69	0.60	0.58	0.57	0.61	0.60	0.59	0.58	0.62	0.57	0.63	0.62	0.62	0.59	0.61	0.63
贵州	预警	预警	预警	预警	预警	预警	预警	预警	预警	预警	预警	预警	预警	预警	预警	预警	预警	预警	预警	预警
云南	预警	预警	预警	预警	预警	预警	预警	预警	预警	预警	预警	预警	预警	预警	预警	预警	预警	预警	预警	预警
西藏	预警	预警	预警	预警	预警	预警	预警	预警	预警	预警	预警	预警	0.58	0.61	0.66	0.61	0.61	0.69	0.71	0.82
陕西	0.65	0.65	0.56	0.69	0.74	0.68	0.63	0.61	0.61	预警	预警	预警	预警	预警	预警	0.52	0.52	0.51	0.53	0.50
甘肃	预警	预警	预警	预警	预警	预警	预警	预警	预警	预警	预警	预警	预警	预警	预警	预警	0.51	0.56	0.58	0.62
青海	预警	预警	预警	预警	预警	预警	预警	预警	预警	预警	预警	预警	预警	预警	0.51	预警	预警	0.61	0.69	0.61
宁夏	预警	预警	预警	预警	预警	预警	预警	预警	预警	预警	0.56	0.56	0.53	预警	0.51	预警	预警	预警	预警	0.54
新疆	预警	预警	预警	预警	0.61	0.67	0.64	0.64	0.60	预警	0.58	0.61	0.63	0.59	0.63	0.61	0.61	0.70	0.71	0.71

资料来源：根据历年《中国统计年鉴》各省区市人口数量、历年《中国新闻出版统计资料汇编》各省市报纸印刷数量计算所得，先计算出各省区市千人报纸拥有量以及全国千人报纸拥有量，将全国千人报纸拥有量设为 1，表中数据 = 相应省市当年报纸拥有量 ÷ 全国报纸拥有量。

上述数据只是针对全国各省份报纸总体发行状况，并非针对各省市局部城市来分析的。比如，郑州市、长沙市、西安市等城市报业比较发达，但河南省、湖南省和陕西省部分年份则处于预警线以下，其主要原因在于这些省市的其他区域报纸发展水平相对较差，影响了整体评分。从报业发展生态来讲，这些区域的报纸布局不太合理，报业成长性较差。从全国来看，整个报业区域布局存在不均衡的状态，局部区域报业比较发达，形成了区域报纸产业密集带，而这些密集带并没有很好地辐射开来，不利于报业生态系统健康发展。

2. 基于报纸出版种数的区域聚集状况

由于传媒产业并不是把盈利摆在第一位，虽然有些区域传媒盈利能力比较差，但依然有大量报纸、期刊、广播、电视等传媒。因此，传媒产业布局呈现出分散状态。目前，国内外学者一般通过产业基尼系数、产业集中度、赫芬达尔－赫希曼指数①等指标来测算产业的聚集程度。本书拟选择行业集中度和赫芬达尔－赫希曼指数来测算我国报纸出版区域集中状况。

从表 3－18 可以看出，2006 年到 2015 年，广东、新疆、山东和四川占据全国报纸出版种数的前四位，其他几个省市的排名出现微弱变化。9 年间，中国报纸出版种数排名前 4 的省市所占比例为 19.47%，前 8 名省市所占比例为 35.50%，前 10 名省市所占比例为 42.88%。报纸出版种数区域聚集指数比期刊略高，期刊出版种数排名前 4、8、10 名的省市占全国的比例分别为 19.29%、32.04%、37.38%。可见，中国报纸、期刊的区域布局均比较分散。

为了从另外的角度测度我国报纸产业区域聚集度情况，本书计算出中国大陆 31 个省市期刊区域分布的赫芬达尔－赫希曼指数（HHI）。表 3－19 数据显示，我国报纸产业区域分布集中度指数比较低，近 10 年 HHI 值保持在 0.0300 左右。按照赫芬达尔－赫希曼指数的测算规律，如果区域分布集中度接近 1，表示该市场区域垄断程度很高，如果其 HHI 无限接近于 0，表明其区域分布集中度很低，属于分散竞争型的结构，其区域垄断力量自然较弱。也就是说，报纸区域分布聚集度比较低。2006 年以来，中国期刊出版区域聚集指数 HHI 的均值为 0.0087。可见，与期刊出版区域分布的 HHI 值相比，报纸区域分布 HHI 值略高。总体上来说，报纸和期刊区域聚集体现了我国在配置传媒资源的时候并没有把传媒经济作为主要的考量指标，而是主要考虑了传媒的公益性这一目标，这是由传媒产业的属性所决定的。

---

① 赫芬达尔－赫希曼指数（Herfindahl－Hirschman Index），简称 HHI 值，指的是某个特定行业市场上所有企业的市场份额的平方和，一般用 HHI 表示。当市场上有很多企业，并且企业规模相差不大，也就是说 n 趋向于无穷大，用赫芬达尔－赫希曼指数来测度市场集中度时，HHI 就无限接近于 0，市场集中度就很低，市场垄断程度也相应比较低；相反，HHI 值越大，市场集中度就越高。参见苏东水《产业经济学》，高等教育出版社 2000 年版，第 125 页。

表 3－18　　中国报纸出版种数分布前十名省份及其比重（2006—2015）

单位：%

2006	2007	2008	2009	2010	2011	2012	2013	2014	2015
广东（5.21）	广东（5.21）	广东（5.15）	广东（5.16）	广东（5.16）	广东（5.13）	广东（5.27）	新疆（5.33）	新疆（5.33）	新疆（5.46）
新疆（5.16）	新疆（5.16）	新疆（5.10）	新疆（5.11）	新疆（5.11）	新疆（4.98）	新疆（5.06）	广东（5.27）	广东（5.28）	广东（5.25）
山东（4.39）	山东（4.39）	山东（4.43）	山东（4.54）	山东（4.54）	四川（4.62）	四川（4.59）	四川（4.65）	四川（4.60）	四川（4.62）
四川（4.39）	四川（4.39）	四川（4.43）	四川（4.49）	四川（4.49）	山东（4.51）	山东（4.54）	山东（4.54）	山东（4.55）	山东（4.56）
辽宁（4.18）	辽宁（4.18）	辽宁（4.17）	江苏（4.13）	江苏（4.13）	江苏（4.15）	江苏（4.22）	江苏（4.23）	江苏（4.24）	江苏（4.25）
江苏（4.13）	江苏（4.13）	江苏（4.12）	河南（4.08）	河南（4.07）	河南（4.05）	河南（4.07）	河南（4.07）	河南（4.08）	河南（4.09）
河南（4.08）	河南（4.08）	河南（4.07）	辽宁（3.87）	辽宁（3.87）	辽宁（3.79）	湖北（3.86）	湖北（3.86）	湖北（3.87）	湖北（3.83）
湖北（3.82）	湖北（3.82）	湖北（3.81）	湖北（3.82）	湖北（3.82）	湖北（3.79）	上海（3.75）	上海（3.81）	上海（3.77）	上海（3.67）
上海（3.82）	上海（3.82）	上海（3.71）	上海（3.72）	上海（3.71）	上海（3.73）	浙江（3.70）	辽宁（3.66）	辽宁（3.66）	辽宁（3.67）
黑龙江（3.72）	黑龙江（3.72）	黑龙江（3.71）	黑龙江（3.61）	黑龙江（3.61）	浙江（3.68）	辽宁（3.60）	浙江（3.60）	浙江（3.61）	浙江（3.56）

资料来源：根据历年《中国统计年鉴》相关数据整理计算所得。

表 3－19　　中国报纸出版种数区域分布聚集度 HHI（2006—2015）

年份	2006	2007	2008	2009	2010	2011	2012	2013	2014	2015
HHI	0.0300	0.0300	0.0299	0.0298	0.0298	0.0299	0.0300	0.0301	0.0301	0.0302

资料来源：根据历年《中国统计年鉴》相关数据计算所得。

报纸与期刊出版区域分布集中度比较低，只能说明这两个产业区域聚集度低，并不能全面展示其经济绩效状况。因为，仅仅从报纸和期刊的种类上来分析其经济绩效是不科学的。当然，从产业经济的角度来讲，企业资源在市场结构和区域结构上的适度集中对于产业发展有较大帮助。产业的区域集中有助于降低产业运营成本，提高工作效率，因为人才、技术、设备以及其他材料的空间聚集有助于实现共享，从而节约运营成本。当然，传媒产业与一般的产业不一样。在很多产业中，人们对于物质的需求具有一定的同质性，传媒产业则要充分考虑受众的区域属性，即便是传媒的内容和风格有同质性，也要考虑区域接近性。因而，无论从舆论引导上讲，还是从受众接受心理上来讲，中国传媒产业的区域分布主要考虑到传媒舆论宣传的工具作用，对于其产业经济绩效方面的考虑比较少。尽管近年来中国已经开始重视传媒产业的经济绩效，但是原有的产业布局已经形成，不能做大幅度改变。因此，包括报纸、期刊、广播、电视等媒体在内的传媒产业区域集中度均不是很高。这种区域分布格局自然对产业经营产生一定的影响，因为产业聚集度低，就表明其产业集群发展尚未取得有效成果，不利于资源优化与规模经济的产生，最终会影响到整个产业的经济绩效和产业生态的稳定。从世界发达国家传媒产业发展的成功经验来看，传媒产业的适度聚集对于其生态健康有较大的促进作用。

中国报业种群的区域分布存在明显的不平衡特征，不利于报纸产业发挥其生态效应。报纸产业的生态效应主要表现为：报纸的区域分布格局对其新闻舆论引导和报业经济发展所带来的结构性和功能性的影响。如果一个区域的报纸种群分布相对合理，就能够充分发挥报纸的舆论引导功能；如果一个区域报纸种群密度较低，报纸舆论引导功能就会受到限制，这是报纸种群分布的社会效应。除此之外，报纸种群分布还对报业经济效应产生一定的影响。纵观中国新闻传播史可以看出，如果一个区域的报纸种群密度较大，其报业经济发展相对较好，比如历史上上海、北京、南京等城市的报纸种群密度较大，其报业经济发展相对较好。如果一个区域的报纸种群密度较小，其报业经济发展就相对落后，一些西部地区的报业发展历史可以充分地说明这一问题。从目前中国报业种群的区域布局情况来看，区域聚集程度不高，区域分布差异较大，报业区域结构失衡，最终导致优势区域并没有很好地发挥自身优势，劣势区域报业发展较为落后，报业生态结构失衡加剧。

报业种群区域分布的合理性问题是一个充满矛盾的话题。报纸是公共资源，报纸舆论的公益性较强，普通的公众都有获取报纸信息的权利。因此，从社会效益的角度来讲，报纸生产地过于集中不利于公共资源的合理利用。然而，从经济学的角度来讲，报纸的区域集中则更有利于节约办报成本，从而提高了报纸的运营效率和经营绩效。由此可见，报纸种群过于分散不利于实现规模经济，过于集中不利于提升其社会效益。近代以来，中国的报纸基本上集中于经济发达的大中型城市。出现这种情况，有其经济上的依据：其一，城市的居民识字率高，有读报的习惯；其二，城市居民可支配收入高，为其订阅报纸奠定了经济基础；其三，城市的广告客户比较集中，有利于报社开展广告经营活动。基于上述原因，一直以来，中国报纸的区域布局保持强大的惯性。早在民国时期，成舍我就关注并分析报纸下乡问题，他认为："我们全国各大都市固有的报纸，在此时期，却更因种种关系其销行愈集中于都市本身，其对象愈集中于少数公务员及知识阶级。'报纸下乡'，仍只被视为一种空泛的理想。"① 此后，即便有更多学者长期呼吁，报纸要顾及农村传播，但报纸集中于城市的状况基本没有大的变化。

在生态学中，有一个理念有助于我们理解报纸产业的区域聚集问题，即集合种群（metapopulation）现象。所谓集合种群，是指一个区域内的小种群通过某种程度的个体迁移连接在一起所形成的区域种群，即"小种群的联合体或总体"②。无论从风险模型的原理还是从现实的生物生存规律来看，集合种群的存在都有可能改变种群的灭绝时间。集合种群的灭绝风险模型显示，"即使是每一个种群注定都要灭绝，但如果有多个种群，其存活的时间就会长得多"。③ 由此可见，在生态学领域，一个种群在区域上的适度集中往往能够起到"抱团取暖"的作用，有助于延缓种群灭绝的时间，为种群生存、发展与转型赢得宝贵的时间。尤其在种群发展遇到威胁的时候，集合种群有助于

① 成舍我：《我们需要"平价报"》，《东方杂志》1943 年第 9 期。

② 尚玉昌：《普通生态学》（第三版），北京大学出版社 2010 年版，第 162 页。

③ 同上。

抵御外来冲击，赢得缓冲的时间。集合种群的理念为报业区域聚集提供了一定的参考，也为报业聚集于大中城市提供了生态学解释框架。

三　报纸产业恢复力：弹性力量受限，发展潜力不足

在生态系统中，工业的超常规发展、极端气候的来临、生物疾病的蔓延等都可能给生态系统带来破坏性的影响，危及生态系统健康。生态系统受到冲击与破坏后，能否在短期内克服危机与压力，恢复健康，是评价生态系统恢复力的重要依据。在传媒产业发展的过程中，也存在危及传媒生态健康的内外部力量，如外部的战争、经济危机、其他媒介种群的入侵等力量的危害，内部的市场需求不足、资金链断裂等情况，都会危及传媒产业生态系统健康。在遇到破坏性力量冲击的时候，传媒需要克服压力，保持可持续发展，维护传媒生态系统健康，传媒所具有的这种克服压力的能力就属于传媒生态系统的弹性力。

在报业发展史上，报纸种群面临多层面的竞争压力，既有其他媒介种群的冲击，又有报纸产业内部所引发的结构性压力。内外部的竞争压力对报纸产业的发展都会产生深远的影响。从理论上讲，报纸产业恢复力可以分为两方面，一是该产业受到外部力量的冲击后，克服压力以及反弹恢复的能力；二是产业内部各环节运营不畅，导致生态系统健康出了问题，生态系统健康出现问题之后，自身克服压力恢复生态平衡与健康的能力。关于后者，我们在报纸产业的活力和结构中有一些阐述。因此，在报纸产业恢复力的分析中，我们主要讨论报纸产业受到外界冲击后，其生态系统健康反弹恢复的能力。评价报纸产业恢复力的指标和方法很多，我们参考了相关产业的分析方法，综合考虑报纸产业的特殊性以及数据的可获得性等因素，在此基础上拟从报纸产业对外依存度、产业发展潜力和报纸产业抵御生态入侵的能力等方面来考量中国报纸产业恢复力的现状与问题，以期更好地为中国报纸产业发展把脉，为其转型发展提供参考。

（一）对外依存度低影响产业活力

报纸产业对外依存度是衡量该产业对外贸易状况的重要指标。因为报纸产业肩负着引导舆论的功能，又具有一定的经济属性，所以该产业的对外依存度状况影响着报纸舆论和报纸经营两方面的生态健康。从报纸舆论的角度来讲，如果一国过分依赖他国的报纸，报纸发行进口对外依存度太高，就会导致报纸舆论受制于他国，本国的舆论导向会受到影响；如果报纸发行进口对外依存度太低，可能导致新闻信息封闭，影响公众对世界的认知与了解。从报纸经营的角度来讲，报纸产业对外依存度太高，可能存在经营风险，一旦报纸产品交易受阻，会影响该国报纸产品供应；如果报纸产业对外依存度太低，表明报纸产业参与国际竞争的能力不足，也在一定程度上影响报业经济的增长和报纸产业生态系统健康。

报纸的物质材料对外依存关系是否会影响其生态系统健康呢？如果将这一问题放在100年前，甚至在整个民国时期，这的确是一个影响报业生态系统的关键要素。因为在民国时期，国内连年战乱，导致民族工业发展受到很大限制，中国白报纸的供应比较紧张，进口报纸成为中国报纸发展的生命线。尤其在抗日战争时期，对外贸易和运输业受到沉重的打击，白报纸进口受阻，报纸行业生态系统健康受到严重的影响。1946—1947年，国内白报纸供不应求，民营报业所需白报纸主要依靠国外进口。国内白报纸的总产量在6000吨左右，而进口白报纸为60000吨左右，后者是前者的10倍。[①] 白报纸对外依存度太高，价格居高不下，导致报社成本大幅度上涨，经营风险剧增。为了应对危机，甚至出现过不同党派、不同类型报纸合办一张报纸的局面。[②] 不过，在当今中国科技和工业发展水平不断提高的情况下，报纸的物质材料基本上不会成为困扰中国报业发展的主要因素。因此，报纸纸张、印刷器材等方面对外依存关系不会对报业生态系统健康带来明显的影响。鉴于此，本书主要分析报纸发行、报业资本和技术等指标的对外依存度，以阐释这一指标

① 《如何解决纸荒问题》，《报学杂志》1948年第1卷第3期。

② 陶喜红、张薇：《抗战时期民营报纸与政党报纸联合经营模式探讨——以〈重庆各报联合版〉为例》，《新闻爱好者》2015年第10期。

对报业生态恢复力的影响。

参考其他产业对外依存度的计算方法①，结合报纸发行的实际情况，我们采用以下公式计算报纸产业对外依存度：

$$\text{报纸出口对外依存度} = \frac{\text{出口量}}{(\text{国内生产量} + \text{进口量})} \times 100\% \quad (3-1)$$

$$\text{报纸进口对外依存度} = \frac{\text{进口量}}{(\text{国内生产量} + \text{进口量})} \times 100\% \quad (3-2)$$

$$\text{报业资本对外依存度} = \frac{\text{利用外资总额}}{\text{资本来源总额}} \times 100\% \quad (3-3)$$

1. 中国报纸发行对外依存度

为了分析中国报纸产业发行对外依存度状况，我们搜集了1998—2015年间中国报纸总印数和进、出口数量以及中国报纸发行总金额和进、出口金额等数据，根据公式3－1和公式3－2计算出报纸进、出口对外依存度。为了更全面地呈现中国报纸发行对外依存度的情况，我们分别以报纸印数和发行金额为指标，从多角度考量中国报纸发行对外依存度。由于中国报纸出口数量较少，其发行对外依存度相对较低，尤其在计算中国报纸出口对外依存度的时候，其数值很小。基于分析的可行性和统一性，我们在计算报纸发行对外依存度的时候，保留了小数点后面6位数字。从表3－20可以看出，1998—2015年间，中国报纸总印数不断增长，而报纸出口数量则大体上表现出下降趋势。最高峰为2000年，出口了131.21万份，报纸发行对外依存度为0.000040%，到2015年，下降至33.53万份，达到历史新低，报纸出口对外依存度下降至0.000008%。相对于庞大的中国报业市场，中国报纸出口对外依存度几乎可以忽略不计。1998年，中国报纸进口数量为38.36万份，到2008年，中国报纸进口数量达到2566万份，达到历史峰值；到2015年，这一数据下降到1035.31万份。相比中国报纸印刷总数这一庞大的规模，报纸进口数量微不足道，但报纸进口数量已经远远超过报纸出口数量了。1998年以来，中国报纸进口对外依存度的均值为0.02%，尤其是近年来，报纸进口对外依存度有了一定程度的提升。

---

① 陶喜红、胡正荣：《中国电视产业对外依存度的测度与分析》，《新闻大学》2013年第1期。

表 3-20　　中国报纸进、出口对外依存度（以报纸印数为评价指标）（1998—2015）

年份	报纸总印数（万份）	报纸出口数量（万份）	报纸发行出口对外依存度（%）	报纸进口数量（万份）	报纸发行进口对外依存度（%）
1998	3003825.00	99.35	0.003307	38.36	0.001277
1999	3183815.00	91.05	0.000029	85.55	0.002687
2000	3292941.00	131.21	0.000040	558.91	0.016973
2001	3510587.00	116.58	0.000033	719.85	0.020505
2002	3678295.00	93.67	0.000025	648.28	0.017624
2003	3831199.00	79.61	0.000021	1120.55	0.029248
2004	4023974.00	70.22	0.000017	1317.00	0.032729
2005	4126040.00	59.00	0.000014	854.11	0.020700
2006	4245172.00	55.70	0.000013	1656.24	0.039015
2007	4379882.00	78.12	0.000018	1594.91	0.036414
2008	4429222.00	56.00	0.000013	2566.00	0.057933
2009	4391132.00	48.67	0.000011	1812.91	0.041286
2010	4521391.00	43.61	0.000010	1892.65	0.041860
2011	4674326.00	35.52	0.000008	1785.10	0.038189
2012	4674326.00	93.27	0.000020	1904.23	0.040738
2013	4824132.00	39.59	0.000008	1106.51	0.022937
2014	4638987.00	35.60	0.000008	1164.36	0.025099
2015	4310000.00	33.53	0.000008	1035.31	0.024021

资料来源：根据历年《中国新闻出版统计资料汇编》计算所得。

从报纸印刷数量上来看，中国报纸发行对外依存度比较低，无论是进口对外依存度，还是出口对外依存度均处于较低水平。这一方面体现出中国报纸与国外媒体和其他相关产业经济技术联系较少，另一方面也表明中国报纸较少参与国际竞争，基本上在封闭的区域内完成自循环。从报业生态系统健康的角度来讲，这种自循环对于报业种群的发展并不是好事。无论什么产业，都不能忽视世界最先进的发展模式，报业发展概莫能外。仅仅在一定区域内生存发展，不可能走出去参与国际竞争，其报业经济竞争力必然受到一定程度的限制，文化影响力也不能得到充分释放，最终会对报纸国际话语权产生较大程度的影响。当然，不可能要求所有的报纸出口，而是要推动具有国际影响力的报纸参与国际竞争。

为了从另一个层面印证报纸进、出口对外依存度的状况，我们根据中国报纸进、出口金额，计算出报纸发行对外依存度（以价格为评价指标），参见表3－21。通过表3－21可以看出，2005—2015年，中国报纸发行出口对外依存度比较低，最大值没有超过0.050%，并且近几年呈下降趋势；报纸发行进口对外依存度最大值低于0.60%。可见，无论从报纸印数还是报纸发行价格的角度来衡量，报纸发行对外依存度均处于较低水平。

表3－21　中国报纸进、出口对外依存度（以报纸发行价格为评价指标）（2005—2015）

年份	报纸发行总金额(万元)	报纸出口(万元)	报纸发行出口对外依存度(%)	报纸进口(万元)	报纸发行进口对外依存度(%)
2005	2610200	1109.25	0.042303	11981.50	0.459026
2006	2760900	1045.35	0.037638	16464.10	0.596331
2007	3065300	981.67	0.031865	15372.02	0.501485
2008	3179589	950.01	0.029711	17872.48	0.562100
2009	3517192	850.52	0.024064	17255.89	0.490615
2010	3676735	363.65	0.009841	18395.28	0.500316

续 表

年份	报纸发行总金额(万元)	报纸出口(万元)	报纸发行出口对外依存度(%)	报纸进口(万元)	报纸发行进口对外依存度(%)
2011	4004374	349.45	0.008688	17643.65	0.440609
2012	4343896	358.65	0.008229	14416.61	0.331882
2013	4403603	311.98	0.007071	8376.65	0.190223
2014	4436610	274.50	0.006174	9580.50	0.215942
2015	4342500	281.65	0.006485	11252.82	0.258463

资料来源：根据历年《中国新闻出版统计资料汇编》计算所得。

2. 报业资本对外依存度

报纸产业的意识形态属性表现得比较明显，因而报业资金来源一直是主管部门比较关注的问题。改革开放以来，中国报业资本来源逐渐从以国家拨款为主，转变为以报社自筹资金为主。其中，自筹资金主要包括报社广告收入和其他经营性收入等。在报纸新闻业务方面，所需资金主要是国家拨款和自筹资金，一些市场化的报纸主要靠后者维持运营，外资基本上不会涉足其中。相比较而言，报纸发行和固定资产投资方面是外资相对容易突破的地方。2005年8月，国务院发布《国务院关于非公有资本进入文化产业的若干决定》，非公有资本可以投资参股出版物印刷、广告、发行等领域，但这些文化企业的资本构成中，国有资本必须控股51%以上。可见，传媒领域是受到严格控制的部门，外资很难进入核心业务。在实际操作中，报社、广播电台、电视台等事业单位很少大幅度引进外资，只有那些民营传媒企业在引进外资的力度上稍微大一些。

根据公式3－3，我们计算出2006年以来外资在中国报业固定资产投资中所占的比例，以此来反映报业资本对外依存度状况，参见表3－22。从表3－22可以看出，2006年以来，中国报业固定资产投资中，外资所占的比例呈提升趋势，但是提升幅度很小，并且表现出不规则波动的状态。数据显示，

2006年以来，中国报业固定资产投资资金来源中，外商投资最低为2015年，投资额为0，最高为2012年的0.89%。可见，国家在报纸固定资产投资资金来源方面有严格的规范，外商投资的领域和比例被限定在一定的范围内。这是中国报业资本对外依存度较低的直接原因，这种刚性的制度是无法突破的。

表3－22　　我国报业固定资产投资资金来源（2006—2015）

年份	总额（万元）	自筹资金（万元）	国家预算内资金（万元）	国内贷款（万元）	其他资金（万元）	外资利用（万元）	外资占比（%）
2006	295000	246000	24000	12000	11000	2000	0.67
2007	385000	324000	22000	28000	10000	1000	0.25
2008	657000	594000	5010	39000	14010	1990	0.30
2009	558000	480000	16000	43000	18000	2000	0.36
2010	570000	467000	28000	57000	14000	4000	0.70
2011	596200	474000	42000	58000	17000	5200	0.87
2012	616000	482000	51000	59000	18500	5500	0.89
2013	1060000	876000	52000	114000	17000	7000	0.80
2014	1063000	891000	52000	92000	20000	8000	0.75
2015	1298000	1176000	83000	58000	14000	0	0

资料来源：根据历年《中国统计年鉴》相关数据计算所得。

3. 技术与设备对外依存度

传媒产业对技术与设备的要求比较高，因此技术与设备对产业发展有较大的影响。如果过于依赖国外的媒介技术或者设备，就会丧失主动性，容易受到国外企业的控制；如果不能及时与国外技术、设备接轨，产业的技术条件容易陷入落后的局面，最终影响产业的发展水平。在传媒产业中，报纸行业经过上百年时间的发展，多次进行技术更新换代，其相关技术比较成熟。尽管如此，报纸产业并没有中断与国外进行技术与设备方面的交流与合作，为产业升级提供了技术保障。

为了评价报纸产业技术与设备对外依存度，我们搜集了与该产业业务关系比较密切的印刷和记录媒介复制业的相关数据，计算出其技术与设备对外依存度。表 3 - 23 数据显示，2012—2015 年间，印刷和记录媒介复制业积极利用外资更新技术与设备，使用外资额度在 100 亿元左右，而该行业实际获取资本总额达 1000 亿元左右。2012—2015 年间，中国印刷和记录媒介复制业技术和设备年均对外依存度为 8.86%。从这个数据来看，该产业技术和设备对外依存度处于比较合适的水平。一方面，与国内不少工业行业相比，该产业对外依存度相对较低，对传媒产业技术安全带来的不良影响较小；另一方面，由于该产业技术和设备的对外依存度相对较低，也不太可能导致技术受制于人的情况，产业经营风险相对较小。从当前中国报纸产业对外依存度情况来看，适度提升技术与设备对外依存度，不会对产业生态系统健康造成威胁，并且会在一定程度上为优化报业经济结构奠定基础。

表 3 - 23　　印刷和记录媒介复制业技术和设备对外依存度

年份	实收资本(亿元)	外商资本(亿元)	对外依存度(%)
2012	950.41	87.16	9.17
2013	1139.07	115.86	10.17
2014	1251.05	113.06	9.04
2015	1427.34	106.54	7.46

资料来源：根据历年《中国工业统计年鉴》刊登的《按地区分组的印刷和记录媒介复制业主要经济指标统计》中相关数据整理计算。

从上面的分析可以看出，不管从哪项指标来考量，中国报纸产业对外依存度均处于较低状态。这有助于避免中国报纸产业受到外资或外媒的冲击，使报纸舆论始终处于相对安全的状态。但我们也应当看到，过度的保护使现有的报纸丧失了一定的国际竞争能力。从经营的角度来看，多数报纸基本上没有参与国际竞争的机会，因此，中国报业经济总体上处于相对封闭的内循环状态。从表面上看，中国报业不会受制于外资和外媒，但实际上我们也丧失了与其他国家报纸竞争的机会。一旦传媒市场开放，固有的思维和经营模式会产生巨大的惯性，形成经营管理的路径依赖，降低了报纸产业的恢复力。这一点在当前并没有直接的反映，不过互联网媒体和其他类型新媒体对传媒的冲击，已经将报纸产业的脆弱性无限放大，其恢复力明显不足，应对变革的能力较低，遭遇了自报纸诞生以来的最大发展危机，转型发展成为历史必然。

（二）多种因素制约产业发展潜力

报纸产业发展潜力主要表现为国内相关经济环境对报业经济发展的支持程度。国内经济环境是报纸产业发展的基础条件，主要包括宏观经济环境和微观经济环境。宏观经济环境主要表现为政府的服务效率上，微观经济环境主要表现为劳动力成本、报业资本盈利能力、研发费用等方面。根据影响力的大小和数据的可得性等因素，本书选择报业劳动力成本、报业盈利能力和政府效率等三项指标来分析中国报纸产业发展潜力，以期为理解和评估中国报纸产业恢复力提供参考。

1. 劳动力成本

劳动力成本（labor cost）是企业为雇用劳动力而支付的费用。按照国际劳动组织的规定，劳动力成本不仅仅包括工资，还包括以物质或者非物质形式发放的各种福利，如社会保障和技术培训等。也就是说，劳动力成本是劳动者所获得的报酬总和。其中，工资性支出是劳动力成本的最重要组成部分。由于新闻出版单位工资性收入以外的福利报酬难以计算，因此本书以报纸行业平均工资替代该行业劳动力成本，如果劳动力成本过高，或者劳动力成本占行业总收入的比例过高，报业发展的负担就更重，整个产业的发展潜力将受到限制。

2011 年以来，中国报纸行业就业人数每年均发生一些变化，表明整个产业生态的变化对就业人数产生一定的影响。近年来，报纸行业就业人数在 25

万左右。总体上来说，报纸行业就业人数呈下降趋势，表明整个行业经营不景气，劳动力就业信心不足，对产业发展潜力持怀疑态度。

报纸产业生态体系是一个以人为主体的生态系统，报纸产业的劳动力成本是报纸成本支出的重要组成部分，劳动力成本过低，表明该产业发展不景气，缺乏吸引力；劳动力成本过高则会增加报社的经营负担，同样会影响报纸的生存发展。为了分析中国报纸产业劳动力成本状况，我们搜集了 2013—2015 年间中国新闻业和出版业就业人数、平均工资、全国城镇单位平均工资、广告经营总额等数据，计算出该行业工资总额及其占广告收入的比例，以此作为评价报纸产业劳动力成本的参考，参见表 3－24。从表 3－24 可以看出，近年来，中国新闻业和出版业平均年薪一直高于全国城镇单位平均工资，2013 年，中国新闻业和出版业平均工资比全国城镇单位平均工资高 45.73%。此后，新闻业和出版业的平均工资继续增加。2013—2015 年间，中国新闻业和出版业的平均工资是全国城镇单位劳动力成本的 1.46 倍、1.44 倍和 1.45 倍。也就是说，近年来，中国新闻业和出版业平均年薪比全国城镇单位平均年薪高 25000 元左右。对于普通大学生来说，20 世纪 90 年代以来到本世纪的前 10 年，中国新闻业和出版业具有一定的吸引力，新闻业和出版业是他们较为理想的就业去向。但近 5 年来，传统媒体的经济效益下滑，报业转型遇到危机，报社员工工资待遇大不如前。尽管比城镇单位就业人员的平均工资稍高，但是离他们的预期还是有一定的差距，这是传统报业人才流失的重要因素。

表 3－24　新闻业和出版业就业、工资、工资总额及其占广告收入的比例（2013—2015）

年度	新闻业和出版业就业人数（万人）	平均工资（元）	全国城镇单位平均工资（元）	新闻业和出版业工资总额（亿元）	新闻业和出版业利润总额（亿元）	工资总额占广告收入比例（%）
2013	35.6	75025	51483	267.50	1440.20	18.57
2014	34.6	81367	56360	282.50	1563.70	18.07
2015	34.0	90192	62029	310.80	1662.10	18.70

资料来源：根据历年《中国劳动统计年鉴》《中国新闻年鉴》相关数据整理计算。

尽管从数据上来看，中国报纸行业年均工资绝对值一直处于上涨态势，但年均增长幅度较小。相比较而言，中国城镇单位平均工资年均增幅较大，这必然造成新闻工作者在工资期待上存在心理落差。从理论上来讲，劳动力成本下降对于企业发展来说是好事。劳动力成本下降直接导致企业经营成本下降，可以降低企业的经营风险，提升企业的竞争力。在一般的行业中，劳动力成本下降主要是通过产业转移、吸引新的劳动力、以现代科技带动机器生产等方式来实现的。这种降低成本的方式不会对现有员工的工资水平和生活质量带来直接的冲击。在当前的报纸行业中，其劳动力成本下降并非通过上述方式来实现的，而是因为报纸盈利下降，直接导致报社员工的福利损失。在全国城镇单位平均工资上涨较快的情况下，报纸行业经历裁员、分流与工资调整等打击，报纸工作人员对报社的忠诚度和对报纸发展的信心指数不断降低，这些因素直接影响报社的生产力和创造力，最终影响报纸的生态系统健康。

另外，从收入结构来看，工资支出占一个行业利润的比重越大，说明其企业的负担越大。从表 3－24 的数据可以看出，2013—2015 年间，中国新闻业和出版业工资总额占整个行业利润总额的比重为 18% 左右，表明中国新闻业和出版业工资支出较多。尽管报社给员工的工资待遇较好，但是由于整个报业发展不景气，劳动力成本较高，导致报业经营负担较重。从这个角度来讲，当前中国报纸行业劳动力成本方面没有多少优势。

2. 获取受众资源的能力

在经济学中，对稀缺资源的获取能力决定企业能否在激烈的竞争中占据优势。一般来说，那些具有吸引力的企业能够通过有效的经营手段、争取政策的支持等方式获取稀缺资源，从而在竞争中赢得先机。在传媒产业中，信息资源并非绝对的稀缺资源，因为只有少数信息是稀缺的，而大多数信息是过剩的。如独家新闻、与受众生活密切相关的深度报道等，都是稀缺资源，但这些信息资源的制作需要一定的成本与合适的机遇。对于广大受众来说，现代媒介为他们提供了大量的信息，他们的注意力是有限的，很难在既定的时间内关注那么多信息。因此，传媒的信息资源并不是绝对的稀缺资源，而受众的注意力变成了稀缺资源。在这种情况下，各种媒介都将吸引受众注意力作为传媒发展的重中之重，极力通过各种方式提高报纸的吸引力，争取获得更多受众的青睐。

一直以来，报纸主要围绕读者注意力做文章，通过注意力转化实现价值增值。具体来说，报纸是通过内容赢得读者的注意力，从而提高发行量，靠发行带动广告，靠广告维持报社运营。这是中国多数报纸的生存之道，也是提高报纸生存发展潜力的重要手段。为了考量中国报纸争取读者资源的能力，我们搜集了2006—2015年间人均周读报时间的相关数据，在此基础上计算出人均每天读报时间及其增长率等数据，以此评估报纸在受众资源获取方面的基本能力。表3-25的数据显示，2006年以来，中国人均读报时间总体上呈下降趋势。2007年，中国人均周读报时间为336分钟，是近9年来最高值；2013年，中国人均周读报时间下降至108.5分钟，是近年来最低值。2006—2015年间，尽管有部分年份人均读报时间出现反弹的情况，但总体上人均读报时间下降比较明显，年均下降8.54%。对于报纸产业发展来说，注意力丧失是当前产业发展所面临的最大难题。如果这种颓势无法在报纸转型中得到解决或者缓解，报业经济发展潜力将变得越来越小。

表3-25　　人均读报时间变化情况（2006—2015）

年份	人均每周读报时间（分钟）	人均每天读报时间（分钟）	增长率（%）
2006	266.00	38.00	—
2007	336.00	48.00	26.32
2008	245.00	35.00	-27.08
2009	147.14	21.02	-39.94
2010	165.83	23.69	12.70
2011	154.00	22.00	-7.13

续　表

年份	人均每周读报时间（分钟）	人均每天读报时间（分钟）	增长率（%）
2012	132.37	18.91	-14.05
2013	108.50	15.50	-18.03
2014	131.60	18.80	21.29
2015	119.07	17.01	-9.52

资料来源：根据中国新闻出版研究院主持调查并发布的历次《全国国民阅读调查报告》整理，参见 http：//www.chuban.cc/ztjj/yddc/。

3. 研发费用

一个产业的发展潜力大不大，与产业的研发投入存在一定的关系。对于技术密集型产业来说，研发费用投入的多少直接影响产业发展状况。技术研发是企业产品创新与技术升级的主要手段，研发投入强度直接影响企业的核心竞争力。在传播技术快速更新的时代，传媒发展需要紧跟传播新科技，因而，传媒企业的研发投入对于保持传媒的竞争力和发展潜力至关重要。一般来说，传媒的研发费用可以分为基础研究费用、应用研究费用和开发费用。各家传媒对研发费用的投入状况不仅能给自身带来经济效益，还会推动整个传媒产业科技进步，提高传媒抵御风险的能力和发展潜力。

报纸产业是传统媒体产业，其技术相对比较成熟，在技术研发方面的投入力度不大。由于难以搜集报纸产业技术研发投入的相关数据，我们以新闻出版业研发费用支出情况来替代报纸产业研发投入数据。新闻出版产业主要包括图书、报纸和期刊等媒介类型。近年来，在新闻出版产业中，技术研发方面的投入主要表现在数字出版、传统报纸数字转型等方面。表 3-26 的数据显示，2006—2015 年，中国新闻出版业研发费用年均支出 1154.60 万元，按照资金分配比例，国家每年投入报纸产业的研发费用在 500 万元左右。对于庞大的中国报纸产业来说，这一点点投入显然是比较少的。从表 3-26 可以看出，近年来，新闻出版业研发费用支出呈不规则的变化趋势，2010 年、

2012 年和 2013 年的支出费用超过 1000 万元。2012 年和 2013 年的支出相对较多，与中国新闻出版业生态系统健康状况有关。当产业发展处于平稳期的时候，产业活力较大，产业组织结构合理，产业经营绩效较好，整个生态系统保持相对健康的状态。这时候的产业创新处于稳定推进状态，其产业研发投入较少属于正常现象，符合产业发展的逻辑。近年来，新媒体对新闻出版产业产生巨大的冲击，报纸平均发行量自 2012 年出现下滑趋势，报纸广告经营额自 2013 年之后不断下降，这种下滑趋势几乎无法阻止。正是面对如此严峻的生态系统健康问题，政府才大幅度提升对新闻出版研发费用的投入，给处于低谷期的新闻出版业转型发展提供了财力支持。但是，总体上来说，新闻出版业研发费用支出较少。并且，如果政府在研发经费方面的支出比例过高，企业在技术研发中缺乏存在感和自主性。政府在财政上支持报业发展本来是有利的，但是长期扶持，就会导致该产业丧失自主创新的能力。政府在研发方面的财政支持与市场需求之间并不一定能够做到很好地对接，因为财政支持执行起来需要一个较长的过程，等到财政支持执行到位，市场需求可能已经发生变化。因而，最好将政府财政与传媒机构自行创新有机结合起来，更有利于提升技术创新的实用性和可能性。当前的这种研发投资格局不利于提升该产业的发展潜力，大大影响了报业恢复力的建构。

表 3－26　　新闻出版业研发费用支出情况（2006—2015）

年份	R&D 经费内部支出（万元）	政府资金（万元）	企业资金（万元）	政府资金在研发经费中占比（%）
2006	480	480	0	100
2007	224	224	0	100
2008	721	721	0	100
2009	832	832	0	100
2010	1342	1342	0	100
2011	770	770	0	100
2012	2193	2193	0	100

续　表

年份	R&D 经费内部支出（万元）	政府资金（万元）	企业资金（万元）	政府资金在研发经费中占比（%）
2013	3349	3349	0	100
2014	706	706	0	100
2015	929	929	0	100

资料来源：根据历年《中国科技统计年鉴》中《按服务的国民经济行业分研究与开发机构 R&D 经费内部支出统计》的相关数据整理计算。

为了从侧面反映中国传媒产业研发投入情况，本书搜集了国家新闻出版广电总局发布的历年部门预决算数据，并据此计算出 2010 年以来该部门科技支出费用占财政拨款总额的比例，以此作为评价该部门研发费用投入情况，为分析报纸产业研发投入提供参考。从表 3－27 的数据可以看出，近年来，国家新闻出版广电总局的财政支出中，科技支出占比相差较大，2011 年，科技支出占比最大，达到 25.29%，2013 年之后，科技支出占比相对较小，保持在 5% 左右。从国家新闻出版广电总局科技支出占比来看，其研发费用占比较高，这对于新技术研发具有重要意义，能够为媒体技术更新奠定基础。不过，需要说明的是，国家新闻出版广电总局的研发投入较高，不代表其他省市报业研发费用投入较高，我们查阅了部分省市新闻出版广电局发布的部门预决算数据，发现多数省市新闻出版研发费用投入较低，甚至有的省市根本没有这一项统计。对于当前处于转型期的报纸来说，其研发费用投入应该占一定的比例。

表 3－27　国家新闻出版广电总局财政拨款研发费用支出占比（2010—2015）

项目 \ 年份	2010	2011	2012	2013	2014	2015
财政拨款（万元）	48674.29	70127.89	87989.11	757041.79	915641.14	755327.15
科技支出（万元）	4937.10	17732.71	20256.02	42566.79	50823.29	34084.95

续 表

项目＼年份	2010	2011	2012	2013	2014	2015
科技支出占比(%)	10.14	25.29	23.02	5.62	5.55	4.51

资料来源：根据国家新闻出版广电总局发布的历年部门预决算数据整理计算，http://www.gapp.gov.cn/utils/govInfosys.shtml? DepartmentID = 17&DisplayName = 财务司&channelID = 38。

从总体上来讲，中国政府对新闻出版产业研发费用支出不多。其主要原因在于，新闻出版产业实行市场化运作以来，各经营单位自主盈利能力明显提升，即便在新闻出版产业主营业务盈利能力下降的情况下，媒介单位依然可以通过其他盈利渠道维持运营，或者转型升级，那些不能适应市场的媒介可以选择直接退出市场。由于中国传媒产业市场化程度不高，制度性进入壁垒很高，潜在进入者对在位传媒的冲击不大，传媒的技术创新压力不大，这也导致报业技术研发费用较低。从长远的角度来看，存在一定的经营风险。本书的分析主要基于国家财政投资的相关数据，没有涉及新闻出版单位自主投资开展研发设计的费用，因而只能从一个侧面反映中国新闻出版业的研发情况。从现有的数据以及中国报业转型发展的实际情况来看，报业的研发投入并没有给报纸产业发展带来有效的、足以令其摆脱困境的新技术。因此，从技术研发的角度来讲，当前并没有很好地激发报纸产业的发展潜力，中国报纸产业的转型发展之路还很艰辛。

（三）报业抵御生态入侵能力较低

报业的生态系统有许多复杂的作用力相互影响、相互支撑。当外部力量和内部力量发生变化时，报业市场就会受到不同程度的影响。比如，新的传播科技出现、报业人才市场流动、报纸所需物资成本上涨等因素都会对报纸产业发展带来影响。面临内外部力量的冲击时，自身有一定的自我调节和自我恢复的能力。如果这种外部力量表现为其他物种对报业的入侵，报业就会展现出一定的恢复力，这就属于报业抵御生态入侵的能力。当外界的扰动和冲击没有超过报业本身的最大的承载力时，报业生态系统能够抵御冲击，维持正常的生态健康。这种自我恢复和自我调节的能力就属于报业生态系统的生态弹性力。

生态入侵指的是人类将某个生物种群有意或者无意地引入新的地区，在当地生态环境适宜的情况下，这一生物种群的数量就会不断增加，甚至出现泛滥趋势，这就是生态入侵。在产业发展中，也存在生态入侵的情况，如大量新企业、外地或外国的企业进入某一产业，可能会对本地原有的企业带来巨大的冲击，导致产业生态发生变化。抵御生态入侵能力是一个产业能否很好地维持现有企业发展，避免被外国企业或者国内其他产业入侵的能力。在中外生物界，生态入侵现象数不胜数。19 世纪中叶，英国人在澳大利亚放养了一些欧兔，此后又有阶段性地引入欧兔的行为。欧兔在澳大利亚没有天敌，疯狂繁殖，与之处于同样生态环境的当地小袋鼠和袋狸几乎无法与欧兔竞争。澳大利亚最小、最古老的袋鼠种类——鼠袋鼠在与欧兔的竞争中败下阵来，这一物种最终灭绝了，兔耳袋狸的数量也急剧减少。数据显示，欧兔这一种群的入侵，导致澳大利亚数十种动物灭绝或者近乎灭绝。到了 1926 年，整个澳大利亚已经有 100 亿只欧兔，以至于澳大利亚人谈起邪恶的动物，不是凶猛的狮子和老虎，也不是狡猾的狐狸和讨厌的大灰狼，而是无法控制的欧兔。澳大利亚人经历了上百年的“人兔之战”。直到后来，生物学家发现粘液瘤病毒可以导致欧兔死亡，这种病毒通过蚊子传播，对人和其他物种无害，这样才有效控制欧兔生态入侵引发的生态系统失衡的问题。美洲的薇甘菊在当地并非植物杀手，因为有很多菌类和昆虫以这种植物为食。薇甘菊原本作为垃圾场的覆盖物引入亚洲，后来迅速蔓延，形成灾难。该物种进入广东省伶仃洋上的小岛——内伶仃岛之后，覆盖大树，使其成为枯木，覆盖芭蕉、荔枝、龙眼、杧果等，使很多小动物丧失食物来源。生态入侵对动植物的影响极大，世界上濒危物种中，35%—46% 是因为生态入侵而引发的。①

报纸是中国历史上最早出现的大众传播媒介。在报纸的起源、成长与成熟的过程中，先后经历了杂志、无线电广播、电视以及互联网媒体的冲击。从产业生态学的角度来讲，这些媒介对于报纸的冲击都可以看成生态入侵，

① 洪星范等：《人兔之战——澳大利亚兔灾：人类历史上损失最为惨重的生物入侵事件》，人民网，http：//zj. people. com. cn/GB/12954118. html。

报纸在应对这些生态入侵的过程中积累了较为丰富的经验。早在1930年，美国无线电广播成为人们普遍关注的大众媒介，各家报社采取多种办法抵制无线电广播的入侵。“许多年来，各报的社长用抵制、报复、恐吓或讥诮的方法去努力想堵住无线电的嘴，然而结果仍然是失败。今日各主要通讯社皆直接向广播电台出售稿件。”① 面对无线电广播的生态入侵，报纸拼命抵抗，最终“报纸拥有无线电台，或是与它们（指无线电台）联盟”②。可见，新的媒介品种的入侵，在位品种要么灭绝，要么与之共存，而共存的情况下，原有的产业往往需要调整与转型。

产业生态入侵对于现有产业发展的影响极为明显。一般来说，产业生态入侵可以分为两种情况：一种情况是外国同类产业对本国产业的入侵与冲击，另一种情况是由产业融合引发的相关新兴产业对传统产业的入侵与冲击，这两种情况在传媒产业中均有所表现。针对第一种情况，抵御外国传媒生态入侵的能力主要表现为政府限制力度以及传媒的平均规模的大小等；针对第二种情况，抵御传媒生态入侵的能力主要表现为传统媒体能否保持对受众的吸引力，使传统媒体面临冲击时保持恢复力，或者传统媒体能够与新兴产业融合，实现升级转型，避免在产业更迭中迷失方向。为了分析中国报纸产业抵御生态入侵的能力，我们选取了政府限制力度、产业平均规模和报纸印刷数量3项指标，通过相关数据表征这几项指标，以期评估报纸产业抵御生态入侵的能力。

1. 政府限制产业入侵的力度

在一般的产业中，主要从跨国公司的市场规模来考察生态入侵的冲击力，进而评估产业抵御生态入侵的能力。但是这一指标不适合考察中国传媒产业抵御生态入侵的能力，主要原因在于国家在这方面的限制力度较大，跨国传媒集团对中国传媒经济的影响较小。传媒产业生态入侵的政府限制主要指的是政府的政策性引导力量对外国同类产业入侵的限制，从而在制度上保护本国传媒免受外国侵扰。有鉴于此，本书将从外资进入中国传媒业所受到的限

---

① Carskadon：《报纸与无线电广播的竞争》，《报人世界》1936年第4期。

② 同上。

制入手，考察政府限制力度对于报业抵御生态入侵能力的影响。

中国政府对进口出版物采取较为严格的限制措施，这成为报纸行业抵御外国报纸生态入侵的最大力量。一直以来，中国对进口国外报纸有相应的管理规定，对于国外传媒集团进入中国经营报纸相关业务也有比较严格的规定，这为中国的报纸产业应对国外传媒的入侵提供了制度屏障。近年来，中国先后出台了相应的外商投资新闻出版业务以及进口新闻出版物的规定，主要包括《国务院关于非公有资本进入文化产业的若干决定》《订户订购进口出版物管理办法》《出版物市场管理规定》等，相关内容参见表3－28。

表3－28　　国家对外商投资及进口新闻出版物的相关规定

相关规定	文件名称	发布机关	时间	网址
1. 非公有资本投资参股出版物印刷、发行,新闻出版单位的广告、发行等业务,上述文化企业国有资本必须控股51%以上; 2. 非公有资本不得投资设立和经营通讯社、报刊社、出版社等;不得经营报刊版面,不得从事书报刊、影视片、音像制品成品等文化产品进口业务	《国务院关于非公有资本进入文化产业的若干决定》	国务院	2005年4月13日	http://www.gov.cn/zhengce/content/2008－03/28/content_5680.htm
1. 订户订购进口出版物由出版物进口经营单位经营。订户订购限定发行范围的进口报纸业务,须由新闻出版总署指定的出版物进口经营单位经营; 2. 订购非限定发行范围的进口报纸、期刊,持单位订购申请书,直接到新闻出版总署批准的报纸、期刊进口经营单位办理订购手续; 3. 未经新闻出版总署批准,任何单位和个人不得从事订户订购进口出版物的经营活动	《订户订购进口出版物管理办法》	新闻出版总署出版管理司	2011年3月30日	http://www.sapprft.gov.cn/sapprft/govpublic/6682/358.shtml

续 表

相关规定	文件名称	发布机关	时间	网址
1. 国家允许外商投资企业从事出版物发行业务。设立外商投资出版物发行企业或者外商投资企业从事出版物发行业务，申请人应向地方商务主管部门报送拟设立外商投资出版物发行企业的合同、章程，办理外商投资审批手续； 2. 不得非法进口出版物；发行进口出版物的，须从依法设立的出版物进口经营单位进货	《出版物市场管理规定》	国家新闻出版广电总局、商务部	2016 年 6 月 1 日	http://www.sapprft.gov.cn/sapprft/govpublic/6682/862.shtml
1. 出版物进口经营单位应当按照《出版管理条例》相关规定，向省级以上出版行政主管部门办理进口出版物备案手续。出版物进口经营单位提供备案材料不齐备或不真实的，不予备案； 2. 出版物进口经营单位应当对实际进口出版物进行内容审查并每月定期向国家新闻出版广电总局提交审读报告	《出版物进口备案管理办法》	国家新闻出版广电总局	2017 年 2 月 22 日	http://www.sapprft.gov.cn/sapprft/govpublic/6682/1002.shtml

资料来源：根据中华人民共和国国家新闻出版广电总局网站发布的相关管理规定整理所得，http://www.sapprft.gov.cn/。

具体来说，中国对外商投资及进口新闻出版物的限制主要包括以下几个方面：一是对外商投资中国新闻出版业的业务范围做出比较严格的规定。非公有资本投资出版物主要在印刷、发行、广告等业务领域，不能经营通讯社、报社、杂志社和出版社等，严格限制外商参与媒体新闻内容方面的业务。二是在业务数量上有严格的限制。比如，非公有资本参与相应的文化企业，国有资本控股必须达到51%以上。这一规定使外资和外国企业很难在新闻出版企业经营中掌握绝对的控制权，确保国家的新闻信息安全。同时，也间接地为中国报业市场抵御外媒入侵提供了制度保障。三是对新闻出版物的贸易自由度加以限制，防止出现非法贸易。按照规定，任何人不得进口非法出版物，进口出版物需要到依法设立的出版物进口单位进货。这一规定从源头上限制出版物贸易，确保出版物贸易的可控性和合法性。

近年来，政府对外国报业生态入侵的限制引发了贸易争端。2007 年 4 月，美国将中国出版物市场准入问题诉诸世贸组织，认为中国对于出版物、电影和音像制品的进口和分销的管理措施违反了世贸组织的相关规定。WTO 上诉机构于 2009 年 12 月 21 日发布了裁决报告，基本上认同美国对中国关于出版物、电影与音像制品进口方面的指控，要求中国按照世贸组织的相关规则做出相应的修改。面临世贸组织的裁决，中国在政策上也做了相应的调整，如在报纸发行方面，2011 年发布的《出版物市场管理规定》明确要求，中外合作经营企业和外资企业，如果实行连锁经营业务，其连锁门店超过 30 家的，不允许外资控股；外国投资者不得以变相参股方式违反上述有关 30 家连锁门店的限制。[①] 到 2016 年，国家新闻出版广电总局和商务部联合发布的新版《出版物市场管理规定》就没有这方面的限制了。由此可见，作为传媒经营单位，不能总是将自身的发展壮大寄托在政策保护上，而应该通过市场化的方式提升自身竞争优势和抵御市场入侵的能力。制度性保护并非报业抵御外媒生态入侵的铜头铁臂，一个产业是否具备抵御生态入侵的能力，最终要看产业的成长性、生态承载力和自身的竞争优势。

由于国家对国外报纸进口做出较为严格的管理，一般的民众不能采取非法的渠道去订阅外报。发行进口出版物需要从依法设立的出版物进口经营单位进货，为相关单位和公众购买国外报纸建立了规范的渠道。从表 3 - 29 的数据可以看出，2006—2015 年间，中国年均进口报纸 1721. 81 万册，而国内年均生产报纸 4522700. 00 万册，年均进口报纸占国内生产报纸的比重为 0. 0381%。由此可见，年均进口报纸的比例非常低，不足以对国内报纸产业的发展带来实质性的竞争压力。中国对国外报纸在境内发行做了较为严格的控制，其主要目的是防止出现意识形态失控的状况，保障舆论导向的正确性。这种严格管制的政策为中国报纸产业的发展构筑了极高的市场进入壁垒，使

---

① 新闻出版总署出版管理司：《出版物市场管理规定》，2011 年 3 月 3 日，http：//www. sapprft. gov. cn/sapprft/govpublic/6682/359. shtml。

中国报业免受国外报纸生态入侵的威胁。因此，仅仅从制度性保护措施这一方面来评价，中国报纸产业抵御生态入侵的能力是比较好的。

表 3－29　　中国进口报纸占国内生产报纸的比例（2006—2015）

年份	进口量(万册)	国内生产量(万册)	进口报纸占国内生产报纸的比重(%)
2006	1656. 24	4245000. 00	0. 0390
2007	1594. 91	4380000. 00	0. 0364
2008	2566. 00	4429000. 00	0. 0579
2009	1812. 91	4391000. 00	0. 0413
2010	1892. 65	4521000. 00	0. 0419
2011	1785. 10	4674000. 00	0. 0382
2012	1904. 23	4823000. 00	0. 0395
2013	1106. 51	4824000. 00	0. 0229
2014	1164. 36	4639000. 00	0. 0251
2015	1735. 18	4301000. 00	0. 0403
年均	1721. 81	4522700. 00	0. 0381
合计	17218. 09	45227000. 00	0. 0381

资料来源：根据历年《中国统计年鉴》的相关数据整理计算所得。

2. 产业平均规模

一个产业中，企业为了生产产品，需要投入各种生产要素，形成一定的企业规模。企业通过有效组合达到最佳经营规模，最终实现规模经济效益，是所有企业期盼的目标。在不同的历史条件下，传媒产业的最佳经营规模存在较大差异。由于数据方面的限制，我们很难测算出传媒企业的最佳经营规模。但是，有一点是比较明确的：传媒机构的平均规模不能太小，因为规模太小，其运作成本较高，难以实效规模经济效益，抵抗风险的能力较低，遇到生态入侵，小规模的传媒机构缺乏自保能力，容易在冲击中败下阵来。

为了考察中国报纸产业的平均规模，我们搜集了2006—2015年间中央及省级综合报纸和专业报纸种数、发行总量和平均每期发行量等数据，通过这些数据来评估报纸发行平均规模。之所以选择中央及省、自治区、直辖市级综合报纸和专业报纸，主要原因在于，这两类报纸最具有代表性，基本上涵盖了中国最具影响力和竞争力的报纸。

从表3-30可以看出，2006—2015年间，中央及省级综合报纸的出版种数变化不大，基本上稳定在200种左右；综合报纸发行总量也相对稳定，保持在180亿份左右。综合报纸每期平均发行量为25万—28万份之间，鉴于中国人口总量大，面向全国或者各省市区域的报纸发行量低于30万份，表明其市场规模较小，尤其是有相当一部分综合报纸的发行量在几万份，还有一部分县级报纸，其发行量更小。由此可见，中国各级综合报纸的平均规模较小，在抵御市场入侵方面的能力存在不足。

表3-30　中央及省级综合报纸和专业报纸平均发行规模（2006—2015）

年份	综合报纸种数(种)	综合报纸发行总量(万份)	综合报纸平均发行规模(万份)	专业报纸种数(种)	专业报纸发行总量(万份)	专业报纸平均发行规模(万份)
2006	213	1786781.00	25.20	824	1125115.00	11.45
2007	213	1859068.00	26.51	824	1129280.00	11.27
2008	213	1822225.00	25.77	837	1244550.00	12.66
2009	213	1810542.00	25.96	837	1203252.00	12.12
2010	213	1905437.00	27.18	839	1184033.00	11.91

续 表

年份	综合报纸种数(种)	综合报纸发行总量(万份)	综合报纸平均发行规模(万份)	专业报纸种数(种)	专业报纸发行总量(万份)	专业报纸平均发行规模(万份)
2011	221	1928412.00	25.60	821	1225086.00	12.60
2012	197	1870188.00	27.97	821	1391078.00	14.92
2013	197	1836519.50	27.35	841	1358193.00	14.02
2014	197	1802851.00	26.72	861	1325308.00	13.15
2015	207	1613247.00	22.86	569	1002729.00	15.29

资料来源：根据历年《中国新闻出版统计资料汇编》的相关数据整理计算所得。

表3－30的数据显示，2006—2015年间，中央及省级专业报纸种数有所变动，先减少后增加，专业报纸发行总量呈小幅上升趋势。专业报纸平均发行规模为11万—16万份之间，明显低于综合报纸平均发行规模。中国专业报纸发行种数较多，但是单份报纸的规模较小，在遇到市场入侵的时候，这些报纸抵御风险的能力较弱，加上中国报业之间的战略联盟、市场整合与集团化建设等方面存在明显的不足，报纸面对生态入侵的时候，容易陷入单打独斗的局面，抵抗力明显不足。

因此，从产业平均规模来看，中央及省级综合报纸和专业报纸的规模较小，抵御风险和产业入侵的能力较低，导致产业生态系统健康存在一定的隐患。

3. 报纸印刷数量

在生态学中，外来物种对本地物种入侵的情况极为普遍。在传媒产业中，类似的产业入侵也经常出现。对于传统的报纸、期刊、电视、广播来说，网络媒体和各种以互联网为平台的新兴媒体的蓬勃发展就属于典型的产业生态入侵。从报纸的印刷数量可以看出报纸是否具有发展活力和竞争力，同时也可以看出报纸产业是否具有抵御生态入侵的能力。如果一份报纸的印刷数量不断增加，至少说明报纸发行具有一定的市场，具备一定的抵御生态入侵的能力；如果一份报纸印刷数量不断下滑，说明报纸的读者市场正在萎缩，其抵御生态入侵的能力也随之下滑。

从2007年到2016年底，中国互联网网民从2.10亿增加到7.31亿，互联网的普及率达到53.2%。其中，手机网民规模为6.95亿，占网民比例的95.1%。[①] 随着网络媒体的迅速扩张，报纸发行和广告出现严重的危机，报业在抵御网络媒体的生态入侵方面显得力不从心。从2012年开始，全国报纸的总印张数一直呈下滑趋势。根据中国报业协会印刷工作委员会发布的历年《全国报纸印刷量调查统计的报告》的数据，2008—2015年，中国接受调查的报纸中，多数报纸印刷量一直处于下降趋势，参见表3-31。2012年以来，所调查的报纸平均印刷量下降幅度逐年增加，呈愈演愈烈的趋势。从中国报纸广告经营总额的变化情况来看，2010年和2012年，中国报纸广告经营总额增长率在18%左右，这样的增长率在短期内激励了报业经济发展。然而，从2007年到现在，中国报业广告经营总额的增长幅度较小，甚至近几年出现明显的下滑趋势。综合来看，报纸的发行和广告下滑较为严重，并且在短期内很难扭转局面。最令报业经营者焦虑的是，中国传统报业的受众资源承载力不断下降，这是导致报业危机的根源，也是传统报业抵御网络媒体生态入侵的能力很低的终极原因。

表3-31　全国部分报纸印刷量（2008—2015）

年份	调查报纸种数(种)	印刷量(亿对开印张)	每家报纸印刷量较上一年增加比例(%)
2008	139	1083.95	—
2009	126	995.59	-8.15
2010	142	1113.04	11.80
2011	145	1174.86	5.55

① 参见中国互联网络信息中心（CNNIC）《第39次中国互联网络发展状况统计报告》，http://www.cnnic.net.cn/hlwfzyj/hlwxzbg/hlwtjbg/201701/P020170123364672657408.pdf。

续 表

年份	调查报纸种数(种)	印刷量(亿对开印张)	每家报纸印刷量较上一年增加比例(%)
2012	146	1141.09	-2.87
2013	149	1053.33	-7.69
2014	150	945.29	-10.26
2015	151	795.84	-15.81

资料来源：根据中国报业协会印刷工作委员会发布的历年《全国报纸印刷量调查统计的报告》的相关数据整理计算所得。参见科印网专题频道 http：//www.keyin.cn/special/kyyd/201604/11-1093542.html。

第四章　中国电视产业生态系统健康评价

电视产业是中国传媒产业中一个重要的产业类别，该产业既具有新闻机构的宣传功能，又具有一般产业的经济功能。为了做好新闻舆论工作，电视产业始终将新闻宣传功能放在首位，在此基础上适度开发该产业的经济功能。20世纪90年代初，中国电视产业广告经营额逐渐增加，超过报纸产业广告经营额，成为中国广告产业的龙头老大。近年来，网络媒体的快速发展对电视产业形成巨大冲击，其广告经营额出现下滑趋势，产业生态系统健康遇到了较大挑战。

一　电视产业活力：成长性下降，承载力减弱

1978年以来，中国电视产业的硬件条件逐渐改善，电视节目综合人口覆盖率不断提高。1982年，全国只有47家电视台。目前，电视台数量保持在300家左右。1982年，电视节目综合人口覆盖率为57.30%，到2015年，这一比例增加到98.17%，年均增幅为1.64%。电视节目综合人口覆盖率已经接近发达国家水平。随着经济水平的不断提高，人民群众对新闻信息和文化娱乐活动的需求也逐步提升，电视产业在此过程中取得突飞猛进的发展。

（一）产业成长性下降倒逼产业转型

20世纪末，在传统传媒产业中，电视产业是公众接触时间最长、接触频率最多的媒介。在过去几十年时间里，无论从电视节目市场还是从电视广告

市场来看，电视产业都经历了相对较长一段时间的高速增长。当然，在不同的时间段里，电视产业的增长速度不尽相同，通过电视节目制作时间的变化，可以从一定程度上展现电视产业成长性的基本状况。

1. 电视节目成长性

为了分析中国电视节目制作时间变化情况，我们搜集了1996—2015年间中国电视节目制作时间，在此基础上计算出各项指标比上一年度增长的比例，并计算出几项指标的年均增长幅度，参见表4－1。从表4－1可以看出，中国电视节目制作时间年均增幅较高，达到10.26%，在这么长的时间内能够一直保持如此高的年均增幅，表明中国电视节目市场需求较大。从不同类型的节目来看，其市场需求量又存在较大差别，我们选择了三类有代表性的电视节目，对其节目制作时间做了分析。1996—2015年间，新闻节目、专题节目和综艺节目的制作时间年均增长率分别为12.66%、13.39%和4.71%。可见，新闻类节目、专题类节目的制作时间年均增幅较高，而综艺节目的年均增幅相对较低。

表4－1　　中国电视节目制作时间增长状况（1996—2015）

年份	全年电视节目制作时间（小时）	比上年增长（%）	新闻节目制作时间（小时）	比上年增长（%）	专题节目制作时间（小时）	比上年增长（%）	综艺节目制作时间（小时）	比上年增长（%）
1996	550700	—	101570	—	85405	—	213118	—
1997	616400	11.93	116953	15.15	97465	14.12	225124	5.63
1998	725700	17.73	127776	9.25	109458	12.3	267132	18.66
1999	526500	－27.45	128036	0.2	94863	－13.33	125320	－53.09
2000	585000	11.11	238647	86.39	356115	275.4	133084	6.2
2001	989200	69.09	235336	－1.39	379490	6.56	191154	43.63
2002	1072700	8.44	256883	9.16	379240	－0.07	217626	13.85

续　表

年份	全年电视节目制作时间（小时）	比上年增长（%）	新闻节目制作时间（小时）	比上年增长（%）	专题节目制作时间（小时）	比上年增长（%）	综艺节目制作时间（小时）	比上年增长（%）
2003	1185500	10. 52	280273	9. 11	433083	14. 2	243349	11. 82
2004	2117200	78. 59	474218	69. 2	486311	12. 29	321318	32. 04
2005	2553900	20. 63	637956	34. 53	525528	8. 06	382350	18. 99
2006	2618300	2. 52	646337	1. 31	540369	2. 82	407442	6. 56
2007	2553200	-2. 49	595190	-7. 91	545922	1. 03	388349	-4. 69
2008	2641949	3. 48	678820	14. 05	622182	13. 97	392507	1. 07
2009	2653552	0. 44	675885	-0. 43	611352	-1. 74	402677	2. 59
2010	2742949	3. 37	719680	6. 48	640857	4. 83	407849	1. 28
2011	2950490	7. 57	802376	11. 49	775565	21. 02	416289	2. 07
2012	3436301	16. 47	886905	10. 53	892521	15. 08	483174	16. 07
2013	3397834	-1. 12	866756	-2. 27	854124	-4. 3	464977	-3. 77
2014	3277394	-3. 54	918296	5. 95	848276	-0. 68	468355	0. 73
2015	3520190	7. 41	978801	6. 59	930283	9. 67	511398	9. 19
年均增长率	10. 26%	—	12. 66%	—	13. 39%	—	4. 71%	—

资料来源：根据历年《中国统计年鉴》整理计算。

如果对1996—2015年之间进行分阶段分析，可以发现电视节目制作时间增幅存在巨大的变化。1996年到2005年是中国电视产业发展的黄金时期，这一阶段，互联网媒体产业立足未稳，新兴的媒介形态还没有找到可靠的盈利模式，电视产业依然占据传媒产业的老大地位。在此期间，电视节目制作时间的年均增幅为18.59%；而2006年到2015年期间，电视节目制作时间的年均增幅则降至3.34%。由此可见，电视节目受到各类新媒体的冲击非常明显。1996—2005年间，新闻节目、专题节目和综艺节目的制作时间年均增长率分别为22.65%、22.37%和6.70%，2006—2015年间，新闻节目、专题节目和综艺节目的制作时间年均增长率分别降至4.72%、6.22%和2.56%。从上面的数据可以看出，近10年来，中国电视节目制作时间的年均增长率大幅下滑。其原因主要有两方面：其一，20世纪90年代以前，中国电视处于高速增长期，电视节目市场需求旺盛，观众数量、收看时间都保持快速增长的态势。这体现了产业成长期和成熟期的基本特点，即基数较低的情况下，增速迅猛。其二，进入21世纪以来，互联网媒体的迅速崛起给电视产业带来巨大的冲击，电视节目市场需求明显下滑。2006年以来，中国电视节目市场规模迅速扩张。目前，其增长空间较小，观众注意力受网络媒体的吸引，流失得比较多，从而导致电视节目制作时间出现增长乏力的情况。

综上所述，20世纪90年代至2005年，中国电视节目市场的成长性较好，市场需求旺盛。2006年之后，各种类型的新媒体对传统的电视产业造成巨大的冲击，严重压缩了电视产业的成长空间，电视节目市场的成长性逐渐变弱。

2. 电视广告成长性

在报纸、期刊、广播、电视等几大传统媒介中，电视广告的年均增长率相对较高。从20世纪90年代开始，全国电视广告经营额超过报纸广告经营额，在整个媒体广告市场中所占的份额位居第一。从表4-2可以看出，1988—2015年，中国电视广告经营额年均增幅为24.37%，保持良好的增长势头。为了更加详细地分析中国电视广告经营总额的变化情况，我们将1988—2015年分成3个时间段，进一步比较电视广告经营额增幅的变化情况。

1988—1997 年，中国电视产业处于高速发展阶段，其特点是，电视产业起点低，发展速度快，广告市场拓展比较容易。这期间，中国电视广告经营额处于“高歌猛进”的状态，年均增幅高达 51.52%。1998—2006 年属于第二阶段，中国电视广告产业告别了“低基数，高增长”的发展状态，年均增幅明显放缓，降至 14.62%，比第一阶段降低了 36.90%。2007—2015 年为第三阶段，中国电视广告经营额的年均增幅为 13.50%，比第二阶段降低了 1.12%，进入产业生命周期的成熟期。上述数据表明，20 世纪 90 年代末，中国电视广告市场进入一个相对稳定的增长期。仅仅从年均增长率来看，中国电视广告产业并没有步入明显的衰退期，增长情况良好。换句话说，中国电视广告产业的成长性较好。

表 4－2　　　中国电视广告经营总额增长情况（1988—2015）

年份	电视广告经营总额(万元)	比上年增长(%)	增长率(%)
1988	27178.9	—	1988—1997 年年均增幅为 51.52%
1989	36190.2	33.16	
1990	56136.8	55.12	
1991	100052	78.23	
1992	205471	105.36	
1993	294391	43.28	
1994	447600	52.04	
1995	649800	45.17	
1996	907894	39.72	
1997	1144105	26.02	

续 表

年份	电视广告经营总额(万元)	比上年增长(%)	增长率(%)
1998	1356380	18.55	1998—2006 年年均增幅为 14.62%
1999	1561496	15.12	
2000	1689126	8.17	
2001	1793743	6.19	
2002	2310298	28.80	
2003	2550400	10.39	
2004	2915415	14.31	
2005	3552867	21.86	
2006	4040249	13.72	
2007	4429522	9.63	2007—2015 年年均增幅为 13.50%
2008	5015000	13.22	
2009	5361903	6.92	
2010	6798263	26.79	
2011	8979233	32.08	
2012	11322728	26.10	
2013	11011042	-2.75	
2014	12785000	16.11	
2015	12196900	-4.60	

资料来源：根据历年《中国统计年鉴》《中国新闻年鉴》和《中国广告业二十年统计资料汇编》、历年《中国传媒产业发展报告》（崔保国主编）相关数据整理计算所得。

值得注意的是，2013—2015 年，中国电视广告经营总额出现两次负增长的状况。其中，2013 年比上年下降了 2.75%，2015 年比上年下降了 4.60%。从纵向角度来看，这只是个别现象，但是这两次负增长的时间间隔较短，并且近 30 年来只出现过这两次负增长情况，结合近年来整个传统媒体广告经营严重下滑的格局，电视广告产业发展状况不容乐观。电视广告成长性是否进入拐点，还不好判断，但可以肯定的是，电视媒体经营转型势在必行，这是适应媒介技术变革，释放电视产业发展活力，提升产业竞争力的前提。

3. 电视新产品成长性

考量电视产业的成长性，不仅要分析电视节目和电视广告两大主要指标，还应当考虑电视产业的新生力量的发展状况。电视新产品的发展情况是评价电视产业创新能力的重要依据，也是分析电视产业能否适应当下传媒变革的重要因素。

为了分析电视产业新产品的成长性，我们搜集了 2006—2015 年间中国 IPTV 用户规模增长的相关数据，在此基础上计算出中国 IPTV 用户增长率，以此考量中国电视新产品的成长性。尽管 IPTV 并非传统电视机构所主推的新媒介形态，但电视台依然通过节目利润分成从中获利。从表 4－3 可以看出，2006—2015 年，中国 IPTV 用户保持高速增长态势，年均增幅为 68.73%。按照三网融合的规划与相关政策，广播电视行业和电信行业合作开展 IPTV 业务，逐渐形成了“广电主导、共同合作”的发展模式。在 IPTV 发展的初期，其年均增长速度超过 100%，在经历了低基数的高速增长之后，IPTV 保持平稳的发展态势，2009 年以来，中国 IPTV 行业用户规模的年均增幅为 51.01%，仍然保持高速增长的势头。不过，比起 IPTV 发展的初期，现在的增速明显放缓。预计在今后的几年中，IPTV 还会保持高速增长的势头，因为中国 IPTV 还有很大的增长空间。通过这些数据可以看出，中国互联网电视行业正处于良好的成长期，产业成长性较好，为传统的电视产业转型奠定了基础。

表4-3　　中国 IPTV 用户规模增长状况（2006—2015）

年份	IPTV 用户规模（万户）	增长率（%）
2006	46	—
2007	120	160.87
2008	240	100.00
2009	430	79.17
2010	600	39.53
2011	1170	95.00
2012	2150	83.76
2013	2847	32.42
2014	3416	19.99
2015	5100	49.30

资料来源：根据《2016 年中国互联网电视行业现状分析及发展趋势预测》（中国产业信息网）整理计算，http://www.chyxx.com/industry/201606/421811.html。

（二）电视产业生态承载力增长乏力

电视产业生态承载力指的是在现有的经济、政治、文化等外部条件下，维持电视媒体存在数量的最高极限。电视产业处于经济社会发展这样一个大的生态系统之内，其生态承载力系统包括电视产业的人流、物质流、资金流和信息流等因素，这些变动的因素共同支撑着电视产业的发展。电视产业与外部生态系统进行着广泛的能量交换，如果在能量交换中出现失衡状况，就可能导致产业发展出现问题。当外部环境中的任何资源供应链出现断裂或者供给不足的时候，电视产业生态承载力就会下降，最终导致电视媒体的总量不断下降，产业生态系统健康遭遇危机。

1. 电视观众资源承载力

电视观众是电视产业发展最重要的资源，是维持电视产业良性循环的支柱。一直以来，电视产业的主要发展模式就是靠内容吸引观众，凝聚注意力，再通过观众注意力吸引广告客户，实现注意力变现，这种二次售卖模式是电视产业赖以生存的法宝。一旦电视观众资源丧失了，其广告经营也会受到致命打击。因此，电视观众资源承载力的状况如何，直接关系到整个电视产业生态承载力状况，进而影响到电视产业生态系统健康。

为了分析中国电视观众资源承载力状况，我们搜集了2001—2015年中国七大行政区观众人均每日收视时间的数据，并在此基础上绘制出中国电视观众人均收视时间变化趋势图。表4－4的数据显示，2001—2015年间，中国电视观众人均每天收看电视的时间正在不断减少，2001年，全国七大行政区观众人均每天收看电视的时间大致为170—200分钟，到了2015年，人均每天收看电视的时间减少为135—180分钟。其中，东北、华中、西南地区人均收看电视的时间变化较小，每天看电视的时间分别减少10、8、7分钟。相比较而言，华南、西北、华东、华北等地区的人均收看电视的时间变化较大，每天看电视的时间分别减少48、36、32、24分钟。数据表明，2001—2012年，中国观众收看电视的时间在缓慢减少，2012年以后，中国电视观众收看电视的时间减少的速度逐渐加快，这给电视产业发展敲响了警钟。

表4－4　中国历年七大行政区观众人均每日收视时间统计（2001—2015）

单位：分钟

年份 地区	2001	2002	2003	2004	2005	2006	2007	2008	2009	2010	2011	2012	2013	2014	2015
东北	189	189	190	185	193	198	199	202	198	191	185	190	184	181	179
华北	200	202	204	195	195	198	193	196	197	196	196	198	193	188	176
西北	193	196	194	180	185	187	182	186	182	180	168	172	169	165	157
西南	181	179	177	175	179	183	173	163	166	169	166	174	170	173	174
华东	177	166	168	165	164	166	164	172	172	168	162	162	157	151	145
华南	184	172	173	168	169	171	163	169	167	152	148	149	146	138	136

续 表

年份 地区	2001	2002	2003	2004	2005	2006	2007	2008	2009	2010	2011	2012	2013	2014	2015
华中	169	168	164	154	157	160	158	162	166	166	164	166	164	163	161

资料来源：根据历年《中国电视收视年鉴》相关数据整理。

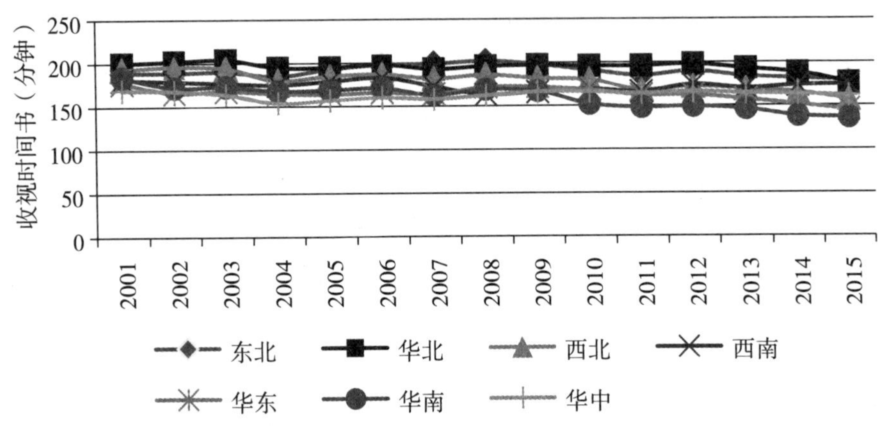

图 4－1　中国七大行政区观众人均每日收视时间变化趋势

资料来源：根据历年《中国电视收视年鉴》相关数据整理。

为了进一步分析中国电视产业观众资源承载力状况，我们搜集了 2011—2015 年中国几类媒介受众接触时间的相关数据，根据这些数据来分析电视观众资源承载力。在此基础上，计算出各类媒介受众接触时间的比重，通过最近几年的变化情况来分析受众注意力转移情况，以便为评价电视产业受众资源承载力提供参考。从表 4－5 和表 4－6 可以看出，2011 年以来，中国几类媒介受众接触时间出现一定程度的变化。传统的几大媒介中，广播的收听时间基本没有多大变化，印刷品的接触时间呈现明显的下滑趋势。2011 年，报纸和杂志的人均接触时间为 0. 25 小时，2015 年减少为 0. 18 小时，年均减少幅度为 7. 88%；电视观众收视时间年均降幅达 0. 83 个百分点；数字媒体接触时间的年均增幅达到 14. 69%。由此可见，传统的几大媒体生态系统均面临一定的失衡问题。报纸、杂志的读者不断流失，读者阅读时间 4 年间减少了将近 30%。广播听众的接触时间变化不大，但是广播的听众比较固定，主要是中老年人群，收听的环境以车载广播为代表，逐渐变成小众化的媒介形态，广播媒介在青年群体中缺乏足够的吸引力，市场规模增长乏力。与纸质媒介相比，电视媒介的观众规模下滑不太明显，但观众的收视时间出现一定程度的下滑趋势，说明该产业存在一定的经营风险。在未来的几年里，电视观众资源承载力有可能进一步降低。从表 4 -6 可以看出，在几类媒介中，电视媒介受众接触时间的比例从 2011 年的 55. 44% 下降到 2015 年的 43. 61%，下降了 11. 83 个百分点。与传统媒介相比，新兴数字媒体的受众接触时间增势依然迅猛，数字媒体正在一点点地争夺原本属于传统媒介的受众资源。

表 4 -5　　中国几类媒介受众接触时间（2011—2015）　　单位：小时

时间	印刷品（报纸、杂志）	收音机	电视	数字媒体（手机、电脑）
2011	0. 25	0. 18	2. 75	1. 78
2012	0. 23	0. 18	2. 70	2. 12
2013	0. 20	0. 18	2. 70	2. 57
2014	0. 18	0. 18	2. 68	2. 88
2015	0. 18	0. 18	2. 66	3. 08

资料来源：艾瑞咨询，http：//www. iresearch. com. cn/view/253162. html。

表 4 -6　　中国几类媒介受众接触时间比重（2011—2015）　　单位：%

时间	印刷品（报纸、杂志）	收音机	电视	数字媒体（手机、电脑）
2011	5. 04	3. 63	55. 44	35. 89
2012	4. 40	3. 44	51. 63	40. 54
2013	3. 54	3. 19	47. 79	45. 49
2014	3. 04	3. 04	45. 27	48. 65
2015	2. 95	2. 95	43. 61	50. 49

资料来源：艾瑞咨询，http：//www. iresearch. com. cn/view/253162. html。

2. 广播电视产业经济承载力

20世纪末至21世纪的前10年，广播电视产业是传媒经济领域中效益最为稳定的产业。广播电视广告经营额保持高速、稳定的增长趋势，为产业发展奠定了良好的基础。表4－7的数据显示，2004—2015年，广播电视产业经济增长迅速，全国广播电视总收入年均增幅达到16.99%，电视广告经营额年均增幅为13.90%，有线电视网络收入年均增幅为13.22%，有线电视收视费年均增幅为13.21%。在中国宏观经济增长速度下滑的情况下，广播电视产业总收入依然保持在13%左右的增长幅度，为产业发展提供了有力支撑。不过，应该看到，近几年，中国电视广告经营额的增长出现波动，总体上呈下降趋势，有线电视网络收入和有线电视收视费收入的增幅均出现下滑趋势，这对于产业发展来说是不好的信号。

表4－7　　中国广播电视产业主要经济指标增长情况（2004—2015）

年份	广播电视总收入（亿元）	增长率（%）	电视广告经营额（亿元）	增长率（%）	有线电视网络收入（亿元）	增长率（%）	有线电视收视费（亿元）	增长率（%）
2004	824.72	—	291.54	14.31	221.00	—	128.00	—
2005	931.15	12.90	355.29	21.86	253.00	14.48	151.00	17.97
2006	1099.12	18.04	404.02	13.72	285.00	12.65	183.55	21.56
2007	1305.00	18.73	442.95	9.63	306.71	7.62	212.20	15.61
2008	1582.80	21.29	501.50	13.22	369.50	20.47	250.10	17.86
2009	1852.85	17.06	536.19	6.92	418.85	13.36	284.62	13.80
2010	2301.87	24.23	679.83	26.79	587.44	40.25	322.52	13.32
2011	2894.79	25.76	897.92	32.08	401.86	－31.59	364.18	12.92
2012	3268.79	12.92	1132.27	26.10	660.98	64.48	408.35	12.13

续 表

年份	广播电视总收入（亿元）	增长率（%）	电视广告经营额（亿元）	增长率（%）	有线电视网络收入（亿元）	增长率（%）	有线电视收视费（亿元）	增长率（%）
2013	3734.88	14.26	1101.10	-2.75	754.91	14.21	437.87	7.23
2014	4226.27	13.16	1278.50	16.11	822.00	8.89	457.00	4.37
2015	4634.56	9.66	1219.69	-4.60	866.06	32.84	501.14	9.66

资料来源：根据新闻出版广电总局发展研究中心发布的相关数据以及历年《中国统计年鉴》《中国新闻年鉴》和《中国广告业二十年统计资料汇编》、历年《中国传媒产业发展报告》（崔保国主编）相关数据整理计算所得。

数据分析发现，中国广播电视产业总收入、电视广告经营额、有线电视网络以及有线电视收视费之间的变化存在高度的正相关性。其中，广播电视产业总收入和电视广告经营额之间的相关系数为0.9898；广播电视产业总收入与有线电视网络收入之间的相关系数为0.9471；广播电视产业总收入与有线电视收视费之间的相关系数为0.9853。这表明，中国广播电视产业经济承载力的变化表现出一定的规律性，收视时间下降导致收视费增幅下降，最终导致广告增幅下降，整个广播电视产业经济收入的增幅也出现降低趋势。

3. 电视消费承载力

观众的电视收视行为与其在收视方面的投入具有一定的联系。当观众对电视节目没有兴趣的时候，他们不愿意在收视上投入过多的费用。从近年来中国电视收视费用的增长情况来看，电视观众的收视消费出现增长乏力的情况。从表4-8的绝对数量上来讲，2006—2014年间，中国有线电视用户年均收视费和网络费均呈增长态势。但从有线电视用户收视综合费用的增长情况来看，除了2010年和2012年之外，其余年份的增长幅度均在10%以下，并且有两年为负增长。总体上来讲，2006—2014年，有线电视用户综合收视费用年均增长幅度为8.08%。数据表明，中国有线电视用户的收视消费承载力属于中等，其增长幅度只能抵消近年来通货膨胀所导致的损失。因此，从观众电视消费承载力方面来讲，中国电视产业生态系统健康状况处于健康向不健康过渡阶段，需要提升电视观众的消费意愿，增加电视消费承载力，这是该产业健康发展的重要保障。

表4-8　有线电视用户网络费及收视费（2006—2014）

年份	有线(数字)电视用户年均收视费(元)	增长幅度(%)	有线电视用户每年网络费(元)	增长幅度(%)	有线电视用户综合费用(元)	增长幅度(%)
2006	183.84	—	285.48	—	469.32	—
2007	186.60	1.50	269.76	-5.51	456.36	-2.76
2008	195.36	4.69	288.60	7.01	483.96	6.05
2009	199.68	2.21	293.88	1.81	493.56	1.98
2010	221.16	10.76	402.84	37.08	624.00	26.43
2011	235.32	6.40	259.68	-35.54	495.00	-20.67
2012	274.56	16.68	444.36	71.15	718.92	45.24
2013	276.72	0.79	477.12	7.35	753.84	4.86
2014	278.88	0.78	501.60	5.14	780.48	3.53

资料来源：根据历年《中国物价年鉴》发布的《36个大中城市服务收费月平均价格统计》的相关数据整理计算。

（三）产业资源配置方式灵活性不足

改革开放之前，中国传媒产业的资源配置主要靠政府来解决，媒介机构很少考虑经营的问题。改革开放之后，中国传媒产业走上“事业单位企业化经营”的发展之路。电视媒介经营逐渐提上议事日程，并一举取代报纸，成为盈利能力最强的传统媒介。在电视媒介盈利能力不断提升的同时，该产业资源配置方式也发生了明显的变化，对于电视产业生态系统健康产生了较大影响。本书拟从电视产业资金配置途径、固定资产投资资金来源和定价方式等角度分析电视产业资源配置情况，进而分析资源配置方式的变化对电视产业生态系统健康的影响。

1. 电视产业财政投入和非财政投入

电视产业资源配置是指根据电视产业发展的需求，组织电视节目生产资料，包括设备、资本、技术以及电视人才等要素，合理安排电视产业生产与发展。电视产业资源配置方式是影响产业活力的重要因素。与其他产业类似，电视产业资源配置大体上可以分为两种方式，一是计划配置方式，二是市场配置方式。计划配置是计划部门根据社会需求，以计划配额、行政命令等方式来分配电视产业生产资源，这种方式有助于从整体上协调电视产业的发展，集中精力完成重要工程。但计划配置容易限制市场活力，影响电视媒介产品的适销对路问题，出现资源浪费的状况。市场配置是靠市场运作来配置电视产业生产资源，电视机构根据市场供求关系来配置资源，有助于提升电视产品与市场需求的吻合度。但这种方式容易出现盲目性，造成社会供给和社会需求的失衡，引起市场混乱。健康的电视产业生态系统应该是计划配置与市场配置相结合，以计划配置作为调整产业组织、把握产业方向的手段；以市场配置资源来满足观众的需求，充分发挥市场在电视产业资源配置中的主导作用，从而释放电视产业活力，从根本上提升电视产业竞争力。

在当前的很多公开数据中，多数广播电视集团没有将广播和电视的经营数据分开，给研究者进行细分研究带来不便。在广播电视产业经营的相关统计中，电视产业的总收入远远多于广播产业，从 20 世纪 90 年代到现在，全国电视广告经营总额接近于广播广告经营总额的 9 倍。在资源配置方面，电视媒体所耗费的成本也远远多于广播媒体。为了便于评估，本书的一些数据并没有将两者分开，而是合在一起分析，相关分析结果不会受太大影响。为了分析中国电视产业资源配置方式，我们搜集了广播电视产业总收入及其细分结构的相关数据，在此基础上计算出财政收入、广告收入、有线电视收入以及其他收入占比等，运用这些数据评估中国电视产业资源配置情况。从表4－9可以看出，中国广播电视产业总收入呈上升趋势，年均增幅达22.32%。广播电视产业财政收入从2000年的49.57亿元，增加到2015年的572.76亿元，年均增幅达19.10%。我们认为，财政收入越高，说明通过财政实现计划配置资源的力度越大。相反，市场配置资源的比例越小。近年来，中国广播电视产业的财政投资力度不断提升，但从财政收入占比的情况来看，2000年的财政投入占比为17.96%，到2015年，这一比例降低为12.36%，这表明中国广播电视产业其他方面的收入提升幅度更大。财政投入与计划配置资源成正比，也就是说，财政投入占比越高，计划配置比例也越高。广告收入占比越高，说明该产业市场化程度越高，市场配置资源的比例也越高。2000—2015年间，广告收入占比越来越低。2000年以前，中国广播电视产业广告是各项收入中增幅最大的项目，新千年以后，受互联网和其他各种新媒介的强力冲击，广播电视产业广告经营额占比不断下滑。不过，即便如此，也不能就此判断广播电视产业市场配置资源的力度下降了，因为广告收入只是广播电视产业市场化收入的一部分，该产业的其他市场化收入占比呈大幅度提高趋势。从表4－9和图4－2可以看出，2000—2015年间，有线电视收视费和其他市场化收入[①]所占的比例不断增加，尤其后者是近年来增幅最大的收入来源。这类收入的大幅度提升，为产业的持续稳定发展提供了大量资金，为后续扩大再生产奠定了基础，改变了产业资源配置方式，使市场配置资源的力度得到较大幅度的提升。从一定程度上来讲，非财政投入力度的提升与市场配置资源成正比，有助于释放产业竞争活力。

表4－9　　广播电视产业收入结构（2000—2015）

年份	总收入（亿元）	财政收入（亿元）	财政收入占比（%）	广告收入（亿元）	广告收入占比（%）	有线电视收视费收入（亿元）	收视费收入占比（%）	其他收入（亿元）	其他收入占比（%）
2000	276.00	49.57	17.96	184.11	66.71	30.20	10.94	12.12	4.39

① 其他收入主要包括广播电视集团房地产、金融投资、游戏产业等多元化经营收入。

续　表

年份	总收入（亿元）	财政收入（亿元）	财政收入占比（%）	广告收入（亿元）	广告收入占比（%）	有线电视收视费收入（亿元）	收视费收入占比（%）	其他收入（亿元）	其他收入占比（%）
2001	395.00	62.71	15.87	197.65	50.04	66.23	16.77	68.42	17.32
2002	514.00	75.84	14.75	252.93	49.21	87.00	16.93	98.23	19.11
2003	696.00	74.00	10.63	280.61	40.32	109.80	15.78	231.59	33.27
2004	824.72	89.00	10.79	324.48	39.34	137.34	16.65	273.90	33.21
2005	931.15	109.00	11.71	394.15	42.33	159.56	17.14	268.44	28.83
2006	1099.12	126.00	11.46	461.21	41.96	183.55	16.70	328.36	29.87
2007	1316.40	175.00	13.29	508.34	38.62	211.54	16.07	421.52	32.02
2008	1583.91	216.65	13.68	569.84	35.98	250.06	15.79	547.36	34.56
2009	1852.85	254.30	13.72	608.07	32.82	284.62	15.36	705.86	38.10
2010	2301.87	326.10	14.17	712.90	30.97	322.52	14.01	940.35	40.85
2011	2717.32	360.89	13.28	826.20	30.40	493.20	18.15	1037.03	38.16
2012	3268.79	395.68	12.10	1020.59	31.22	408.35	12.49	1444.17	44.18
2013	3628.00	437.01	12.05	1387.01	38.23	437.87	12.07	1366.11	37.65
2014	4226.27	504.89	11.95	1458.28	34.51	651.97	15.43	1516.16	35.87
2015	4634.56	572.76	12.36	1529.54	33.00	866.06	18.69	1666.20	35.95

资料来源：根据历年《中国广播电视年鉴》《中国广播电影电视发展报告》（国家新闻出版广电总局发展研究中心编著）的相关数据整理计算。

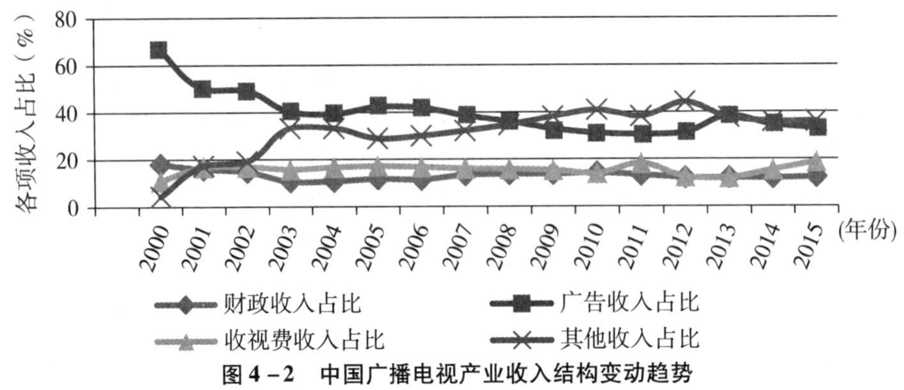

图4－2　中国广播电视产业收入结构变动趋势

资料来源：根据历年《中国广播电视年鉴》《中国广播电影电视发展报告》（国家新闻出版广电总局发展研究中心编著）的相关数据整理计算。

2. 中国广播影视产业固定资产投资资源配置方式

固定资产投资是电视产业比较大的开支项目之一，该项目的资金来源在一定程度上能够反映中国广播电视产业资源配置状况，为我们分析电视产业发展活力提供一定的参考。为了分析中国电视产业固定资产投资资源配置状况，我们搜集了2004—2015年间中国广播、电视、电影和影视录音制作行业固定资产投资的相关数据，据此计算出市场化手段在该产业固定资产投资中所起到的作用，从而评估市场配置资源的状况。在目前搜集到的数据中，一般将广播、电视、电影等传媒产业的资金来源放在一起，这给我们单独分析电视产业发展带来不便。为此，我们将广播、电视、电影和影视录音制作行业视为一个整体，用其固定资产投资的总体情况来评估电视产业的固定资产投资情况，相关数据和计算结果参见表4－10。

表4－10　广播、电视、电影和影视录音制作业固定资产投资（2004—2015）　单位：亿元

年份	固定资产投资总额	内资	港澳台投资	外商投资	国有及国有控股	国有及国有控股占比(%)	集体及集体控股	集体及集体控股占比(%)	私营个体及私人控股	私营个体及私人控股占比(%)
2004	74.23	74.16	0.07	—	68.77	92.64	0.19	0.26	0.74	0.99
2005	91.11	90.39	0.46	0.25	84.39	92.63	1.34	1.47	1.44	1.58
2006	121.29	121.17	—	0.12	110.64	91.22	2.43	2.01	8.11	6.68

续　表

年份	固定资产投资总额	内资	港澳台投资	外商投资	国有及国有控股	国有及国有控股占比(%)	集体及集体控股	集体及集体控股占比(%)	私营个体及私人控股	私营个体及私人控股占比(%)
2007	149.84	148.84	—	1.00	133.05	88.79	3.91	2.61	12.88	8.60
2008	151.75	150.87	0.29	0.59	132.66	87.42	6.52	4.30	11.68	7.70
2009	163.10	161.56	1.32	0.22	134.47	82.45	8.06	4.94	19.77	12.12
2010	241.67	239.98	1.15	0.54	162.29	67.15	10.17	4.21	64.98	26.89
2011	194.63	185.35	9.08	0.20	129.97	66.78	9.94	5.11	37.25	19.14
2012	246.50	245.80	0.70	—	136.20	55.25	33.00	13.39	64.80	26.29
2013	311.10	308.90	0.90	1.30	165.50	53.20	14.00	4.50	107.70	34.62
2014	565.00	561.10	3.10	0.90	217.40	38.48	108.80	19.26	205.50	36.37
2015	492.00	487.70	0.80	3.50	161.70	32.87	58.40	11.87	229.70	46.69

资料来源：根据历年《中国统计年鉴》整理计算。

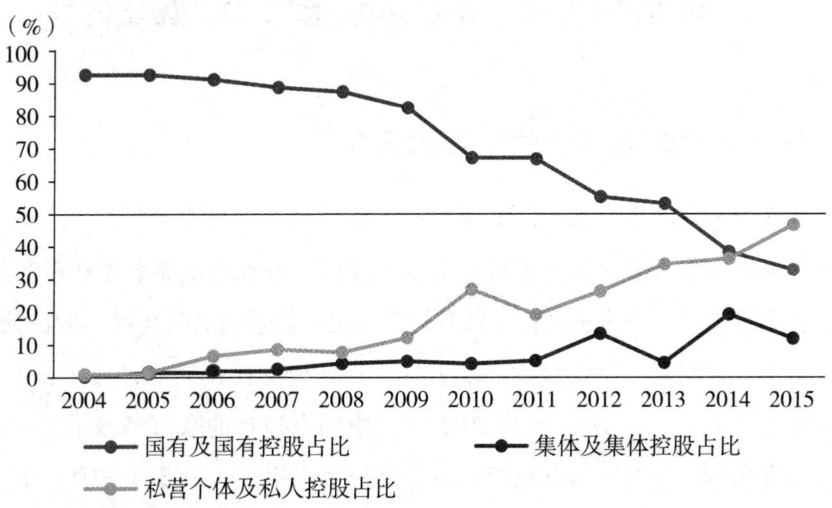

图4-3　广播、电视、电影和影视录音制作业固定资产投资结构

资料来源：根据历年《中国统计年鉴》整理计算。

通过表 4 - 10 可以看出，2004 年以来，中国广播影视行业固定资产投资保持高速增长态势。其中，内资所占的比例最高，达到 99.06%。并且，近 10 年来，内资在固定资产投资中所占的比例从来没有低于 99%。从这一点来看，中国广播影视产业固定资产投资的国际化程度极低，也在一定程度上降低了该产业的市场化程度。这是中国广播影视产业的属性决定的，因为该产业的意识形态特征非常明显，国家在这方面的管控极为严格，外商投资所占比例很低，最高比例为 1.30%。2004—2015 年，中国国有及国有控股资金所占比例最高为 2004 年的 92.64%。尽管国有及国有控股投资额绝对数逐年提升，但国有及国有控股占比的比例却不断下滑，到 2015 年，这一比例降至 32.87%，是历史最低点。与此形成鲜明对比的是，集体和集体控股、私营个体及私人控股所占的比例不断提升。尤其是后者，从 2004 年的 0.99% 提升到 2015 年的 46.69%。这一数据表明，中国广播影视产业的投资结构更加合理，市场配置资源在该产业中的地位和作用正在逐步提升，产业的竞争活力也得到一定程度的提升。

二　电视产业组织：市场结构合理，缺乏聚集优势

（一）种群结构：同构性与异质性并存

从媒介种群的角度来看，电视产业与报纸产业存在较大的差异。传统的报纸产业属于依靠纸质载体来传播信息的媒体，电视则依靠影像和声音为载体来传播信息。一个电视台往往拥有较多频道，能够向公众传播不同的信息。只要拥有收视权限，一个接收终端可以看到任何电视台的节目。从表 4 - 11 的数据可以看出，从 1982 年到 2015 年，中国电视台的数量经历了少—多—少的变化历程，这与中国电视产业制度变迁密切相关。1983 年 3 月，中国召开了第十一次广播电视工作会议，会上提出了四级办广播电视的方针。在这一方针的指导下，中国形成了中央、省、地、县四级办电视的格局，甚至部分经济发达的城镇出现了五级办电视的格局。四级办电视方针对于推动中国

电视产业的规模扩展起到了重要的作用。但是，这一方针也催生了重复建设和社会资源浪费。各个区域出现了大量结构相似的电视台，基本上属于大而全、小而全式的组织结构。由于种群结构、组织结构相似，电视节目的内容也亦步亦趋，同类电视频道存在大量同质化竞争现象。组织结构、栏目设置等方面的雷同，加剧了电视节目的同质化竞争，电视节目的创新性存在明显的不足。由此可见，电视台种群结构的趋同性在一定程度上加剧了电视节目内容的同质性。

表 4－11　　中国电视产业相关数据统计（1982—2015）

年份	电视台数量（家）	比上年度增长情况（%）	综合人口覆盖率（%）	比上年度增长情况（%）
1982	47	—	57. 30	—
1983	122	159. 57	59. 90	4. 54
1984	167	36. 89	64. 70	8. 01
1985	202	20. 96	68. 40	5. 72
1986	292	44. 55	71. 40	4. 39
1987	366	25. 34	73. 00	2. 24
1988	422	15. 30	75. 40	3. 29
1989	469	11. 14	77. 90	3. 32
1990	509	8. 53	79. 40	1. 93
1991	543	6. 68	80. 50	1. 39
1992	586	7. 92	81. 30	0. 99
1993	684	16. 72	82. 40	1. 35
1994	766	11. 99	83. 40	1. 21
1995	837	9. 27	84. 50	1. 32
1996	880	5. 14	86. 20	2. 01

续　表

年份	电视台数量（家）	比上年度增长情况（%）	综合人口覆盖率（%）	比上年度增长情况（%）
1997	923	4.89	87.70	1.74
1998	374	-59.48	89.00	1.48
1999	353	-5.61	91.60	2.92
2000	354	0.28	93.70	2.29
2001	357	0.85	94.20	0.53
2002	368	3.08	94.60	0.42
2003	363	-1.36	94.90	0.32
2004	314	-13.50	95.30	0.42
2005	302	-3.82	95.80	0.52
2006	296	-1.99	96.20	0.42
2007	287	-3.04	96.60	0.42
2008	277	-3.48	96.60	0
2009	272	-1.81	97.20	0.62
2010	247	9.19	97.60	0.41
2011	197	-20.24	97.82	0.22
2012	183	-7.11	98.20	0.38
2013	166	-9.29	98.42	0.22
2014	166	0	98.60	0.18
2015	166	0	98.77	0.17

资料来源：根据国家新闻出版广电总局统计资料（http：//www.sarft.gov.cn）、历年《中国广播电视年鉴》的相关统计资料整理计算所得。

1997 年，中共中央办公厅、国务院办公厅发布了《关于加强新闻出版广播电视业管理的通知》，在全国范围内开始“治散治滥”行动。通过此次整顿，不少县级电视台、电台、有线台合并了，并且以转播中央与省级节目为主。市辖区和乡镇不设电视播出机构，企事业单位有线台改为有线电视站。这样一来，中国电视台数量迅速下降。1997 年，全国共有 923 家电视台。到 1998 年，全国电视台的数量下降至 374 家，降幅接近 60%。到 2015 年，电视台数量下降至 166 家。尽管电视台数量减少了，但是电视频道相对较为丰富。不仅如此，电视台的多元化收入正在不断增加，逐渐摆脱单点支撑的盈利模式，形成了多点支撑的盈利格局。电视台的组织结构变得更加复杂，业务单元之间的内在联系更加紧密、更加多元。从这个角度来看，新时期电视台种群结构摆脱了原来单一种群结构类型，表现出一定的异质性特征。

（二）市场结构：垄断性与竞争性并存

市场集中度是测度某一行业市场结构的重要指标，在研究中，可以通过企业的数目、市场份额等方面的差异来衡量市场竞争与垄断状况。在既定的产业中，市场集中度在一定程度上反映了该产业的生态系统健康状况。一般情况下，市场集中度过高，表明该产业存在极端垄断情况，不利于释放产业活力，直接影响产业生态系统健康状况；市场集中度过低，容易出现过度竞争的情况，不利于产业技术创新，更不利于提升规模经济效益，最终影响产业生态系统健康状况。因此，保持适度的垄断与竞争状态，有助于释放企业的竞争活力。

改革开放以来，电视行业的市场化程度不断提升，电视台、电视频道以及相关服务行业之间的竞争日趋激烈。罗伯特·皮卡特（Robert G. Picard, 2006）根据媒介产品、媒介技术等多重因素，将传媒产业生命周期分为引入期、成长期、成熟期、衰退期等几个阶段。[①] 当前中国电视产业正处于成熟期，其产业规模和经营水平均达到历史新高。由于受到各类新媒体的强力冲

① ［美］罗伯特·皮卡特著：《传媒管理学导论》，韩骏伟、常永新等译，人民邮电出版社 2006 年版，第 21 页。

击，电视产业又处于关键的转型期。相关研究表明，处于成熟期的传媒产业，市场中经营单位的数量比较稳定，规模变化不大，但传媒机构生存压力依然较大。① 处于成熟期的电视产业，其经营单位的数量变化不大，但整个市场结构状况也可能发生一定的变化，比如市场重组与兼并，会对电视产业市场结构带来较大影响。电视产业的技术创新及其与其他产业的融合，都会引发电视产业市场结构的变化。

1. 电视广告市场集中度

电视产业主要靠广告盈利，电视广告市场集中度能够有效地反映该产业的市场竞争与垄断程度。为了分析电视广告市场集中度状况，我们搜集了1988—2014 年间中国电视广告经营总额以及排名前 4、8、10 家电视台历年广告经营额等数据，根据行业集中度计算方法（参见公式 2 - 1），测算出 1988 年以来中国电视广告市场集中度 CR_4、CR_8、CR_{10}等数据，以此反映中国电视产业广告市场竞争与垄断情况。

通过表 4 - 12 的数据可以看出，1988 年以来，中国电视产业广告市场集中度总体上保持较高水平，CR_4最大值达到 57.12%，最小值为 35.85%；CR_8最大值达到 75.06%，最小值为 44.13%；CR_{10}最大值达到 81.82%，最小值为 46.84%。CR_4、CR_8、CR_{10} 的均值分别为 43.98%、54.72% 和 58.44%。已有的研究表明，在几大传统媒介中，电视广告的市场集中度明显高于报纸、期刊和广播广告市场集中度。② 从表 4 - 12 和图 4 - 4 可以看出，中国电视广告市场集中度变化幅度不大，尤其是 2010 年以前，电视广告市场集中度基本保持平稳状态。相对而言，1997—1998 年度电视广告市场集中度变化幅度最大，CR_4、CR_8、CR_{10}分别降低 10.86%、14.92%、15.10%。2010 年以后，电视广告市场集中度出现了较大幅度的下滑，尤其是 2011—2012 年度，电视广告市场集中度 CR_4、CR_8、CR_{10} 分别降低 19.63%、26.47% 和 30.03%，创下了历史新高。到 2014 年，中国电视广告市场集中度 CR_4、CR_8、CR_{10}分别为 35.85%、45.53% 和 49.73%。从中

① 陶喜红：《不同生命周期状态下传媒市场结构的特征》，《现代传播》2014 年第 1 期。
② 陶喜红：《中国传媒产业市场结构演变研究》，中国社会科学出版社 2013 年版。

国电视广告发展情况来看，其市场集中度还将进一步降低。如果要想实现逆转，只能靠市场兼并，或者排名靠前的大型电视台依靠技术创新、产业融合等因素来改变盈利模式，大幅度提升广告经营额，从而提升电视广告市场集中度。

表4－12　　中国电视广告行业市场集中度（1988—2014）

年份	电视广告经营总额（万元）	前4名广告总额（万元）	CR_4（%）	前8名广告总额（万元）	CR_8（%）	前10名广告总额（万元）	CR_{10}（%）	市场结构类型
1988	27178.9	11738	43.19	14369	52.87	15309	56.33	寡占Ⅳ型
1989	36190.2	13607	37.60	17191	47.50	18559	51.28	寡占Ⅳ型
1990	56136.8	21473	38.25	27566	49.10	30025	53.49	寡占Ⅳ型
1991	100052	52297	39.35	67006	50.46	72003	54.48	寡占Ⅳ型
1992	205471	83120	40.45	106445	51.81	113980	55.47	寡占Ⅳ型
1993	294391	109419	37.17	140004	47.56	148004	50.27	寡占Ⅳ型
1994	447600	160541	35.87	197520	44.13	209643	46.84	寡占Ⅳ型
1995	649800	291225	44.82	351615	54.11	374115	57.57	寡占Ⅳ型
1996	907894	485375	53.46	562995	62.01	589495	64.93	寡占Ⅲ型
1997	1144105	612169	53.51	737919	64.50	773419	67.60	寡占Ⅲ型
1998	1356380	578450	42.65	672537	49.58	712137	52.50	寡占Ⅳ型
1999	1561496	666649	42.69	778643	49.87	820643	52.55	寡占Ⅳ型
2000	1689126	767921	45.46	927861	54.93	986031	58.38	寡占Ⅳ型
2001	1793743	967800	53.95	1180657	65.82	1251757	69.78	寡占Ⅲ型

续 表

年份	电视广告经营总额（万元）	前4名广告总额（万元）	CR_4（%）	前8名广告总额（万元）	CR_8（%）	前10名广告总额（万元）	CR_{10}（%）	市场结构类型
2002	2310298	1070438	46.33	1281775	55.48	1368963	59.25	寡占Ⅳ型
2003	2550400	1208408	47.38	1453975	57.01	1565111	61.37	寡占Ⅳ型
2004	2915415	1336268	45.83	1605765	55.08	1722468	59.08	寡占Ⅳ型
2005	3552867	1485500	41.81	1899205	53.46	2033605	57.24	寡占Ⅳ型
2006	4040249	1614100	39.95	2158557	53.43	2304557	57.04	寡占Ⅳ型
2007	4429522	1784863	40.29	2388663	53.94	2588663	58.44	寡占Ⅳ型
2008	5015000	2509612	50.04	3156812	62.95	3384312	67.48	寡占Ⅲ型
2009	5362000	2543263	47.43	3136312	58.49	3341032	62.31	寡占Ⅳ型
2010	6166000	3080557	49.96	3750781	60.83	3915765	63.51	寡占Ⅳ型
2011	7029000	4015267	57.12	5275864	75.06	5680764	81.82	寡占Ⅲ型
2012	11322728	4244567	37.49	5501268	48.59	5863585	51.79	寡占Ⅳ型
2013	11011042	4431593	39.61	5935978	53.27	6395978	57.45	寡占Ⅳ型
2014	12785000	4584357	35.85	5948857	45.53	6358857	49.73	寡占Ⅳ型

注：由于没有1991广告经营额前10位的电视台的统计数据，根据统计学相关理论，该年数据取前后两年数值的算术平均值；市场结构类型是按照贝恩市场结构分类标准中CR_4数值来认定的。

资料来源：根据《中国广告业二十年统计资料汇编》《中国广告年鉴》《中国统计年鉴》《中国新闻年鉴》以及中国广告协会网（http：//xh. cnadtop. com/xh_ list. html? id1 = 24&id2 = 1）刊载的《中国广告经营单位排序报告》等相关数据计算。

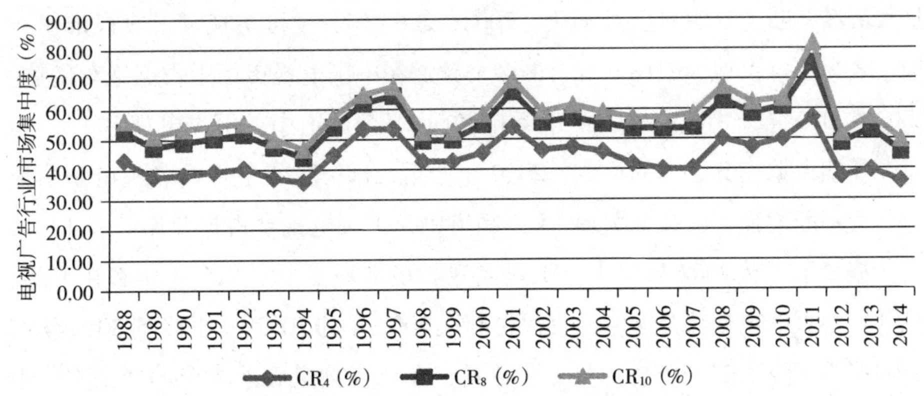

图 4－4 中国电视广告行业市场集中度变化情况（1988—2014）

资料来源：根据《中国广告业二十年统计资料汇编》《中国广告年鉴》《中国统计年鉴》《中国新闻年鉴》以及中国广告协会网（http：//xh. cnadtop. com/xh_ list. html？ id1 = 24&id2 = 1）刊载的《中国广告经营单位排序报告》等相关数据计算。

与前些年的电视广告市场集中度上下波动不同，近年来中国电视广告市场集中度下滑主要原因在于传统电视遭遇发展瓶颈，电视观众规模正在减少，传统电视很难吸引新的观众，电视产业重新振兴只能依靠产业转型。一般情况下，市场集中度降低主要表明市场竞争加剧，不一定表示产业遇到经营风险，也不一定表明产业生态系统遭到破坏。具体如何评价市场集中度降低所带来的问题，还要看该产业所面临的内外部环境。就当前电视产业所面临的竞争格局和外部压力来看，其市场集中度降低存在一定的风险，主要原因是：首先，整个传统媒介广告经营额出现增长乏力的情况，电视广告经营也遭遇同样危机。其次，排名前几位的电视机构广告经营额增幅下滑，市场份额普遍降低，表明这些大型电视机构遇到经营危机，生态系统健康受到影响。再次，传统的电视媒体尚未完成转型，市场集中度降低是媒体形态老化的表征。

2. 电视收视市场集中度

电视收视市场与广告市场之间存在紧密的联系。一般来说，收视较好的电视节目，往往具有较大的影响，能够吸引广告客户，提升广告经营额，从而改变广告市场结构。从表 4－13 可以看出，2002 年以来，中国电视频道收视市场集中度总体上呈下滑趋势，并且下滑的速度大于电视广告行业市场集中度。近年来，尽管中央电视台综合频道一直保持较高的收视市场份额，但是其市场垄断力量明显已经消失。2002—2007 年，中国电视频道收视市场结构主要为寡占Ⅳ型，中央电视台的多个频道在中国电视市场中占据绝对优势。2002—2009 年，中国电视收视市场排名前 15 个频道中，中央电视台占了 10 家，长期占据三分之二的比例。2010 年之后，部分省级卫视在收视市场中的竞争力不断增强，收视排名前 15 个频道中，中央电视台占据 8 席。表 4 - 13 的数据显示，从 2002 年以来，中国电视收视市场集中度几乎每年都在下降，尤其是中央电视台综合频道的收视份额从 2002 年的 30. 30% 下降到 2015 年的 5. 00% ，下降了 25. 30 个百分点。可见，在卫视频道和地方台的冲击下，中央电视台的垄断地位不复存在。全国电视频道收视市场呈现出分散竞争的态势，注意力资源的分散对电视产业的发展产生深远的影响，其经营管理模式亟须根据观众的喜好程度做出相应的调整。

表 4 - 13　　中国电视频道收视市场集中度（2002—2015）

单位:%

年份	CR_1	CR_4	CR_8	CR_{10}	市场结构类型
2002	30. 30	54. 70	68. 10	72. 50	寡占Ⅲ型
2003	30. 60	50. 10	66. 00	71. 60	寡占Ⅲ型
2004	24. 80	46. 90	64. 20	70. 00	寡占Ⅳ型
2005	22. 90	44. 50	63. 30	68. 70	寡占Ⅳ型
2006	18. 30	39. 50	58. 00	63. 90	寡占Ⅳ型
2007	16. 20	36. 90	54. 20	60. 70	寡占Ⅳ型
2008	16. 80	34. 80	53. 10	59. 20	寡占Ⅴ型
2009	7. 50	17. 60	27. 10	30. 80	竞争型
2010	6. 60	16. 00	25. 00	28. 70	竞争型
2011	5. 90	15. 60	24. 60	28. 70	竞争型
2012	5. 50	14. 80	24. 60	29. 00	竞争型

续　表

年份	CR_1	CR_4	CR_8	CR_{10}	市场结构类型
2013	5. 60	15. 80	25. 80	30. 10	竞争型
2014	5. 80	15. 60	25. 50	29. 90	竞争型
2015	5. 00	15. 20	25. 70	29. 80	竞争型

资料来源：根据历年《中国电视收视年鉴》计算。

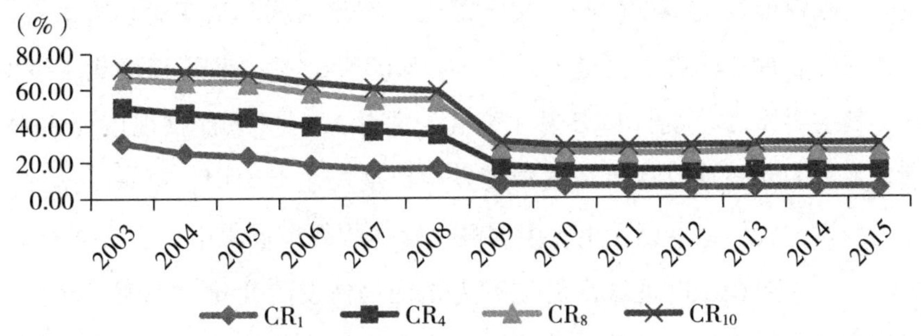

图 4－5　中国电视频道收视市场集中度变化趋势（2002—2015）

资料来源：根据历年《中国电视收视年鉴》计算。

电视产业市场集中度是反映该产业市场结构的最直接的因素，是测量整个市场中大型电视媒体机构市场势力的量化指标。电视广告市场属于寡占型市场结构，表明市场存在一定的垄断力量，大型电视媒体机构在市场中具有较强的竞争力，这样的市场结构类型有助于大型媒体开展创新性经营活动，也有助于开展技术创新，对于推动产业升级有重要的现实意义。仅仅从电视广告行业市场集中度的状况来看，电视产业不存在明显的经营风险，电视广告产业生态系统健康受到的影响较小。电视频道收视市场集中度不断降低，甚至出现分散竞争趋势，这对于电视产业的发展来说是不利的消息。电视观众注意力分散严重，表明龙头电视媒体的吸引力在逐渐减弱，这是电视媒体受各类新媒体冲击的必然结果。尤其是青少年观众注意力的转移，对于电视产业长远发展来说，是极为不利的消息。如何在媒介转型背景下重新凝聚观众的注意力，适度提升电视产业收视和广告市场集中度，是今后电视产业健康发展的重要因素。

从历年中国电视产业广告市场集中度和收视市场集中度的演变状况可以看出，中国电视产业广告市场集中度一直保持较高水平，在传统的报纸、期刊、广播和电视媒介中，电视媒介的广告市场集中度最高，其市场属于寡占型市场结构，而其他几类传统媒介的广告市场集中度较低，属于分散竞争型市场结构。当然，如果从区域的角度来看，几类媒介的区域广告市场集中度均比较高，都属于寡占型市场结构，这是中国传媒产业区域分割的传统管理体制造成的。从电视媒介收视市场集中度的情况来看，在2008年之前，中国电视媒介收视市场集中度较高，属于寡占型市场结构。从变化趋势来看，中国电视媒介收视市场集中度呈下降趋势，2008年之后，收视市场集中度突然下滑，其主要原因是统计口径发生变化，直接影响了电视收视市场集中度。尽管技术上的问题是收视市场集中度发生巨变的主要原因，但是，抛开技术方面的因素，我们也可以看出，中国电视媒体收视市场集中度正在逐渐下滑。究其原因，主要在于电视观众的注意力正在悄然发生变化。当前媒介形态和节目形态的多样化趋势对观众的收视行为产生极大的影响，原来观众的注意力容易集中，少数频道或者节目具有较大吸引力，观众的注意力容易出现“扎堆”现象。随着观众可选择的频道和节目不断增多，各种互联网媒介的新产品层出不穷，受众有了更多的选择，注意力分散是大势所趋，电视收视市场集中度会出现进一步下滑的趋势。

目前的这种市场竞争与垄断格局并不利于电视产业升级，对电视产业生态系统健康也会带来不利影响。电视观众注意力分散必然带来广告资源的分散，原本具有一定优势的电视机构丧失了主要盈利渠道，其转型发展丧失物质支撑。资源分散既不利于产业提升技术水平，也不利于大型集团集中优势资源从事业务改革，其产业竞争力将会出现下滑的趋势。因此，从这个角度来看，电视产业的受众资源和广告资源的适度集中更有利于产业升级发展，也有助于提升产业的国际竞争力。当然，现有的收视分析以频道为维度，随着以后的产业格局不断拓新，对市场结构的分析会采用更新的方法。总之，目前的资源分散格局并不是最佳的市场结构状态。资源的适度聚合与有效连接往往能够汇聚能量，产生规模效应，为提升市场绩效奠定基础。因而，寡占型市场结构是今后电视产业市场结构调整的目标，也为推进电视产业生态系统重构提供更好的保障。

（三）区域结构：分布失衡与极化并存

电视产业区域聚集状况能够反映其产业布局状况，也能从空间层面反映电视产业区域分布结构状态。在一般的产业中，如果区域聚集度比较高，就会吸引相关联的其他各种机构在同一区域聚集，机构稠密性较高。相关企业、金融机构、贸易协会、创新机构等配套机构，形成网络联系和上下游产业链，有助于降低运行成本，产生规模经济效益。电视产业的区域聚集与一般产业存在一定的差异，一般的产业主要基于物质流的规律倾向于区域聚集，而电视产业主要基于信息流的规律而形成的区域聚集。前者能够降低运输费用、管理费用、交易费用等，最终通过降低成本来提升利润；后者主要考虑观众对电视媒介的需求状况和消费意愿，通过聚集观众资源吸引广告客户，将注意力变现。因而，前者比较重视物质流的聚合，后者更注重注意力的聚合。当然，两者的落脚点都在于通过空间聚集实现节约成本的目标。

1. 广播电视产业资源区域聚集

为了分析中国电视产业资源区域聚集状况，我们搜集了2005—2015年间全国各省、自治区、直辖市广播电视产业①收入的相关数据，据此计算出各年度各个地区人均占有广播电视资源状况，参见表4－14。通过表4－14可以看出，2005—2015年间，全国人均占有广播电视资源从2005年的71.21元增长到2015年的337.15元，年均增幅为16.82%，明显高于此间GDP的年均增长率，说明广播电视产业发展势头依然较好。从区域分布结构来看，北京、上海处于第一方阵，其人均占有广播电视资源明显高于其他地区；天津、江苏、浙江、广东处于第二方阵，其人均占有广播电视资源高于全国平均水平，为产业发展奠定了良好的基础；辽宁、吉林、福建、湖南、西藏、宁夏等地区处于第三方阵，其人均占有广播电视资源在全国平均水平上下徘徊，且主要处

① 在当前的广播电视产业经济数据统计中，广播产业和电视产业的广告经营额、总收入等数据往往笼统地放在一起，本书的分析没有将两者严格地分开，而是放在一起分析。

于平均水平以下；其余省、自治区、直辖市人均占有广播电视资源大多低于全国平均水平60%，参见表4－15。也就是说，这些地区人均占有广播电视资源较少，影响了该地区广播电视产业生态系统健康状况，达到了预警程度。

表4－14　　各省、自治区、直辖市人均占有广播电视资源状况（2005—2015）

单位：元

年份 地区	2005	2006	2007	2008	2009	2010	2011	2012	2013	2014	2015
全国	71.21	83.62	99.63	119.27	138.84	171.66	201.68	241.41	274.48	308.98	337.15
北京	314.00	371.08	438.05	539.18	620.53	843.61	1042.21	1488.31	1979.70	2287.50	2632.15
天津	139.54	161.06	209.55	202.51	209.57	233.16	292.00	307.89	317.12	306.59	258.31
河北	33.20	37.32	41.40	48.34	53.87	59.12	65.42	72.26	78.30	89.99	98.56
山西	38.44	42.61	47.02	66.39	60.36	61.19	75.41	94.51	97.37	95.83	119.21
内蒙古	36.70	45.40	73.76	79.51	98.91	99.89	119.28	157.85	149.67	185.99	196.50
辽宁	81.69	96.67	112.53	121.80	137.57	162.89	168.21	192.17	214.39	198.84	175.95
吉林	47.95	54.45	70.42	81.02	97.77	111.92	131.02	147.55	159.74	179.43	206.14
黑龙江	53.33	58.26	69.23	76.82	91.91	101.69	127.07	136.23	143.06	155.60	151.52
上海	415.42	467.80	508.42	561.50	681.45	933.25	1058.48	1181.11	1337.10	1557.91	1911.10
江苏	79.16	95.14	115.58	141.10	166.44	221.50	282.86	319.27	327.17	352.02	370.15
浙江	153.50	175.27	202.27	223.86	263.96	354.52	409.79	470.86	588.73	731.52	832.33
安徽	30.41	37.13	45.30	56.22	66.75	81.83	102.48	119.46	138.01	134.37	140.67
福建	77.12	93.92	123.94	127.89	136.76	149.59	184.61	215.34	273.17	240.04	258.77
江西	34.54	38.24	43.57	50.65	53.98	65.13	76.40	105.41	117.04	145.66	154.01

续 表

地区\年份	2005	2006	2007	2008	2009	2010	2011	2012	2013	2014	2015
山东	50.99	61.40	73.01	85.62	97.72	107.23	124.04	144.10	162.69	162.10	174.99
河南	23.88	28.81	34.97	39.31	42.18	46.81	53.73	65.92	67.64	71.66	72.92
湖北	44.18	51.30	59.09	68.61	83.98	96.21	113.20	134.94	141.44	178.11	179.14
湖南	53.39	68.63	89.25	100.52	124.59	156.57	208.70	239.32	283.32	314.47	367.61
广东	113.13	131.31	137.92	153.11	164.76	208.17	240.01	258.97	284.79	232.29	240.83
广西	31.48	39.52	46.98	59.27	65.51	69.28	78.20	94.10	101.48	109.32	134.38
海南	50.43	62.29	62.57	91.30	96.82	113.50	140.77	143.10	155.96	177.41	180.46
重庆	53.18	64.18	78.94	93.86	102.12	119.48	118.48	124.64	131.02	153.16	176.20
四川	36.05	41.08	52.75	56.87	73.10	83.06	97.65	125.14	142.81	170.50	171.75
贵州	19.86	27.97	37.44	47.60	59.60	98.99	108.50	141.16	155.89	202.34	237.45
云南	35.19	39.85	49.78	52.54	60.69	72.07	91.51	110.87	109.32	119.88	118.94
西藏	58.10	73.93	112.98	116.00	167.13	167.17	201.63	233.61	313.13	288.05	373.77
陕西	41.32	48.98	60.80	69.56	78.72	102.64	95.04	154.06	187.44	222.09	222.94
甘肃	24.24	30.80	40.61	46.96	55.73	56.15	61.52	110.69	102.91	109.07	142.77
青海	49.52	49.20	73.18	83.75	138.31	76.90	108.70	136.96	219.41	280.27	291.84
宁夏	55.35	60.29	76.50	92.65	101.22	130.58	170.64	277.96	197.52	209.97	259.58
新疆	50.64	56.22	77.69	78.20	95.72	103.31	112.97	146.91	171.92	177.81	193.73

资料来源：根据历年《中国社会统计年鉴》和《中国统计年鉴》计算所得。各省市广播电视收入主要包括事业、企业单位实际创收、广告收入、有线广播电视收视费收入等。

表 4-15　各省、自治区、直辖市人均占有广播电视资源状况（2005—2013）

单位：元

地区	2005	2006	2007	2008	2009	2010	2011	2012	2013
全国	1.00	1.00	1.00	1.00	1.00	1.00	1.00	1.00	1.00
北京	4.41	4.44	4.40	4.52	4.47	4.91	5.17	6.17	7.21
天津	1.96	1.93	2.10	1.70	1.51	1.36	1.45	1.28	1.16
河北	预警	预警	预警	预警	预警	预警	预警	预警	预警
山西	预警	预警	预警	预警	预警	预警	预警	预警	预警
内蒙古	预警	预警	0.74	0.67	0.71	预警	预警	0.65	预警
辽宁	1.15	1.16	1.13	1.02	0.99	0.95	0.83	0.80	0.78
吉林	0.67	0.65	0.71	0.68	0.70	0.65	0.65	0.61	0.58
黑龙江	0.75	0.70	0.69	0.64	0.66	预警	0.63	预警	预警
上海	5.83	5.59	5.10	4.71	4.91	5.44	5.25	4.89	4.87
江苏	1.11	1.14	1.16	1.18	1.20	1.29	1.40	1.32	1.19
浙江	2.16	2.10	2.03	1.88	1.90	2.07	2.03	1.95	2.14
安徽	预警	预警	预警	预警	预警	预警	预警	预警	预警
福建	1.08	1.12	1.24	1.07	0.99	0.87	0.92	0.89	1.00
江西	预警	预警	预警	预警	预警	预警	预警	预警	预警
山东	0.72	0.73	0.73	0.72	0.70	0.62	0.62	0.60	预警
河南	预警	预警	预警	预警	预警	预警	预警	预警	预警
湖北	0.62	0.61	预警	预警	0.60	预警	预警	预警	预警
湖南	0.75	0.82	0.90	0.84	0.90	0.91	1.03	0.99	1.03

续 表

地区	2005	2006	2007	2008	2009	2010	2011	2012	2013
广东	1.59	1.57	1.38	1.28	1.19	1.21	1.19	1.07	1.04
广西	预警	预警	预警	预警	预警	预警	预警	预警	预警
海南	0.71	0.74	0.63	0.77	0.70	0.66	0.70	预警	预警
重庆	0.75	0.77	0.79	0.79	0.74	0.70	预警	预警	预警
四川	预警	预警	预警	预警	预警	预警	预警	预警	预警
贵州	预警	预警	预警	预警	预警	预警	预警	预警	预警
云南	预警	预警	预警	预警	预警	预警	预警	预警	预警
西藏	0.82	0.88	1.13	0.97	1.20	0.97	1.00	0.97	1.14
陕西	预警	预警	预警	预警	预警	0.60	预警	0.64	0.68
甘肃	预警	预警	预警	预警	预警	预警	预警	预警	预警
青海	0.70	预警	0.73	0.70	1.00	预警	预警	预警	0.80
宁夏	0.78	0.72	0.77	0.78	0.73	0.76	0.85	1.15	0.72
新疆	0.71	0.67	0.78	0.66	0.69	0.60	预警	0.61	0.63

资料来源：根据历年《中国统计年鉴》各省市人口数量、历年《中国社会统计年鉴》各省市广播电视收入计算所得，具体计算方法如下：先计算出各省人均广播电视资源占有状况，将全国人均广播电视资源设为1，表中数据 = 相应省市人均占有广播电视资源 ÷ 全国人均占有广播电视资源。

2. 广播电视产业广告区域聚集

中国不同区域广播电视产业发展存在很大的差异，这与各个地区的经济、文化发展水平和传媒消费习惯等因素密切相关。对中国广播电视产业发展水平的评估有不同的角度，可以从整体上进行评估，可以分地区展开评估，还可以进行比较分析，不同的评估方式将会得出不同的结论。本书在整体评估的基础上，拟对各地区广播电视产业发展的专业化程度进行评估。在区域经济学中，学界常采用区位熵（Location Quotient，LQ）来测度区域聚集和专业化程度，区位熵是由哈盖特（P. Haggett）提出来的，是用来反映某一区域专业化水平的指标，也称为产业专业化率，该指标反映的是“某个部门（产业）在某区域所占的比重与同一部门（产业）在全国的比重之比值”[①]。可见，区位熵实际上是比率的比率，能够对不同地区某一产业进行比较分析。一般来说，区位熵大于1，表明该地区某一产业具有一定的区位优势，在产业发展方面的潜力较大；区位熵小于1，表明该地区某一产业在全国处于劣势，产业竞争力相对较弱，需要对产业发展进行有针对性的调整。从国内外区域经济学的研究来看，区位熵的研究方法可以用来评价产业集群、优势产业以及主导产业等，是分析不同产业在区域经济发展中所处地位的有效方法。本书尝试用区位熵对中国大陆各省市广播电视产业的发展进行测度与分析。

由于广告是广播电视产业经济命脉，我们选择广告收入这一指标来分析中国各地区广播电视产业的区位熵，以此来分析中国各省区市广播电视广告产业专业化程度。

具体来讲，广播电视广告产业区位熵的计算公式为：

$$\text{广播电视广告产业区位熵} = \frac{\left(\dfrac{\text{某地区广播电视广告收入总额}}{\text{该地区第三产业总值}}\right)}{\left(\dfrac{\text{全国广播电视广告收入总额}}{\text{全国第三产业总值}}\right)} \qquad (4-1)$$

为了计算中国各省市广播电视广告产业区位熵，我们搜集了2005—2015年间中国各省市广播电视广告收入总额、第三产业总值、全国广播电视广告收入总额以及全国第三产业总值等数据，根据公式4－1计算出各年度各省、自治区、直辖市广播电视广告产业区位熵，以此来判断广播电视广告产业在各个地区是否具有比较优势，并分析其发展趋势，参见表4－16。为了进一步分析中国广播电视广告产业发展的区域差异情况，我们运用系统聚类法将中国各省、自治区、直辖市广播电视产业广告区位熵分为四个层次，结果参见表4－17。

① 周锦、顾江：《基于区位商理论的区域文化产业发展分析》，《统计与决策》2013年第17期。

表 4－16　　中国各地区广播电视广告产业区位熵值（2005—2015）

地区＼年份	2005	2006	2007	2008	2009	2010	2011	2012	2013	2014	2015
北京	0.7725	0.6770	0.7844	0.8606	0.9339	1.0659	1.1754	1.4418	2.1423	2.2190	2.6426
天津	0.3065	0.3081	0.2996	0.4508	0.3838	0.3252	0.2528	0.4948	0.4609	0.4814	0.3351
河北	0.5972	0.5769	0.5462	0.5325	0.5834	0.5209	0.4626	0.4272	0.4221	0.4791	0.3742
山西	0.5144	0.4806	0.4487	0.4603	0.4810	0.4137	0.4449	0.4228	0.4034	0.3936	0.3207
内蒙古	0.1938	0.2211	0.2448	0.2346	0.2055	0.2095	0.1771	0.1753	0.1524	0.1722	0.1219
辽宁	0.9535	0.9816	0.9583	0.9029	0.8793	0.8052	0.7806	0.6590	0.6219	0.5236	0.4284
吉林	0.7122	0.6800	0.6891	0.6104	0.7235	0.6739	0.6148	0.5906	0.5516	0.5908	0.5095
黑龙江	0.8280	0.8132	0.7909	0.7923	0.8735	0.8124	0.7850	0.7214	0.7096	0.6898	0.6094
上海	1.1402	1.1515	1.0720	1.0257	0.9250	1.1653	1.2851	1.0727	1.0127	1.2197	1.8727
江苏	0.8525	0.8022	0.7471	0.7558	0.8223	0.7870	0.8268	0.7989	0.7142	0.7139	0.7105
浙江	1.0318	0.9814	0.9447	0.8991	1.0094	0.9832	0.9509	0.9029	0.9509	1.2413	1.5542
安徽	0.8325	0.8807	0.9970	1.0599	1.1953	1.2716	1.3516	1.2612	1.3062	1.0642	0.9150
福建	0.7952	0.6960	0.7951	0.6926	0.7250	0.5890	0.6161	0.5677	0.5594	0.4913	0.4136
江西	0.7030	0.6992	0.7874	0.8691	0.8149	0.8172	0.6539	0.7253	0.6813	0.8221	0.6443
山东	0.6609	0.6458	0.6671	0.6427	0.7203	0.6527	0.6344	0.6232	0.5790	0.4983	0.4677
河南	0.5296	0.5754	0.5956	0.6171	0.6820	0.6041	0.5573	0.6351	0.4399	0.5069	0.4033
湖北	0.6839	0.6421	0.6385	0.5874	0.6415	0.5572	0.5809	0.5735	0.5353	0.6644	0.4721

续 表

地区＼年份	2005	2006	2007	2008	2009	2010	2011	2012	2013	2014	2015
湖南	0.9480	1.0209	1.0906	1.1738	1.3124	1.5686	1.7145	1.5659	1.7543	1.8324	2.2506
广东	0.9664	0.9843	0.8704	0.8442	0.8083	0.8096	0.8018	0.7914	0.7575	0.5899	0.5014
广西	0.5854	0.5842	0.6036	0.5274	0.6064	0.5351	0.5058	0.4853	0.4781	0.4377	0.3681
海南	0.3046	0.8634	0.6308	0.8747	0.9998	0.8118	0.9093	0.8430	0.7425	0.8291	0.8475
重庆	0.8490	0.8617	0.9304	0.8927	0.9122	0.7094	0.4049	0.4285	0.4493	0.4309	0.3366
四川	0.5950	0.6076	0.6724	0.6396	0.7099	0.7126	0.7154	0.6916	0.6350	0.6026	0.4388
贵州	0.5851	0.7052	0.7153	0.6938	0.7688	0.6573	0.5376	0.6737	0.6522	0.9783	1.0264
云南	0.5267	0.5856	0.6351	0.6065	0.6606	0.6108	0.7041	0.6595	0.5836	0.5880	0.4421
西藏	0.1838	0.2162	0.2514	0.1783	0.6144	0.5087	0.5117	0.7207	0.7284	0.8885	0.3015
陕西	0.9307	0.8891	0.8017	0.8606	0.6196	0.7761	0.7008	0.6826	0.6987	0.7038	0.6275
甘肃	0.3597	0.3323	0.3287	0.2945	0.3452	0.3110	0.2618	0.3033	0.2853	0.3774	0.3151
青海	0.3146	0.1910	0.1574	0.1340	0.3031	0.1394	0.1446	0.1576	0.1639	0.1726	0.1866
宁夏	1.0002	0.7756	0.6998	0.7947	0.6414	0.7203	0.6575	0.6451	0.4491	0.6282	0.4692
新疆	0.3830	0.3542	0.3705	0.3745	0.3428	0.4220	0.3280	0.3669	0.4172	0.3772	0.3674
均值	0.6658	0.6705	0.6698	0.6736	0.7176	0.6951	0.6790	0.6809	0.6787	0.7164	0.6863
极差	0.9564	0.9605	0.9332	1.0398	1.0093	1.4292	1.5699	1.4083	1.5904	1.6598	2.0640
方差	0.0681	0.0640	0.0612	0.0670	0.0635	0.0914	0.1211	0.1013	0.1709	0.1908	0.3574

资料来源：根据历年《中国统计年鉴》《中国广播电视年鉴》《中国广播电影电视发展报告》等相关数据整理计算。

表 4－17　　中国各省份广播电视广告产业区位熵层次聚类

层　次	省　　份
第一层次	湖南、北京
第二层次	上海、浙江、安徽
第三层次	河北、广西、河南、山西、四川、云南、吉林、山东、湖北、福建、辽宁、广东、黑龙江、江苏、江西、陕西、宁夏、重庆、海南、贵州
第四层次	内蒙古、青海、甘肃、新疆、天津、西藏

注：根据表 4－16 的数据聚类分析所做的归类。

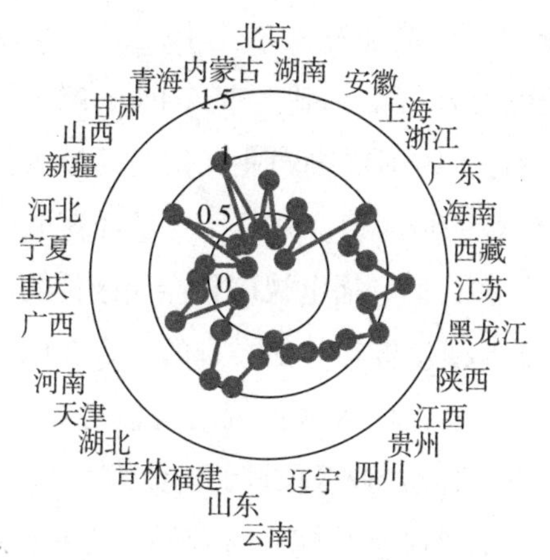

图 4－6　2005 年中国广播电视广告产业区位熵

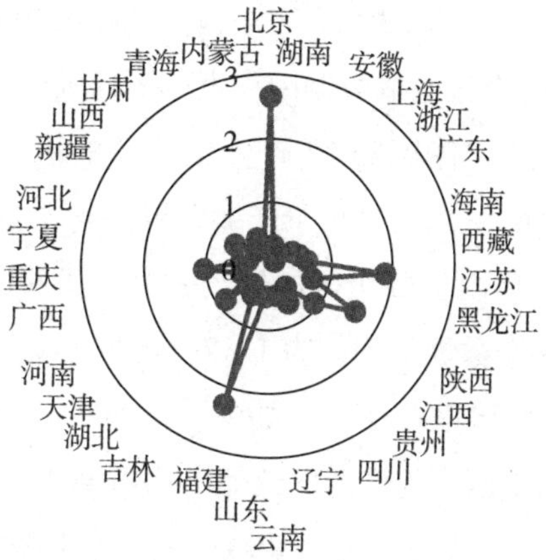

图 4－7　2015 年中国广播电视广告产业区位熵

资料来源：根据表 4－16 的数据聚类分析所做的归类。

从表 4－16 和表 4－17 可以看出，中国广播电视广告产业区域聚集呈现出以下特点：

第一，中国广播电视广告产业专业化程度较低。从表 4－16 的数据可以看出，历年中国广播电视广告产业区位熵数值普遍较低，在我们获取的中国大陆 31 个省份 11 年的 341 个区位熵数值中，区位熵超过 1 的次数为 39 次，占所获取数据的 11.44%。进一步对表 4－16 的数据进行分析发现，2005—2015 年间，没有一个地区的广播电视广告区位熵数值全部大于 1，也就是说，中国广播电视广告产业的竞争较为分散，区域优势不明显，专业化程度相对较低。与中国广播电视广告产业区位熵不同，中国文化产业区位熵明显较高。周锦、顾江（2013）的研究表明，1998—2009 年间，中国各省市文化产业区位熵的 372 个数据中，有 197 个数据大于 1，占比为 52.96%，单一年份文化产业区位熵最大值为 4.47，而广播电视广告产业区位熵的最大值为 2.14，两者相差较大，说明文化产业区域聚集现象表现得更加明显。并且，上海、浙江、重庆、四川、贵州、云南、西藏、陕西、宁夏等 9 个省历年的文化产业区位熵数值均大于 1，其文化产业区域聚集与专业化程度明显高于其他地区。[①] 可见，中国文化产业区域发展专业化水平较高，不同区域之间的差距较大。中国广播电视广告产业区位熵与整个广告产业区位熵存在一些类似的地方，我们对中国广告产业 2000—2014 年的区位熵测算结果显示，15 年来的 465 个区位熵数据中，大于 1 的区位熵数值为 76 个，占比为 16.34%，略高于中国广播电视广告产业区位熵的占比。不过，中国广告产业区位熵的最大值为 6.51，明显高于广播电视广告产业区位熵的最大值。并且，在已经获取的大于 1 的 76 个区位熵数据中，其平均值 2.08，而广播电视广告产业区位熵的 29 个数据的均值为 1.37。可见，中国广播电视广告与其他类型的广告在区位经济方面存在一定的差异。另外，中国广播电视广告区位熵的均值为 0.68，而中国广告产业区位熵的均值为 0.71，中国文化产业区位熵的均值为 1.10。

同属于文化产业这一大类，广播电视广告产业区位熵相对较低，其主要原因在于广播电视产业经营已经逐步摆脱区域分割带来的不利影响，并不容易获取区位优势。另外，广播电视广告区位熵属于单因子评价指标，而文化产业区位熵属于多因子评价指标。与广播电视产业相比，文化产业是一个涵盖面比较宽的产业类型，既包括物态形式的文化产品行业（如传媒产业、音像制品行业等），又包括以劳务形式存在的文化服务业（如戏剧、舞蹈、演出、体育、娱乐等行业），还包括为其他行业提供文化附加值的行业（如形象设计、文化旅游、装饰等）。一个区域的某一项文化类型比较发达，即便其他文化类型不发达，该区域的文化产业区位熵有可能比较高。比如，一个区域的传媒产业不发达，其文化旅游可能比较发达，这样其文化产业区位熵可能比较高，云南、贵州等地

① 周锦、顾江：《基于区位商理论的区域文化产业发展分析》，《统计与决策》2013 年第 17 期。

就属于这种情况。与文化产业不同，广播电视产业属于类别比较小的文化产业类型，一个地区的广播电视产业不发达，其广播电视广告区位熵就比较低。

第二，中国广播电视广告产业发展表现出不平衡的特征，但这种不平衡是相对的。湖南、安徽、北京和上海等省市的广播电视广告产业发展水平明显高于其他地区，具有较大的区位竞争优势。其中，北京、湖南的广播电视广告区位熵提升幅度较大，安徽的广播电视广告区位熵也呈一定程度的提升趋势，而上海市的广播电视广告区位熵呈小幅下降趋势。数据显示，上述省市广播电视广告区位熵的均值都高于1，相对于全国其他地区来说，其广播电视广告发展水平高，优势较大。总体上来讲，中国广播电视广告发展较好的省市较为分散，既有东南沿海地区，也有北部、中部地区，更有西部民族地区，区域分布较广。数据显示，2005—2015 年间，中国广播电视广告产业各年度区位熵的极差较大，平均极差为 1.33，最大极差为 2.06，这表明，中国广播电视广告产业的区域差异比较大。具体来讲，第一层次和第二层次省市的广播电视广告产业发展水平相对较高，而第四层次省市的广播电视广告产业区位熵明显较低，尤其是青海省的区位熵最低，年均区位熵为 0.19。这些数据表明，中国广播电视广告产业区位优势不明显，但区域差异比较明显，部分地区的区位劣势尤为突出。总体上来讲，表现出强者不强，弱者很弱的特征。

从表 4 - 17 的聚类分析可以看出，中国广播电视广告产业区位熵数值集中于第二、第三层次，差距较大的是第一、第四层次，呈现出两头小、中间大的态势。从表 4 - 16 和图 4 - 6 可以看出，中国广播电视广告产业区位熵主要集中于 0.40—0.80 之间。因此，广播电视广告产业区域发展不平衡现象保持在较小的范围之内。通过计算不同年度各省市广播电视广告产业区位熵的方差进一步证实了这一结论，数据显示，中国广播电视广告产业区位熵的方差介于 0.06—0.18 之间，数值较小，表明广播电视广告产业区位熵数据比较集中，波动较小，区域不平衡性是相对的。

第三，广播电视广告产业区位熵与区域经济文化发展并非完全成正相关。从一般的常识来看，区域经济发展较好，其广播电视产业发展也会从中受益，这对于广播电视广告经营水平和绩效的提升无疑具有较大的促进作用。在广播电视广告区位熵层次聚类表中，2015 年 GDP 排名前 10 名的省市只有浙江、湖南 2 个省分别进入第一、第二层次。人均 GDP 排名前 10 名的省市中，北京、上海、浙江 3 个省市进入第一、第二层次。GDP 排名相对靠后的海南、宁夏也进入了第二层次。相反，人均 GDP 排名第一的天津和第 6 的内蒙古，其广播电视广告区位熵很低，表明这些区域的广播电视广告产业专业化发展水平较低。上述结果表明，广播电视广告产业和区域经济发展程度并非完全为正相关，经济发展水平高的地区可能出现广播电视广告产业发展水平较低的情况，经济落后的地区也可能出现专业化水平较高和竞争力较强的情况。文化产业区位熵较高的新疆、青海、甘肃、陕西、西藏、云南、贵州、四川、海南等省区，其广播电视广告产业区位熵的数值较低，在全国排名相对靠后。湖南省文化产业区位熵的均值小于 1，但是其广播电视广告产业区位熵的数值达到 1.48，排在全国第一位。由此可见，中国广播电视广告产业区位熵与各省市经济文化发展并非完全一致。

第四，中国广播电视广告产业既存在增长极辐射效应，也存在增长极极化现象。法国经济学家弗朗索瓦·佩鲁（Francois Perroux）认为“经济空间由那些能产生离心力和向心力的中心（极或焦点）构成”。经济增长不会均匀地发生在某一个地方，而是出现在部分增长极上，并以不同的渠道向外扩散。[①] 佩鲁的理论被弟子法国经济学家 J. 保德维尔（J. Boudeville）以及其他经济学家如威廉姆森（J. Williamson）、弗里德曼（Friedman）等进一步向前推进，形成了较为成熟的增长极理论。传媒经济发展中存在明显的增长极，而这些增长极对周围的媒介经济发展所起到的作用并非完全一致。有的增长极能够起到很好的辐射效应，促进周围的媒介经济走向繁荣，有的增长极则不具备辐射效应，逐渐形成了传媒增长极的“孤岛现象”。[②] 那么，中国各省市广播电视广告产业的区域聚集状况是否形成了增长极？其增长极的辐射效应抑或极化效应表现得怎么样？结合表 4－16、表 4－17 以及中国广播电视产业的

---

① Francois Perroux's Theory of "Growth Pole" and "Development" Pole: A Critique, *Antipode*, 1974, Vol. 6, No. 2, pp. 92－93.

② 刘洁、胡君的研究表明，中国媒介产业逐渐形成了若干个增长极，不过增长极的极化效应远远大于扩散效应，因而出现了增长极“孤岛现象”。参见刘洁、胡君《媒介产业增长极“孤岛现象”成因及解决路径》，《新闻与传播研究》2007 年第 3 期。

区域布局情况，我们可以做出如下判断：中国广播电视广告产业存在增长极现象，湖南、安徽、北京、上海等区域的广播电视产业发展明显地推动着广播电视广告产业增长极的发展，形成了几个广播电视产业增长极。不过，这几个广播电视产业增长极对周围区域的影响不尽相同。以上海为中心形成的长三角增长极具有明显的辐射效应，因而长三角的城市群上海市、南京市、杭州市、合肥市以及其他地市级城市的广播电视经济发展水平比较好。相对而言，湖南、安徽这两个增长极的辐射效应就不太明显，其周围几个省市的广播电视广告区位熵数值较低，广播电视专业化水平较低。与上述几个省市相比，北京市的广播电视广告区位熵近年来的增加幅度最大，然而北京市的广播电视增长极的辐射力量极为有限，其周围的省市基本上没有受到积极的影响。天津市与河北省的广播电视广告区位熵均明显低于全国平均水平。因而，北京市这一广播电视广告增长极与周围省市的联动不够，出现了增长极的“孤岛现象”。

上述数据表明，中国广播电视广告产业存在一定程度的区域聚集现象，但区域聚集程度不高，因此，广播电视广告产业专业化程度也较低。广播电视广告产业区域聚集对该产业生态系统健康产生怎样的影响呢？我们认为，区域不平衡非常严重就会导致媒介经济失衡，人力资源、资金资源、受众资源和广告资源都会向区位熵较高的区域集中，而那些区位熵较低的区域越发难以获得上述资源。对于具有区位优势的省市来说，区域聚集有助于节约信息生产成本，能够产生规模经济效益；对于存在区域劣势的省市来说，由于难以获得受众资源和广告资源，其产业发展存在一定的经营风险。总体上来说，区位熵较低的省市的广播电视产业生态系统健康存在较大隐患，如果没有政策和财政的倾斜，这些区域的广播电视产业就会陷入严重的经济危机。基于上述分析，我们认为，中国广播电视广告区域聚集水平中等，既存在促进广播电视经济发展的因素，也存在资源分布不均的弊端。

三　电视产业恢复力：弹性力中等，产业亟待转型

电视产业恢复力是指电视产业生态系统所具有的抵御外界压力的能力、

可持续发展的能力以及自我调节恢复的能力。电视产业发展所面对的外界压力很多，其中有两方面的压力比较明显：一是电视产业发展的外部经济环境时常会发生变化，对电视产业的发展产生较大的影响，如整个国民经济变动对电视产业带来的影响非常明显；二是新兴媒介形态对电视产业所带来的冲击，如各种社交媒体对电视产业发展所带来的影响。面对这些压力，如果电视产业能够根据外界的变化调整自身的发展方向，维持健康的生态系统，表明其抵御外界压力的能力较强。一般来说，健康的电视产业生态系统能够保持适当的弹性，在遇到产业内外环境变化或外来冲击的时候，做出相应的调整以适应这些变化，保持可持续发展的状态，甚至利用这些变化，创造更好的发展机会。

（一）电视产业对外依存度亟待提升

在一般的工业、商业等产业中，受到来自国外同类产业的冲击比较大，主要原因在于国外的同类产业可以在中国落地。对于中国电视产业来说，其产业的竞争压力并非来自国外媒体的扩张。因为中国电视产业处于制度性保护框架内，面临的干扰和胁迫主要来自国内相关产业技术创新引发的产业变革，外国资本和技术方面的胁迫相对较小。本书将对中国电视节目进口对外依存度、出口对外依存度和电视产业固定资产投资对外依存度进行测度分析，其计算方法如下：

$$\text{电视节目出口对外依存度} = \frac{\text{出口量}}{\text{国内生产量} + \text{进口量}} \times 100\% \quad (4-2)$$

$$\text{电视节目进口对外依存度} = \frac{\text{进口量}}{\text{国内生产量} + \text{进口量}} \times 100\% \quad (4-3)$$

$$\text{电视行业固定资产投资资本对外依存度} = \frac{\text{利用外资总额}}{\text{资本来源总额}} \times 100\% \quad (4-4)$$

本书根据上述公式计算出电视节目进、出口对外依存度和固定资产投资对外依存度，以此分析电视产业对外依存关系。

1. 电视节目进出口对外依存度

电视节目进口、出口状况是考量电视产业对外依存度的重要指标。改革开放以来，中国引进的国外电视节目数量呈提升趋势，但是总体上来说，电视节目的供给以国内电视机构生产为主。通过表 4－18 可以看出，2006 年以来，中国电视节目进口对外依存度、出口对外依存度一直处于较低水平。以电视节目制作时间为评价标准，2006 年，中国电视节目进口对外依存度为 1.36%，此后，电视节目进口对外依存度呈不规则的下降趋势，到 2012 年，这一比例下降到 0.38%，是近年来的最低点，此后又出现一定幅度的提升趋势，2015 年，中国电视节目进口对外依存度提升到 0.88%。2006—2015 年，中国电视节目年均进口对外依存度为 0.80%，这一比例明显偏低。与电视节目进口对外依存度相比，电视节目出口对外依存度更低。2006 年以来，中国电视节目年均出口对外依存度为 0.60%，相对于中国庞大的电视节目市场，这一比例显得微不足道。

表 4－18　中国电视节目进口对外依存度、出口对外依存度（2006—2015）

年份	2006	2007	2008	2009	2010	2011	2012	2013	2014	2015
全年电视节目制作时间（小时）	2610800	2553300	2641900	2653600	2742900	2950490	3436301	3397834	3277394	3520190
全年电视节目进口量（小时）	35914	25137	20550	21426	22197	26089	13089	18943	26089	31109
电视节目进口对外依存度（%）（以时间为统计指标）	1.36	0.97	0.77	0.80	0.80	0.88	0.38	0.55	0.79	0.88
全年电视节目出口量（小时）	8051	5097	10300	10238	13762	25657	37572	21270	21670	25352
电视节目出口对外依存度（%）（以时间为统计指标）	0.30	0.20	0.39	0.38	0.50	0.86	1.09	0.62	0.66	0.71
全年电视节目总销售额（万元）	224883.7	249059.9	254542.1	326126	523164	1121848	1696218	1515502	1461780	1557833

续 表

年份	2006	2007	2008	2009	2010	2011	2012	2013	2014	2015
全年电视节目进口总额（万元）	33714. 22	32153. 46	45420. 67	49146	43047	54099	62534	58658	209024	99398
电视节目进口对外依存度（%）（以金额为统计指标）	13. 04	11. 43	15. 14	13. 10	7. 60	4. 60	3. 56	3. 73	12. 51	6. 00
全年电视节目出口总额（万元）	16939. 79	12174. 94	12476. 06	9173	21010	22662	22824	18166	27226	51332
电视节目出口对外依存度（%）（以金额为统计指标）	6. 55	4. 33	4. 16	2. 44	3. 71	1. 93	1. 30	1. 15	1. 63	3. 10

资料来源：根据历年《中国统计年鉴》《中国社会统计年鉴》《中国广播电视年鉴》相关数据整理计算。

如果以电视节目销售额为评价指标，2006—2015 年，中国电视节目年均进口对外依存度为 7. 14%，年均出口对外依存度为 2. 22%，之所以出现这样的差距，主要因为汇率的因素，导致电视节目进口人格、出口价格与国内销售价格存在较大差异。另外，有一个现象需要做出说明，以电视节目制作时间为依据来计算，2006 年以来中国电视节目出口对外依存度呈提升趋势，而以电视节目出口金额来计算，中国电视节目出口对外依存度呈下降趋势。究其原因，主要有两个方面：一是电视节目售价内外有别，即便节目数量一定，其销售额也可能出现差异；二是电视节目的质量不同，其售价可能大相径庭，引进的节目往往售价较高，出口的节目也可能与国内电视台的很多节目存在差异，这样就导致统计口径不一，电视节目进口对外依存度、出口对外依存度出现差异。不过，总体上来讲，中国电视节目进口对外依存度、出口对外依存度处于较低水平。

电视节目进口对外依存度偏低，表明中国电视节目进口量较小，应采取辩证的思维考量其对电视产业发展的影响。从积极的方面说，节目进口对外依存度低，不会因为国外限制电视节目出口引发供给风险，电视节目就不会受制于发达国家。从一定程度上来讲，这有利于降低产业的经营风险，保持电视产业稳定发展，意识形态安全也能够掌握在我们自己手中。从消极的方面来讲，电视节目进口对外依存度低，表明电视节目行业与国外电视产业经济技术联系较少，发达国家先进的经营理念很难在中国落地，电视节目市场处在相对封闭的环境中，经营活力受到限制，生态系统健康受到影响。电视节目出口对外依存度较低，进一步印证了中国电视产业与国外电视产业经济技术交流较少的问题，说明中国电视节目的国际竞争力较小，整个电视产业的资源交换和能量循环空间受到限制，对电视产业的深化改革与长远发展是不利的，最终影响了中国电视产业生态系统健康。

2. 广播电视产业固定资产投资对外依存度

固定资产投资是一个产业或企业建造或者购置固定资产的经济活动，主要包括固定资产的更新、改造与新建等活动。对于一个产业来说，固定资产投资是其实现再生产的重要手段。中国几大传统的媒介中，早期的固定资产投资资金来源主要是各级政府财政拨付。近年来，固定资产投资资金来源有了一些变化，私人控股的比例逐渐提升。根据公式 4－4，我们计算出中国广播电视产业固定资产投资对外依存度，参见表 4－19。

表 4－19　　中国广播电视产业固定资产投资资金来源及对外依存度（2004—2015）　　单位：亿元，%

年份	投资额	中央	地方	内资	港澳台商投资	外商投资	国有控股	集体控股	私人控股	固定资产投资对外依存度
2004	74. 23	3. 38	70. 84	74. 16	0. 07	0	68. 77	0. 19	0. 74	0
2005	91. 11	11. 58	79. 53	90. 39	0. 46	0. 25	84. 39	1. 34	1. 44	0. 27
2006	121. 29	18. 33	102. 96	121. 17	0	0. 12	110. 64	2. 43	8. 11	0. 10
2007	149. 84	31. 11	118. 74	148. 84	0	1. 00	133. 05	3. 91	12. 88	0. 67

续 表

年份	投资额	中央	地方	内资	港澳台商投资	外商投资	国有控股	集体控股	私人控股	固定资产投资对外依存度
2008	151.75	37.53	114.22	150.87	0.29	0.59	132.66	6.52	11.68	0.39
2009	163.10	15.06	148.04	161.56	1.32	0.22	134.47	8.06	19.77	0.13
2010	241.67	24.98	216.69	239.98	1.15	0.54	162.29	10.17	64.98	0.22
2011	194.63	14.82	179.81	185.35	9.08	0.20	129.97	9.94	37.25	0.10
2012	246.50	10.50	236.00	245.80	0.70	0	136.20	33.00	64.80	0
2013	311.10	19.60	291.50	308.90	0.90	1.30	165.50	14.00	107.70	0.42
2014	565.00	12.30	552.80	561.10	3.10	0.90	217.40	108.80	205.50	0.16
2015	492.00	13.10	478.90	487.70	0.80	3.50	161.70	58.40	229.70	0.71

资料来源：根据历年《中国统计年鉴》相关数据整理计算。

从表4－19可以看出，2004—2015年间，私人控股在中国广播电视产业固定资产投资资金来源中所占的比例从最初的1%增加到46.69%，并且私人控股投资额的比例在未来的几年里将持续攀升。港澳台商在固定资产投资中有一定程度的反映，但总体上来说，其投资的活跃度不高。

外商投资在中国广播电视产业固定资产投资资金来源中所占的比例一直不高。12年来，外商投资所占的比例最高为0.71%，有两年为0。由此可见，外商在广播电视行业固定资产投资方面基本上无所作为。数据表明，中国广播电视产业固定资产投资资金对外依存度很低，基本不会危及产业安全问题。当然，不会影响产业安全，并不代表这种状况就是最健康的。电视产业固定资产对外依存度较低，表明该产业不会因为外商的冲击或掣肘而带来不安全因素。不过，电视产业生态系统健康不仅仅表现在产业安全方面，产业是否有活力也是评价电视产业生态系统健康的重要评价标准之一。中国电视产业固定资产投资对外依存度一直保持较低水平，这是中国电视产业发展的一个缩影，因为整个电视产业资金对外依存度都比较低，这在一定程度上限制了电视产业的发展活力。

3. 广播电视产业技术与设备对外依存度

广播电视产业技术与设备往往是该产业发展中密不可分的两个要素，两者有机结合对于提高广播电视产业生产力起到重要的作用。广播电视设备属于工业领域，但是由于很多广播电视技术体现在各类设备中，因此，我们在分析广播电视技术对外依存度的时候，将与技术联系密切的广播电视设备也考虑进去。

$$\text{广播电视产业技术与设备出口对外依存度} = \frac{\text{出口总额}}{\text{国内产值} + \text{进口总额}} \times 100\% \tag{4-5}$$

$$\text{广播电视产业技术与设备进口对外依存度} = \frac{\text{进口总额}}{\text{国内产值} + \text{进口总额}} \times 100\% \tag{4-6}$$

我们搜集了2000年以来中国广播电视技术与设备进出口的相关数据，主要包括广播电视节目制作及发射设备、广播电视接收设备及器材、应用电视设备及其他电视设备等，在此基础上根据公式4-5和公式4-6计算出2000—2015年间中国广播电视产业技术与设备进出口对外依存度，参见表4-20。

表4-20　中国广播电视产业技术与设备进口对外依存度和出口对外依存度

年份	国内生产总值（万元）	进口总额（万元）	进口对外依存度（%）	出口总额（万元）	出口对外依存度（%）
2000	565753.00	301259.25	34.75	42400.00	4.89
2001	666507.00	327730.30	32.96	154800.00	15.57
2002	523748.00	317558.50	37.75	197400.00	23.46
2003	812588.00	713560.17	46.76	243938.00	15.98
2004	1125947.00	2108117.51	65.18	349198.00	10.80
2005	1020947.00	2617750.12	71.94	816740.00	22.45

续 表

年份	国内产生产总值（万元）	进口总额（万元）	进口对外依存度（%）	出口总额（万元）	出口对外依存度（%）
2006	1258953.00	4264155.68	77.21	627332.00	11.36
2007	1425577.00	4580761.91	76.27	244812.00	4.08
2008	1803348.00	4569698.91	71.70	317337.00	4.98
2009	1976477.00	3641117.96	64.82	343754.00	6.12
2010	2133201.00	425418.42	16.63	458860.00	17.93
2011	2773224.00	5587953.38	66.83	423041.00	5.06
2012	2746333.00	6909391.69	71.56	546360.00	5.66
2013	2965780.00	2762569.14	48.23	588450.00	10.27
2014	3089384.00	2834332.15	47.85	571333.00	9.64
2015	3304697.00	2315137.00	41.20	1916888.00	34.11

资料来源：根据历年《中国信息产业年鉴》的相关数据整理计算。

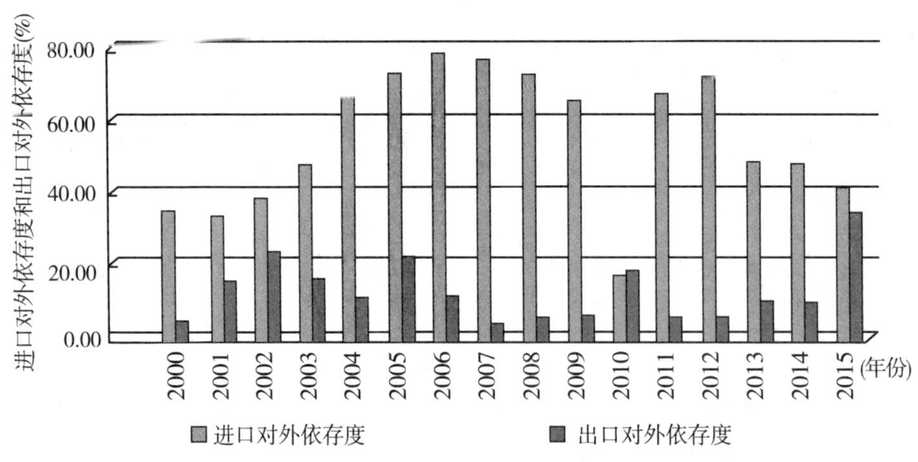

图 4－8 中国广播电视产业技术与设备进出口对外依存度变化趋势（2000—2015）

资料来源：根据历年《中国信息产业年鉴》的相关数据整理计算。

从表4－20和图4－8可以看出，中国广播电视产业技术与设备进口对外依存度和出口对外依存度表现出如下特征：

第一，比起电视节目和固定资产对外依存度，中国广播电视产业技术与设备进口对外依存度明显要高一些，进口对外依存度的均值为54.48%，出口对外依存度的均值为12.65%。广播电视产业技术与设备是传媒产业各项指标中对外依存度最高的领域，这与国家的政策导向有着密切的关系。因为电视节目类型较多，有的节目的意识形态属性较强，一般不会接受外资的投资；而有的电视节目的意识形态属性不太强，中外合作或者合资制作节目的可能性较大。比如，电视新闻类产品的制作引进外资的可能性较小，而娱乐类、体育类节目引进外资的力度稍微大一些。总体而言，电视内容领域引进外资的力度一直不太大。固定资产投资领域使用外资的比例一直比较低，在现有的政策中，没有明确规定固定资产投资不能使用外资。但在当代中国媒介经济发展中，固定资产投资领域的外资依存度一直较低，形成这种格局的原因较多，包括政策因素的限制、沉没成本的风险较高、投资回报率较低等多重因素。

第二，中国广播电视产业技术与设备进出口对外依存度呈现出跳跃性变化趋势。2000—2015年间，广播电视产业技术与设备进口对外依存度呈提升趋势，2000年，中国广播电视产业技术与设备进口对外依存度为34.75%，到2015年，对外依存度提升至41.20%。其中，2005年、2006年、2007年、2008年和2012年，对外依存度均超过70%，相对于电视产业其他产品的进出口情况来说，这一比例太高了。进口对外依存度过高，一方面会影响国内电视产业技术与设备生产能力的提升，另一方面，也会带来结构性的问题，容易使该领域的产品需求被国外垄断，产业技术受制于国外企业。2000年，中国广播电视产业技术与设备出口对外依存度为4.89%，到2015年，出口对外依存度增加到34.11%。不过，总体上来看，中国广播电视产业技术与设备出口对外依存度处于无规则变动之中。一项数据可以很明显地说明这一现象，2015年，中国电视卫星地面站设备出口额为1896.75万美元，出口额增长率为17040.66%，可见，中国广播电视产业技术与设备对外贸易的变动较大，与贸易国的需求有关。上述分析表明，中国广播电视技术与设备对外贸易处于不稳定状态。

第三，中国广播电视产业技术与设备进口对外依存度明显高于出口对外依存度，这说明中国对国外广播电视设备的依赖程度较高；广播电视技术与设备出口对外依存度较低，说明中国的广播电视技术与设备在国外的销路一般，市场占有率较低。从产业安全与健康的角度来讲，过度依赖国外技术与设备，会增加企业的负担，容易受国外公司的控制。因而，在今后的广播电视产业发展中，要加大研发力度，提升国内广播电视技术与设备的科技含量。这样一方面可以摆脱过于依赖外国的相关企业，另外也有助于提升本国相关企业的竞争力，从而降低该产业的经营风险，保持稳定健康的发展态势。

综上所述，中国电视产业节目进出口对外依存度较低，尤其是节目出口对外依存度较低，这说明中国电视节目在国际电视市场中缺乏竞争力。电视产业固定资产对外依存度很低，一直低于1%，电视节目进口对外依存度和电视产业固定资产对外依存度较低，这与电视产业的基本属性密切相关。与报纸产业一样，电视媒体承担着引导舆论的重任，对外依存度过高不利于保持国内舆论引导的稳定性。同时，过高的对外依存度对电视经济也会产生不利影响。中国电视产业技术与设备出口对外依存度变化幅度较大，这将影响国内电视硬件生产厂家的稳定发展，容易出现生产过剩的情况。电视产业技术与设备进口对外依存度明显偏高，对于国内相关企业的发展产生较大冲击，同时过分依赖国外进口，出现产品结构失衡的状况。另外，技术上受制于人对于整个产业生态系统健康来说也是十分不利的。因而，适度降低中国电视产业技术与设备进口对外依存度，保持相对稳定的比例，是今后电视产业技术与设备领域结构调整的关键问题。

（二）电视产业发展潜力相对较大

1. 劳动力成本

广播电视生态系统是一个以人为主体的社会经济系统，劳动力成本是广播电视产业生产中必须支出的费用。劳动力成本太高，会增加广播电视机构的经营负担，产业的发展潜力会受到限制；劳动力成本太低，表明产业的经济效益不理想，也会限制产业发展潜力。如在一些衰退产业中，为了维持运营，不得不实行裁员和降薪措施，强制性地降低劳动力成本，其产业发展潜力很难激发出来。

为了考量中国电视产业劳动力成本，我们搜集了广播电视产业从业人员数量①、平均工资等数据，在此基础上计算出广播电视产业工资总额及其占广告收入和总收入的比重。由于现有的统计数据将广播产业和电视产业的从业人员和平均工资放在一起，因此本书以广播电视产业的相关数据来衡量电视产业，相关数据参见表4－21。

表4－21　中国广播电视产业从业人员工资及其占广告收入和总收入的比重（2000—2015）

年份	广播电视从业人员（人）	广播电视产业平均工资（元）	全国各行业平均工资（元）	广播电视人员工资总额（万元）	广播电视广告经营总额（万元）	工资总额占广告收入比例（%）	广播电视总收入（万元）	工资总额占广播电视总收入比例（%）
2000	462300	10388.00	9333.00	480237.24	1689126.00	28.43	2760000	17.40
2001	470000	12665.00	10834.00	595255.00	1793743.00	33.19	3950000	15.07
2002	519705	14452.00	12373.00	751077.67	2310298.00	32.51	5140000	14.61
2003	509176	17098.00	13969.00	870589.12	2550400.00	34.14	6960000	12.51
2004	581838	20522.00	15920.00	1194047.94	2915415.00	40.96	8247200	14.48
2005	595377	22670.00	18200.00	1349719.66	3552867.00	37.99	9311500	14.50
2006	624287	25847.00	20856.00	1613594.61	4040249.00	39.94	10991200	14.68
2007	645300	30430.00	24721.00	1963647.90	4429522.00	44.33	13164000	14.92
2008	671700	34158.00	28898.00	2294392.86	5015000.00	45.75	15839100	14.49

① 中国广播电视产业从业人员包括国有单位员工、城镇集体单位员工和其他单位员工等。国有单位员工的工资水平相对较高，其他单位员工工资水平则参差不齐。

续 表

年份	广播电视从业人员（人）	广播电视产业平均工资（元）	全国各行业平均工资（元）	广播电视人员工资总额（万元）	广播电视广告经营总额（万元）	工资总额占广告收入比例（%）	广播电视总收入（万元）	工资总额占广播电视总收入比例（%）
2009	705800	37755.00	32244.00	2664747.90	5361903.00	49.70	18528500	14.38
2010	750900	41428.00	36539.00	3110828.52	6798263.00	45.76	23018700	13.51
2011	786400	47878.00	41799.00	3765125.92	8979233.00	41.93	27173200	13.86
2012	820400	53558.00	46769.00	4393898.32	11322728.00	38.81	32687900	13.44
2013	844300	59336.00	51483.00	5009738.48	11011042.00	45.50	36280000	13.81
2014	864400	64375.00	56360.00	5564575.00	12785000.00	43.52	42262700	13.17
2015	900700	72764.00	62029.00	6553854.38	12196900.00	53.73	46345600	14.14

资料来源：根据历年《中国劳动统计年鉴》《中国统计年鉴》的数据整理计算。

从表4－21可以算出，历年广播电视产业从业人员平均工资比全国各行业平均工资高出18.34%，表明该产业劳动力成本比全国平均劳动力成本高一些。2000—2015年，中国广播电视产业从业人员的工资年均增幅达到13.86%，略高于此间全国各行业工资增幅，高于GDP的年均增幅。这是因为该产业是知识密集型产业，从业人员呈现出高学历的特点，其工资水平偏高属于正常现象。数据表明，中国广播电视产业劳动力成本相对较高，但比较合理，有助于激发该产业从业人员的积极性。仅仅从从业人员工资很难看出广播电视产业的发展潜力如何。为此，我们计算出广播电视产业从业人员工资占广播电视广告和该产业总收入的比重，以此判断该产业资金分配结构的合理性。数据显示，中国广播电视产业从业人员工资占广播电视广告经营额的比重从2000年的28.43%提高到2015年的53.73%，平均比重达到43.59%，而广告收入是广播电视产业获利的重要源泉，其工资性支出越多，广播电视机构的负担越重，产业发展活力会受到更多的抑制。从广播电视从业人员工资总额占该产业总收入的比重来看，2000 年为 17.40%，到 2015 年，这一比重下降至 14.14%。这说明两个问题，一是从业人员的工资在产业总收入中的比重不断下降，财务支出结构有一定程度的改善；二是广播电视广告在产业总收入中的比重有所下降，产业的盈利结构更趋合理，以往过分依赖广告的单点支撑盈利模式有所改变，这对于激发产业发展潜力，降低产业经营风险有一定的帮助。因此，仅仅从劳动力成本的角度来讲，广播电视产业的经营风险正在降低，该指标的健康状况较好。

2. 获取受众资源的能力

近年来，在报纸、期刊、广播、电视等传统的四大媒体中，电视媒体是人气最高的媒介形态。面对各类新媒体的冲击，传统媒体的受众资源不断缩减，生存空间被不断挤压，竞争压力与日俱增。与报纸、期刊等纸质媒介相比，电视媒体受到的冲击相对小一些，尤其是近几年，报纸的读者流失速度明显加快，其广告市场份额已经跌至历史新低，增长率很低，甚至出现几次负增长的情况。在整个国民经济和人均收入稳步增长的情况下，传统媒体的低速增长释放了一个不好的信号：传统媒体再也难以回到曾经的辉煌状态。

为了评估电视媒体的受众资源获取能力，我们搜集了 2001—2015 年间人均每周看电视时间，在此基础上计算出人均每天看电视时间及其增长率。表 4-22的数据显示，2001 年以来，中国人均每周看电视的时间总体上处于下降趋势。2001 年，人均每周看电视时间为 1281 分钟；到 2015 年，人均每周看电视的时间下降至 1092 分钟。并且，2001—2015 年间，共有 8 年人均每周看电视时间呈下降趋势，其余年份人均每周看电视时间增长幅度不超过 2%。值得注意的是，2009 年之前，人均每周收视时间的变化没有什么规律性，基本上是跳跃性变化。但是 2009 年之后，人均每周收视时间主要呈下降趋势。由此可见，传统电视媒体的发展情况不容乐观。从电视广告增长情况来看，最近 10 年的年均增长率超过 10%，但近几年出现了增长失速的情况，甚至出现两次负增长的情况。尽管人均每天看电视的时间依然保持在 150 分钟以上，远远超过读报纸的时间，但这并不能摆脱电视媒体升级发展的焦虑状态。从人均看电视时间上来看，电视媒体依然处于新媒体冲击的旋涡中，转型发展是电视媒体在未来若干年中必须解决的头等大事。就其生存发展潜力来说，传统电视很难再现原有的竞争优势，其受众资源的开发只能靠电视媒体转型来解决。

表 4－22　　人均看电视时间变化情况（2001—2015）

年份	人均每周看电视时间(分钟)	人均每天看电视时间(分钟)	增长率(%)
2001	1281	183	—
2002	1253	179	－2.19
2003	1253	179	0.00
2004	1211	173	－3.35
2005	1218	174	0.58
2006	1232	176	1.15
2007	1204	172	－2.27
2008	1225	175	1.74
2009	1232	176	0.57
2010	1197	171	－2.84
2011	1162	166	－2.92
2012	1183	169	1.81
2013	1155	165	－2.37
2014	1127	161	－2.42
2015	1092	156	－3.11

资料来源：根据 CSM 媒介研究发布的历年《中国电视收视年鉴》的相关数据整理计算。

3. 研发费用

广播电视内容产业和设备领域均属于技术密集型产业，技术投入对于该产业的发展起到极为重要的作用。广播电视硬件与软件技术都经历了几十年的改革，技术基础比较成熟。在数字化改革的浪潮中，电视产业的发展正在经历一场危机，观众的注意力不断流失，新兴媒体对传统的电视内容产业带来较大冲击。尽管目前电视产业比报纸产业所面临的危机稍小，但观众每天看电视时间的持续减少已经给电视产业发展敲响了警钟。

因为广播媒体与电视媒体的内容和技术设备等方面密不可分，在相关统计中也将两个领域的数据汇集在一起，因此本书以广播电视媒体领域的相关数据来分析电视产业研发费用投入情况。我们分别搜集了2006—2015年间中国广播电视媒体领域、广播电视技术设备领域研发费用相关数据，以此分析该产业研发投入强度，并在此基础上计算出政府资金在研发费用中占比情况，从而进一步弄清楚该产业研发投入的来源，为评价电视产业发展潜力提供参考。表4－23的数据显示，2006—2015年间，中国广播电视媒体领域研发经费年均支出额为1033.60万元。经费支出呈不规则变动趋势，没有表现出明显的提升趋势。其中，2006年、2010年、2014年和2015年，中国广播电视媒体领域研发经费支出超过1000万元，其余年份均在1000万元以下。相对于庞大的广播电视媒体产业来说，研发经费的投入显然较少。不过，本书的统计数据主要是政府和其他企业在广播电视媒体领域中投入的研发费用，并没有将广播电视媒体自身的研发费用算进去。如果算上各家广播电视媒体自身的投入费用，整个研发费用支出将会有所提升。

表4－23　　中国广播电视媒体领域研发费用支出情况（2006—2015）

年份	R&D经费内部支出（万元）	政府资金（万元）	企业资金（万元）	政府资金在研发经费中占比（%）
2006	1134	1134	0	100
2007	508	508	0	100
2008	570	570	0	100

续 表

年份	R&D 经费内部支出（万元）	政府资金（万元）	企业资金（万元）	政府资金在研发经费中占比（%）
2009	945	749	196	79.26
2010	1110	1110	0	100
2011	846	846	0	100
2012	670	670	0	100
2013	480	480	0	100
2014	1840	729	1111	39.62
2015	2233	2233	0	100

资料来源：根据历年《中国科技统计年鉴》中《按服务的国民经济行业分研究与开发机构 R&D 经费内部支出统计》的相关数据整理计算。

与广播电视媒体领域的研发费用投入力度相比，广播电视技术设备领域研发费用投入力度明显要大得多。从表 4－24 可以看出，2006 年，中国广播电视技术设备领域研发经费为 52740 万元，到 2015 年，研发费用增长到 392997 万元，年均增幅达 25%。2006—2015 年间，中国广播电视技术设备领域的年均研发经费为 170195.15 万元，是广播电视媒体领域研发经费年均支出的 160 倍。与广播电视媒体领域的研发费用支出情况不同，政府在广播电视技术设备领域的研发支出方面并没有扮演重要角色。在广播电视媒体领域，政府是主要的经费支出方，占据了绝大部分比例。甚至在不少年份占据 100% 的比例。而在广播电视技术设备领域，近年来政府财政投资占整个技术设备领域研发费用的比例最高为 4.95%，最低只有 1.39%，平均为 3.3%。之所以存在这么大的差异，主要原因在于，广播电视媒体领域属于内容产业，其意识形态属性较强，而广播电视技术与设备领域属于机械设备领域，不存在意识形态属性问题，私营企业和外资在研发方面的投入不会带来话语权方面的争议。因此，广播电视媒体领域的研发费用较少，并不能说明该领域的技术研发支持力度不大，因为广播电视技术与设备的不断创新与升级，可以从一定程度上弥补内容产业中技术投入不足的缺陷。

表 4－24 中国广播电视技术设备领域研发费用财政拨款占比（2006—2015）

年份	R&D 经费内部支出(万元)	政府资金(万元)	企业资金(万元)	其他资金(万元)	政府财政投资占比(%)
2006	52740	2389	44751	5600	4.53
2007	55258	1107	50583	3568	2.00
2008	110797	5487	96921	8389	4.95
2009	75784	3661	66407	5717	4.83
2010	40771	1834	35893	3044	4.50
2011	110428	3890	103886	2652	3.52
2012	184329	4302	174845	5182	2.33
2013	285109	7138	251486	26485	2.50
2014	393736	9636	347302	36797	2.45
2015	392997	5470	385496	15876	1.39

资料来源：根据历年《中国高技术产业统计年鉴》中《按行业分高技术产业 R&D 活动经费情况统计》和《分行业高技术产业科技活动经费筹集统计》的相关数据整理计算。

综上可见，中国广播电视产业的研发费用投入力度较好，为该产业的升级发展奠定了物质和技术基础，对于提升产业发展潜力，保持产业恢复力具有重要的意义。

上述分析表明，中国广播电视产业经历了较长时间的沉淀，积累了良好的基础条件。该产业的劳动力成本较高，有助于维持产业的人才需求，但是也给产业转型带来一定的压力。该产业获取受众资源的能力较强，但是近年来呈下降趋势，这给产业发展带来了挑战。产业研发费用投入不多，在一定程度上影响了产业升级。

根据赛立信媒介研究发布的《2016 年全球广告市场报告：传统媒体广告话费下降，电台广告止跌回升》的数据显示，2016 年，中国报纸、期刊、电视、广播电台和互联网广告刊例变化分别为 -38.7%、-30.5%、-3.7%、2.1%和18.5%。从这一数据来看，电视产业广告经营比传统的报纸和期刊的状况稍好。这与电视产业受众资源承载力之间存在明显的正相关，数据显示，2016 年，中国的报纸和期刊广告面积分别减少 40.7%和 40.1%；广播电台和电视台的广告播放时长分别减少 10.2%和 4.4%；互联网广告的增长势头有所减缓，但依然是几大媒介中增势最猛的媒介类型。①

上述数据表明，近年来，电视广告增长乏力现象始终没有得到扭转，表明传统电视产业的广告资源承载力正在变小，必须通过平台与传播方式的转型拓展受众资源承载力，进而为提升电视广告资源承载力奠定基础。

（三）抵御生态入侵能力经受考验

在中国传统的几大媒介中，电视产业的对外依存度属于相对较高的。也就是说，中国与国外电视产业的经济、技术或者其他内容业务之间的来往相对较多。究其原因，主要在于电视技术不涉及内容因素，且电视媒介的娱乐性较强，官方适度放松了对电视产业中外交流的限制。

1. 政府限制产业入侵的力度

近年来，国家对外商投资影视媒介产品的生产与服务以及进口影视媒介产品做出了较为严格的管理，我们根据近年来政府出台的相关文件，整理了国家对外商投资及进口影视媒介产品的相关规定，参见表 4-25，具体规定主要表现在如下几个方面：一是内容管制。进口或者合作经营的影视节目、音像产品不得载有违反中国法律、法规的内容。对电视频道播放境外影视剧和其他电视节目的比例进行控制，前者不得超过该频道当天影视剧总播出时间的 25%，后者不得超过该频道当天总播出时间的 15%。合营企业可以制作专题、综艺、动画片等节目，但不能制作时政新闻方面的节目。这些规定避免

① CTR 动量君：《2016 年中国广告市场速览》，江苏省广告协会网，http：//www.jsad.net.cn/2017-02/10/c_ 1120446840.htm。

了有些电视台盲目引进国外影视节目，在一定程度上保护了国产影视节目的生存发展，提升了国外节目进入中国电视市场的壁垒。二是经营权限的管理。引进境外影视节目需要国家广播电视总局批准，任何单位和个人都不得擅自引进。对引进的广播电视节目在数量、地区或国家等方面有一定的控制，不能过于集中，避免盲目引进等。三是资本控制。可以开展中外合资的方式进行广播电视节目制作，但不允许设立外商独资的广播电视节目制作企业。

表4－25　　国家对外商投资及进口影视媒介产品的相关规定

相关规定	文件名称	发布机关	时间	资料来源
引进境外电视节目应遵守以下管理规定： 1. 未经广电总局和受其委托的广播电视行政部门审批的境外电视节目，不得引进、播出； 2. 引进境外影视剧和以卫星传送方式引进其他境外电视节目，由引进单位向省级广播电视行政部门提出申请； 3. 境外电视节目中不得载有违反中国法律、法规、规章规定的内容。； 4. 各电视频道每天播出的境外影视剧，不得超过该频道当天影视剧总播出时间的百分之二十五；每天播出的其他境外电视节目，不得超过该频道当天总播出时间的百分之十五	《境外电视节目引进、播出管理规定》	国家广播电影电视总局	2004年9月23日	http://www.sarft.gov.cn/art/2004/10/23/art_1583_26297.html
中外合作制作电视剧应该遵守如下规定： 1. 未经批准，不得从事中外合作制作电视剧（含电视动画片）活动；未经审查通过的中外合作制作电视剧（含电视动画片）完成片，不得发行和播出； 2. 中外合作制作的电视剧（含电视动画片）中不得含有法律、行政法规和国家规定禁止的内容	《中外合作制作电视剧管理规定》	国家广播电影电视总局	2004年9月21日	http://www.sarft.gov.cn/art/2004/10/21/art_1583_26296.html

续 表

相关规定	文件名称	发布机关	时间	资料来源
中外合资、合作广播电视节目应遵守如下管理规定： 1. 不得设立外商独资广播电视节目制作经营企业； 2. 合营企业可以制作专题、专栏、综艺、动画片等广播电视节目，但不得制作时政新闻和同类的专题、专栏节目； 3. 不得含有国家法律、行政法规和国家规定禁止的内容	《中外合资、合作广播电视节目制作经营企业管理暂行规定》	国家广播电影电视总局、中华人民共和国商务部	2004年11月28日	http://www.mofcom.gov.cn/article/b/g/200412/2004120032-5809.shtml
不得擅自接入、传送、播出境外广播电视节目	《广播电视安全播出管理规定》	国家广播电影电视总局	2009年12月16日	http://www.sapprft.gov.cn/sapprft/govpublic/6682/680.shtml
1. 音像制品成品进口业务由新闻出版总署批准的音像制品成品进口单位经营；未经批准，任何单位或者个人不得从事音像制品成品进口业务； 2. 新闻出版总署设立音像制品内容审查委员会，负责审查进口音像制品的内容。委员会下设办公室，负责进口音像制品内容审查的日常工作； 3. 未经审查批准进口的音像制品，任何单位和个人不得出版、复制、批发、零售、出租和营业性放映	《音像制品进口管理办法》	新闻出版总署出版管理司	2011年4月20日	http://www.sapprft.gov.cn/sapprft/govpublic/6682/360.shtml
1. 对引进节目模式要适度控制数量，要避免过度集中在某一地区或国家； 2. 摆脱对境外节目模式的依赖心理，坚决纠正一窝蜂式的盲目引进，对于以合作方式变相引进的现象要坚决治理	《国家新闻出版广电总局关于加强真人秀节目管理的通知》	国家新闻出版广电总局	2015年7月14日	http://www.sap-prft.gov.cn/sapprft/govpublic/6684/575.shtml

资料来源：根据中华人民共和国国家新闻出版广电总局网站发布的相关管理规定整理所得，http://www.sapprft.gov.cn/。

上述规定表明，中国对外商投资广播影视产业做了适当的限制。与一般的产业相比，广播影视产业的意识形态属性表现得比较明显，国家的管控相对严格。这给国内的广播电视产业生存与发展提供了制度性保护措施。但是，中国加入世界贸易组织之后，中外文化产业贸易的争端不断出现，国外对中国广播影视媒介产品的贸易保护制度颇有微词，给中国的文化产品贸易的开放度带来巨大的压力。近年来，中国在文化产品贸易方面的制度性保护力量出现放松的趋势，尽管放松的幅度不大，但是也说明了制度性保护并不是传媒企业抵御生态入侵的内源动力。制度性保护力量只是传媒企业抵御生态入侵的外部力量，一旦制度性保护力量出现变化，最终还是需要传媒自身去承担抵御生态入侵带来的风险。近年来，韩剧在中国大陆比较流行，对国产电视剧带来较大的威胁。国家新闻出版广电总局对电视节目的引进数量和地区分布均有一定的限制，否则其他国家的影视剧将给中国本土节目市场带来更大的威胁。因而，从传媒产业长远发展的角度来看，提升自身抵御生态入侵的能力至关重要，是传媒企业的立身之本。

中国不允许外国资本在境内独立设置电视节目制作企业，也不允许在中国设立电视节目传播机构，从源头上杜绝了国外控制中国电视媒介的可能性。这些强制性管理手段对于正确把握中国新闻舆论导向具有积极意义，同时也有助于维护中国电视传媒机构的利益，为其应对国外媒体的竞争提供了政策性保护措施。在中国电视产业生态竞争中，所面临的生态入侵压力主要来自三个方面，一是以网络媒介为平台的新媒体以及其他大众媒介的替代性竞争，这种竞争往往也形成较大的生态入侵现象。二是外商投资中国电视企业以及进口电视节目所形成的竞争压力，尽管这种入侵方式不是机构植入式的入侵，但是媒介产品的渗透对于国产电视节目也形成较大的冲击。三是产业融合背景下其他产业对电视媒介的生态入侵。除了大众媒介产品之外，当前的各种自媒体、企业 App 等都对电视媒介的经营发起挑战，形成了实质性的生态入侵。

从表 4－26 的数据可以看出，2006—2015 年间，中国从欧美、亚洲等国家与地区年均进口电视节目 2.36 万小时，占中国国内电视节目生产总量的比例为 0.82%。10 年时间里，中国从国外进口的电视节目总量为 23.62 万小时，与接近3000万小时的国内节目生产总量相比，这一比例比较小，不会对国产电视节目市场造成根本性的打击。但是，也应该看到，近年来，国内出现韩剧热、中外合作的真人秀节目热等现象，说明国外电视节目及其运作模式对国产电视节目形成了较大的冲击。中国在引进电视节目中进行了较为理性的控制，避免了盲目引进。也就是说，政府对电视舆论的管理在客观上为电视产业应对生态入侵提供了制度屏障，使国内电视机构避免了与国外电视传媒的正面竞争与冲突。从产业生态系统健康的角度来讲，这并不是一种最健康的生态格局，制度性保护措施只保障了少数电视传媒机构的利益，并以牺牲公平竞争为代价。由于国内电视产业与发达国家电视产业的经济技术联系受到限制，整个电视产业处于一种相对封闭的自循环状态，限制了电视产业的经营发展水平和发展活力。因此，在保障舆论安全的条件下，适度提升中外电视产业的经济技术交流，将有助于释放中国电视产业的发展活力，提升电视产业的经营管理水平。

表4-26　中国进口电视节目占国内生产总量的比例（2006—2015）

年份	电视节目进口量（万小时）	国内生产量（万小时）	进口电视节目占国内生产总量的比重（%）
2006	3.59	261.80	1.37
2007	2.51	255.33	0.98
2008	2.06	264.19	0.78
2009	2.14	265.36	0.81
2010	2.22	274.29	0.81
2011	2.18	295.05	0.74
2012	1.31	343.63	0.38
2013	1.89	339.78	0.56
2014	2.61	327.74	0.80

续　表

年份	电视节目进口量（万小时）	国内生产量（万小时）	进口电视节目占国内生产总量的比重（%）
2015	3.11	252.00	1.23
年均	2.36	287.92	0.82
合计	23.62	2879.17	0.82

资料来源：根据历年《中国统计年鉴》的相关数据整理计算所得。

2. 产业平均规模

一个产业能否很好地应对国外同类产业或者国内外相关产业的入侵，与产业内企业的平均规模有一定的关系。如果市场内的企业太多，规模太小，企业之间就难以形成合力去应对产业入侵。因而，企业平均规模较大的产业，往往能够形成较强大的抵御生态入侵的能力。

目前的统计资料中，缺乏对全国各家电视台总资产的相关统计，这不利于我们分析该产业的平均规模。不过，对于电视传媒来说，其获利的主要渠道是广告。因此，我们以广告经营额作为分析指标，来评价中国电视产业的平均规模。为了分析电视产业抵御生态入侵的能力，我们搜集了2006—2015年间中国电视台数量、广告经营总额等数据，在此基础上计算出历年平均每家电视台广告经营额，以此来评价各家电视台的平均获利规模，参见表4－27。2006年，全国有296家电视台，广告经营额合计为404.02亿元，平均每家电视台的广告经营额为1.36亿元。到2015年，中国平均每家电视台广告经营额增加到6.91亿元。广告经营额的大幅上升，为电视产业发展提供了强大的动力，也为该产业应对产业入侵提供了保障。尽管近年来中国电视产业广告经营额出现下降的趋势，但是电视产业广告经营额的平均规模依然较大，在一定程度上为各家电视台发展与转型提供了必要的资金。当然，电视产业的平均规模并不是该产业抵御生态入侵的核心力量。一个产业应对生态入侵能力的培育，牵涉很多因素，产业的平均规模只是其中一个评价因素，而非决定性的因素。

表 4－27　　中国各家电视台平均广告经营额（2006—2015）

年份	电视台数量（家）	广告经营额（万元）	平均每家电视台广告经营额（万元）	年均增幅（%）
2006	296	4040249.00	13649.49	—
2007	287	4429522.00	15433.87	13.07
2008	277	5015000.00	18104.69	17.30
2009	272	5361903.00	19712.88	8.88
2010	247	6798263.00	27523.33	39.62
2011	197	8979233.00	45579.86	65.60
2012	183	11322728.00	61872.83	35.75
2013	166	11011042.00	66331.58	7.21
2014	166	12785000.00	77018.07	16.11
2015	166	11466900.00	69077.71	－10.31

资料来源：根据历年《中国统计年鉴》《中国广播电视年鉴》的相关数据整理计算所得。

3. 电视观众收视时间

电视观众收视时间不仅仅能够反映电视产业生态承载力，而且能够在很大程度上反映电视产业抵御生态入侵的能力。这里所探讨的抵御生态入侵的能力主要指的是新兴媒介对电视产业的入侵所形成的替代竞争压力。近年来，移动互联网的快速发展将受众的注意力从传统媒体转移到各类新兴媒体上，给传统媒体的经营与发展带来极大的冲击。据历年《中国电视收视年鉴》的相关数据显示，从 2001 年到 2015 年，中国样本市（县）的观众平均每日收视时间正处于下降趋势。2001 年，中国样本市（县）的男性观众平均每日收视时间为 182 分钟，女性观众平均每日收视时间为 183 分钟。此后，观众收视时间总体上呈下降趋势，到2015年，中国样本市（县）的男性观众平均每日收视时间下降至153分钟，女性观众平均每日收视时间下降至160分钟。15年时间里，中国样本市（县）的男性观众平均每日收视时间下降了29分钟，女性观众平均每日收视时间下降了23分钟，参见表4－28。从电视观众收视时间来看，受各类新媒体的冲击，电视观众在媒体接触时间的支配上出现了较大的变化。

表4－28　中国历年样本市（县）男女观众平均每日收视时间统计（2001—2015）

单位：分钟

性别/年份	2001	2002	2003	2004	2005	2006	2007	2008	2009	2010	2011	2012	2013	2014	2015
男	182	177	176	171	172	173	168	172	171	167	162	164	161	157	153
女	183	180	181	175	177	179	176	179	180	176	171	173	170	165	160
上网时间	75	85	119	119	145	153	159	159	182	180	187	202	214	224	225

资料来源：根据历年《中国电视收视年鉴》《中国互联网络发展状况调查统计报告》的相关数据整理。

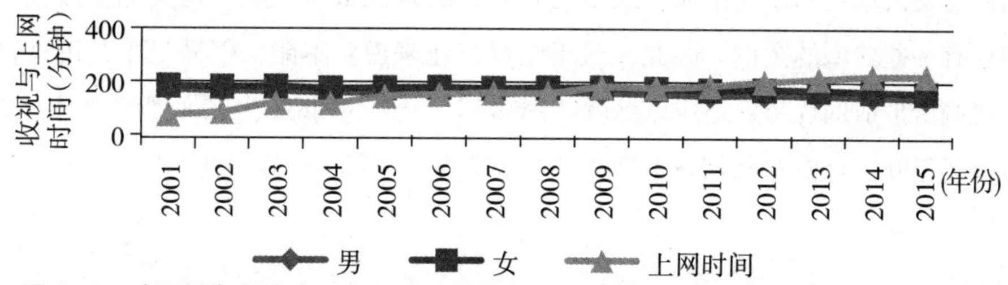

图4－9　中国历年样本市（县）男女观众平均每日收视时间变化趋势（2001—2015）

资料来源：根据历年《中国电视收视年鉴》《中国互联网络发展状况调查统计报告》的相关数据整理。

从很大程度上来讲，电视观众收视时间的减少，与其大量接触互联网媒体之间存在密切的关联。2001—2015年，中国网民接触互联网的时间不断增加。2001年，中国互联网网民平均每日上网时间为75分钟，到2015年，平均每日上网时间增加到225分钟，增幅达200%，已经远远超过接触电视媒体的时间。数据显示，电视观众收视时间的变化与网民上网时间的变化之间存在较为明显的负相关性。2001—2015 年，中国男性电视观众看电视时间与网民上网时间之间的相关系数为 -0.91652，中国女性电视观众看电视时间与网民上网时间之间的相关系数为 -0.81107。在媒体接触方面，女性受众的媒体选择往往多于男性受众，她们有更多的选择与爱好。因此，女性受众看电视与上网之间的相关性没有男性受众的相关性显著。

在一般的能源、设备、轻工业等产业中，经常会面临跨国公司的强力冲击，传媒产业则不同，该产业受到的制度性保护较多，往往能够免受跨国传媒集团的直接冲击。但是，传播技术更迭对在位传媒的冲击往往是猝不及防的。不少传媒机构坐拥制度性保护带来的利润，容易丧失危机意识，最终贻误最佳转型时机。中国的传统传媒产业在面临互联网媒体冲击的时候，就曾经出现过这种情况，当发达国家在探索数字媒体和传媒转型的时候，中国的传统媒体还在享受制度性保护带来的红利，因而丧失了最佳转型发展的机会。电视产业在面对互联网产业生态入侵的时候，并没有做好充分的应对准备，没有抓住最好的发展时机实现转型，影响了产业结构调整。

在过去几十年里，传统媒体均找到了有效的盈利模式，并获得巨大的利润。即便面临新兴媒介的冲击和潜在的发展机遇，这些媒介也不愿意放弃既有利润，因此会丧失难得的发展机遇。这是盈利模式的路径依赖现象，在其他科技领域中也有一些典型的案例。因此，对于电视产业来说，不能仅仅满足于制度性保护机制所形成的优势，还应该练就“内功”，构建自身抵御生态入侵的力量，通过市场创新、经营机制创新来延续产业生命力，构建产业竞争优势。

第五章　中国网络视频产业生态系统健康评价

报纸和电视产业分别代表了传统媒体中的纸质媒介和电子媒介，它们的发展状况基本上能够反映传统媒体的生存状况。与传统媒体相对应的是迅猛发展的各类以互联网为平台的新兴媒体。近年来，各种类型的新媒体层出不穷，几乎涵盖所有数字化的媒体形态，包括数字化的传统媒体，如数字报纸、数字电视、手机媒体，还有一些新兴的媒介形态，如博客、微博、微信等网络社交媒体，等等。在已有的传媒经济研究中，有的学者将网络媒体作为一个整体来分析，如柳旭波①对传媒产业组织各要素的互动机制的分析，张明新②运用生态位理论对媒体竞争的分析，陶喜红③对传媒产业市场结构演变及其动力的分析，等等。之所以这样选择，一方面与作者的研究设计有关，如研究者需要将网络媒体作为一个整体来探讨其经济运行规律；另一方面与当时的传媒产业发展状况有关，当互联网媒体市场规模较小，市场细分不明显的时候，从整体上来分析该产业的经济运行更具有参考价值。近年来，网络媒体的市场细分更加明显，以互联网为平台的各类媒介体现出良好的成长性，网络媒体经济规模迅速增长，媒体之间融合发展更趋明显，媒介经济与非媒介经济的边界往往难以准确区分。加上传统的报纸、期刊、广播、电视等媒体纷纷借助互联网平台，拓展媒介生存空间，媒介形态与媒介经济均呈现融

---

① 柳旭波：《传媒业产业组织研究——一个拓展的 RC - SCP 产业组织分析框架》，经济科学出版社 2007 年版。

② 张明新：《媒体竞争分析：架构、方法与实证——一种生态位理论范式的研究》，华中科技大学出版社 2009 年版。

③ 陶喜红：《中国传媒产业市场结构演变研究》，中国社会科学出版社 2013 年版。

合发展趋势。在这种情况下，网络媒体内部媒介形态庞杂，成长的时间参差不齐，很难用一把尺子来衡量整个产业。有鉴于此，本书拟选择一种网络媒介作为样本，分析其生态系统健康状况。网络媒体中的媒介形态较多，如商业门户网站、视频网站、自媒体平台、新闻客户端，等等，哪一种媒介最具代表性呢？经过分析，我们选择网络视频作为分析样本。之所以选择网络视频作为研究对象，主要基于以下几点原因：一是网络视频行业与传统的大众传媒均属于内容产业，产业属性相同，具有可比性，其经济性质和经营管理相似之处较多；二是网络视频行业出现时间相对较早，经历了市场竞争与筛选，便于从纵向分析其经济发展状况；三是网络视频行业经济规模相对较大，增长势头较好，在新媒体经济中具有一定的代表性。

一 网络视频产业活力：成长性与承载力持续提升

产业发展一般经历形成期、成长期、成熟期和衰退期等过程。也就是说，产业发展将经历一个兴衰过程，一般被称为产业生命周期。在产业经济学中，产业生命周期是指“产业从出生到衰亡具有阶段性和共同规律性的厂商行为的改变过程”①。在当前中国传媒产业中，我们可以看到，一些产业正在经历从成熟期向衰落期的过渡，比如传统的报纸产业和期刊产业。这类产业正在紧锣密鼓地规划产业的转型发展之路，以避免被新兴产业挤压得丧失了生存空间。另一些产业正在经历从成长期迈向成熟期的过程，比如网络视频产业从规模较小的产业迅速成长，规模不断拓展，即将进入成熟产业。也有一些新兴的媒体产业正处于形成期，比如自媒体平台、新闻客户端等，正处于探索性发展阶段，其规模增长迅速，但是其经营机制和盈利模式都还没有定型，产业规模处于变化之中，产业生态系统健康没有稳定下来。选择网络视频这种经历了市场考验的媒介品种来分析，能够在一定程度上反映新媒体的竞争力和发展潜力，对于我们评价新兴媒体生态系统健康状况有一定的参考意义。

---

① 苏东水：《产业经济学》（第三版），高等教育出版社2010年版，第94页。

自从2005年土豆网创办以来，视频网站已经走过了十余年。经过几轮洗牌之后，网络视频行业基本格局已经确立，逐渐步入一个相对稳定的发展阶段。中国互联网络信息中心（CNNIC）发布的《第41次中国互联网络发展状况统计报告》的数据显示，截至2017年12月，中国网络视频用户规模为5.79亿，用户使用率达74.5%；手机网络视频用户已达5.49亿，用户使用率达75%。[①] 而6年前，中国网络视频用户规模为3.01亿，用户的使用率为62.1%。[②] 根据艾瑞咨询（iResearch）发布的相关数据显示，2009年，中国在线视频行业的月平均覆盖人数达80%以上，即每个月有80%以上的网民观看过在线视频，仅次于搜索引擎和社区交友的覆盖率，在网民媒体接触中排第三名[③]；到2015年6月，中国在线视频服务的月覆盖人数为50946万人，仅次于搜索引擎服务的52010万人，在网民媒体接触中排第二名。用户普及率的提高为中国网络视频产业发展奠定了良好的基础，尤其是用户使用率和活跃用户的不断增加，为整个产业的发展注入了活力。

通过对中国网络视频产业相关数据的整理与分析，可以在一定程度上呈现该产业生态系统健康状况，以便为网络视频产业持续健康的发展提供参考。根据本书的研究设计，我们主要从网络视频产业活力、产业组织和产业恢复力等三个方面展开研究。

（一）产业成长性较好激发产业活力

与传统的报纸、期刊、广播、电视等媒体相比，网络视频属于新兴媒体，其产业规模相对较小，产业的发展模式不成熟，产业组织处于成长之中，存在无序竞争的情况。网络视频产业成长速度较快，在《中国统计年鉴》《中国广播电视年鉴》等统计数据中，并没有将网络视频作为单独的产业来统计。即便在有些研究报告和统计年鉴中搜集了网络视频的相关数据，数据的连续

① 中国互联网络信息中心（CNNIC）：《第41次中国互联网络发展状况统计报告》，2018年1月，http：//www.cnnic.net.cn/hlwfzyj/hlwxzbg/hlwtjbg/201803/P020180305409870339136.pdf。

② 中国互联网络信息中心（CNNIC）：《第28次中国互联网络发展状况统计报告》，2011年7月，http：//www.cnnic.net.cn/hlwfzyj/hlwxzbg/201107/P020120709345279403991.pdf。

③ 艾瑞咨询：《2009—2010年中国在线视频行业发展报告简版》，2010-7-9，http：//www.iresearch.com.cn/report/1426.html。

性和完整性等方面存在较大问题，这些因素给分析网络视频产业生态系统健康带来较大困难。为了保证几个产业相关数据的可比性，本书运用艾瑞咨询、《中国互联网络发展状况统计报告》等相关数据展开分析。在有些指标中，无法获取网络视频的直接数据，本书采用了互联网或电信产业的相关数据来分析。因此，该项研究必然存在一定的误差。在后续的生态系统健康比较之中，本书将尽量选择具有可比性的指标来分析，以便将误差降到最低。

判断网络视频产业成长性，要考虑以下问题：首先，该产业属于新兴产业，其市场规模增长较快，新的节目形态成长性是否较好？其次，该产业的主营业务是否存在较大的潜在生存空间？再次，除了主要的盈利渠道之外，推动该产业成长的其他盈利性因素是否持续存在？为了回答上述问题，本书选择了网络自制剧、网络视频广告和多元化收入的成长性等几个指标，通过相关数据分析网络视频产业成长性的现状与问题。

1. 网络视频产品成长性

当前，网络视频逐渐形成了大型门户网站视频、专业视频网站以及专业化行业服务提供商的多种视频网站竞争格局。其节目形态变得更加丰富，竞争更趋激烈。在产业成长的初期，由于市场进入壁垒相对较低，市场需求旺盛，不少互联网企业纷纷涉足网络视频行业，导致该产业进出的企业数量较大，这是产业成长期必然经历的过程。

产业的成长性是反映产业生态系统健康的最直接的指标，如果某一产业的成长性不好，该产业在短期内很难获得较好的恢复力，其产业增长必然受限。早期的网络视频行业所播放的视频主要是从传统媒介获得的，后来大型网络视频网站逐渐将自制剧作为重要的产品形态，自制剧成为评价网络视频产业成长性的重要指标之一。为了分析中国网络视频产品的成长性，本书搜集了2006—2015年间中国网络视频行业自制剧生产数量方面的数据，在此基础上计算出自制剧的增长幅度，为评价网络视频产业成长性提供参考。

表5－1的数据显示，2006年以来，中国网络自制剧从无到有，几乎年年增长，年均增长幅度超过100%。2010年以前，网络自制剧的发展规模较小，2011年之后，网络自制剧的规模不断扩大，到2015年，网络自制剧达到379部共2866集。这表明，网络自制剧具有较强的生命力，为网络视频产业的发

展奠定了基础。对于内容产业来说，要想走得更远，必须有自己的产品，仅仅靠购买产品或者通过播放传统媒体的产品，很难维持长远的发展。从当前网络自制剧的发展来看，网络视频行业的媒介产品具有较好的成长空间，为产业规模扩张奠定了基础。

表5－1　网络自制剧生产数量（2006—2015）

年份	部数(部)	增长幅度(%)	网络自制剧集数(集)	增长幅度(%)
2006	1	—	—	—
2007	2	100.00	—	—
2008	5	400.00	—	—
2009	8	60.00	20	—
2010	30	275.00	77	285.00
2011	36	20.00	135	75.32
2012	39	8.33	302	123.70
2013	50	28.21	680	125.17
2014	205	310.00	1469	116.03
2015	379	84.88	2866	95.10

资料来源：根据新传智库发布的《2016网络自制剧行业白皮书》和中国信息产业网《2015年中国网络剧市场发展现状及投资前景预测》等相关数据整理计算所得，http：//www.199it.com/archives/526991.html. http：//www.chyxx.com/industry/201511/358999.html。

2. 网络视频广告成长性

网络视频是近年来新兴的媒介品种，这种媒介形态与传统的电视媒介有着一定的承袭关系，同时又有其自身的特色。传统的电视媒介在节目制作与安排等方面相对较为固定，尤其是观众收视方面具有相对固定的时间与空间，对观众的消费行为产生一定程度的限制。网络视频则不受收视时空方面的限制，其节目形态、时间安排与终端设备等方面均能够完全按照受众的收视习惯设置，无限满足了受众信息消费的自由风格。不仅如此，受众的创造性和互动性被彻底激发，给该产业的成长带来了活力。

互联网时代，媒介经济是典型的眼球经济，媒体竞争更体现出对注意力的争夺。网络视频吸引了大量的注意力，为该产业广告经营以及其他多元化创收奠定了基础。在网络视频发展的初期，广告无疑是网络视频产业最基本的盈利渠道。为了分析网络视频产业广告的成长性，我们搜集了2006—2015年间中国在线视频行业广告收入的相关数据，并计算出广告收入占行业总收入的比例。

表5－2的数据显示，2006年，网络视频行业刚刚起步，其广告经营额在1亿元左右，与传统的几大媒介相比，这样的规模微不足道。不过，网络视频广告表现出良好的成长性。到2015年，视频广告一直保持高速增长态势。其最低增长率为2013年的47.15%，到2015年，该产业广告收入已经达到231.9亿元，已经超过2004年全国报纸广告经营总额，与2002年全国电视广告经营总额持平。2015年，中国广播电台和期刊产业广告经营总额分别为124.49亿元和71.90亿元。也就是说，2015年，中国网络视频产业广告经营总额比当年广播电台经营总额高86.28%，比期刊产业广告经营额高222.53%。在传统的报纸、广播、电视、期刊等四大媒介广告经营额不断下滑的情况下，网络视频产业广告经营额呈现出良好的增长态势。不出意外，网络视频产业将会在最近几年内保持高速增长态势，其广告经营额很快就会超过报纸产业的广告经营额，直逼电视产业广告经营的霸主地位。

表5－2　　中国在线视频行业广告收入变化（2006—2015）

年份	在线视频行业广告收入（亿元）	在线视频广告收入占行业总收入的比例（%）	在线视频行业广告增长率（%）
2006	1.00	18.87	—
2007	2.50	30.49	150.00

续 表

年份	在线视频行业广告收入(亿元)	在线视频广告收入占行业总收入的比例(%)	在线视频行业广告增长率(%)
2008	5.70	43.18	128.00
2009	13.60	48.57	138.60
2010	21.48	68.41	57.94
2011	42.51	67.80	97.91
2012	66.60	74.33	56.67
2013	98.00	72.11	47.15
2014	151.90	61.05	55.00
2015	231.90	57.83	52.67

资料来源：根据艾瑞咨询发布的历年《中国在线视频行业发展报告》的相关数据整理计算，http：//www.iresearch.com.cn/report/reportlist.aspx？searchkey =% CA% D3% C6% B5#s。

网络视频产业广告增长幅度最近几年呈明显的下降趋势，并且其下降幅度较大，当然这并不是说该产业经营状况不好，这是多数产业初创期所表现出来的共同特征。一般来说，在产业生命周期的引入期，产业规模较小，起点低，增长速度快，在增长率上反映得最为明显，其数值很大。随着进入稳定的发展期，产业仍然会保持较高的增长速度，但是这时候由于产业经济总量提升较大，产业经济增速明显低于产业引入期。当进入成熟期之后，其产业经济增速基本处于稳定状态。因为产业经济的基数较大，这时候的增速一般不可能像产业引入期那样超高速发展。

数据显示，广告收入在网络视频产业的总收入中占据的比例也存在一定的变化。2006—2012 年，广告收入占比一路攀升，从 18.87% 增加到 74.33%。此后，这一比例又逐渐下降至 2015 年的 57.83%。可见，网络视频产业正在拓展新的盈利渠道，逐步优化收入结构。这对于保持该产业的生态系统健康有着积极的意义。对于网络视频广告产业来说，其广告经营也面临较大的挑战，一方面要与传统媒体争夺广告资源，另一方面，又要面对各种新兴媒体的广告竞争。不过，现在网络视频产业有一个非常有利的条件，即该产业积累了较多的人气，网民热衷于看网络视频，这对于产业发展来说是巨大的利好消息。眼下的问题是，要想办法把现有的受众资源优势变为产业发展的现实优势，迅速提升网络视频产业的盈利能力和经济总量，为保持产业生态系统健康提供可靠的后盾。这是保持网络视频产业稳定发展的需要，也是提升其生态系统健康的战略目标。

3. 网络视频多元化盈利渠道的成长性

网络视频多元化收入主要指的是除了广告、版权分销、视频增值服务等主要收入之外，另外打造的更多的盈利渠道，包括游戏联运业务、电商等。对于传统媒体来说，广告一直是各类媒介的主要盈利渠道。在过去的几十年里，广告业的成长维系了报纸、期刊、广播和电视产业的发展。传媒不是物质生产部门，而是靠精神产品吸引公众注意力，并依靠注意力吸引广告商，这一售卖过程从近代商业化报纸产生以来一直延续至今。当然，我们也看到，在传统的几大媒介中，广告收入在总收入中的比例一直占据相当高的比例。对于传媒产业发展来说，这种比例结构不利于产业生态系统健康，因为传媒过度依赖某一种盈利模式，将会给产业发展带来经营风险。

与传统几大媒介相比，网络视频产业正在探索新的盈利模式，这对于优化收入结构，降低产业经营风险有积极的意义。表 5－3 的数据显示，2006—2015 年，网络视频产业的多元化收入从 0.59 亿元增加到 109.07 亿元，多元化收入在总收入中所占的比例从 11.10% 增加到 27.20%，这一比例是几种规模较大的媒介种群中占比最高的。不过，就目前中国视频网站收入结构来说，广告仍然是最主要的盈利渠道。70%—80% 的营收依靠广告，5%—10% 来自版权分销，用户付费占营收的比例不到 20%。[①] 2016 年，中国网络视频产业广告收入占总收入的比重为 50.90%，用户付费占

① 《视频行业持续亏损 独立视频网站遇三道坎》，《中国经营报》2016 年 4 月 16 日。

18.80%，版权分销占26.50%，其他收入占3.80%。[①] 尽管广告收入仍然占总收入的半壁江山，但是从各种收入占比的变化情况来看，该产业的收入结构正变得更加合理。

表5-3　　中国网络视频产业多元化收入成长性（2006—2015）

年份	总收入（亿元）	多元化收入（亿元）	多元化收入占比（%）
2006	5.30	0.59	11.10
2007	8.20	1.04	12.70
2008	13.20	1.76	13.30
2009	28.00	3.19	11.40
2010	31.40	6.72	21.40
2011	62.70	9.84	15.70
2012	89.60	10.84	12.10
2013	135.90	19.30	14.20
2014	248.80	59.96	24.10
2015	401.00	109.07	27.20

资料来源：根据艾瑞咨询发布的历年《中国在线视频行业发展报告》的相关数据整理计算，http://www.iresearch.com.cn/report/reportlist.aspx?page=1&searchkey=%CA%D3%C6%B5。

传媒产业与其他生物领域的资源获取情况相似，当生物能够从多种资源中获取能量，其生存能力往往更强，成长性更好；当某种生物只依靠少数几种甚至一种资源维持生存时，一旦生物所需要的资源萎缩，其生存发展就容

① 艾瑞咨询：《2018年中国网络视频行业经营状况研究报告》，https://www.sohu.com/a/232914008_204078。

易遇到危机，成长性就会受到影响。当前报业发展即遇到这种情况，一直以来，报纸产业以广告维持生存，广告经营额在其总收入中占比达到50%以上，其发行收入甚至不能收回成本，因而报纸盈利基本上依靠广告。这样，报纸产业盈利已经形成了根深蒂固的路径依赖现象，必然给报业经营带来极大的风险。尽管当前网络视频产业的受众资源承载力较好，但是其承载力还没有转化为现实的影响力。如果网络视频产业能够很好地利用这些受众资源，在未来几年中不断探索创新盈利模式，拓展新的盈利渠道，其产业成长性和产业生命力将不断提升，生态系统健康状况也随之不断改善。

如今，网络视频网站均通过各种手段拓展盈利结构，具体来说，主要包括如下几种途径：一是靠广告盈利，广告是多数视频网站的主要收入来源，包括首页广告、贴片广告等；二是付费业务或者付费服务，如有的视频网站实行会员收费制度，按月或者按年收费，也有网站开设了单次付费项目、点播服务等；三是版权分销，如有的视频网站自行拍摄或者参与拍摄的内容具有市场前景，将视频的版权转让出去，从中获利；四是通过用户原创内容（UGC）和专业生产内容形式（PGC）盈利，这些内容生产方式往往需要与付费、广告等盈利方式结合在一起，成为有效的赢利渠道；五是通过合作经营盈利，如与网络游戏公司、商家等合作，实现利润分成或者衍生周边产品等方式盈利。从上述途径可见，网络视频的盈利渠道比较丰富，前向收费或后向收费均得到一定程度的开发。其中，前者为面向信息使用者或者浏览者收费，如点播费、用户包月费等；而后者是面向企业单位或者信息提供者收费，如广告费、竞价排名费、冠名赞助费等。

营收结构的多元化是考量网络视频产业成长性的重要环节。那些能够在经营中积极拓展多元化收入的视频网站，将有较为明朗的发展前景。内容产品的生产与交易对于拓展网络视频产业多元化收入具有重要意义。在内容产品的生产与交易方面有出色表现的网站，尽管眼下还没有走出困境，只要企业能够维持运营，最终会扭亏为盈，走出困境。

（二）生态承载力增长奠定发展基础

一个产业成长性如何，最终要看产业成长所依赖的资源供给状况。对于网络视频产业来说，其生态承载力的大小不仅仅取决于物质资源，还与其产业发展所依赖的精神资源有着紧密的联系。所谓的精神资源，主要是网络视频通过内容产品为网民提供了精神产品，网民对网络视频有着精神层面的依赖，这种精神依赖构成了网络视频生存发展的精神资源。对于网络视频产业来说，物质资源主要包括宏观经济、该产业的总体经济状况、受众经济行为及其消费支出对产业发展的贡献度等。精神资源往往不是单独表现出来的，有的附着于物质资源之上，有的通过网民对网络视频产品内容的关注度和使用状态反映出来。为了综合分析网络视频产业物质资源和精神资源承载力，本书选择了网民资源承载力、网络视频产业经济承载力、网络文化消费承载力等三个指标，通过数据呈现网络视频生态承载力的状况。

1. 网民资源承载力

网络视频用户规模、手机视频用户规模等数据是反映网民资源承载力的主要指标，网络视频用户规模与手机视频用户规模大，表明该产业赖以生存的受众资源丰富，其生存发展的生态环境较好。为了分析网民资源承载力，我们搜集了2006—2017年间网络视频用户、手机视频用户规模以及用户使用率等数据，在此基础上评价网络视频产业受众资源承载力状况。

从表5-4可以看出，2006年，中国网络视频用户规模为0.80亿人。在随后的一年内，该领域用户规模增长了一倍。到2017年，其用户规模达到5.79亿人，年均增长19.71%。网络视频用户在12年时间内拓展到5亿多，表明该产业受众资源承载力较大，存在巨大的发展潜力。传统信息接收终端给网络视频的播放时空带来一定的限制，手机视频用户规模的拓展更能够激发该产业的活力，提升产业的生态承载力。数据显示，2009年，中国手机视频用户规模仅为0.40亿人。到了2017年，中国手机视频用户增加到5.49亿人，年均增幅达到38.74%。可见，手机视频用户规模增长幅度远远超过传统的网络视频用户的增长幅度。中国网络视频用户和手机视频用户规模的不断拓展是产业生态承载力提升的主要指标，这也是该产业成长性较好的重要原因。

表5-4　　中国网络视频产业用户规模（2006—2017）

年份	网络视频用户规模（亿人）	网络视频增长率（%）	用户使用率（%）	手机视频用户规模（亿人）	手机视频用户增长率（%）	手机视频用户使用率（%）
2006	0.80	—	66.70	—	—	—
2007	1.61	101.25	76.90	—	—	—
2008	2.02	25.47	67.70	—	—	—
2009	2.40	18.81	62.60	0.40	—	16.50
2010	2.84	18.33	62.10	0.62	55.00	21.90
2011	3.25	14.44	63.40	0.80	29.03	22.50
2012	3.72	14.46	65.90	1.30	62.50	32.00
2013	4.28	15.05	69.30	2.47	90.00	49.30
2014	4.33	1.17	66.70	3.13	26.72	56.20
2015	5.04	16.40	73.20	4.05	29.39	65.40
2016	5.14	1.98	74.50	4.40	8.64	67.10
2017	5.79	6.30	75.00	5.49	9.70	72.90

资料来源：根据中国互联网络信息中心（CNNIC）发布的历次《中国互联网络发展状况统计报告》的相关数据整理计算。

对于媒体来说，受众资源承载力是其他一切生产、消费的基础条件之一。在传媒发展历史上，没有受众关注的媒体，其发展必然受限，最终只能退出市场。这一点无论在媒介机构方面，还是媒介品种方面都是如此。对于新兴媒体来说，要想占领市场，首先要拓展受众市场，吸引受众注意力，这样可以提升受众资源承载力，为产业发展奠定基础。比如，腾讯通过QQ即时通信软件聚集了大量用户，为该公司其他业务发展奠定了坚实的用户资源承载力；微信是腾讯公司开发的另一款即时通信工具，该项业务同样通过拓展受众市场为公司发展奠定了基础，这是当前网络媒体的主要发展模式。

受众资源承载力有两种情况，一是理论上不稳定的受众资源承载力，另一种是现实中稳定的受众资源承载力。当前，网络视频产业受众资源承载力比较强大，不过这只是理论上的受众资源承载力，因为很多视频用户看视频的时间并不固定，其消费意愿与消费习惯并不强烈，消费指向不明确，视频收视具有较大的偶然性和随意性。对于网络视频产业来说，最好的用户行为习惯是网民具有相对稳定的、明确的消费指向，这样会提升广告客户的投资信心。随着网络视频用户消费习惯的日趋稳定，该产业的受众资源承载力将不断提升，产业发展更趋成熟，生态系统健康也进一步稳定下来。

2. 网络视频产业经济承载力

网络视频属于新兴行业，初期的发展表现出较强的生命力，整个市场经济规模增长速度迅猛。表5-5的数据显示，2006年，网络视频行业市场规模为5.30亿元。到2017年，其市场规模增长至952.30亿元，年均增幅达60.00%，这种超高速的增长速度一般表现在各类产业发展的初期。克莱珀（Klepper，S.，1996）的研究表明，在一个产业初始阶段，产业中进入者数量呈不断攀升的势头，产业规模增长迅猛。当产业逐步稳定下来，进入稳定期之后，产业规模相对稳定，增长幅度逐渐降下来。[①] 中国网络视频产业目前正处于产业引入期向稳定期过渡的状态，可以预见，网络视频产业经济规模在最近几年内还会保持较快的增长速度，随着整个产业的规模不断变大，经营模式趋于稳定，产业经济增长幅度也会逐渐降下来，进入一个相当长的稳定发展期。

---

① Klepper，S.，“Entry，Exit，Growth，and Innovation Over the Product Life Cycle”，*The American Economic Review*，1996，Vol. 86，No. 3，pp. 346-380.

表 5－5　　　　　　　中国网络视频产业市场规模（2006—2017）

年份	在线视频行业市场规模（亿元）	在线视频市场规模增长率（%）
2006	5.30	—
2007	8.20	54.72
2008	13.20	60.98
2009	28.00	112.12
2010	31.40	12.14
2011	62.70	99.68
2012	89.60	42.90
2013	135.90	51.67
2014	248.80	83.08
2015	404.30	62.50
2016	641.50	58.67
2017	952.30	48.45

资料来源：根据艾瑞咨询发布的《中国在线视频行业年报监测报告简版》的相关数据整理计算，https：//www.sohu.com/a/232914008_204078。

网络视频产业与传统的报纸、电视等产业的市场规模拓展不尽相同。在产业发展的初期，报纸、电视等产业的受众规模不够庞大，其经济规模的增长受到一定程度的限制。受到技术发展条件的限制，传统的几大媒体在产业规模、受众市场和广告市场拓展方面都经历了相当长的发展时期。而网络视频产业则不同，尽管该产业只是互联网产业中的一个小的子产业，但是网络视频依托互联网这一大的发展平台，表现出超强的增长势头，在极短的时间里迅速膨胀，为整个产业成长提供了稳定高效的支撑。

目前，网络视频产业处于探索阶段，其内容生产还存在不小的问题，盈利模式还不够成熟，一些大的视频网站还处于亏损运营状态。因此，该产业经济承载力存在明显不足。作为国内网络视频行业的佼佼者，优酷土豆近年来的经营规模不断扩大。2014 年，优酷土豆的净收入为 40 亿元，比上一年度增长 33%。毛利润为 7.81 亿元，比上一年度增长 44%。净亏损达到 8.886 亿元，比上一年度增长了 53.02%。[①] 2015 年，优酷土豆的经营规模进一步扩大，但是其亏损局面并没有得到改善，仅前三季度亏损就达到 12.95 亿元。[②]在产业生命周期的引入期和大量进入期，各家企业会通过烧钱抢市场的发展方式来拓展规模，这样往往能够在较短的时间内占领受众市场，为后续的发展打下坚实的基础。2016 年，腾讯、爱奇艺和优酷土豆投入的版权预算在 50 亿—100 亿之间。各大视频网站一方面要通过版权交易和自制内容吸引用户的注意力，另一方面要通过广告和其他多元化收入维持运营，短期内这种格局不会有明显的变化。

3. 网络文化消费承载力

网络文化消费的意愿和动力是网络视频产业生态承载力得以维系的重要因素。一般来说，受众喜欢某种媒介，就会对该媒介表现出一定的消费意愿，而受众消费投入的多少，在一定程度上反映了媒介的生态承载力状况。网络视频产业属于互联网产业的一个子产业，在多数情况下，网民无须专门为网络视频支付另外的费用。网民在上网费用方面的投入是一次性的，支付了每月的宽带费用，可以收看较多视频网站的节目。除此之外，一些视频网站的付费收看盈利模式正在被网民接纳，会成为未来网络视频新的盈利点。我们很难获取网民为收看视频所支付的费用总额，因此，我们以网民所支付的上网费用来分析网络文化消费承载力，从侧面呈现网络视频产业生态承载力状况。

表 5 - 6 的数据显示，2006 年，中国网民每月所支付的宽带费用为 90.51 元，随后的几年内，宽带上网费用有所增加，到 2012 年，网民每月所支付的

① 《优酷土豆发布第四季度财报：净亏损同比扩大》，新浪科技，http://tech.sina.com.cn/i/2015 - 03 - 20/doc - iawzuney0905287.shtml? sina - fr = bd.ala.cb。

② 《视频行业持续亏损 独立视频网站遇三道坎》，《中国经营报》2016 年 4 月 16 日。

宽带费用达到124元，是近年来的最高数额。到2015年，网民每月所支付的宽带费用下降为93.98元。从纵向发展来说，中国网民上网费用呈先升后降的趋势；从不同媒介的横向比较来说，中国网民为使用互联网所支付的费用明显高出为看电视和读报纸所支付的费用。在几种媒介中，互联网用户基数非常庞大，用户上网的方式各不相同，缴纳的费用标准也存在较大差异。因而，从总体上来说，中国网民为上网所支付的费用较多，为网络视频产业发展提供了基础。综合来看，互联网用户在网络视频消费方面投入较多的时间，其消费意愿较强，已经形成消费习惯。因此，中国网络视频产业文化消费承载力较强，能够支撑网络视频产业的发展。

表5－6　　中国网民上网费用（2006—2015）

年份	每月每户宽带上网费用(元)	每年每户宽带上网费用(元)	增长幅度(%)
2006	90.51	1086.12	—
2007	90.68	1088.16	0.19
2008	89.95	1079.40	－0.81
2009	94.81	1137.72	5.40
2010	94.38	1132.56	－0.45
2011	93.98	1127.76	－0.42
2012	124.00	1488.00	31.94
2013	110.24	1322.88	－11.10
2014	96.48	1157.76	－12.48
2015	93.98	1127.76	－2.59

资料来源：根据历年《中国物价年鉴》发布的《36个大中城市服务收费月平均价格统计》的相关数据整理计算。

（三）资源配置方式市场化程度较高

在传媒产业中，传统的报纸、期刊、广播、电视等媒体资源配置方式相对稳定，政府在资源配置中所起到的作用比较大。一直以来，传媒肩负着引导舆论的责任，党和政府极为重视其信息传播功能。因此，传媒产业与一般产业存在明显的不同，国家对传媒产业的发展有相应的规划。改革开放以前，政府在传媒产业资源配置中所起的作用是主导性的；改革开放以后，传媒产业市场化程度不断提升，市场在资源配置中的作用也随之提升。与传统媒体不同，以互联网为平台的新兴媒体的资源配置方式更为灵活，市场在资源配置中所起到的作用明显更大。我们可以通过政府在网络视频产业中的财政支出以及固定资产投资等指标分析中国网络视频产业资源配置方式，以便为评估网络视频产业发展活力提供参考。

1. 财政支出占比

在传媒产业中，传统媒体的财政支出占比相对较高。2006—2015 年，报纸产业财政拨款占总收入的平均比重为 10.91%；电视产业财政拨款占总收入的平均比重为 12.65%。传媒产业化、市场化不断深入的今天，两大产业的财政支出依然保持一定的比例，可见政府在资源配置中起到一定的作用。另外，从纵向来看，报纸产业财政拨款占总收入的平均比重呈提高趋势，提高幅度较小；电视产业财政拨款占总收入的平均比重在 13% 左右徘徊，变化的幅度不大，也没有明显的规律性。

网络视频产业的财政支出比重相对较小，但由于难以搜集到网络视频产业财政支出的相关数据，我们只能以互联网所属的产业大类的相关数据来替代。在中华人民共和国工业与信息化部所发布的历年财政预算和《通信运营业统计公报》中，将互联网产业的预算与相关统计数据放在电信产业中。因此，本书以电信产业财政支出比重来替代网络视频产业的财政支出。

我们搜集了 2006—2015 年电信产业财政支出和总收入等相关数据，该数据不包括固定资产投资数据，据此计算出电信产业财政支出占比情况。表 5-7 的数据显示，2006 年，中国电信产业财政支出比重为 8.57%。随后，电信产业财政支出比重不断下降，到 2015 年，财政支出占比为 4.75%。2006—

2015 年，中国电信产业财政支出占该产业总收入的平均比重为 6.04%，明显低于报纸产业和电视产业的财政支出比重。财政支出比重较低，说明电信产业通过市场化运作盈利的能力较强，能够维持产业发展。在网络视频产业中，市场在资源配置中的作用更加明显。

表 5－7　　　　中国电信产业财政支出占比（2006—2015）①

年份	2006	2007	2008	2009	2010	2011	2012	2013	2014	2015
财政支出占比（%）	8.57	7.70	6.95	6.73	6.33	4.94	4.48	4.95	5.01	4.75

资料来源：根据《中国财政年鉴》发布的历年财政预算数据和中华人民共和国工业和信息化部发布的历年部门预算中的相关数据计算。

2. 互联网产业固定资产投资资源配置方式

为了从另一个侧面分析中国网络视频产业资源配置方式，我们搜集了 2006—2015 年间中国互联网及相关服务业固定资产投资金额、政府财政投资额等相关数据，据此计算出政府财政投资在互联网及相关服务业固定资产投资中所占的比例。据表 5－8 数据显示，2006 年政府财政投资占当年总投资额的 51.04%，是近年来财政投资占比最大的年份。随后几年中，财政投资增幅出现下滑趋势，但总体上来说，政府在互联网及相关服务产业的固定资产投资中所起到的作用比较大。2006—2015 年间，互联网及相关服务业固定资产投资总额为 2212.40 亿元，政府财政投资总额为 818.50 亿元，政府投资在互联网及相关服务业固定资产投资中所占比例为 37%。与报纸和电视产业相比，政府投资在互联网及相关服务产业的固定资产投资中所占比例最低。而 2006—2015 年间，政府在报纸和电视产业固定资产投资占比分别为 77.13% 和 63.86%，远远高于互联网产业的比例。

报纸、电视、互联网产业固定资产投资资金来源之所以存在这么大的差距，其主要原因在于报纸和电视是国家新闻舆论宣传的工具，其内容生产牵

① 由于无法获取网络视频产业财政投入相关数据，只能采用电信产业财政支出数据作为替代。实际上，网络视频的财政投入比整个电信产业财政支出的占比要低一些。具体计算公式为：财政支出占比 = 电信产业财政投入/（电信产业总营业收入 + 财政投资）×100%。

涉意识形态安全。政府在报纸和电视产业资源配置中发挥一定的作用，有助于稳定市场，提升舆论引导的效力。当然，政府在固定资产投资中占比过高，在一定程度上降低了该产业市场化程度，政策性保护往往不能很好地激发产业的市场活力，导致产业发展过分依赖政府的支持。随着互联网产业经济效益的不断优化，政府在互联网产业固定资产投资中所占的比例将进一步下降，市场在资源配置中的作用将不断提升，对于互联网及相关服务产业的发展来说，适度加强市场在资源配置中的作用，有助于实现产业升级，提高产业发展活力。

表5-8　政府财政投资在互联网及相关服务业固定资产投资中所占的比例（2006—2015）

年　份	2006	2007	2008	2009	2010	2011	2012	2013	2014	2015
互联网及相关服务业固定资产投资额(亿元)	33.50	31.70	52.40	62.00	135.90	164.00	236.70	284.90	410.00	801.30
财政投资额(亿元)	17.10	9.10	11.80	9.60	55.80	60.30	95.50	102.00	150.50	306.80
政府投资占比(%)	51.04	28.71	22.52	15.48	41.06	36.77	40.35	35.80	36.71	38.29

资料来源：根据历年《中国统计年鉴》的相关数据整理计算。

二　网络视频产业组织：市场集中，区域失衡

网络视频产业组织是指网络视频产业内企业之间的组织或者市场关系，主要包括影响产业发展的一些结构性因素，包括网络视频产业的种群结构、市场结构和区域布局等。近年来，中国网络视频产业发展速度迅猛，用户规模庞大，使用率较高。但是，该产业属于新兴产业，很多生产要素发展并不健全，用户黏性并不太强，大部分用户没有明确的喜好，其视频网站品牌的忠诚度不高。因此，网络视频产业目前还处于不断摸索之中，其盈利模式、用户推广、品牌效应等方面都不太成熟，产业发展的结构性因素

正处于不断变化之中。

（一）种群结构：密度较大助力产业升级

从网络视频产业的使用情况来看，该产业是一个充满生机活力的产业。网络视频向人们提供了内容丰富、视觉冲击力强的视频内容，成为广大网民重要的娱乐方式之一。如今，很多媒体都在做网络视频，但多数网络视频并没有盈利。对于各大网站来说，不做网络视频，会丢掉吸引网民的重要平台；做网络视频，又将自身放在一个烧钱赚吆喝的尴尬境地。尽管如此，很多网站依然在不断地投资网络视频行业。

目前，还没有比较详细、权威的网络视频网站的统计数据，更难以找到近年来网络视频网站区域布局状况的数据。鉴于此，我们选择2006—2015年间中国各省、自治区、直辖市网站数量作为统计对象，计算网站种群分布状况，以此来替代网络视频行业种群密度和种群结构，以便为我们分析与认识网络视频产业结构提供参考。在分析报纸与电视产业种群结构的时候，我们集中分析每百平方千米范围内所拥有媒介种类情况，在网站种群密度的分析中，我们将继续按照这一标准。表5-9的数据显示，2006—2015年，中国各省、自治区、直辖市网站数量呈增加趋势，年均增幅为32.63%。各省市网站数量存在明显的差异，上海、北京、广东等省市的网站资源极其丰富，网站种群密度较大，青海、新疆、西藏等省市的网站资源相对较少，网站种群密度较小。从网站种群密度的极差和均值两项数据来看，中国各省市网站种群数量存在严重的两极分化情况，北京、上海、广东等经济发达的省市拥有丰富的网络资源，而一些偏远的地区本土网站建设能力不足，网站种群数量极少。从各年度不同省市网站种群数量的方差来看，其数值为7万到10万之间，表明数据变动幅度很大，各省区市网站数量存在极大的差异，区域不平衡现象体现得尤为突出。在一个产业中，企业种群数量太少，产业经营活力不足，影响产业规模的增长；企业种群数量太多，各种支撑条件不一定能够承载过多的企业，容易造成企业“营养不良”，同样会影响企业的健康发展。

表5-9 历年中国各省、自治区、直辖市网站数量（2006—2015）

单位：个/百平方千米

省份/年份	2006	2007	2008	2009	2010	2011	2012	2013	2014	2015
北京	890.27	1817.74	1541.00	2026.42	2211.78	2291.67	2369.05	2613.10	2720.24	3062.69
天津	95.58	105.92	160.82	286.17	294.59	230.09	327.43	327.43	318.58	390.24
河北	12.66	13.89	22.15	53.65	36.44	35.16	45.82	47.95	50.08	63.49
山西	4.33	4.59	9.00	9.77	13.51	10.88	14.08	22.39	23.03	31.81
内蒙古	0.39	0.46	0.60	0.91	0.98	0.85	1.10	1.01	1.01	1.23
辽宁	17.67	19.33	33.17	37.52	31.19	32.90	43.87	58.94	66.48	76.12
吉林	4.18	4.55	6.07	6.91	10.73	8.54	11.21	11.21	11.21	13.30
黑龙江	1.84	2.14	4.01	12.06	10.02	3.74	4.40	5.94	6.16	8.09
上海	1253.68	4717.73	4078.92	3200.41	3882.17	3777.78	4285.71	5031.75	4984.13	5899.94
江苏	62.63	66.43	114.26	159.56	147.57	122.81	166.67	161.79	160.82	208.82
浙江	62.50	65.66	217.91	332.10	258.75	212.75	192.16	215.69	214.71	256.91
安徽	8.08	16.77	19.09	29.53	22.00	18.61	25.05	27.20	28.63	39.79
福建	35.88	43.47	83.40	129.88	115.23	124.48	155.81	182.19	183.84	204.04
江西	5.84	8.22	12.29	15.05	13.86	9.58	13.17	13.17	13.77	18.55
山东	24.52	29.49	65.37	92.33	84.35	70.87	92.98	94.93	102.73	147.02
河南	9.18	14.99	27.14	40.34	36.21	37.72	47.31	66.47	74.25	99.53
湖北	9.98	14.08	22.08	61.64	33.24	27.97	32.28	34.43	36.58	46.60
湖南	5.88	9.18	13.66	73.05	43.92	18.89	22.66	23.61	23.14	27.86
广东	85.63	87.45	162.11	220.91	220.30	213.33	242.22	297.78	296.11	372.52

续 表

省份/年份	2006	2007	2008	2009	2010	2011	2012	2013	2014	2015
广西	3. 97	6. 05	9. 84	13. 85	10. 21	5. 51	7. 63	10. 59	10. 59	15. 63
海南	6. 58	13. 06	14. 70	27. 02	28. 66	29. 41	35. 29	35. 29	35. 29	44. 10
重庆	10. 76	15. 28	20. 08	66. 13	56. 00	30. 38	37. 67	37. 67	41. 31	53. 94
四川	3. 48	5. 71	8. 61	17. 61	13. 00	14. 96	17. 24	22. 85	25. 34	32. 87
贵州	2. 34	3. 02	4. 09	5. 79	5. 44	3. 41	4. 55	5. 68	5. 68	7. 40
云南	1. 61	1. 92	3. 69	4. 05	3. 50	2. 61	3. 39	3. 65	3. 65	4. 89
西藏	0. 62	0. 37	0. 69	2. 97	1. 56	0. 81	0. 81	0. 81	0. 81	0. 88
陕西	5. 29	6. 30	7. 86	18. 80	19. 72	14. 59	18. 97	18. 00	18. 48	23. 78
甘肃	0. 81	0. 96	0. 72	1. 70	1. 39	1. 10	1. 32	1. 54	1. 54	2. 06
青海	0. 12	0. 10	0. 24	0. 50	0. 33	0. 28	0. 28	0. 28	0. 28	0. 36
宁夏	5. 13	4. 20	4. 45	5. 77	6. 10	4. 52	6. 02	6. 02	6. 02	7. 61
新疆	0. 16	0. 20	0. 33	0. 50	0. 27	0. 24	0. 36	0. 48	0. 48	0. 52
均值	84. 89	229. 01	215. 11	224. 29	245. 58	237. 30	265. 37	302. 58	305. 32	360. 08

资料来源：根据中国互联网络信息中心（CNNIC）发布的历次《中国互联网络发展状况统计报告》的相关数据整理计算。

从网站数量增长情况来看，2006—2015 年间，全国各省市网站种群均呈增长态势。其中，宁夏网站数量增幅最大，年均增幅达 86. 94%，河南网站数量增幅最小，年均增幅为 16. 06%。总体而言，宁夏、甘肃、西藏、云南、江西、贵州等省、自治区的网站数量增速较快，年均增速均超过 45%，网站种群密度正在大幅度提升，而上海、山西、福建、河南、山东、重庆、四川等省市网站种群数量增幅较小，均小于 30%。

为了进一步从区域层面剖析中国各省区市网站种群密度情况，我们计算了历年各省市、自治区网站种群密度 TGI 指数。表 5 - 10 的数据显示，2006—2015 年间，中国各省市、自治区网站种群密度 TGI 指数存在明显的差异，上海、北京、天津等省市的网站种群密度 TGI 指数均大于 100，表明这些省市的网站种群数量高于全国平均水平。广东省的 TGI 指数在 100 左右徘徊，表明该省的网站种群数量居于中等水平。江苏、浙江、山东、福建等省市网站种群数量在全国处于一般水平，而其余各省市、自治区网站数量在全国处于较低水平。其中，内蒙古、甘肃、新疆、青海、西藏等省市、自治区的历年网站种群密度 TGI 指数大体上小于 1，网站种群数量最少，在全国属于网络资源不发达地区。从上面的分析可以看出，中国网站种群密度的空间布局存在巨大的差异，上海市、北京市和天津市 3 个地区占据了全国 85.16% 的网站种群数量，其网站种群密度极大，而有些城市网站种群密度极低，形成了强烈的反差。

表 5 - 10 历年各省、自治区、直辖市网站种群密度 TGI 指数（2006—2015）

省份/年份	2006	2007	2008	2009	2010	2011	2012	2013	2014	2015
北京	1048.73	793.74	716.38	903.48	900.64	965.73	892.73	863.61	890.95	850.56
天津	112.59	46.25	74.76	127.59	119.96	96.96	123.39	108.21	104.34	108.38
河北	14.91	6.07	10.30	23.92	14.84	14.82	17.27	15.85	16.40	17.63
山西	5.10	2.00	4.18	4.36	5.50	4.58	5.31	7.40	7.54	8.83
内蒙古	0.46	0.20	0.28	0.41	0.40	0.36	0.41	0.33	0.33	0.34
辽宁	20.82	8.44	15.42	16.73	12.70	13.86	16.53	19.48	21.77	21.14
吉林	4.92	1.99	2.82	3.08	4.37	3.60	4.22	3.70	3.67	3.69
黑龙江	2.17	0.93	1.86	5.38	4.08	1.58	1.66	1.96	2.02	2.25
上海	1476.83	2060.05	1896.20	1426.91	1580.82	1591.98	1614.99	1662.95	1632.43	1638.51
江苏	73.78	29.01	53.12	71.14	60.09	51.75	62.81	53.47	52.67	57.99
浙江	73.62	28.67	101.30	148.07	105.36	89.65	72.41	71.28	70.32	71.35

续 表

省份/年份	2006	2007	2008	2009	2010	2011	2012	2013	2014	2015
安徽	9.52	7.32	8.87	13.17	8.96	7.84	9.44	8.99	9.38	11.05
福建	42.27	18.98	38.77	57.91	46.92	52.46	58.71	60.21	60.21	56.67
江西	6.88	3.59	5.71	6.71	5.64	4.04	4.96	4.35	4.51	5.15
山东	28.88	12.88	30.39	41.17	34.35	29.87	35.04	31.37	33.65	40.83
河南	10.81	6.55	12.62	17.99	14.74	15.90	17.83	21.97	24.32	27.64
湖北	11.76	6.15	10.26	27.48	13.54	11.79	12.16	11.38	11.98	12.94
湖南	6.93	4.01	6.35	32.57	17.88	7.96	8.54	7.80	7.58	7.74
广东	100.87	38.19	75.36	98.49	89.71	89.90	91.28	98.41	96.98	103.45
广西	4.68	2.64	4.57	6.18	4.16	2.32	2.88	3.50	3.47	4.34
海南	7.75	5.70	6.83	12.05	11.67	12.39	13.30	11.66	11.56	12.25
重庆	12.68	6.67	9.33	29.48	22.80	12.80	14.20	12.45	13.53	14.98
四川	4.10	2.49	4.00	7.85	5.29	6.30	6.50	7.55	8.30	9.13
贵州	2.76	1.32	1.90	2.58	2.22	1.44	1.71	1.88	1.86	2.06
云南	1.90	0.84	1.72	1.81	1.43	1.10	1.28	1.21	1.20	1.36
西藏	0.73	0.16	0.32	1.32	0.64	0.34	0.31	0.27	0.27	0.24
陕西	6.23	2.75	3.65	8.38	8.03	6.15	7.15	5.95	6.05	6.60
甘肃	0.95	0.42	0.33	0.76	0.57	0.46	0.50	0.51	0.50	0.57
青海	0.14	0.04	0.11	0.22	0.13	0.12	0.11	0.09	0.09	0.10
宁夏	6.04	1.83	2.07	2.57	2.48	1.90	2.27	1.99	1.97	2.11

续　表

省份/年份	2006	2007	2008	2009	2010	2011	2012	2013	2014	2015
新疆	0.19	0.09	0.15	0.22	0.11	0.10	0.14	0.16	0.16	0.14

资料来源：根据中国互联网络信息中心（CNNIC）发布的历次《中国互联网络发展状况统计报告》的相关数据整理计算。

网站种群密度对网络视频产业的发展有较大的影响。从理论上来讲，网站种群密度较小的区域，并非表明其网络资源缺乏，也并不能证明当地网络普及率低，更不能说明其网民的网络视频使用率低，因为互联网不像报纸、期刊和地方电视台等媒体，后者具有较强的地域接近性，而互联网能够实现跨区域传播，不同省市的网络资源往往能够共享。即便如此，那些网络种群密度较小的省市，其网络媒体经济发展相对落后，网民的信息消费习惯远远无法与经济发达区域的网民相比。因此，网站种群密度较小必然在一定程度上限制了区域网络媒体经济的发展，其网络视频产业的发展也必然受到很大影响。对于那些网站种群密度较大的区域，其网络资源丰富，当地经济发达，加上网络的跨区域性，现有的内外部条件能够承载网站的生存与发展，其网络媒体经济发展相对比较成熟，为各种新媒体业态和经营模式的拓展奠定了基础。因此，从当前的网络媒体经济发展来看，中国网站种群密度存在明显的区域差异，北京、上海、天津等省市的网络媒体资源丰富，其网络视频产业发展状况也明显好于其他地区，西部偏远地区的网络产业发展受到其经济、文化和整个网站种群成长性的影响较大，网络媒体经济相对落后，其网络视频行业的发展与发达地区相距甚远。

综观中国各省市网站种群密度，可以得出以下结论：第一，互联网所依赖的媒介技术和传播平台为网站的发展提供了很好的条件，网站的种群密度是其他各种媒介无法比拟的，这种技术优势为该产业发展奠定了良好的基础。第二，网站种群密度大，至少说明了该产业的市场需求旺盛，产业生命力和活力处于上升趋势。在以互联网为平台的各类新媒介迅猛发展的情况下，传统媒介的市场需求空间不断被压缩，其媒介种群密度呈下降趋势，其生态活力和产业生命力受到抑制，而网站与传统媒体的种群密度表现出此消彼长的态势。第三，网站种群密度呈现出区域不平衡性，但这并非表明网站种群密度较低的省份缺乏信息传播的平台，因为互联网媒体具有跨区域传播的特征，一般来说，所有的区域均可以共享互联网平台的信息。不过，与网站种群密度较高的省市相比，网站种群密度较低的省市网络媒体经济处于弱势地位。因此，网络媒体产业生态系统表现出明显的区域不平衡性。第四，网络视频产业发展也呈现出一定的区域性，北京、上海、天津等省市的网络视频产业发展速度和质量明显高于偏远的西部地区。总体上来看，网络视频产业种群密度和网站种群密度呈正相关。就目前的网络种群结构来看，种群的平均密度较大，为网络视频行业发展奠定了良好的基础，而网络种群密度的不均衡性在一定程度上影响了部分区域的网络视频经济的发展。从长远的角度来看，网络资源分布的过度集中将会带来一些消极影响，形成强者愈强、弱者愈弱的马太效应，需要从政策上加以引导，减少种群区域结构不均衡所带来的消极影响。

（二）市场结构：集中程度较高加剧垄断

1. 网络视频网站收视市场结构

网络收视市场结构是反映该行业收视市场竞争与垄断状况的重要因素，能够在一定程度上反映该产业中规模较大的视频网站的竞争强度。一般来说，用收视市场集中度这一指标反映该产业收视市场竞争与垄断格局。因为网民的收视行为很难通过具体时间来体现，目前也没有历年各家网站具体的收视时间统计数据，这给我们的研究增加了难度。为了分析中国网络视频网站收视市场集中度，我们选取中国网络视频网站访问量这一指标，通过计算历年各家网站访问量市场集中度来分析其收视市场结构状况。

表5－11的数据显示，2006年，中国网络视频网站访问量市场集中度 CR_4 为45.51%，CR_8 为72.12%，CR_{10} 为79.90%。此后，网络视频网站访问量市场集中度不断提升。到2015年，网络视频网站访问量市场集中度 CR_4 为54.45%，CR_8 为82.58%，CR_{10} 为87.20%。按照贝恩的市场结构分类标准，网络视频访问量市场结构经历了从寡占Ⅳ型到寡占Ⅲ型过渡的阶段，市场中的大型网络视频网站具有较大的垄断力量，网民的注意力主要集中于几家大

型视频网站上。在报纸、电视和网络视频 3 个产业中，网络视频的访问量市场集中度最高，电视收视市场集中度次之，报纸发行市场集中度最低。相对于报纸和电视来说，网络视频产业市场结构还不够成熟，未来还充满变数。

表 5-11　中国网络视频网站访问量市场集中度（2006—2015）　单位：%

年份	CR_4	CR_8	CR_{10}	市场结构类型
2006	45.51	72.12	79.90	寡占Ⅳ型
2007	47.78	73.81	81.51	寡占Ⅳ型
2008	48.62	75.39	83.88	寡占Ⅳ型
2009	49.71	74.79	83.48	寡占Ⅳ型
2010	56.28	76.82	82.90	寡占Ⅲ型
2011	56.69	78.13	85.22	寡占Ⅲ型
2012	55.72	79.81	85.48	寡占Ⅲ型
2013	57.23	76.70	85.71	寡占Ⅲ型
2014	62.74	79.33	86.02	寡占Ⅲ型
2015	54.45	82.58	87.20	寡占Ⅲ型

资料来源：根据艾瑞咨询发布的历年统计数据计算所得，http：//www.iresearch.com.cn/product/iUserTracker.shtml。

网络视频属于新的媒体形态，其市场结构形态表现出新产业的一般特征。从产业生命周期的角度来看，该产业正处于引入期向成长期过渡的阶段。相关研究表明，处于过渡阶段的产业，其市场结构表现出如下特点：第一，在产业引入期，制度性进入壁垒和结构性进入壁垒都比较低；进入产业成长期之后，制度性进入壁垒逐渐完善，结构性进入壁垒不断提高。第二，在产业引入期，其市场集中度比较高；进入产业成长期之后，市场集中度会出现一定程度的下降趋势。第三，在产业引入期，各种产品不太成熟；进入产业成长期之后，产品差别化和同质化情况并存。[①] 数据显示，中国网络视频产业市场结构基本上表现出上述特征。有所不同的是，网络视频产业访问量市场集中度近年来一直保持上升趋势。究其原因，一方面，该产业还处于跑马圈地时代，几家大型视频网站的市场控制力较强，新创办的视频网站对大型视频网站的冲击较小。另一方面，国内视频网站的兼并重组在一定程度上减少了市场分割与竞争，加剧了产业垄断。尤其是在 2012 年 8 月，国内的土豆和优酷两家大型视频网站强强联手，进一步提升了集团的竞争力，使市场趋于集中。

在未来若干年里，中国网络视频网站将逐渐经历成长期，并步入成熟期，其市场结构进一步发生变化。其具体的变化趋势如何，主要取决于以下因素。第一，政府的政策导向将对视频网站市场结构产生直接的影响。政府在政策上鼓励兼并，就会导致市场迅速集中，垄断程度就会提升。第二，在位企业的经营兼并行为将影响视频网站的市场结构状态。在位视频网站因为利润、业务和技术等因素会主动开展兼并重组活动，必然对该产业市场结构产生深刻的影响。第三，后进企业的创新行为和后发优势可能会对市场结构产生一定程度的影响。第四，新创办的视频网站的经营行为也可能在一定程度上影响市场结构状态。第五，国内外的产业融合和战略联盟等结构性变化也将对网络视频产业市场结构产生一定的影响。

网络视频访问量市场集中度对该产业生态系统健康带来一定的影响。一般来说，分散竞争能够体现产业发展的公平性，各家企业都有机会参与竞争。但是，过度分散可能引发恶性竞争，并且很难做大做强，如果遇到产业入侵，现有的企业没有力量反击，容易引发产业危机。当产业垄断程度过高时，容易引发竞争不公平，垄断力量强大的企业容易凭借其市场控制力获取超额利润，对于产业生态系统健康来说，这也不是理想状态。因此，一个产业中的大型企业保持适度的市场控制力量，既能够提升企业的竞争力，又能够为企业经营和市场竞争带来活力。也就是说，适度的寡头垄断是一种比较理想的市场结构状态，对于激发市场活力和提升市场竞争力具有积极的意义。从目前中国视频网站访问量市场集中度的数据来看，当前中国网络视频网站的收

---

① 陶喜红：《不同生命周期状态下传媒市场结构的特征》，《现代传播》2014 年第 1 期。

视市场结构处于较好的状态，其垄断程度不算太高。今后，随着更多视频网站的加入，也可能出现收视市场集中度降低的趋势。但是，如果收视市场集中度不出现断崖式下滑，就不会对产业发展造成危害。适度的降低反而会激发竞争活力，出现新的发展空间。

2. *视频网站广告市场结构*

网络视频访问量市场集中度的高低对于视频网站广告市场集中度产生重要的影响。一般来说，访问量较大的视频网站，其广告经营相对较好。因此，那些在访问量上具有垄断地位的视频网站，最终能够吸引更多的广告客户，其广告经营效益也相对较好。Analysys 易观产业数据库发布的《2016 年第 1 季度中国网络视频广告市场规模统计分析》显示，在网络视频产业中，优酷土豆、腾讯视频和爱奇艺各自占据 20% 以上的份额，乐视网占据 10. 20% 的市场份额，其余的视频网站市场份额相对较小。中国网络视频广告市场集中度 CR_4 为 73. 50%，CR_8 为 90. 70%，CR_{10} 为 94. 00%。到了 2017 年第三季度，中国网络视频广告市场集中度 CR_4 为 77. 27%，CR_8 为 87. 16%，CR_{10} 为 88. 78%。其中，前 4 家视频网站的市场份额有所提升，而 5 - 10 家视频网站的市场份额有所下降。从表 5 - 12 可以看出，中国网络视频网站中，前 10 家网站在广告经营方面具有较强的垄断力。

表 5 - 12　　　　中国网络视频广告市场集中度

序号	2016 年第一季度			2016 年第二季度			2016 年第三季度			2016 年第四季度			2017 年第三季度		
	视频网站	市场份额（%）	市场集中度 CR_n（%）	视频网站	市场份额（%）	市场集中度 CR_n（%）	视频网站	市场份额（%）	市场集中度 CR_n（%）	视频网站	市场份额（%）	市场集中度 CR_n（%）	视频网站	市场份额（%）	市场集中度 CR_n（%）
1	优酷土豆	21. 8	21. 8	腾讯视频	21. 6	21. 6	腾讯视频	21. 6	21. 6	爱奇艺	21. 4	21. 4	爱奇艺	24. 02	24. 02
2	腾讯视频	20. 9	42. 7	爱奇艺	21. 3	42. 9	爱奇艺	21. 3	42. 9	腾讯视频	21. 2	42. 6	腾讯视频	23. 72	47. 74
3	爱奇艺	20. 6	63. 3	优酷土豆	20. 8	63. 7	优酷土豆	19. 7	62. 6	优酷土豆	20. 4	63. 0	优酷土豆	23. 04	70. 78

续 表

序号	2016年第一季度			2016年第二季度			2016年第三季度			2016年第四季度			2017年第三季度		
	视频网站	市场份额(%)	市场集中度CR_n(%)	视频网站	市场份额(%)	市场集中度CR_n(%)	视频网站	市场份额(%)	市场集中度CR_n(%)	视频网站	市场份额(%)	市场集中度CR_n(%)	视频网站	市场份额(%)	市场集中度CR_n(%)
4	乐视网	10.2	73.5	乐视网	10.8	74.5	乐视网	10.9	73.5	乐视网	11.1	74.1	芒果TV	6.49	77.27
5	搜狐视频	6.9	80.4	搜狐视频	7.2	81.7	搜狐视频	7.4	80.9	搜狐视频	7.0	81.1	搜狐视频	5.09	82.36
6	芒果TV	4.9	85.3	芒果TV	5.2	86.9	芒果TV	5.8	86.7	芒果TV	5.7	86.8	PPTV	2.37	84.73
7	PPTV	3.4	88.7	PPTV	3.2	90.1	PPTV	3.1	89.8	PPTV	3.0	89.8	凤凰视频	1.30	86.03
8	风行网	2.0	90.7	暴风科技	1.6	91.7	风行网	1.5	91.3	风行网	1.4	91.2	暴风科技	1.13	87.16
9	暴风科技	1.8	92.5	风行网	1.5	93.2	暴风科技	1.3	92.6	暴风科技	1.3	92.5	风行网	1.00	88.16
10	凤凰视频	1.5	94.0	凤凰视频	1.2	94.4	凤凰视频	1.3	93.9	凤凰视频	1.2	93.7	乐视网	0.62	88.78
11	其他	6.0	—	其他	5.6	—	其他	6.1	—	其他	6.3	—	其他	11.22	—

资料来源：根据 Analysys 易观产业数据库发布的《2016 年第 1 季度中国网络视频广告市场规模统计分析》、Analysys 易观发布的《中国网络视频广告市场季度监测分析 2017 年第 3 季度》的相关数据整理计算。参见 http：//www.askci.com/news/hlw/20160630/11085536037.shtml，http：//www.sohu.com/a/209865452_769242。

如果以最大 4 家视频网站的市场份额来分析，中国网络视频广告市场结构属于寡占Ⅲ型市场结构，如果以最大 8 家视频网站的市场份额来分析，中国网络视频广告市场结构属于寡占Ⅱ型市场结构。总之，当前中国网络视频产业广告市场集中度明显高于传统媒体广告市场集中度，其市场结构类型属于高集中寡占型市场结构，几家大型网站在市场中具有极大的控制力量，广告资源主要流向这几家网站。

尽管网络视频产业的垄断程度相对较高，但是该产业依然存在激烈的竞争。在今后的几年中，必然经历优胜劣汰的残酷竞争，那些不能适应市场发展的视频网站将逐渐退出市场，其市场结构不断得到优化。

（三）区域结构：两极分化限制产业均衡

从区域布局上来讲，互联网媒体与传统媒体存在明显的差异。传统媒体的区域接近性表现得非常明显，其受众、广告资源的获取均与媒体的区域分布存在较为密切的关系。互联网媒体摆脱了这种空间限制，跨区域传播成为常态。当然，我们也可以看到，互联网媒体并没有将区域接近性抛到九霄云外，依然有不少互联网媒体在信息传播中注意了区域接近性问题。比如，腾讯与地方传媒合作，建立了腾讯·大楚网、腾讯·大渝网、腾讯·大成网、腾讯·大湘网、腾讯·大粤网等，提高腾讯在各个区域的渗透率和接近性。人民网、新华网、凤凰网、新浪、搜狐等网站在各个省份设立专门的频道，充分利用区域接近性来吸引网民的注意力。从这个角度来讲，互联网媒体在信息传播过程中，也不可能完全忽视信息的区域性问题，只是互联网媒体受区域接近性的影响没有传统媒体那么明显。本书选择互联网域名数和 CN 域名数为指标，分析互联网在中国大陆各省市的区域布局情况，以便为分析网络视频区域布局提供参考。

1. 互联网域名的区域布局

在互联网使用中，域名是反映互联网上某一台计算机或者计算机组的名称，是一个 IP 地址的面具，域名分为顶级域名和二级域名等。域名的多少能够从侧面反映某一个区域互联网资源的布局和使用情况。我们搜集了2006—2016 年间中国各省市互联网域名区域分布情况，根据历年各省市年末人口统计数据，计算出各省市每千人拥有互联网域名情况。表 5 - 13 的数据显示，2006—2016 年间，中国各省市互联网域名总体上呈增长趋势。全国每千人拥有的域名平均数从 2006 年的 6.98 个增加到 2016 年的 27.03 个。历年域名分布在全国平均值以上的省市为数不多，主要包括北京、上海、浙江、福建、广东等，从理论上来讲，上述省市的互联网资源较为丰富，其本地网络媒体发展水平较高，处于第一梯队。除了上述几个互联网域名分布比较集中的省市之外，部分省市的互联网域名资源处于第二梯队，这些省市的互联网域名相对较多，或者近年来数量增加明显，如天津、黑龙江、江苏、山东、海南等省市，其部分年份互联网域名超过全国平均值，本地互联网资源相对较为丰富。另有一部分省市的本地互联网媒体资源处于中等水平，如辽宁、安徽、河南、湖北、湖南、重庆、四川等省市，其本地互联网域名资源没有达到全国的平均水平，但是其本地域名数量处于一般水平，应该可以满足网民对本地信息的需求。其余省市本地网络域名资源相对匮乏，属于落后区域。

表 5 - 13　　历年中国各省区市每千人拥有域名数（2006—2016）

单位：个/千人

省份/年份	2006	2007	2008	2009	2010	2011	2012	2013	2014	2015	2016
北京	106.87	125.21	170.73	206.44	118.22	63.44	60.15	72.77	107.34	107.01	249.08
天津	8.76	10.20	9.77	11.59	7.95	6.57	6.38	6.91	8.45	15.17	15.59
河北	2.25	3.11	3.41	3.91	3.52	3.24	3.24	3.02	3.91	5.60	7.69
山西	1.52	2.33	2.54	2.78	2.10	1.61	1.83	2.20	2.82	4.13	4.94
内蒙古	1.21	2.00	2.58	2.00	1.45	1.33	1.39	1.83	2.17	2.87	3.49
辽宁	4.00	6.52	7.99	5.97	4.15	3.42	4.32	5.08	5.44	9.39	9.47
吉林	2.74	3.17	3.78	3.26	2.44	1.91	2.07	3.10	3.33	4.43	4.44
黑龙江	2.02	2.93	4.27	4.60	2.59	2.08	1.52	2.43	23.04	20.39	4.44
上海	87.31	90.16	87.88	64.64	35.86	30.67	30.27	31.16	37.20	47.91	88.02
江苏	6.02	7.48	8.52	10.05	6.38	5.15	5.48	7.59	8.45	11.73	20.40
浙江	11.54	15.66	26.16	19.98	14.80	16.14	18.37	64.62	14.78	18.12	68.55
安徽	1.87	2.43	2.79	3.50	1.86	1.53	1.68	3.23	4.23	5.94	8.83
福建	19.64	22.89	23.07	24.40	29.14	15.61	16.69	19.09	20.56	26.43	113.74

续　表

省份/年份	2006	2007	2008	2009	2010	2011	2012	2013	2014	2015	2016
江西	2. 12	3. 01	4. 06	2. 88	1. 90	1. 49	1. 44	1. 95	2. 85	4. 79	7. 07
山东	4. 94	6. 38	7. 27	6. 79	4. 67	4. 10	4. 31	7. 48	41. 93	32. 01	22. 02
河南	1. 76	2. 71	3. 14	3. 45	2. 28	2. 23	2. 11	3. 89	4. 80	7. 36	11. 04
湖北	2. 95	4. 11	5. 86	6. 48	4. 32	2. 55	2. 40	3. 47	4. 27	14. 86	15. 28
湖南	2. 87	4. 14	5. 18	7. 65	4. 13	1. 82	1. 95	2. 64	3. 39	5. 40	9. 68
广东	11. 79	14. 72	18. 02	16. 98	11. 61	11. 59	14. 39	28. 16	31. 68	38. 79	47. 71
广西	2. 01	2. 98	3. 26	2. 73	1. 66	1. 06	1. 21	1. 74	2. 36	6. 62	8. 39
海南	3. 14	4. 54	6. 82	8. 16	5. 86	4. 27	4. 47	17. 27	20. 77	22. 96	10. 72
重庆	3. 36	4. 78	6. 01	6. 92	4. 08	3. 43	3. 20	4. 65	5. 71	8. 71	10. 13
四川	4. 92	5. 64	5. 51	6. 22	3. 18	3. 12	3. 11	4. 39	5. 55	8. 28	13. 24
贵州	0. 75	1. 42	1. 84	2. 55	1. 06	0. 78	0. 80	1. 09	1. 47	2. 82	3. 51
云南	1. 22	1. 94	2. 37	1. 61	1. 01	0. 92	1. 02	1. 55	1. 97	2. 56	6. 87
西藏	0. 89	3. 88	4. 74	4. 22	2. 22	1. 97	1. 40	1. 65	2. 25	2. 74	3. 16
陕西	2. 60	3. 17	4. 19	3. 94	2. 94	2. 47	2. 65	3. 51	3. 92	6. 21	8. 38
甘肃	0. 89	1. 48	1. 66	1. 27	0. 85	0. 70	0. 73	1. 12	1. 32	2. 47	3. 07
青海	0. 69	1. 73	2. 58	2. 43	2. 37	2. 18	2. 05	1. 96	2. 29	3. 11	2. 58
宁夏	5. 37	7. 23	6. 22	3. 20	2. 65	2. 80	2. 24	2. 45	3. 11	5. 34	4. 50
新疆	1. 27	2. 05	2. 58	1. 90	1. 22	1. 17	1. 22	1. 74	2. 18	2. 64	4. 75

续 表

省份/年份	2006	2007	2008	2009	2010	2011	2012	2013	2014	2015	2016
平均值	6.98	9.03	11.18	12.18	8.35	5.83	6.45	10.80	14.00	16.31	27.03
变异系数	23.74	26.39	33.01	37.51	21.68	12.25	11.87	17.39	20.76	20.58	49.04
极差	106.18	123.79	169.07	205.17	117.37	62.74	59.42	71.68	106.02	104.54	246.5

资料来源：根据中国互联网络信息中心（CNNIC）发布的历次《中国互联网络发展状况统计报告》的数据整理。

从互联网媒体发展的情况来看，上述数据也基本上能够反映中国网络媒体发展情况。在互联网域名分布较多的区域，其网络视频媒体较为发达，网络视频经济增长较好。根据艾瑞集团旗下网站 iwebchoice 所查询到的 2016 年 9—11 月期间在线视频网站流量排名，排名前 37 名的视频网站中，在北京创办的有 13 家，占总数的 35.14%，分别是优酷、土豆、中国网络电视台、爱奇艺、1905 电影网、百度、第一视频网、酷 6 网、乐视网、糖豆网、风行网、互联星空、北京宽带网等。在浙江创办的有 7 家，占比为 18.92%，分别是爆米花网、新蓝网、华数 TV、播视网、皮皮网、炎黄微视、九州梦网等。在 2016 年 9—11 月全国视频网站流量排名前 37 家网站中，北京、上海、浙江、广东等 4 个省市占据 81.08% 的比重，视频网站资源区域布局较为集中，体现出一定的区域聚集特征。

按照媒体消费与传媒经济的相互关系，那些能够获得较多受众注意力的媒体，其经营效益相对较好。统计显示，北京、上海、浙江、广东等 4 个省市拥有的互联网域名占全国比重为 44.32%，而这 4 个省市的视频网站拥有的注意力占据全国视频网站的 80% 以上。据此，我们可以判断，视频网站的区域聚集对该行业经济产生较大的影响。上述几个省市的网络视频资源丰富，其经济效益相对较好。

2. 互联网 CN 域名区域布局

CN 域名是国家顶级域名，是中国国家域名，是中国企业自己的互联网标识。目前，中国互联网企业使用 CN 域名的越来越多，CN 域名已经成为国际上有影响力的通用域名。CN 域名的注册与使用在一定程度上能够反映中国互联网资源的区域布局情况。

我们搜集了 2006—2016 年间各省市互联网 CN 域名拥有数量，根据历年年末各省市人口数量，计算出各省市每千人拥有 CN 域名数量，参见表 5－14。从表 5－14 可以看出，2006—2016 年间，中国各省市 CN 域名数大体上呈现增长趋势，尽管有的省份在部分年份出现下跌情况，但并不影响整体趋势。在 11 年中，CN 域名经历了明显的变化，其中，2009 年和 2011 年是两个关键节点。2007 年，中国域名注册管理机构中国互联网络信息中心（CNNIC）宣布，从当年 3 月 7 日起，新注册的 CN 域名第一年享受 1 元钱的注册价格，被称为“一元体验”活动。这个活动一直持续到 2009 年元旦前夕。中国 CN 域名平均每千人拥有数从 2006 年的 4.68 个增加到 2009 年的 9.48 个。随着注册价格的回升，各省市 CN 域名注册数量不断下滑，到 2011 年达到低谷，全国平均每千人拥有 CN 域名 2.60 个，到 2016 年又增加到每千人 14.25 个。

表 5－14　　历年中国各省区市每千人拥有 CN 域名数（2006—2016）

单位：个/千人

省份/年份	2006	2007	2008	2009	2010	2011	2012	2013	2014	2015	2016
北京	84.07	103.70	150.83	185.27	90.62	33.96	27.73	25.78	50.41	38.36	131.14
天津	3.43	5.70	6.26	7.27	3.38	2.26	1.76	2.17	2.53	4.85	6.04
河北	1.22	2.17	2.56	2.64	1.21	0.76	0.61	0.90	1.21	2.38	2.65
山西	0.84	1.60	2.02	2.40	1.06	0.49	0.45	0.63	0.84	1.64	2.02
内蒙古	0.68	1.63	2.18	1.70	0.63	0.51	0.40	0.55	0.69	1.16	1.75
辽宁	2.12	4.75	6.04	4.48	2.32	1.23	1.64	1.53	1.71	4.50	3.91

续 表

省份/年份	2006	2007	2008	2009	2010	2011	2012	2013	2014	2015	2016
吉林	1.80	2.44	3.04	2.74	1.20	0.56	0.50	0.72	0.97	1.80	1.69
黑龙江	1.12	2.11	3.48	3.48	1.80	1.20	0.62	0.75	17.71	15.61	1.69
上海	72.80	76.09	74.25	48.33	15.99	10.20	9.72	11.26	13.05	17.91	46.38
江苏	2.63	4.43	5.31	5.55	3.36	1.87	1.79	2.46	3.02	4.56	6.74
浙江	6.31	10.67	21.32	15.07	9.26	10.47	12.25	50.30	5.83	7.45	33.25
安徽	1.30	1.90	2.25	2.16	1.02	0.60	0.60	0.91	1.28	2.81	3.01
福建	12.16	15.42	15.75	19.01	18.42	4.36	5.90	8.62	8.65	11.94	58.95
江西	1.30	2.45	3.51	2.38	1.01	0.57	0.46	0.66	1.18	2.76	3.07
山东	3.50	4.95	5.78	5.11	2.08	1.11	1.04	4.12	32.68	24.19	14.59
河南	1.08	2.06	2.51	2.28	1.07	0.59	0.55	0.76	1.24	3.23	4.90
湖北	1.72	3.03	4.79	4.76	3.01	1.12	0.86	1.10	1.45	9.98	9.19
湖南	1.98	3.39	4.39	6.94	3.27	0.80	0.75	0.85	1.37	2.88	4.18
广东	6.69	9.35	12.61	11.94	6.05	5.41	7.50	17.57	19.63	23.13	21.32
广西	1.26	2.38	2.69	2.28	1.07	0.46	0.46	0.65	0.99	4.53	5.00
海南	1.56	3.20	5.47	7.00	2.60	1.15	1.14	1.70	1.77	2.41	4.56
重庆	1.99	3.56	4.68	4.45	2.23	1.28	0.87	1.41	1.91	3.62	3.36
四川	3.10	3.81	3.67	3.48	1.22	0.63	0.67	0.98	1.48	2.80	4.32
贵州	0.46	1.22	1.63	2.30	0.64	0.31	0.27	0.43	0.65	1.73	1.69

续 表

省份/年份	2006	2007	2008	2009	2010	2011	2012	2013	2014	2015	2016
云南	0.71	1.46	1.87	1.27	0.56	0.39	0.37	0.63	0.85	1.30	2.97
西藏	0.69	3.64	4.47	3.69	0.84	0.94	0.33	0.39	0.68	0.96	1.66
陕西	1.34	2.28	3.04	2.90	1.57	0.80	0.80	0.96	1.18	2.61	2.90
甘肃	0.48	1.14	1.32	0.99	0.46	0.30	0.27	0.40	0.43	1.06	1.08
青海	0.41	1.42	2.10	1.76	0.51	0.48	0.29	0.39	0.45	0.87	1.18
宁夏	3.87	6.41	5.19	2.50	1.10	1.42	0.76	0.65	0.87	1.15	2.06
新疆	0.70	1.47	1.98	1.60	0.47	0.43	0.42	0.63	0.90	1.15	2.31
平均值	4.68	6.81	8.96	9.48	5.40	2.60	2.94	5.74	7.79	8.95	14.25
变异系数	19.22	22.01	28.96	33.37	16.30	6.32	5.50	10.18	10.98	8.70	25.87
极差	83.66	102.56	149.51	184	90.15	33.66	27.46	25.39	49.98	37.49	130.06

资料来源：根据中国互联网络信息中心（CNNIC）发布的历次《中国互联网络发展状况统计报告》的数据整理。

从区域布局的角度来看，北京、上海、浙江、福建、广东等5省市历年千人CN域名拥有量占据全国前5，并且明显高出全国平均值，在中国CN域名资源排名中处于第一梯队。天津、江苏、山东、湖北等省市CN域名资源排名属于第二梯队，辽宁、安徽、江西、河南、湖南、广西、海南、重庆、四川等省市排在第三梯队，其余的省区市CN域名资源占有较少，属于中国CN域名资源落后区域。

上述分析表明，中国互联网域名与CN域名等资源的占有表现出明显的区域不均衡态势，呈现出两极分化的倾向。北京、上海、广东、浙江等省市在互联网资源方面占据绝对的优势，部分省市处于中间水平。从各省市域名极差情况来看，其数值很大，基本上相当于当年北京市域名资源的数值，可见

CN 域名同样表现出明显的区域差异和两极分化态势。各省市历年域名变异系数比较大，进一步证明了域名分布存在明显的区域差异，两极分化比较严重。CN 域名资源的变异系数也比较大，表明 CN 域名资源分布存在较为严重的区域不均衡特征。总体上来讲，中国互联网资源存在较为明显的区域聚集现象。一般来说，互联网信息传播的跨区域特性遮蔽了该产业区域分布不均衡问题。但是，在互联网经济发展和互联网传播的社会效益方面，互联网资源区域布局的两极分化仍将产生一定的影响。

从传媒经济的角度来讲，互联网资源的两极分化有利于优势区域提升媒介经济总量，对于改善这些区域的产业链结构有较大的现实意义。对于那些劣势区域来说，由于网络媒体资源不发达，过分依赖优势地区的网络媒体资源，受众的消费习惯不容易扭转，当地的网络媒体难以快速成长。久而久之，就形成了强者越强、弱者越弱的马太效应。从社会效益上来讲，网络媒体的跨地域性弱化了资源两极分化引起的信息传播不平衡问题，为网络媒体资源区域分布不均提供了现实合理性。

三　网络视频产业恢复力：弹性力较强，发展潜力大

网络视频产业恢复力考察的是该产业生态系统维持其结构与格局的能力。当遇到其他类型媒体的竞争与冲击的时候，如果网络视频产业能够克服压力，保持反弹恢复的能力，表明产业恢复力较强；反之，则表示该产业恢复力较弱。我们可以通过计算网络视频产业受到冲击之后恢复时间的长短，以此来分析该产业的恢复力，也可以通过生态系统本身抵抗力的大小来评价该产业的生态恢复力。如果产业生态系统恢复力较小，在受到胁迫与压力的时候，产业不能很好地应对，最终被压力冲垮，或者丧失抵抗能力；如果生态系统恢复力较大，在受到胁迫与压力的时候，产业能够很好地应对，受冲击的产业生态系统能够在短时间内得到恢复。

网络视频产业是以互联网产业为平台的媒介品种，其产业发展受互联网网民消费习惯的影响很大。考察网络视频产业恢复力要建立在互联网产业生

态系统健康的基础上。本书主要从网络视频产业的对外依存度、产业发展潜力和抵御生态入侵的能力等几个角度来分析网络视频产业恢复力。

（一）网络视频产业对外依存度合理

在全球化的背景下，世界多数国家的经济与文化处于不同程度的开放状态，经济与文化的国际交流日益普遍，发达国家对其他国家的经济文化发展产生极大的影响。国内各种产业不同程度地依赖于外来经济，这对于产业生态系统健康必然带来极大的影响。产业对外依存度过高，其发展容易受制于人；对外依存度过低，表明产业处于相对安全状态，但不一定处于最健康的状态。因为产业对外依存度低，该产业与国外相关产业之间的经济技术联系较少，处于相对封闭状态。从经济结构的角度来看，并非最理想的状态。本书主要从固定资产投资、技术与设备方面来分析中国互联网产业对外依存度。

1. 固定资产投资对外依存度

从表 5－15 的数据可以看出，2006—2015 年间，中国互联网产业固定资产投资资金来源呈现多元化的趋势，这与传统媒体的资金来源存在一定的差异。中央财政拨款在整个固定资产投资中所占的比例较小，而地方财政和企业的投资所占的比例较大。外商投资金额呈明显的增长趋势，但总体比例较小。2006 年，中国互联网产业固定资产投资对外依存度为 2.09%，2008 年和 2011 年，固定资产投资对外依存度在 1% 以下。最近几年里，该产业固定资产投资对外依存度最大值为 8.07%。2006—2015 年，中国互联网产业固定资产投资对外依存度的均值为 4.08%。在此期间，中国报纸产业和电视产业固定资产投资年均对外依存度分别为 0.63% 和 0.23%。由此可见，在几大传媒产业中，中国互联网产业固定资产投资对外依存度相对较高。这与该产业的属性有关，互联网不是纯粹的媒体产业，它是综合性的信息平台产业，既为传媒产业发展提供平台，又为其他相关产业发展提供平台，产业融合在互联网领域表现得尤为突出。因而，该产业的资金来源与使用相对更为灵活，固定资产投资对外依存度较高属于正常现象。

表 5 - 15　　互联网产业固定资产投资对外依存度（2006—2015）　　单位：亿元，%

年份	固定资产投资额	中央	地方	内资	港澳台商投资	外商投资	国有控股	集体控股	私人控股	互联网产业固定资产投资对外依存度（%）
2006	33. 50	6. 10	27. 30	31. 40	1. 30	0. 70	16. 80	0. 30	14. 40	2. 09
2007	31. 70	1. 50	30. 10	28. 20	1. 10	2. 40	8. 50	0. 60	19. 10	7. 57
2008	52. 40	1. 30	51. 00	49. 40	2. 60	0. 40	11. 10	0. 70	37. 60	0. 76
2009	62. 00	0. 90	61. 10	57. 90	2. 90	1. 20	9. 00	1. 00	48. 30	1. 94
2010	127. 00	22. 90	104. 10	119. 30	4. 60	3. 10	46. 20	8. 50	63. 50	2. 44
2011	158. 10	15. 90	142. 30	146. 20	11. 30	0. 70	36. 50	14. 40	85. 80	0. 44
2012	236. 70	49. 30	187. 40	171. 10	46. 50	19. 10	114. 20	3. 10	75. 60	8. 07
2013	284. 90	51. 20	233. 70	211. 30	55. 50	18. 00	108. 50	7. 20	109. 40	6. 32
2014	410. 00	51. 90	358. 10	316. 60	71. 10	22. 30	153. 60	3. 90	166. 10	5. 44
2015	801. 00	83. 00	718. 30	662. 10	117. 40	21. 70	306. 80	30. 30	319. 00	2. 71

资料来源：根据历年《中国统计年鉴》发布的《按行业、隶属关系和注册类型分城镇固定资产投资统计》的数据整理计算。

固定资产投资对外依存度较高是否会引发产业经营风险呢？我们认为，当前互联网产业固定资产投资还处于比较合理的范围，不会对产业发展造成危害。在其他产业中，存在过度依赖进口或出口的现象，导致产业经济发展存在一定的风险。比如，中国的石油对外依存度已经达到60%①，铁矿石对外依存度达到53. 60%，精炼铝对外依存度为52. 90%，精炼铜对外依存度为69%，钾盐对外依存度为52. 4%，五大矿产的对外依存度都超过了50%。② 上述能源对外依

① 靳颖姝：《油气行业报告：中国石油对外依存度首破60%》，《21世纪经济报道》2016年1月26日。

② 朱敏：《能源资源对外依存度过高的风险及对策》，《中国经济时报》2014年12月12日。

存度过高对我国的经济安全造成一定的影响。这些关键资源需要从少数国家进口，市场供给不均衡，也不稳定。一旦资源供应链任何环节出现问题，就会导致资源使用成本提升，甚至出现资源短缺状况，容易受制于出口国。

2. 技术与设备对外依存度

互联网产业是技术密集型产业，技术与设备更新速度较快。互联网产业技术与设备的升级对于网络视频产业发展有积极的意义。十几年前，中国互联网产业技术与设备比较落后，带宽速度较慢严重地影响了网络视频产业的发展。随着互联网技术与设备的不断更新，该产业逐渐步入快速发展的轨道。

互联网技术与设备对外依存度问题直接影响着该产业生态系统健康状况。过度依赖技术与设备的进出口可能给产业发展带来风险，技术与设备进口对外依存度过高，会导致产业发展受制于人；技术与设备出口对外依存度过高，也有可能出现结构性供需矛盾。一旦出口国技术与设备需求萎缩，可能会带来连锁反应，最终影响产业生态系统健康。

为了测度中国互联网产业技术与设备对外依存度，我们搜集了2006—2015年间中国互联网产业技术设备主营业务收入、进口额、出口额等数据，在此基础上计算出进出口对外依存度。表5-16的数据显示，2006—2015年间，中国互联网产业技术与设备年均进口对外依存度为27.16%；年均出口对外依存度为38.37%。同一时期，电视产业技术与设备进出口年均对外依存度分别为63.81%和7.39%。相比较而言，电视产业进口对外依存度更高。从目前的情况来看，中国互联网产业技术与设备对外依存度保持较好的态势，为产业发展提供了很好的条件。

表5-16　　中国互联网产业技术与设备对外依存度（2006—2015）

年份	技术与设备主营业务收入（亿元）	进口额（亿元）	进口对外依存度（%）	出口额（亿元）	出口对外依存度（%）
2006	47501	22935	32.56	29017	41.20
2007	56001	26249	31.91	34940	42.48
2008	63000	25259	28.62	36240	41.06

续 表

年份	技术与设备主营业务收入（亿元）	进口额（亿元）	进口对外依存度（%）	出口额（亿元）	出口对外依存度（%）
2009	70267	26822	27.63	38015	39.15
2010	77534	28540	26.91	40021	37.73
2011	74909	30227	28.75	42706	40.62
2012	84619	30856	26.72	44061	38.16
2013	93202	34032	26.75	48350	38.00
2014	102988	33197	24.38	49092	36.05
2015	111318	33192	22.97	49131	34.00

注：由于没有互联网产业技术与设备进出口额具体数据，在已有的统计中，互联网产业的许多硬件和软件放在电子信息产业中，因此本书采用电子信息产业相关数据来评价互联网产业的进出口对外依存度。

资料来源：根据历年《中国电子信息产业统计年鉴》的相关数据整理计算。

与上述能源对外依存度相比，互联网产业固定资产投资对外依存度比较低，外资的介入引发经营风险的可能性较小。主流网络媒体的资本、技术和固定资产等要素的对外依存度均比较低，不会对信息安全带来破坏性影响。因此，从理论上来讲，现有的产业资源和资金结构对主流网络媒体信息安全产生的影响较小。从产业生态系统健康的角度来讲，网络媒体技术进口对外依存度稍高，其余指标对外依存度均很低。在今后的产业发展规划中，可以适度提升网络媒体的资本和媒介产品等方面的对外依存度。这样有助于提升产业经营活力，也有助于产业发展与国际接轨。从长远来看，加强中外交流，适度提升网络媒体的对外依存度利大于弊。另外，要改善网络媒体产品的出口贸易状况，提升网络媒体产品出口对外依存度。这样，一方面会提升中国在国际传播中的话语权，让国外更好地了解中国；

另一方面，有助于优化中国网络媒体的经营结构，提升产业活力和恢复力，维护网络媒体产业生态系统健康。

（二）网络视频产业发展潜力较大

网络视频产业发展潜力主要体现在以下几个方面。一是该产业为生产和销售媒介产品所耗费的劳动力成本的大小。如果劳动力成本太大，会给该产业发展带来较大的经济负担；如果劳动者所获取的工资待遇太低，可能导致产业人才外流，对产业发展也不利。因而，保持合适的工资待遇和劳动力成本，对于促进产业健康发展有一定的意义。二是获取受众资源能力的大小。如果该产业能够获得稳定的、忠诚度较高的受众资源，其生存发展就有了坚实的基础。三是研发费用支出状况。在一个技术密集型产业中，如果缺乏技术研发方面的规划，研发费用投入较少，产业的发展潜力就会受到限制。而那些在技术研发方面投入较多的产业，往往具有较大的发展潜力。

1. 劳动力成本

由于缺少专门统计网络视频行业从业人员工资收入方面的数据，本书以互联网产业的平均工资代替网络视频产业的工资收入，以此评估网络视频产业劳动力成本。我们搜集了互联网产业从业人员的数量、平均工资、工资总额、该产业的主营业收入等数据，在此基础上计算出 2006—2015 年间中国互联网产业从业人员工资收入占利润总额的比重。表 5 - 17 的数据显示，2006—2015 年间，中国互联网产业从业人员平均工资大幅提升，10 年间员工平均工资增长了 1.4 倍，工资总额增长了 4.71 倍。互联网产业员工工资收入占该产业利润总额的比重从 2006 年的 18.60% 增长到 2015 年的 30.87%。10 年间，中国互联网产业员工工资总额占该产业利润总额的年均比重为 29.06%。另外，中国互联网产业从业人员工资收入占该产业主营业务收入的比重较低，保持在 0.13%—0.26% 之间。历年《中国劳动统计年鉴》的数据显示，该产业从业人员工资较高，比一般的产业从业人员工资高数万元。因此，该产业的劳动力成本相对较高。近年来，以互联网为平台的网络媒体产业发展较快，其劳动力成本较高，使互联网媒体对于新闻人才具有较大的吸引力，导致传统媒体的优质人才资源向网络媒体流动。从目前的情况来看，网络媒体在人才资源竞争方面占据了主动，其劳动力成本也比较合适，有助于该产业保持健康的发展态势。

表5-17　　互联网产业从业人员工资及其占广告收入和总收入的比重（2006—2015）

年份	从业人数（千人）	工资总额（亿元）	平均工资（元）	利润总额（亿元）	工资收入占利润总额的比重（%）	主营业收入（亿元）	工资占主营业收入比重（%）
2006	101	59.6	60749	320.5	18.60	47501	0.13
2007	135	76.8	60328	389.1	19.74	56001	0.14
2008	145	104.5	74324	415.3	25.16	63000	0.17
2009	191	132.8	71367	487.2	27.26	70267	0.19
2010	201	151.9	76839	690.5	22.00	77534	0.20
2011	214	177.1	85508	710.4	24.93	74909	0.24
2012	137	129.1	95577	790.5	16.33	84619	0.15
2013	186	215.6	118374	810.4	26.60	93202	0.23
2014	216	250.8	123384	889.2	28.21	102988	0.24
2015	232	340.6	146093	1103.2	30.87	129887	0.26

资料来源：根据历年《中国劳动统计年鉴》发布的《分行业城镇单位就业人员平均工资统计》《分行业在岗职工人数和工资统计》等相关数据整理计算。

物质生产资料在互联网产业中并非最重要的资源，人的脑力劳动在互联网产业中处于重要的地位，这就是为什么互联网产业工资总额占利润总额比例过高的原因。尽管互联网产业从业人员工资收入占利润总额的比重较大，但这并不会对产业发展造成太大的影响。

2. 获取受众资源的能力

历史经验表明，能够获得更高受众关注度的媒体往往具有较大的发展潜力。网络视频属于互联网产业中的一个子产业，网络视频与互联网产业的消费者都是网民。大部分网民都是网络视频的观众，只是他们收看视频的时间长短不同，对网络视频的喜好程度不同而已。网民的信息消费是综合性的行为，他们既在网上接收新闻信息，又通过网络传递信息，还通过网络进行电商活动，等等。在现有的统计中，难以找到专门统计网络视频收视时间长度的数据，因此我们以历次《中国互联网络发展状况统计报告》中网民上网时间的相关数据为参考，间接地分析网络视频占有受众资源的能力。

表 5－18 的数据显示，2006—2015 年间，中国网民每周上网时间从 990 分钟增加到 1536 分钟，平均每天上网时间从 141.43 分钟提升到 219.43 分钟。也就是说，中国网民平均每天上网 3.66 小时。相比较而言，传统媒体所受到的关注度正在逐年下滑，中国人的注意力正从传统媒体上移向互联网媒体。目前，中国人平均每天读报时间为 25.79 分钟，看电视的时间为 165.57 分钟。也就是说，中国人每天用在互联网上的时间是看电视时间的 1.35 倍，是读报时间的 8.67 倍。按照目前的发展趋势，今后几年里，读报和看电视的时间将进一步被压缩。

表 5－18　　中国网民上网时间变化情况（2006—2015）

年份	人均每周上网时间（分钟）	人均每天上网时间（分钟）	增长率（%）
2006	990.00	141.43	—
2007	1014.00	144.86	2.43
2008	996.00	142.29	－1.77
2009	1080.00	154.29	8.43
2010	1098.00	156.86	1.67
2011	1122.00	160.29	2.19

续 表

年份	人均每周上网时间(分钟)	人均每天上网时间(分钟)	增长率(%)
2012	1230.00	175.71	9.62
2013	1500.00	214.29	21.96
2014	1566.00	223.71	4.40
2015	1536.00	219.43	-1.91

资料来源：根据 CNNIC 发布的历次《中国互联网络发展状况统计报告》的相关数据整理计算。

虽然网民的上网时间不能替代网络视频的收视时间，但是至少能够帮助网络视频凝聚人气，为网络视频发展吸引更多的受众。与传统媒体相比，网络视频在获取受众资源的能力上显然更胜一筹。网络视频的收视模式、收视时空方面的限制较少，这些因素为其获取受众资源提供了便利。因此，从受众资源获取能力方面来考量，中国网络视频产业的发展潜力巨大，现在的基础平台搭建得比较好，只需要视频网站通过内容建设提升网民的消费忠诚度，吸引网民，留住网民。尤其值得注意的是，网络视频用户的年龄呈现出低龄化的特征，表明该产业正在培育具有发展前景的受众群体。易观智库发布的《中国网络视频时长及用户研究报告 2015》的数据显示，目前，移动视频用户中，年龄在 30 岁以下的用户占 72.5%。这个数据表明，移动视频用户呈年轻化趋势，该群体消费需求较大，愿意体验新鲜事物。并且，这一群体的成长前景较好，为该产业后续发展奠定了良好的基础。

3. 研发费用

研发费用方面的投入状况对产业的后续发展具有较大的促进作用，尤其是各种新技术产业，研发费用的多少对于产业升级起到至关重要的作用。互联网产业对技术方面的依赖程度较高，一些经营效益较好的互联网媒体，其技术与设备条件一般比较好。

本书从总体上分析互联网软件领域研发费用支出状况，从一个侧面反映网络视频产业技术研发概貌。表 5 – 19 的数据显示，2006—2015 年间，中国互联网研发内部支出经费呈明显的提升趋势。2006 年，R&D 经费内部支出 761 万元，到 2015 年，R&D 经费内部支出 45347 万元，增长了 58.59 倍。从 R&D 经费内部支出来源上来看，政府资金所占的比例最高，近年来年均占比达到 70.19%，最高达到 92.25%。尽管 R&D 经费投入力度在提高，但投入金额变化的规律性不强。数据显示，最近几年中，政府在 R&D 经费投入上是不断变化的，总体上呈提升趋势，这为产业的稳定发展提供了可靠的保证。

表 5 – 19　　中国互联网软件领域研发费用支出情况（2006—2015）

年份	R&D 经费内部支出（万元）	政府资金（万元）	企业资金（万元）	其他资金（万元）	政府资金在研发经费中占比（%）
2006	761	534	3	224	70.17
2007	1062	689	5	368	64.88
2008	3818	889	6	2923	23.28
2009	1277	1178	8	91	92.25
2010	1385	1139	44	202	82.24
2011	47827	40208	6513	1106	84.07
2012	56295	38437	5555	12303	68.28
2013	36822	26670	4277	5875	72.43
2014	40636	34325	2893	3418	84.47
2015	45347	27148	6140	12059	59.87

资料来源：根据历年《中国科技统计年鉴》中《按服务的国民经济行业分研究与开发机构 R&D 经费内部支出统计》的相关数据整理计算。

互联网产业不仅仅涉及软件领域，还涉及计算机硬件领域。计算机硬件条件的改善及技术升级对于互联网产业的发展具有积极的意义。表 5 – 20 的数据显示，2006—2015 年间，中国计算机硬件领域研发费用支出较大。2006 年，中国计算机硬件研发经费支出达 103. 75 亿元，其中政府财政资金占比较小，只有 1. 08%。到 2015 年，计算机硬件研发经费支出达 173. 82 亿元，其中政府财政资金占比为 2. 54%，比 2006 年略有提升。从目前来看，中国在计算机硬件方面的投入力度还不高，这在一定程度上制约了互联网硬件技术升级的步伐。因此，从计算机硬件技术的角度来评估，互联网产业的发展潜力还有待提升。

表 5 - 20　中国计算机硬件领域研发费用财政拨款占比（2006—2015）

年份	R&D 经费内部支出（万元）	政府资金（万元）	企业资金（万元）	其他资金（万元）	政府财政投资占比（%）
2006	1037525	11210	952774	73541	1. 08
2007	1470400	24029	1332681	113690	1. 63
2008	1600594	38405	1506530	55659	2. 40
2009	1388128	24947	1272778	90403	1. 80
2010	1175661	11488	1039026	125147	0. 98
2011	1580581	25049	1404564	150968	1. 58
2012	1694003	39929	1632866	21208	2. 36
2013	1484825	42543	1418165	24117	2. 87
2014	1555573	39436	1469584	46553	2. 54
2015	1738188	43472	1590434	31528	2. 54

资料来源：根据历年《中国高技术产业统计年鉴》中《按行业分高技术产业 R&D 活动经费情况统计》和《分行业高技术产业科技活动经费筹集统计》的相关数据整理计算。

网络视频产业刚刚度过引入期，正处于增速较快的成长期，其产业经营模式并不成熟，各大网站正在不断探索网络视频发展的新模式。当前该产业表面上风风火火，投资热情不减，然而市场占有率较高的几家视频网站盈利情况并不乐观，尤其是多数视频网站处于亏损状态，这对于该产业的持续健康发展是不利的。如果近几年不能改变这种亏损格局，就会导致产业的投资热情消退，经营者的信心逐渐丧失，这种状况对于产业发展来说是非常不利的。以互联网为平台的新媒体产业属于新兴产业，如果不能有效地解决该产业的成长性和盈利性，投资者或许在短时间内可以坚持下来，长此以往，投资者的耐心和信心就会经受严峻的考验，最终可能撤出资金，导致产业成长受阻。一般来说，新兴产业的成长与发展需要长期的、充足的资金投入，其科研周期长，不容易取得效益。从世界上产业成长的规律来看，多数产业不可能一直获得稳定的和长期的资金支持。投资者都会对新兴产业持观望态度，当产业发展潜力较大，能够取得预期收益的时候，投资者会保持耐心，产业发展前景较大。当产业久久不能盈利，投资者长时间不能得到回报，原有的资金链就可能断裂，产业发展前景就会蒙上阴影，甚至出现产业崩溃的现象。① 因而，对于网络视频产业来说，最近几年是产业发展的关键时期，一方面，各家龙头企业要能够扭亏为盈，为产业发展树立标杆，建立产业发展的信心；另一方面，要探索适合产业发展的经营模式，为产业持续健康发展定下基调。

（三）产业抵御生态入侵能力较强

相对于传统的报纸、期刊、广播、电视等媒介，网络视频媒介属于产业入侵者，该产业对于传统媒介的冲击较大，使传统媒介的产业发展格局出现明显的断裂局面。这种断裂局面主要表现为：一方面，传统媒体经济增速下滑，甚至处于停滞阶段，难以找到新的盈利点；另一方面，新兴媒体也没有找到稳定的盈利模式，一切都处于探索之中，有些新兴媒体叫座不叫好。作为产业入侵者，网络视频产业在入侵过程中打破了传统媒体构筑的旧经营格局，但是并没有创造出新的、稳定的经营模式。也就是说，网络视频产业在入侵成功之后并没有解决好如何更好地发展问题。解决好这一问题，有助于提升该产业应对其他新兴产业生态入侵的能力，从而构建良好的生态健康体系。

1. 政府限制产业入侵的力度

中国传媒产业生态入侵状况受到多种因素的影响，政府的限制力度的大小起到至关重要的作用。近年来，政府为互联网产业发展提供了较为充足的

① 余许友：《战略性新兴产业周期性研究》，《科学管理研究》2014 年第 4 期。

政策支持。在现有的关于互联网发展的相关政策中，对于互联网媒体机构的设立、资本进入和经营内容都有一些规定，在一定程度上规范了包括视频网站在内的网络媒体的市场进入行为。从 1994 年到 2017 年，中国政府出台了一系列关于互联网信息产业外商投资以及经营的相关规定，参见表 5－21，主要涉及以下几方面内容：一是关于国外互联网媒体机构进入市场的条件，包括在中国设立互联网公司的备案、审批、注册登记等方面的要求。二是关于国外资本进入中国互联网产业的条件，包括国外资本在不同业务领域所占的比重、最低条件等。三是互联网媒介产品进入中国必须遵守的相关规定，包括运输、携带、传播相关信息产品需要遵守的规范等。四是关于互联网国际交流中的信息安全问题，不允许出现危害国家安全，侵犯国家的、社会的、集体的利益和公民合法权益等方面的行为。以上几条管理规定中，前三条都涉及互联网媒体市场进入壁垒的内容，主要包括机构进入、资本进入和产品进入等问题，国家有较为严格的限制，在一定程度上规范了网络视频产业生态入侵行为，抑制了网络视频产业大规模生态入侵现象。除此之外，国家对互联网信息安全方面的规定也能够对产业入侵行为起到一定的延缓和规范作用，避免该产业中出现大量进入和过度竞争现象。因此，从政策的角度来看，网络视频产业抵御生态入侵的能力较强，并形成了一种刚性的壁垒，有效地抑制了该产业的大范围入侵现象，保护了国内网络视频网站的利益。

表 5－21　　国家对互联网产业外商投资及经营的相关规定

相关规定	文件名称	发布机关	时间	网址
为保障计算机信息安全，在使用计算机时候需要遵守如下规定： 1. 进行国际联网的计算机信息系统，由使用单位报省级以上人民政府公安机关备案； 2. 运输、携带、邮寄计算机信息媒体进出境，应如实向海关申报的，由海关依照《中华人民共和国海关法》和本条例以及其他有关法律、法规的规定处理	《中华人民共和国计算机信息系统安全保护条例》	中华人民共和国国务院	1994 年 2 月 18 日发布，2011 年 1 月 8 日修订	http://www.cac.gov.cn/1994-02/19/c_126193562.htm

续　表

相关规定	文件名称	发布机关	时间	网址
国内计算机信息网络进行国际联网，应当遵守如下规定： 1. 计算机信息网络直接进行国际联网，必须使用邮电部国家公用电信网提供的国际出入口信道。任何单位和个人不得自行建立或者使用其他信道进行国际联网； 2. 国际出入口信道提供单位、互联单位和接入单位，应当建立相应的网络管理中心，依照法律和国家有关规定加强对本单位及其用户的管理，做好网络信息安全管理工作，确保为用户提供良好、安全的服务	《中华人民共和国计算机信息网络国际联网管理暂行规定》	中华人民共和国国务院	1996 年 2 月 1 日发布，1997 年 5 月 20 日修正	http://www.cac.gov.cn/1996-02/02/c_126468621.htm
1. 任何单位和个人不得从事下列危害计算机信息网络安全的活动。不得传播危害国家安全或者； 2. 任何单位和个人不得利用国际联网危害国家安全、泄露国家秘密，不得侵犯国家的、社会的、集体的利益和公民的合法权益，不得从事违法犯罪活动； 3. 任何单位和个人不得违反法律规定，利用国际联网侵犯用户的通信自由和通信秘密	《计算机信息网络国际联网安全保护管理办法》	中华人民共和国国务院批准，公安部发布	1997 年 12 月 30 日发布，2011 年 1 月 8 日修订	http://www.cac.gov.cn/2014-10/08/c_1112737294.htm
1. 经营基础电信业务，经营者为依法设立的专门从事基础电信业务的公司，且公司中国有股权或者股份不少于 51%； 2. 在中华人民共和国境内从事国际通信业务，必须通过国务院信息产业主管部门批准设立的国际通信出入口局进行	《中华人民共和国电信条例》	中华人民共和国国务院	2000 年 9 月 25 日公布，2014 年 7 月 29 日修订	http://www.cac.gov.cn/2000-09/30/c_133142151.htm

续 表

相关规定	文件名称	发布机关	时间	网址
1. 经营全国的或者跨省、自治区、直辖市范围的基础电信业务的,其注册资本最低限额为10亿元人民币;经营增值电信业务的,其注册资本最低限额为1000万元人民币; 2. 经营省、自治区、直辖市范围内的基础电信业务的,其注册资本最低限额为1亿元人民币;经营增值电信业务的,其注册资本最低限额为100万元人民币; 3. 经营基础电信业务(无线寻呼业务除外)的外商投资电信企业的外方投资者在企业中的出资比例,最终不得超过49%; 4. 经营增值电信业务(包括基础电信业务中的无线寻呼业务)的外商投资电信企业的外方投资者在企业中的出资比例,最终不得超过50%; 5. 外商投资电信企业的中方主要投资者凭《外商投资企业批准证书》和《电信业务经营许可证》,向工商行政管理机关办理外商投资电信企业注册登记手续	《外商投资电信企业管理规定》	中华人民共和国国务院	2001年12月11日公布,2008年9月10日修订	http://www.cac.gov.cn/2008-09/13/c_126468725.htm
1. 任何组织不得设立中外合资经营、中外合作经营和外资经营的互联网新闻信息服务单位; 2. 互联网新闻信息服务单位与境内外中外合资经营、中外合作经营和外资经营的企业进行涉及互联网新闻信息服务业务的合作,应当报经国家互联网信息办公室进行安全评估	《互联网新闻信息服务管理规定》	国家互联网信息办公室	2017年5月2日公布	http://www.cac.gov.cn/2017-05/02/c_1120902760.htm

资料来源：根据中华人民共和国国家网络信息办公室发布的相关管理规定整理所得，http：//www.cac.gov.cn/1994-02/19/c_ 126193562.htm。

网络视频产业的生态入侵可以分为机构入侵、资本入侵和产品入侵等类型。一般来说，机构入侵的难度相对较大，因为国家在制度上做了较为严格的规定，形成了非常高的制度性进入壁垒，不易突破。资本入侵和产品入侵相对容易操作，这是近年来中国网络视频产业生态入侵的主要形式。一直以来，中国对传播内容的管理较为严格，危害国家与社会稳定的信息、错误言论等均属于限制传播的内容。

动画电视内容一般在传统的电视中播放，近年来，动画电视越来越多地出现在网络视频中，成为网络视频重要的内容资源。分析动画电视的引进情况，能够在一定程度上反映中国在网络视频产业方面的管理与控制，从而为评价中国网络视频产业生态入侵提供些许建议。从表 5－22 和表 5－23 的数据可以看出，2006—2015 年间，中国进口动画电视呈下降趋势，但是进口动画电视的播出量则呈提高趋势。由于相关的统计数据口径不一致，中间出现了变化，本书既搜集了进口动画电视的总数，又搜集了进口动画电视的总时长，以便从较长的时间段里把握动画电视应对生态入侵的能力。从表 5－22 的数据可以看出，2006—2010 年间，中国进口动画电视总数不断下降，进口动画电视占播出总数的比重从 2006 年的 11.85% 下降到 2010 年的 5.42%。可见，国家在进口动画电视总数上的限制很快在动画产品国际贸易中得到体现。到了 2011 年之后，由于国家出台了更加明确的规范性文件，对动画电视国际贸易有了更为详细的规定，形成了较为稳定的动画电视产品进入壁垒，直接影响了动画电视的进口数量。2011—2015 年，中国进口动画电视从每年 1.48 万小时下降到 0.97 万小时。可见，尽管《中国统计年鉴》中对动画电视的相关统计存在标准不一的情况，但大体上可以看出，中国动画电视进口对外依存度相对较低，这主要是制度性保护所致。

表 5－22　中国进口动画电视占动画电视播出总数的比例（2006—2010）

年份	动画电视进口量（部）	动画电视播出部数（部）	进口动画电视占播出总部数的比例（%）
2006	1865	15743	11.85

续 表

年份	动画电视进口量（部）	动画电视播出部数（部）	进口动画电视占播出总部数的比例（%）
2007	1551	14015	11.07
2008	1419	15447	9.19
2009	1086	17544	6.19
2010	1031	19033	5.42

资料来源：根据历年《中国统计年鉴》的相关数据整理计算所得。

表 5-23　　中国进口动画电视播出数占总播出数量的比例（2011—2015）

年份	进口动画电视播出量（万小时）	动画电视播出量（万小时）	进口动画电视占播出总数量的比例（%）
2011	1.48	28.03	5.28
2012	1.21	30.49	3.97
2013	1.40	29.31	4.78
2014	1.59	30.48	5.22
2015	0.97	30.91	3.14

资料来源：根据历年《中国统计年鉴》的相关数据整理计算所得，http：//www.ce.cn/culture/gd/201603/10/t20160310_ 9403719.shtml。

2. 产业平均规模

与传统媒体相比，网络视频产业属于新兴产业，其市场规模较小，但是增长势头迅猛。从 2011 年到 2015 年，中国网络视频总体规模从 62.7 亿元增加到 600 亿元，年均增幅为 57.1%。[①] 从目前的增长趋势来看，在未来的几年

① 资料来源：根据《2016 中国网络视频用户规模及市场规模分析》的相关数据计算所得，中国产业信息网，http：//www.chyxx.com/industry/201610/456678.html。

内，中国网络视频产业的市场规模还会保持高速增长的态势，这为该产业的发展提供了很好的契机。从表5－24的数据可以看出，中国规模较大的视频网站活跃用户量较大。并且，活跃用户量的增长势头较好。这些因素为该产业发展注入活力，并为产业升级发展奠定了良好的基础。"骨朵传媒"发布的《2016年网生内容产业发展研究白皮书》的数据显示，2016年，中国网剧、网络大电影和网络综艺等内容产品在网络视频产业中占据重要地位，近几年一直保持高速增长的格局。到2020年，仅仅是网剧市场规模就有望超过500亿元。上述分析表明，中国网络视频产业存在巨大的增长空间，主要得益于该产业巨大的受众群体。

表5－24　2015年网络视频产业市场份额排名

排名	App名称	2015年度平均活跃用户数(万)	2015年度增幅(%)
1	腾讯视频	10823.8	90.0
2	优酷视频	10563.7	68.5
3	爱奇艺视频	9612.5	184.4
4	搜狐视频	6417.6	115.6
5	暴风影音	5581.1	11.9
6	爱奇艺PPS影音	4355.1	72.6
7	PPTV聚力	3066.9	49.8
8	土豆视频	2913.5	129.8
9	乐视视频	2551.4	88.6
10	百度视频	2448.6	17.9
11	看片神器	2220.8	35.1
12	芒果TV	1831.6	220.0

续 表

排名	App 名称	2015 年度平均活跃用户数(万)	2015 年度增幅(%)
13	360 影视大全	1700.9	-10.2
14	快手	1573.5	93.6
15	和视频	1165.7	-31.1
16	美拍	947.6	1.6
17	影音先锋	772.3	200.7
18	风行视频	713.4	143.5
19	云视听·泰捷	612.7	743.4
20	央视影音	577.3	150.6

资料来源：根据艾瑞咨询发布的相关数据整理所得。

从前面的分析可以看出，网络视频产业存在较为明显的垄断特征，规模较大的几家视频网站占据了较多的受众资源和广告资源。这样，该产业就形成了两极分化的市场格局，强者愈强，弱者愈弱。那些具有市场竞争优势的视频网站，往往能够借助经济优势和技术优势来开发媒介产品，其抵御生态入侵的能力较强。对于那些规模较小的视频网站来说，产业生态入侵往往会带来致命的打击。总体而言，网络视频产业平均市场规模较小，多数视频网站的实力较弱，抵抗市场风险的能力较低。因而，网络视频产业的市场格局尚不稳定，产业的制度变迁对产业平均规模的变化和竞争格局的形成具有直接的影响。

3. 网络视频收视时间

网络视频是当下受众接触率较高的媒介形态，不少人有一定的收视习惯，经常收看网络视频节目。也有一部分人目前还没有形成稳定的收视习惯，但是也会不定期地收看网络视频节目。前者属于网络视频忠诚度较高的受众，而后者属于网络视频的潜在受众。网络视频收视时间的长短，能够在一定程度上反映网民对这种媒介类型的关注情况，也能够反映该产业抵御生态入侵的能力。因为，收视习惯较好的网民，往往具有一定的收视忠诚度，能够为该产业发展奠定基础，也有助于该产业抵御生态入侵。

从表5－25的数据可以看出，2014—2015年间，中国网络用户人均访问视频时间呈提升趋势。在不到两年的时间里，人均单日访问视频网站的时间从24分钟增加到36分钟，已经超过读者读报时间的2倍，表明网络视频正在吸引网络用户的注意力。综合各种报告的数据显示，中国网民接触网络视频的时间正在不断提升，并且其发展势头良好，在未来的几年里依然会保持较好的发展态势，为网络视频发展奠定良好的基础。

表5－25　网络用户人均单日访问网络视频时长（2014—2015）

时间	人均单日访问时长（分钟）	比上一季度增长（%）
2014Q1	24.0	—
2014Q2	31.1	29.58
2014Q3	32.4	4.18
2014Q4	32.0	－1.23
2015Q1	34.8	8.75
2015Q2	35.2	1.15
2015Q3	36.0	2.27

资料来源：根据易观智库发布的《2015中国网络视频市场及用户研究报告》数据整理计算，http://www.useit.com.cn/thread－11044－1－1.html。

第六章　中国传媒产业生态系统修复的对策

通过对传媒产业中有代表性的媒介形态进行分析发现，各种媒介处于不同的产业生命周期，其产业生态活力、产业组织和抵御生态入侵的能力存在显著的差异。有的产业早已经过了成熟期，正在步入衰落期，产业经营绩效和市场规模都出现了亟待解决的问题。而有的产业正处于引入期，面临较好的发展机遇，同时也存在一定的经营风险。总体上来看，中国传媒产业生态系统健康存在的问题可以归结为产业活力、产业组织和产业入侵应对等三个方面。基于此，可以从以下几个方面来修复中国传媒产业生态系统：一是通过推动产业共生提升传媒产业活力；二是通过调整结构提升市场绩效；三是通过增强产业弹性力提升应对生态入侵的能力；四是通过规制变革来优化传媒产业发展生态。根据中国传媒产业发展的历史与国情，本书认为，中国传媒产业生态系统健康体系的修复，最终需要借助政府规制的力量，从外部发力引导产业走向可持续、健康的发展之路。

一　推动产业共生，提升产业活力

对于传统的传媒产业来说，其面临的生态竞争是复杂的、多层次的，既有来自新兴媒体的竞争，又有来自相关产业的替代性竞争，还有国外相关媒体的生态入侵。对于各种新兴的媒介来说，其面临的竞争也比较严峻，一方面，传统媒体不会坐以待毙，它们会通过各种途径提升自身生产力和竞争力；另一方面，新媒体的创新性很强，发展变化的速度极快，各种新媒体都可能在短时间内被更新的品种所取代。因而，新媒体的经营者要时刻警惕，不断开拓创新，以免被更新的媒介技术所取代与抛弃。按照产业发展的历史规律，在多数情况下，新兴产业并不是完全取代传统产业，而是形成一种叠加的产业形态。不可否认的是，新兴产业对传统产业的生存与发展模式带来极大的冲击，后者的市场规模可能出现萎缩的现象。另外，国外相关产业对国内产业的生态入侵，也形成巨大的冲击力量。

针对这种复杂的产业竞争生态，传媒产业各子产业需要找出有针对性的应对策略，以便应对各产业所面对的问题。从产业生态系统（Industrial Ecosystem，IES）的角度来说，产业是一个远离平衡状态的开放体系，即所谓的耗散结构，其物质流和能量流尽可能得到多层次的利用，从而达到良性循环，形成一种产业共生态势。传媒产业是一个大的产业体系，其内部包含多种产业形态，既有不同的媒介种群，又有与传媒产业存在各种技术经济联系的边缘性产业，形成一个庞大的产业群落。面对传媒产业的生态危机，既要有产业群落的总体设计，又要有各个子产业的单一考量。对于前者，实际上是从产业群落的角度来思考，力争从整个传媒产业方面提升产业的物质能量交换效率，提升产业发展活力与经营绩效。对于后者，要进行有针对性的设计，为各个子产业发展提供建设性意见。

关于产业群落的健康发展，关键问题是处理好产业间的关系，即种间关系（interspecific interaction）。两个物种之间的关系，既可能是直接的关系，又可能是间接的关系。李振基等学者认为，物种之间的关系主要包括中性、竞争、偏害、捕食、寄生、偏利、互利等7种类型。[①] 如果用“+”表示有利，用“-”表示有害，用“0”表示既无利也无害，那么，物种之间的关系就可以总结为7种关系，参见表6-1。

① 李振基、陈小麟、郑海雷主编：《生态学》，科学出版社2007年版，第143页。

表 6－1　两个物种之间的相互关系

种间关系类型	物种 1	物种 2	相互关系的主要特征
中性	0	0	彼此互不影响
竞争	－	－	相互有害
偏害	－	0	物种 1 受害,物种 2 无影响
捕食	+	－	物种 1(捕食者)有利,物种 2 受害
寄生	+	－	物种 1(寄生者)有利,物种 2 受害
偏利	+	0	物种 1 有利,物种 2 无影响
互利	+	+	彼此都有利

资料来源：李振基、陈小麟、郑海雷主编：《生态学》，科学出版社 2007 年版，第 143 页。

黄欣荣根据李振基等学者的观点，结合产业生态的基本特征，将产业之间的关系大致可以分为竞争关系、中性关系、合作关系、寄生关系、偏利共生、互惠共生等 6 种关系。① 各种产业之间，最常见的是竞争关系，有的是直接竞争关系，有的是间接竞争关系。中性关系主要指两种产业彼此不相干，互相没有什么影响，比如钢铁产业和餐饮业之间的关系。合作关系指的是产业之间通过相互合作达到优势互补，提升彼此的竞争力。寄生关系表现为寄生产业和寄主产业之间的关系，这是特殊的产业共生模式，比如一些大型工业园区周围有很多小吃、零售行业，都可以算作工厂的寄生产业。偏利共生是指一对具有共生关系的产业之间的获利并非对等，一方能够从共生中获得利益，而另一方既不会获得利益，也不会出现什么损失。产业的互惠共生指的是产业相互之间的依存关系比较紧密，互利共生。根据产业之间互惠程度的不同，又可以将互惠共生分为对称性互惠共生和非对称性互惠共生，前者指双方的关系和地位是对等的，而后者指共生双方的关系和地位并非对等的，

① 黄欣荣：《产业生态论》，经济科学出版社 2010 年版，第 122—123 页。

双方从共生关系中所获取的价值也并不对等。

对于传媒产业来说，其内部各子产业之间以及传媒产业与其他相关产业之间同样存在着种间关系，任何两个产业之间基本上不会超出上述6种关系。不过，有些产业之间的关系比较复杂，可能包括两种以上的关系。比如，传媒产业各子产业之间的关系大多存在竞争关系，然而，有些子产业之间不仅仅表现为竞争关系，还会表现出相互合作的关系，传统的报纸与网络媒体之间即属于这种关系。一些节目制作公司与电视台之间既存在合作关系，又属于互惠共生关系。

如果将传媒产业生态系统看作一个产业共生圈，那么在这个共生圈里，政府管制机制和市场运行机制两者之间的力量相互协调，传媒产业之中的各子产业相互关联，其上下游产业链相互链接，相关产业与传媒产业之间进行物质，能量和信息的交换，共同构筑一个产业共生生态系统，参见图6－1：

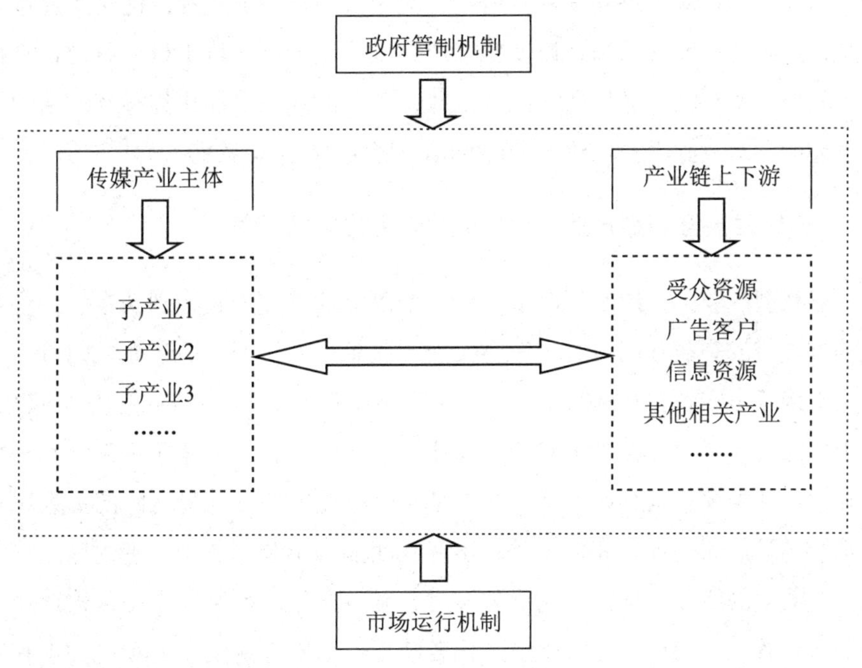

图6－1　传媒产业共生圈

说明：笔者根据自己的理解绘制。

按照区域范围的大小来分，可以将传媒产业分为若干个产业共生圈。从全国范围来看，可以将传媒产业与相关的外界环境视为一个产业共生圈，传媒内部、传媒与外界进行物质、能量与信息的交换。从一些特定区域来看，也存在大小不同的传媒产业共生圈，其物质、能量与信息的交换表现出不同的特征。传媒产业共生圈是一个复杂的体系，其运行中涉及的因素非常多。其中，政府管制和市场调节是最重要的两大力量，对整个产业的发展水平起到至关重要的作用。在产业共生圈中，子产业及其内部要素之间、产业链上下游之间均存在极为复杂的关系。在媒介融合背景下，产业分立状态不利于传媒产业升级，需要修复产业生态系统，使各子产业的结构关系保持合理的张力，传媒运行效率和经济效益达到最佳。做好媒介改革工作，需要抓住“结构性机遇”，通过跨产业链的“顶层设计”推动改革向深层次发展。[①] 因而，要具有全局的观念，通过构建产业共生格局，降低产业发展中的损耗，提高产业的发展活力和整体绩效。结合传媒产业发展的基本特点，本书认为，今后积极推动传媒产业共生发展模式，形成协同进化的机制，优化产业竞争机制，提升产业发展活力，修复传媒产业生态系统。具体来讲，通过积极推动互利型、偏利型、寄生型和混合型共生模式的发展，优化传媒产业结构和竞争环境，形成健康、合理与充满生机活力的产业生态系统。

（一）发展互利型产业共生，强化产业发展协同性

互利型产业共生指的是两个或者两个以上的产业通过互利共存、优势互补的方式组成利益共同体。在一些大型产业园区中，不同的产业之间可能不存在直接竞争或者相互抑制，仅仅形成互利共存、优势互补的产业发展格局。对于传媒产业来说，各个子产业之间往往存在一定程度的竞争关系。互利型传媒产业共生模式具有如下特征：一是共生产业内的参与者之间的关系比较稳定。二是产业的地位相对平等，不存在明显的不公平、不合理的问题。三是产业共生的终极目标是达到优势互补、利益共享。就当前中国传媒产业发展情况来看，互利型产业共生模式比较缺乏，不同产业之间的利益关系存在明显的不平衡性，传统媒体的式微不利于建构大范围的互利型产业共生模式。但是，可以考虑建构小范围的传媒产业共生模式。

---

① 栾轶玫：《后媒介时代：媒体的结构性机遇》，《新闻与写作》2013 年第 11 期。

竞争并非总是排斥合作与协同发展，两个或多个产业在竞争中同样可以建立互利型产业共生格局。在传媒产业中，存在诸多类似的互利型产业共生情况。不同的传媒子产业在利益共享的基础上组建的传媒战略联盟即属于这种情况。张立伟（2016）所论及的传媒的“1 + N 联盟类型”属于典型的互利型产业共生。联盟的各方“立足传统媒体，联盟类型有基本者 1，辅助者 N”。[①] 比如，传统媒体和各种新媒体所开展的内容渠道联盟属于基本联盟。除此之外，还可能会开展多种辅助联盟，如同类规模联盟、共创产品联盟和新闻来源联盟等。[②] 2005 年 10 月，在南京举行的全国都市报研究会，共有 22 家都市报联合发布旨在维护新闻内容版权的《南京宣言》。2006 年 1 月，解放日报社向全国 38 家报业集团发出《发起全国报业内容联盟的倡议书》，这些倡议看起来是抵制商业网站随意拿走传统报纸的新闻，实际上是想更加规范地开展合作，避免新闻内容被无偿转让或者廉价使用。

当今的各种平台型媒体经常采用战略联盟的方式发展互利型产业共生模式。创建于 2012 年的今日头条，已经有超过 6 亿的用户数，月活跃用户超过 1.4 亿。今日头条的运作模式曾经引发版权纠纷，《广州日报》于 2014 年 6 月初起诉今日头条存在侵权行为。然而，两家媒体在法院受理起诉的两周之内就达成内容页合作经营的协议。此后，今日头条与多家媒体广泛开展合作。今日头条 CEO 张一鸣认为，通过与更多的媒体合作，形成一种产业生态的共荣格局。截至 2014 年底，“今日头条已经与超过 2000 家媒体和机构达成了正式的版权合作协议”。[③] 2015 年 9 月，今日头条的合作媒体已经超过 9000 家，传统媒体和新闻网站数量超过 1000 家，覆盖全国 31 个省、自治区、直辖市。[④] 目前，今日头条的“头条号”总数已经超过 30 万。“头条号”为企业、机构和媒体在移动端提供了更多的曝光机会，这种互利型产业共生模式催生了一个良好的内容生产平台。今日头条将危机转化为契机，积极推动互利型产

---

① 张立伟：《战略联盟：盈利模式清晰的媒体融合》，《当代传播》2016 年第 4 期。

② 同上。

③ 苏艺：《为更多用户更有效提供更多信息———专访“今日头条”CEO 张一鸣》，人民日报社编：《融合元年———中国媒体融合发展年度报告（2014）》，人民日报出版社 2015 年版，第 169 页。

④ 赖名芳：《阎晓宏在北京字节跳动科技有限公司考察调研时表示：媒体融合应遵守新闻传播版权秩序》，《中国新闻出版广电报》2015 年 9 月 23 日。

业共生，借助平台优势推动了相关产业的协同发展，为平台型媒体的发展提供了借鉴。

从纸质媒体抵制商业网站随意转载新闻内容这一案例可以看出，两者的不合作行为并不利于各自的发展，只有加强合作，才有可能达到互利。在传媒产业内部、传媒产业与其他相关产业之间通过利益关系构建合理的生态网络，形成长期而稳定的联系。在传媒产业生态网络中，各相关媒体及机构相互依赖，通过相关物质流、能量流和信息流形成互利的共生关系。从传媒产业总体发展的规划上来讲，各类传媒及相关产业如果能够找到利益平衡点，就有助于构建互利型产业共生模式，从而积极推动产业的协同发展，提升整个产业的发展活力和经营绩效。

（二）推动偏利型产业共生，提高主导产业优势度

互利型产业共生模式的建立需要双方不断地探索与磨合，在传媒产业转型发展的激变阶段，并不一定很快就能建立互利型产业共生模式。尽管如此，可以探索传媒产业的其他共生模式，偏利型产业共生模式就是一个比较好的选择。所谓偏利型产业共生模式，指的是“共生体系中一方有利，而另一方既没有因此而受害也没有直接获利或获利很少”①。建立偏利型产业共生模式一般会遇到三种情况。第一种情况是各产业之间的利益关系是平等的，各方都预期从产业共生中获得大体相当的利益，推动偏利型产业共生就会遇到阻力。第二种情况是产业之间的利益关系不平等，一个或数个产业并非依靠产业共生获得利益，共生的产业之间存在偏利的基础。第三种情况是各个产业都预期从产业共生中获得利益，一个或数个产业可以牺牲当下的利益，以期在未来的一段时间内能够获取更多的收益，这种情况也有助于推动偏利型产业共生模式的发展。偏利型传媒产业共生模式具有如下特征：一是处于产业共生体系中的双方或多方所获取的利益严重失衡，某一传媒子产业或者某些子产业获得绝大部分利益，甚至获得全部利益。二是偏利共生的传媒产业之间存在双向或者多向的物质流、信息流和能量流。

在传媒产业发展史上，偏利型产业共生现象也经常出现，只是所产生的

① 黄欣荣：《产业生态论》，经济科学出版社2010年版，第141页。

利益的偏向程度存在较大的差异。在商业网站崛起的过程中，传统的报纸与商业网站的关系属于偏利型产业共生模式。传统的报纸希望借网络的传播手段扩大影响力，商业网站则希望传统媒体为其提供免费的优质内容。看起来，两者之间的关系类似于互利型产业共生模式。实际上，在商业网站发展的初期，网站与报纸之间的关系以偏利型共生关系为主。因为，商业网站没有采制新闻的资质，只能借助传统媒体尤其是纸质媒体的新闻来维持新闻信息传播。早期的新浪、搜狐、腾讯、网易等商业网站都是依靠转载其他媒体的新闻资讯，从而保障信息供给模式的顺利运行。商业网站之所以在一段时间内能够快速发展，产生那么大的影响力，主要是这类网站借助业已形成的信息供应链获取有效信息，吸引网民的眼球，再将网民的注意力进行“二次售卖”，获得广告收入或者其他收入。在早期报纸与商业网站的共生模式中，报纸从中获取的利益是微不足道的。无论是经济上的收益，还是报纸所期待的影响力方面的收益，都没有达到传统报纸的预期。最终，报纸在漫长的期待中丧失了最好的转型发展机遇。甚至商业网站经历了辉煌与衰落的过程，多数报纸的转型仍然没有成功。

在当下的传媒产业生态演变过程中，传媒之间的合作与共生往往存在偏利共生的情况。对于那些能够从产业共生中获利的产业来说，这种产业共生模式有助于推动产业发展。不过，即便能够通过偏利型共生模式获利，也要预见可能存在的风险，因为那些不能获利或者获利较少的产业随时可能采取不合作行为，这样就会导致产业共生难以为继。对于那些在产业共生中无法获利或者获利较少的产业，如果共生不会给产业带来福利损失，那么这些产业中的企业往往会采取合作的行为；如果产业共生给无法获利的产业带来一定的福利损失，那么这些产业中的企业可能会选择不合作的行为，以至于产业共生最终无法继续下去。

在偏利型产业共生模式中，能够获利的传媒是产业共生的积极推动者。在传媒产业共生圈中，如果非获利产业产生福利损失，获利产业就要采取合适的方式让非获利产业避免出现福利损失，或者通过相应的渠道挽回损失，否则产业共生模式不会长期存在下去。当然，非获利传媒也要用发展的眼光来看待产业共生，因为短期的非获利行为可能会催生产业升级的机遇，为后续的产业发展奠定基础。一些平台型媒体在最初阶段并没有盈利，但是这些传媒所推动的偏利型产业共生模式为其后续发展积累了大量的资源，最终为产业升级提供了强劲的动力。

（三）推进寄生型产业共生，延伸传媒产业价值链

寄生型产业共生是一种特殊的产业共生模式，在这种类型的共生环境中，“寄生产业依附于寄主产业，寄居在寄主产业的系统之内，与寄主一起组成一个有机联系的有序系统”①。一般来说，寄生产业从寄主产业获取副产品，并以此作为生存发展的资源。在传媒产业中，也存在这种寄生型产业共生模式，并形成相应的产业价值链，使产业发展的纵向关联更加紧密。寄生型传媒产业共生模式具有如下特征。一是在寄生型传媒产业中，各种类型的传媒或相关企业之间的地位是不平等的。二是在寄生型传媒产业中，寄主产业与寄生产业之间的关系相对稳定。三是在寄生型传媒产业中，寄主产业与寄生产业之间存在物质流动，其流动方向比较固定，主要是从寄主产业流向寄生产业中。

在传媒产业发展的历史中，一直存在大量的寄生型产业。民国时期，上海、北京、天津等地出版了大量的报纸。报业的发展催生了不少印刷厂、报贩群体，对于推动印刷行业和报纸发行行业的发展有积极的意义。在这种产业发展模式中，报纸行业就属于寄主产业，而相关的印刷与发行行业即属于寄生产业。在当今的传媒产业中，也存在较多寄生型产业共生现象，如传媒比较发达的地区，存在大量的媒介产品制作公司；在传媒区域聚集的地方，周围有很多服务企业、广告公司等，都是寄生于大型传媒集团周围的产业。对于传媒产业或者大型传媒集团来说，这些寄生产业并不会给它们带来明显的福利损失，反而使自身的工作开展得更加顺利。传媒产业或者大型传媒集团还可以将一些经营性业务外包给这些寄生企业，这样就可以专心地去经营那些更核心的业务。

对于传媒产业来说，发展寄生型产业共生模式有助于拓展新的生长空间，延伸传媒产业价值链。Chris Bilton 曾经提出了产业战略创新的 6 个范式，他

---

① 黄欣荣：《产业生态论》，经济科学出版社 2010 年版，第 140 页。

认为，通过延长、缩短、拓宽、重塑以及融合产业价值链能够实现产业的价值创新、成本创新、数量创新、市场创新、边界创新等。① 传媒产业通过发展寄生型产业共生模式可以实现价值和市场的双重创新。从与传媒产业关系密切的寄生型产业来看，有些产业与传媒之间形成较为稳定的业务关系，寄生于传媒产业之上，形成上下游产业价值链，这种共生关系对于提升产业竞争力，保持稳定的产业生态具有积极的意义。除了这些具有上下游关系的产业之外，也有部分产业与传媒产业之间没有业务关系，如大型传媒企业周围的一些服务商就属于这种类型，这些服务商通过寄生在传媒企业周围，同样可以获得生存发展的空间。产业价值链的延伸不仅仅使传媒企业实现价值增值，还会从更深层面推动产业的发展，其中最明显的就是促进传媒产业市场创新。寄生型产业共生模式有助于延伸传媒产业价值链，从而推动媒介产品市场、销售市场的创新，不同传媒之间的经济技术关联也可能产生变化，市场的利益关系和交换关系也随之出现新的特征，最终出现新的市场竞争与合作形式。

（四）实施混合型产业共生，提升传媒产业融合度

过去，传媒产业主要包括图书、报纸、期刊、广播、电视、电影等媒介形态，各个产业之间存在不同类型的产业共生模式。随着互联网产业的迅速崛起，传媒产业的范围、边界、经营格局均发生明显的变化，传媒产业的共生模式也出现更为复杂的态势。即便在传统的传媒产业中，产业共生也不一定是单纯的某一种共生关系，多数传媒产业之间存在较为复杂的产业共生模式。因而，传媒产业同其他产业一样，在产业共生系统里，既存在寄生关系，也存在互利或者偏利关系，抑或是几种关系并存的混合型产业共生关系。② 在传统媒体处于鼎盛时期，传媒产业各子产业之间的边界较为清晰，产业共生关系比较简单。如今，传媒产业形态和经营模式发生巨大的变化，产业的共生关系也随之变动，产业之间的共生关系相对更为复杂，混合型产业共生成为较为普遍的产业共生模式。从产业生态位的角度来讲，可以将经营方向、

---

① Chris Bilton, Stephen Cummings, *Creative Strategy: Reconnecting Business and Innovation*, London: Wiley - Blackwell, 2010, pp. 66 - 70.

② 鞠美庭、盛连喜：《产业生态学》，高等教育出版社 2008 年版，第 202 页。

产品形态相似的传媒机构放在不同的区域，充分利用资源，形成错位竞争的态势。尽可能发挥不同环节产业链的最大功效，将不同经营单元或者产业链的上下游环节作为共生单元，发挥各个单元的优势，构建和优化传媒机构与相关产业之间的网络关系。

在传媒产业生态系统里，各子产业之间、上下游产业链之间的共生关系比较复杂，并不是单一的共生形态，而是多元的共生关系，形成了混合型产业共生模式，包括多种产业形态、传媒机构以及不同区域的传媒产业共生。有了互联网平台，各种产业融合共生变得更加便捷。例如，湖北广播电视台的“垄上频道”是一个服务三农的电视频道，先后设立了《垄上行》《和事佬》《动动抢动抢》《三农湖北》《打工服务社》等栏目，目前已经实现了专业节目大众化传播，涉及农业信息服务、农业产品研发及销售、进城务工服务等一系列内容。传媒业务只占其全部内容的三分之一，剩下的都是别的东西，这就是传媒的跨界运营。[①] 垄上频道的运营模式是产业共生的典型案例，该频道与农业产业之间形成了互利型产业共生模式，有些栏目则属于偏利型产业共生，而整个频道的运营并非单一的产业共生模式，体现出混合型产业共生的态势。从这个案例可以看出，产业共生对于推动传媒产业与其他相关产业的融合有重要的意义。农业与传媒产业原本属于两个不相干的产业，但是农业需要信息服务，而传媒产业则是提供信息服务的机构，两者之间相互渗透，构建了一种新的产业合作模式，推动了两个产业的发展。如今，传媒产业与旅游产业、通信产业等都存在不同形式的产业共生基础，已经形成了不同类型的合作方式。一些平台型媒体的快速发展为传媒产业与其他产业融合提供了很好的机遇，传媒的发展不能囿于小的范围内，传媒产业与其他产业之间的互动逐步增加，产业的合作与共生逐渐突破了产业边界，提升了相关产业之间的关联度，从而产生更多的发展机遇，也更有利于传媒产业的升级与转型。

当前，中国传媒产业正处于转型发展的关键时期，各种传媒子产业面临不同的生存环境和竞争压力。从中外媒体发展的历史来看，媒体之间的竞争往往不是你死我活的毁灭性竞争，而是对资源的共同开发、利用与争夺。如

① 胡正荣：《媒体的未来发展方向：建构一个全媒体的生态系统》，《中国广播》2016 年第 11 期。

何在激烈的竞争中尽量减少社会福利损失，成为传媒发展的重要目标。从传媒经济的角度来讲，发展各种类型的传媒产业共生模式，能够在一定程度上减少传媒竞争所带来的社会福利损失，为建构可持续发展的传媒产业生态系统奠定基础。

二　调整生态结构，提高市场绩效

中国传媒产业生态系统存在一些亟待优化的地方。我们认为，传媒产业的经营管理是否成功、产业发展是否健康，在很大程度上与各种结构性的因素密切相连。当然，这里的结构并非仅仅指市场结构，还包括媒介组织结构和产品结构等。在今后的发展与改革中，对传媒产业的市场结构、组织结构和产品结构不断调整，将有助于构建更加健康可靠的传媒产业体系。

（一）调整传媒市场结构，激发传媒发展活力

传媒产业生态系统健康与市场结构之间存在密切的联系。中国传媒产业部分领域的市场集中度很低，表明传媒产业存在明显的分散竞争情况，传媒集团缺乏较强的市场控制力。要改变这种现状，必须调整传媒产业市场结构。在任何市场中，过于集中或者过于分散的市场结构都不利于产业竞争力的提升，而大、中、小规模适宜的经营个体的合理分布，有助于提升竞争活力和经营绩效。在企业规模的演化中，小企业有其自身优势：小而精、小而快、小而专等；大企业便于提升规模经济效益和创新能力，其多元化经营有助于降低经营风险。但是，一个产业中，企业的规模不可能整齐划一，多元化的规模分布往往能够产生更好的经济效益。孙天琦认为，“寡头主导，大、中、小共生”的竞争动态演进型产业组织结构是一种比较健康的结构形态，有助于优化整个产业的价值链，减少恶性竞争，推动产业技术与市场创新，从而提高市场绩效。① 尽管这种设想并非针对传媒产业组织结构，但是，在经历了几十年产业化发展之后，中国传媒产业的市场组织形式与其他产业之间存在

① 孙天琦：《“寡头主导，大、中、小共生”的产业组织结构研究》，《人文杂志》2001年第2期。

许多共通之处。优化传媒产业市场结构是建构健康的传媒产业生态系统的关键任务之一。

在当前文化体制改革背景下，传媒集团要“走出去”，在社会主义建设事业中，我们的声音要“发出去”，这些都要求传媒要有底气和实力。传媒的底气和实力一方面要靠新闻业务来体现，另一方面要靠其经营效益来实现。为了提升传媒产业的竞争优势，必须先做大做强少数传媒集团，让这些传媒集团有较强的竞争力，甚至在全球有一定的影响力。

适度提高传媒产业市场集中度，构建较高垄断力量的寡占型市场结构。一是要在跨区域经营上有所作为。大型传媒集团要依托所在地的资源优势，不断探索在其他地区办传媒，或者采取合资的方式在其他地区经营。区域分割是当前传媒产业发展中不可回避的问题，开展跨区域兼并有助于拓展传媒的市场空间，提升传媒产业发展活力。二是要进一步加强整合力度，提高传媒产业市场集中度。不仅仅局限于小区域范围内做强少数传媒集团，而是要在更大范围内提升其竞争力和市场占有率，打造龙头传媒集团，使其在全国乃至世界上有一定的竞争力。提高传媒产业市场集中度不仅能调整传媒产业市场结构，对其生产力、竞争力的提升都有一定的作用，可谓牵一发而动全身。三是在资本运作上放开手脚，通过上市、适当降低资本进入市场的壁垒等方法，让业外资本或者外地资本等进入传媒市场，为做强传媒集团奠定物质基础。四是要突破产业边界的束缚，在更广阔的范围内拓展市场领域，打造融合型传媒产业平台，改善传媒产业市场竞争格局，优化传媒产业市场结构。当前传媒产业的子产业之间、传媒产业与其他相关产业之间的融合进一步加深，传媒产业的边界变得模糊不清。政府对市场结构的调整，不能局限于传统的思维模式，固守产业边界的限制，而应该采取更加开放、包容的思维去应对市场变化，为跨媒体、跨行业融合提供政策支持。

（二）丰富媒介种群结构，推动传媒生态创新

中国传统的媒介种群结构过于单一，媒介产品的创新能力不强。在现实中，受众的信息需求是多样的，如果没有多样化的媒介产品来满足受众的需求，就会出现受众流失情况。“从生物繁衍学来看，群落中的生态位相似的物

种是要发生竞争的，物种越接近，竞争越激烈，其结果就可能使其中一些物种灭绝。”① 从中国传媒产业各子产业种群密度、种群结构来看，许多区域的同类媒介种群密度大、结构单一，同质竞争表现得尤为突出。这就导致媒介竞争过于激烈，利润降低。近年来，各种新媒介的出现，使媒介种群结构更加丰富。就传统媒介来说，其种群结构存在明显的劣势。

今后需要根据传媒产业发展的实际情况，有针对性地调整种群结构。具体来说，需要从以下三方面着手。一是要优化传统媒介的种群结构，改变种群结构单一的现状，加强传统媒介与现代新媒介融合的步伐。与新媒介相比，传统媒介种群的生命周期较长，存在种群老化的现象，媒介的出生率较低，缺乏新的生命力。可以加强与新兴媒介的融合发展来提升种群的生命力。二是注重引导新兴媒介种群的成长，避免新兴媒介盲目发展，出现种群结构失衡的状况。与传统媒介相比，新兴媒介种群显然具有更强的生命力，并与其他产业形成良好的融合发展态势。但是，由于新兴媒介的市场进入壁垒较低，也经常出现过度增长的情况，导致产业中出现大量盈利能力低、规模较小的媒介组织，影响了产业的整体发展水平和生态系统健康状况。因而需要根据用户的需求引导新兴媒介种群的发展，运用市场进入壁垒的杠杆来调整产业中新兴媒介种群的数量。具体来讲，主要是发挥制度性壁垒和经济性壁垒的双重力量，使产业中的新兴媒介种群摆脱盲目进入市场的状况，让竞争者处于相对健康的生态环境中。三是调整媒介种群的区域分布结构。我们的研究发现，媒介种群在区域分布上呈现出较为明显的不平衡性，进而导致新闻信息传播和媒介经济发展的不平衡性。如果任由这种不平衡性发展，就会加剧传媒产业生态失衡，影响传媒产业生态系统健康。因而应该从宏观上对媒介种群的区域分布采取适当的控制与引导，避免出现严重失衡的状况，为传媒产业生态系统的健康发展提供外部支持。

（三）再造传媒组织结构，提升传媒组织效率

“传统媒体的体制机制架构是传统的形式，很难适应融合媒体发展的需

---

① 钱辉：《生态位、因子互动与企业演化——企业生态位对企业成长影响研究》，浙江大学出版社2008年版，第60页。

要。”几大媒介之间的产业分立状况并没有得到很好的解决，不同媒体的业务交叉较少，传统的传媒结构是“典型的按媒体类型在划分自己的组织结构，这种结构是落后的，适应工业化时代专业分工的特征，而无法适应互联网时代跨界融合的需要”。①

在传统媒体一统天下的时代，传媒组织结构比较严格，比如报业集团、广播电视集团等，其组织机构的边界非常清晰，组织的内部分工明确，有统一的管理体系。在传播科技不断更新的新媒体环境下，传媒产业的市场边界变得模糊不清，传媒产业与相关产业之间的融合成为大势所趋。在此基础上，传媒组织结构也发生了巨大变化，尤其是一些新兴媒介的组织结构已经摆脱了传统的思维框架，正在探索新兴的组织结构形态。现代新兴媒介组织倾向于打破内部的各种部门分割，构造新的企业流程，提升组织内部的沟通协调能力。通过各种契约建立传媒企业组织与外部的利益相关者之间的信息交流与共享机制，传媒企业的组织边界变得模糊不清。

在新媒介技术下，有必要探索建构传媒集团的网络型组织结构，最大限度地发挥产业生态链的资源共享效应。在产业生态理念中，企业的成长并非依靠自身的单打独斗，而是需要与相关企业合作共生，通过产业价值链将各自的利益最大化。网络型组织结构有一个中心组织，通过合同与其他组织开展制造、分销、营销等相关经营活动。该组织结构的多数功能是通过从外部“购买”得来，给组织带来极大的灵活性，组织自身可以高效地从事最擅长的工作。网络型组织结构是当今较为独特的经济组织模式，它将带来比传统的市场联系更持久而分散，比等级制度更互惠平等的组织绩效。②

网络型组织结构是适应现代传媒产业生态系统的高效的组织结构形态，基于这种组织结构形成的传媒产业的竞争，主要表现为生态圈之间的竞争，而非传统的价格竞争、品牌竞争或销售渠道的竞争等。苹果公司建立的 iOS 平台就属于此类生态圈，相关的企业均可以在这个生态圈中开展经营活动。国内的阿里巴巴所建立的 YunOS 系统已经成为强大的云计算平台，今日头条入驻数千家媒体，等等。这些企业的组织结构并不具有清晰的组织边界，而

---

① 胡正荣：《传统媒体与新兴媒体融合的关键与路径》，《新闻与写作》2015 年第 5 期。

② 胡晓鹏：《网络型组织结构与模块化创新》，《财经科学》2007 年第 4 期。

是一种网络型组织结构。这种网络型组织结构不能局限于较小的区域范围内，而应该打破区域分割的限制。比如，在广播电视系统，“中央及地方各级广电媒体通过合作打造全国性海量媒资存储、集成、分发和交易平台，重构内容生产、集成和交易体系，形成具备跨行业、跨文化、跨媒体性质的各种形态的信息和内容集合”。①

这种结构形态，有助于传媒组织机构从网络结构的众多节点中节约成本，提高运行效率。同时，网络型组织结构的很多节点都能够在自身的运行中获得应有的利益，保证整个生态系统的高效运转。

（四）优化传媒产业布局，发挥区域聚集效应

从产业生态学的角度来讲，一个企业个体或者单个组织不可能依靠自循环长期生存下去，传媒产业中的任何机构同样需要与外界进行物质、能量交换，从而维持正常的生存发展。传媒产业一方面与产业内部的各子产业进行物质、能量与信息交换，另一方面要与产业外部的其他产业和相关部门进行物质、能量与信息交换，构成一个相互作用、相互依赖、共同发展的产业生态系统。传媒产业生态系统的范围有大小之分，有全球范围内的传媒产业生态系统，有全国范围内的传媒产业生态系统，有省域、市域等范围内的传媒产业生态系统。除此之外，还有一些并非行政区划范围内的传媒产业生态系统，比如长江三角洲、珠江三角洲范围内的传媒产业生态系统。

处于一定区域内的传媒产业，能够与当地的经济、政治、文化等外部环境形成很好的嵌入关系，传媒产业与其他相关产业形成一定的经济技术联系，这样更能够促进传媒产业的健康发展。一般来说，一些经济较为发达的城市，其传媒产业发展较好，容易产生传媒产业区域聚集效应。这些区域的相关企业经济效益好，为传媒产业广告经济的发展提供了潜在的空间。经济发达的区域，其居民受教育水平较高，文化消费水平也比较高，居民有媒介消费方面的需求，这为传媒产业拓展受众市场奠定了基础。因此，在经济较发达的地区，形成一定规模的传媒产业聚集现象，这有利于提高传媒产业的经济效益。

有鉴于此，在满足全国各地区新闻信息需求的情况下，推动传媒产业的

① 李岚：《多元传播环境下广电主流媒体的产业发展战略》，《电视研究》2014 年第 7 期。

区域聚集有助于提高传媒产业的发展水平。一是优化传媒产业布局，适度推动传媒产业区域聚集，提高区域传媒经济发展水平。对于经济发展较好的区域，可以适度引导传媒产业区域布局，使其形成合理的区域聚集态势，这样既能够满足当地对传媒的需求，又能够为传媒产业发展创造良好的外部环境。经济发展具有不平衡性，传媒产业的发展也不可能均衡发展。那些经济发展水平较高、新闻信息需求量较大的地区，传媒产业发展的外部条件更好一些，在政策上可以适当引导，促成传媒产业聚集经济的发展。二是不同区域可以根据各自的区域特点与比较优势，发展特色传媒的聚集经济。在不同的区域，传媒产业的各个子产业的发展水平往往存在一定的差异，可以根据区域的特征，选择具有比较优势的传媒子产业，发展具有特色的传媒经济，形成独特的聚集经济。比如，湖南的广播电视产业，浙江、江苏等省的动漫产业，即属于当地具有比较优势的传媒产业，其发展水平往往较高。其他地区也可以根据实际情况发展具有比较优势的传媒产业，推动其在一定区域内聚集，降低企业的运行成本，提高产业经济效益。三是发挥传媒产业增长极的辐射效应。中国传统媒体表现出一定的区域聚集特征，聚集的区域主要为经济较发达的大城市，偏远的农村地区不存在传媒的区域聚集情况。另外，在少数经济比较发达的跨省区域中，也存在一定的区域聚集现象，比如长江三角洲的传媒产业即表现出区域聚集的特征。不过，中国传媒产业区域聚集往往表现出辐射效应较小的特征。只有长江三角洲、珠江三角洲等地区的传媒产业区域聚集具有较好的辐射效应。多数中心城市传媒产业增长极成了“孤岛”，很难对周围的区域起到带动作用。在今后的传媒产业布局调整过程中，应该充分发挥传媒区域增长极的辐射效应，为增长极周围的区域提供一定的对接条件，使其与增长极区域形成技术经济联系，提高传媒产业的联动效应，优化区域传媒产业的经济绩效。

三　增强产业弹性，应对生态入侵

一个产业能否很好地应对生态入侵，同这个产业的恢复力的大小有着密切的关联。传媒产业的恢复力主要表现为传媒产业生态系统维持结构与格局的能力。一般情况下，在没有经济波动和产业入侵的情况下，传媒产业往往能够比较自如地进行结构调整，维持平稳的发展。一旦出现经济波动或者产业入侵的情况，传媒产业需要克服这些扰动行为的影响，重新恢复产业生态系统的稳定状态。传媒产业生态恢复力的强弱可以通过该产业恢复时间的长短和产业生态系统弹性力的大小来评判。

传媒产业的生态入侵主要分为三种情况：一是外国传媒机构对本国传媒产业的入侵；二是跨国传媒公司的某些业务对本国的入侵；三是本国其他产业对传媒产业相关业务的占领与入侵。对于传媒产业来说，外来传媒的入侵是一把双刃剑。一方面，外来传媒的入侵，给传媒产业带来一定程度的冲击，传媒的竞争压力变大，受众可能出现流失的情况，盈利受到影响。在极端的情况下，可能会导致部分传媒机构无法继续生存下去。另一方面，外来传媒的入侵，会使本国传媒产业产生一种危机感和紧迫感，在应对生态入侵方面保持积极的态度，不断提升传媒产业的弹性力和恢复力。

（一）调整对外依存关系，控制产业生态入侵

一个产业的对外依存关系如何，影响着整个产业的生态系统健康状况。一方面，产业的原材料、技术与销售等方面过于依赖某一国家，一旦产业链条断裂，就会对整个产业的生态系统健康带来极大的影响。另一方面，如果产业过于封闭，与国外先进的技术、资源、管理理念和经营模式没有任何接触，就会陷入自循环状态，产业经济水平也难以有效提升。对于传媒产业来说，不能完全封闭运营，而应该采取适度开放的态度，积极调整对外依存关系，适度控制产业生态入侵，既要与国外的传媒产业以及相关产业保持稳定的联系，又要保持合理的张力，避免在传媒话语权和传媒经济方面受制于国外。

一直以来，中国传媒产业与国外传媒产业保持一定的距离，其出发点在于确保传媒坚持正确的舆论导向，避免传媒被国外势力及相关组织控制。从经济学的角度来讲，传媒产业的外部性很强，既有正外部性，又有负外部性。各个国家加强对传媒的管理与控制，其主要目的就是为了强化传媒的正外部性，减少传媒的负外部性。目前，中国传媒产业与国外传媒产业之间的经济

技术联系相对较少，与国外其他相关产业之间的联系也比较少。相关数据显示，中国传媒产业对外依存度普遍较低，只有广播电视、网络媒体的技术与设备进口对外依存度较高，资金、节目等指标的对外依存度均很低。这说明中国传媒产业与外国传媒产业之间的经贸往来比较少，产业发展相对较为封闭。

具体来讲，可以从以下几个方面来调整中国传媒产业的对外依存关系。一是适度提升传媒产业对外依存度，增加与国外先进传媒机构的经济技术交流。目前，中国传媒产业的多数经济指标的进口对外依存度均比较低，传媒产业与国际先进传媒机构的经贸往来比较少。今后要适度增加与发达国家先进传媒机构的经贸往来，但要坚持两个原则，即舆论导向优先原则与避免过度依赖原则。前者主要强调传媒要保持正的外部性，保持舆论的正确性和独立性；后者主要强调传媒不能被国外传媒机构所控制，保持传媒经济的主动性和自控力。二是要大力提升中国传媒产业的出口对外依存度，使中国媒介产品及其承载的思想走出国门。当前，中国传媒产业的出口对外依存度很低，多数经济指标的出口对外依存度低于进口对外依存度，这说明中国媒介产品的国际竞争力较低。因而，今后要制定媒介产品出口的激励机制，有针对性地提升媒介产品在部分国家的市场渗透力，进而提升中国媒介产品的市场竞争力和影响力。三是正确对待传媒产业的生态入侵，坚持适度开放与适度控制相结合的原则，使传媒产业维持合理的种群结构，避免出现生态失衡现象。对于传媒产业生态入侵，要采取宏观控制的原则，在媒介种群、媒介产品的质量、媒介资本的引进等方面要有宏观的控制，不能任由产业入侵行为泛滥。对传媒产业生态入侵要采取谨慎开放的态度，不能违背国际上相关贸易规则，要遵守世贸组织相关规定，这样才能使传媒产业的国际交流具有可持续性。

总之，传媒产业对外依存关系必须保持一定的张力，对外依存度太高，容易导致传媒经济或者新闻舆论受制于人的情况；对外依存度太低，容易形成自我封闭的状态，产业的技术进步、经济发展水平和管理理念均受到一定程度的影响。因此，今后在提升传媒产业出口对外依存度的同时，适度提高传媒产业进口对外依存度，适度控制国外传媒产业的入侵，使传媒产业生态系统的物质、能量与信息的流动更加顺畅，传媒产业生态结构更加合理，经营绩效不断改善。这样的传媒产业生态系统具有较强的弹性力，一旦遇到外国传媒以及其他产业的入侵，传媒机构往往具有较强的应对能力，即便传媒产业受到较大的冲击，也能在一定时间内得到恢复。

（二）调整资源配置方式，提高应对扰动能力

过去，中国传媒产业资源配置方式较为单一，政府行政拨款成为传媒业资金来源的主要渠道。改革开放之后，中国传媒产业坚持“事业单位企业化管理”的指导思想，积极探索经营方式创新，取得较为明显的成效。在传媒产业中，一些党媒往往具有一定的政治优先权和资源配置优先权，这些机构能够从各级政府获得极为丰厚的资金、技术与其他资源。这样，此类传媒机构在市场竞争中往往具有较大的经济支持，加上其独特的政治优先权，使这些传媒机构与其他传媒并不是在同一起跑线上竞争。也就是说，政府配置资源的方式为一部分传媒机构提供了很大的便利，也带来了独特的资源，改变了市场竞争的平衡性。但是，这种资源配置方式也在客观上弱化了这一部分传媒机构的市场应对能力，一旦无法获得政府所配置的资源，传媒机构就有可能出现运营危机。

在今后的传媒产业改革中，要强化传媒机构本身的资源配置能力，提高市场在资源配置中的效率，优化传媒产业市场绩效。具体来讲，可以从以下几方面着手：一是改变政府资源配置方式。过去，政府采取直接配置的方式来解决传媒对资源的需求，导致传媒机构过分依赖政府的行政权力，从而降低了自身的资源配置能动性。政府直接配置传媒资源的好处是能够从全局的高度相对公平、合理地分配资源，但是由于对传媒微观经济的过多参与，传媒市场功能就会减弱，市场配置资源的效率就会下降。因而在今后的传媒产业资源配置中，政府适度减少对传媒经营活动领域的具体事项的干预，提升政府的宏观调控能力，通过间接的方式来引导资源合理配置，使政府与市场在资源配置中相互协调、相互补充，最大限度地发挥二者的效率，提高传媒产业发展活力。二是提高资本市场的配置效率。当前传媒产业资本市场配置效率相对较低，资本的配置存在一定的盲目性，哪里有利可图，资本会在短时间内涌向哪里，最终导致利润率下降。尤其是一些新兴的传媒市场，应该

有一定的资本进入门槛，否则会出现过度竞争的现象。三是要增加传媒机构本身的“造血能力”，让传媒机构自己解决危机，而不是遇到危机首先想到政府。中国传统媒体一直存在较为严重的依赖性，在发展中遇到问题，往往不是直接去应对，而是采取“绕着走”“等靠要”等方式，最终丧失了最好的发展机遇。

传媒发展中总会遇到各种各样的生存危机，有些危机对传媒经营单位构成了较为严重的扰动现象。传媒机构本身对于其周围市场的适应能力一般比较强，传媒经营者也能够根据周围的变化，做出相应的调整。因此，传媒经营管理者最了解资源如何配置。如果政府过多干预传媒机构的经营，在配置资源中管得过死，就会导致传媒机构的适应能力较差，其市场敏锐性和自主创新能力就会受到束缚。因此，在政府宏观调控下，充分发挥市场机制和传媒机构在资源配置中的自主性和灵活性，能够大幅度地提升传媒应对各种扰动和产业生态入侵的能力。

（三）增加产业研发费用，提升自主创新能力

在任何产业生态系统中，能够维持创新能力的产业往往具有较大的发展潜力，并保持良好的生态系统健康。高技术产业的研发投入实践表明，产业研发投入增加，有助于推动新兴产业的科技创新，提高产品销售量①；企业的自主研发对于产业创新和产品创新起到关键的作用，政府资助也会在一定程度上推动技术创新，但是对于产品创新方面的推动作用很有限②；实施适度的研发投入措施，才能够提升新兴产业的经济绩效。既要提高政府的公共研发投入力度，又要提升企业的研发投入力度，两者结合起来更有效率。但是，不能盲目提高研发强度，应根据产业发展的实际情况来确定研发投入的强度。③ 上述分析表明，提高研发投入是产业技术创新与产品创新的重要助推力量。

---

① 王松、付芬芬：《我国高技术产业研发经费投入与产业发展关系的实证研究》，《生产力研究》2015 年第 2 期。

② 姜南：《自主研发、政府资助政策与产业创新方向——专利密集型产业异质性分析》，《科技进步与对策》2017 年第 3 期。

③ 董明放、韩先锋：《研发投入强度与战略性新兴产业绩效》，《统计研究》2016 年第 1 期。

对于传媒产业来说，研发投入非常重要。传媒产业属于技术密集型产业，需要持续地改进媒介技术，无论是传统的报纸、期刊、广播、电视等媒体，还是现代新兴的网络媒体，都在不断地更新技术。因此，研发费用的投入力度成为传媒产业技术进步和产品创新程度的重要影响因素。从当前传媒产业研发费用的分布情况来看，中国传媒产业研发费用支出存在一定的不平衡特征，报纸、广播电视等传统媒体产业的研发费用支出总量相对较少，并且增幅较小，部分年份还呈下降趋势。除此之外，政府拨款在传统媒体产业的研发经费支出中所占的比例很高，在很多年份达到100%。互联网产业的研发经费总量庞大，增长势头较好，政府拨款在互联网产业研发费用支出中所占的比例为70%左右。综上所述，传统媒体研发费用支出较少，新兴的互联网媒体研发费用支出较多，政府在传媒产业研发费用支出中占据主导性地位。

根据中国传媒产业技术的特点和研发费用支出的实际情况，我们认为，今后中国传媒产业研发费用支出改革应该注意以下几个方面：一是提高传媒产业研发费用的总量。由于传统媒体的技术相对比较成熟，多数传统媒体在研发支出方面显得不太积极，这其实是一个误区。目前中国传媒产业整体上处于转型阶段，传媒变革力度很大，无论是传统媒体还是新兴媒体，都面临着较为严峻的发展形势。传媒变革一日千里，稍有不慎就有可能被新技术抛弃。因而，提高传媒产业研发费用对于构建可持续、健康的传媒产业生态系统具有至关重要的作用。二是合理分配政府公共研发投入与自主研发投入的比例，加大传媒机构自主研发力度。从目前中国传媒产业研发投入情况来看，政府的财政投资成为最主要的研发推动力量。这种研发投入结构优劣势比较明显，其优势在于这种投入方式具有可靠性、稳定性和公共性，所开发的技术一般可以供大多数传媒机构使用；其劣势在于财政投入有一定的时滞性，针对性也不是很强，对于传媒机构技术需求的具体要求和指向把握得不太准确，因而所开发的新技术不一定为传媒所急需。在今后的传媒产业研发费用投入方面，政府财政投入可以重在基础性技术、公共性技术需求等方面，提高技术的普适性和应用的广泛性。同时要加大力度鼓励传媒机构开展自主研发，这是推动产业技术升级，促进产业持续健康发展的重要力量。三是建立传媒产业技术创新战略联盟，联合投入，联合开发新技术。传媒机构单独投入研发费用有其局限性，因为这些技术的使用面相对较小，容易造成浪费，这样就会引发整个传媒产业的福利损失。为此，多家传媒机构合作建立技术创新联盟，具有一定的可行性，这些传媒机构以自身的需求和共同利益为目的，能够实现优势互补、利益共享和风险共担。

四　推进规制变革，优化产业生态

制度变迁是传媒产业生态系统演变的主要推动力量。美国的经济学家道格拉斯·C. 诺斯（Douglass C. North）是制度变迁理论的开创者。1990 年，诺斯在《制度、制度变迁与经济绩效》一书中提出，可以利用技术变迁的路径依赖的方法来分析制度变迁。诺斯认为，“如果预期的净收益超过预期的成本，一项制度安排就会被创新。只有当这一条件得到满足时，我们才可望发现在一个社会内改变现有制度和产权结构的企图”。[①] 可以看出，在很多情况下，制度创新与收益之间存在紧密的关系。传媒产业与一般产业的制度变迁不尽相同。林毅夫认为，制度变迁可以分为强制性制度变迁与诱致性制度变迁。“诱致性制度变迁指的是一群（个）人在响应由制度不均衡引致的获利机会时所进行的自发性变迁；强制性制度变迁指的是由政府法令引起的变迁。”[②] 在市场化程度较高的产业中，诱致性制度变迁所起的作用比较大。在传媒产业中，强制性制度变迁对于推动传媒改革起到至关重要的作用。新中国成立以后，中国传媒体制改革经历了强制性制度变迁－诱致性制度变迁－强制性制度变迁的反复转换过程。在一项传媒制度改革的过程中，强制性制度变迁为传媒改革提供了契机，接着就可能出现诱致性制度变迁，在时机成熟的时候，再通过强制性制度变迁推动大范围的制度改革。建构合理的中国传媒产

---

① L. E. 戴维斯、D. C. 诺斯：《制度变迁的理论：概念与原因》，参见［美］R. 科斯、A. 阿尔钦、D. 诺斯《财产权利与制度变迁——产权学派与新制度学派译文集》，上海人民出版社 1994 年版，第 274 页。

② 林毅夫：《关于制度变迁的经济学理论：诱致性变迁与强制性变迁》，参见［美］R. 科斯、A. 阿尔钦、D. 诺斯《财产权利与制度变迁——产权学派与新制度学派译文集》，上海人民出版社 1994 年版，第 374 页。

业生态系统，需要适度转换制度变迁方式，建立传媒产业市场进入退出壁垒，强化政府的宏观调控能力，提升传媒产业发展活力和经营绩效。

（一）转换制度变迁方式，释放传媒产业活力

一直以来，传媒产业生态结构的调整以及传媒经营格局的变化都与传媒产业制度变迁存在极其密切的关系。改革开放之初，中国传媒业缺乏经营意识，经济来源依靠财政拨款。在中央提出“事业单位企业化改革”的方针之后，各家传媒闻风而动，积极发展传媒经营，全国的传媒经济有了一定的起色。没有制度改革与创新，传媒经济发展不可能提上议事日程。由此可见，在改革开放之初，强制性制度变迁在传媒经济发展中起到了积极的引导和推动作用。随着传媒经营在实践中不断地探索，传媒产业逐渐向深层次发展，比如，制度性因素对传媒经营管得过死，市场缺乏活力，改革步伐太小，等等。在此期间，传媒产业制度变迁以诱致性制度变迁为主，报刊发行、传媒刊播广告、传媒开展其他多元化经营等活动都稳步向前推进。由于传媒市场中存在较大的利润空间，传媒经济增长势头良好，传媒经营效益相对较好。都市报的兴起、电视台卫星频道的快速发展，等等，给传媒产业发展带来活力。

20 世纪 90 年代，中国传媒经济保持高速增长的态势，但是中国传媒产业仍然处于“大而不强”的状态。中央提出建设报业集团和传媒集团的战略，通过强制性制度变迁的方式，为传媒产业集团化建设提供了制度保障。此后，中国传媒产业进入新的发展阶段，传媒产业生态系统发生了新的变化，传媒竞争格局、盈利模式和经营绩效均出现新的动向。不仅如此，中国传媒产业产权改革也取得了一定的进展，部分传媒集团的所有权和经营权逐步分离，大大提升了传媒集团的经营活力。近年来，在国家政策的激励下，许多传媒集团成立了大量经营性的公司，由专业的经营管理人才负责公司的运营，提升了传媒经营管理的专业水准和运营绩效，同时也解放了传媒集团的采编团队，使其能够更专心地开展新闻舆论宣传工作。如今，国内的多家报业集团组建了专门的公司，负责集团的经营业务，如广州日报报业集团、浙江日报报业集团、湖北日报传媒集团所开展的发行物流、印刷包装、广告经营、网

络科技、信息技术、创业投资、游戏、房地产、电商、新媒体等多种业务均由专门的子公司负责运营，所有的子公司组成大的传媒集团公司。

从上述的分析可以看出，诱致性制度变迁方式是近年来传媒制度变迁的重要方式，成为推动传媒发展的重要动力。纵观传媒产业变革历程，中国传媒制度变迁方式并不固定，强制性制度变迁与诱致性制度变迁方式不断交替变化，共同推动传媒产业改革，提升了传媒产业的发展活力。中国传媒制度受到了来自经济、政治、文化等多方面因素的影响，制度变迁也是在多方博弈中不断向前推进。“媒介再制度化如何在政治利益、经济利益和公共利益这三者之间找到一个平衡点成为制度变迁中的一个重要问题。”① 在今后的传媒制度改革中，需要灵活转换制度变迁方式，为传媒产业市场化运作提供制度保障。具体来说，主要从以下几方面着手：一是通过强制性制度变迁加强对传媒的社会性规制，为新闻舆论工作提供政策依据。在传媒改革中，新闻传媒的舆论引导功能必须得到保障，因而要确保新闻舆论工作的制度供给，通过政府的法律、规章、政策等强制性规范管理新闻舆论工作。二是通过诱致性制度变迁推动传媒经济性规制的改革，为传媒经济发展提供良好的制度环境。传媒经济与新闻舆论工作具有不同的规律，不能采取完全相同的规制措施，但是两者又具有极其密切的关系，必须兼顾，不能偏废其一。三是有必要将新闻舆论与传媒经济方面的规制适度分开，前者以强制性制度变迁为主，后者以强制性制度变迁与诱致性制度变迁相结合，适度强化诱致性制度变迁的力量，为释放传媒产业发展活力提供制度保障。

（二）加强进入退出管理，调整传媒生态结构

传媒产业市场进入与退出壁垒是影响传媒产业市场结构的重要因素，也是影响整个传媒产业生态系统健康的重要因素之一。传媒产业市场进入壁垒主要分为制度性进入壁垒、结构性进入壁垒和策略性进入壁垒等类型。在不同的产业中，制度性进入壁垒的高低存在很大的差异，如石油、自来水、天然气等产业的制度性进入壁垒很高，而一般的小商品制作、买卖等行业的制

① 胡正荣、李继东：《我国媒介规制变迁的制度困境及其意识形态根源》，《新闻大学》2005 年第 1 期。

度性进入壁垒较低，后者的市场进入壁垒主要表现为结构性进入壁垒。在中国传媒产业市场进入壁垒中，制度性进入壁垒是最高的壁垒，对市场进入的阻止作用最大、最直接。一般来说，市场进入壁垒越高，市场进入难度越大，市场中的传媒机构受到的制度性保护越多，进入市场的传媒机构盈利的机会越多；市场进入壁垒越低，市场进入难度越小，在位传媒机构受到的进入冲击越多，利润被多家传媒机构分摊，市场竞争激烈。在中国传媒产业发展历程中，制度性进入壁垒一直比较高，传媒机构、新闻从业者、传媒资本等均实行准入制度，通过颁发许可证、记者证等方式限制进入，这样可以有效地控制传媒市场的总规模，对于新闻舆论工作的引导与管理也更加方便。由于制度性进入壁垒较高，传媒机构总量保持相对平衡，但是，过高的制度性进入壁垒也使传媒产业的经营活力受到限制。没有潜在竞争对手的进入威胁，在位传媒机构在经营模式、媒介技术等方面的创新动力不足，传媒市场创新乏力，经营绩效不高。

目前，中国传媒产业市场进入壁垒需要做一些调整，具体来说，主要从以下几方面进行调整。一是规范传媒机构的市场进入管理，对于以新闻舆论工作为主要任务的媒体，要提高传媒机构的资质要求，确保新闻舆论安全。对于与新闻舆论距离较远的经营单位，可以适度放松进入规制，这样有助于提升传媒产业的经营活力和经营绩效。比如，部分传媒单位所从事的与传媒无关的业务单元，可以适当降低制度性进入壁垒，依靠结构性进入壁垒来调节市场进入行为。二是建立传媒人才的准入制度，实行分类管理。对于新闻从业者的准入应该更加严格，并建立一定的淘汰机制；对于传媒机构的管理人员、经营人员应该有专门的准入标准；对于有资质的媒介产品的生产、传播、销售等独立机构要加强管理，建立合理的人才准入标准。三是建立相对灵活的资本进入管制体系，为资本进入中国传媒产业提供更多的机会。传媒产业的市场进入壁垒是传媒要素进入市场的把关依据，是市场容量和市场规模的重要调节因素。适度的市场规模有助于提高传媒产业的经营活力和市场绩效，从而优化传媒产业生态系统，市场规模过大或者过小，都不利于中国传媒产业的发展，最终会导致传媒产业生态结构失衡，影响传媒产业生态系统健康。

一直以来，中国传媒产业缺乏有效的市场退出机制，主要表现在：制度性退出壁垒很高，结构性退出壁垒也在不断地提升。从制度性退出壁垒的角度来讲，中国传媒机构进入市场采取许可证制度，比如，出版报刊需要刊号，电视台、广播电台需要由市、不设区的县以上的人民政府广播电视行政部门设立，教育电视台由设区的市、自治州以上的人民政府教育行政部门设立。由此可见，报刊的刊号、广播电视机构的许可证等都属于稀缺资源，这些传媒机构一旦进入市场就不会轻易退出市场，因为退出市场就意味着丧失刊号或者经营许可证等这些稀缺资源。因此，前些年，中国传媒市场中的报纸、期刊、广播、电视等媒介机构数量相对比较稳定，除了几次比较大的媒介机构调整之外，总体数量一直保持稳定的增长势头，传媒机构主动退出市场的情况比较少见。有些媒体很难盈利，甚至连年亏损，也不愿意退出市场。近年来，传统的报纸发行与广告遇到了较大的危机，有些生存困难的报纸不得不主动退出市场。可以看出，若非在传媒市场中实在难以生存下去，传媒机构不会退出市场。

上述情况表明，中国传媒产业的市场进入与退出规制需要做一些调整，以便为构建健康的传媒产业生态系统奠定基础。根据中国传媒产业发展的实际情况，对传媒机构进行分类管理，建立不同类别的传媒机构市场退出标准。大体上可以分为党媒、市场化媒体、传媒机构的相关业务单元、传媒机构的非相关业务单元等。具体来讲，主要从以下几方面来加强传媒产业市场退出壁垒建设：第一，对于党媒，除非违反法律、舆论导向出现问题等情况，一般情况下不实行市场退出机制。这是为了维护中国传媒的舆论引导功能，从而保证传媒能够传达党和政府的声音。第二，对于一般的市场化媒体，按照一定的标准，实行较为规范的市场退出机制。一旦经营不善，可以给予一定的期限来整改，如果在一定的期限内不能达到预期成效，就直接退出市场。可以设置政治标准、经济标准、社会责任标准等，每个大类的标准又分为若干二级标准和三级标准，综合考量大类标准的得分情况，任何大类的标准不合格，都要限期整改。如果整改不到位，就要退出市场。第三，对于传媒机构的相关业务单元与非相关业务单元，实行严格的市场退出机制。报纸的发行、印刷，电视的节目制作、传播等相关业务单元在经营管理中要遵守国家的法律法规，在经营绩效上也要达到一定的标准，否则按照要求退出市场。与传媒相去甚远的游戏、房地产等非相关业务单元，可以按照一般的产业退出机制来管理，在经营不善的情况下按照规则退出市场。

建立传媒产业市场进入与退出壁垒能够有效地控制传媒市场中经营主体的数量和质量。过去，我们对于传媒机构的数量控制比较严格，对于传媒机构经营的质量没有硬性规定，市场中存在大量经营不善的传媒机构，但是由于缺乏市场退出机制，这些传媒机构并没有及时退出市场，使整个传媒经济缺乏活力，传媒市场缺乏创新。

（三）强化宏观调控能力，提升产业协同效应

从中国传媒产业规制的发展历程来看，政府规制存在明显的上下一起抓的情况，政府既从宏观上对传媒产业的市场进入、市场规模、对外传播与产品贸易等问题进行间接调控，又从微观上对传媒的竞争行为、兼并重组行为等进行直接管制。这样做有一定的好处，即传媒能够按照国家的宏观规划来发展，同时也不会出现太多的失范行为，既能够保证新闻舆论工作的顺利进行，也能够按照既定的模式开展传媒经营活动。但是，传媒产业的政府规制也存在一定的问题，主要表现在如下几方面：一是中国传媒产业政府规制没有宏观规划，缺乏系统性。涉及传媒产业管理的基本上是相关法规和规章制度，并没有独立的、完整的立法体系。二是中国传媒产业政府规制对细节问题管得过死，在一定程度上限制了传媒的经营活力。对于传媒机构的经营行为的规制，不能管得太死，在传媒保持正确舆论导向和市场竞争规制的情况下，应该适度放松对传媒经营权的规制，为提高传媒产业经营活力奠定基础。三是部分规制带有随意性和灵活性，对传媒发展缺乏一定的预见性和长远的规划，遇到问题临时发布强制性规定，这样会导致传媒机构的发展规划受挫。在管理实践中，对传媒经营行为的管理缺乏一定的标准，管理的时间、内容和方式都不完全固定，而是根据传媒机构经营行为出现的问题，再做出处理。尽管这种较为灵活的规制方式有一定的针对性，但是也会让传媒机构难以把握规制的变化情况，容易出现越轨行为。

要建立健康的传媒产业生态系统，必须积极推进传媒产业规制变革，强

化政府的宏观调控能力，为传媒产业协同发展提供外部支撑。一是提升政府规制的效率。今后传媒产业政府规制的改革方向是重宏观规划与引导，轻细节管控与直接指挥。细节管控与指导的工作主要交给相关的职能部门，这样就能够各司其职，提高政府规制的效率。二是注重政府规制的规范性，政府规制的方式、内容等方面保持一定的稳定性。政府规制的规范性与稳定性是保障传媒产业生态相对稳定的基础。三是通过政府规制推动传媒机构之间的合作与联动，减少恶性竞争，提升传媒产业内部的协同效应。四是通过政府规制加强中国传媒产业与国外传媒产业的联系，提高传媒产业的国际化程度。今后，在政策上要为传媒产业"走出去"提供更有利的外部条件。"鼓励有条件的出版传媒企业采取独资、合资、合作等形式，到境外兴办报纸、期刊、出版社、印刷厂等实体，拓展国外和港澳台地区市场，进一步扩大中国文化的国际影响力和传播力。"① 通过上述改革，进一步强化政府对传媒产业的宏观调控能力，减少在具体细节上采取行政命令的方式进行管理，强化传媒产业的协同效应。

---

① 新闻出版总署：《关于进一步推进新闻出版体制改革的指导意见》，2009 年 4 月 7 日，http：//www.sapprft.gov.cn/sapprft/govpublic/6684/461.shtml。

研究结论、问题反思及相关建议

中国传媒产业经历了几十年的产业化、市场化发展之后，已经取得很大的成就，但是也面临新的发展瓶颈，如传媒产业大而不强、传媒集团缺乏国际竞争力等。中央在一些重大决策中多次强调，中国要实施文化“走出去”战略。传媒产业也同样面临着“走出去”、参与国际竞争的问题，其产业生态系统健康状况的评估显得非常有必要。为此，本书探讨当下传媒产业生态系统健康的现状及问题，以便为传媒产业改革提供一定的参考。

一　研究结论

本书建立了传媒产业生态系统健康评价指标体系，并搜集了大量的相关数据，通过数据分析得出以下结论。

传媒产业总体上处于基本健康的发展状态，但有部分指标表现出偏离健康的倾向。传统媒体的生态系统正在经历转型与重构，新兴媒体的生态系统尚未完全成型，整个传媒产业生态系统的动态变革将是常态。今后很长一段时间内，传媒产业将处于基本健康的状态，部分媒介的生态系统健康状况所受到的威胁较大，而另外一部分媒介的生态系统健康状况较好，呈现出两极分化的趋势。

第一，从产业活力指标来看，传统的报纸和电视产业的发展活力正在发生变化，目前的产业活力处于下降阶段，而新兴的网络视频产业具有较大的产业活力。近年来，纸质媒介的发展遇到了前所未有的挑战，其最辉煌的10

年已经过去。随之而来的是面对各种新媒介的冲击，纸质媒介不得不做出相应的调整。电视媒介产业活力增长乏力，生态承载力处于下降状态。传统媒介的产业成长性、受众市场开发等方面遇到了较大的困难，其传媒生态承载力明显下降，资源配置方式过于单一，不利于产业生态系统健康发展。新兴的网络视频产业发展活力较大，生态承载力较强，但是其盈利能力还有待检验。

第二，从传媒产业的结构指标来看，报纸产业市场集中度较低，电视产业市场集中度适中，网络视频产业市场集中度较高。各种媒介存在不同程度的区域聚集现象。传媒产业各子产业存在不同程度的生态结构失衡状态，其中两种失衡状态比较突出，一是分散竞争，比如在全国的报业市场上，报纸的发行与广告市场结构就属于分散竞争，这种类型的市场结构不利于传媒单位开展技术创新活动。二是资源过度集中，包括资源过度集中于某一家媒体，或者集中于个别地区。如中国搜索引擎市场的高度垄断状况和互联网资源的区域聚集状况等。资源过度集中于少数媒体，就会形成产业生态结构失衡，最终导致产业技术创新动力不足。那些大的传媒企业要么有足够的获利渠道，没有开展创新的动力，要么已经开展创新活动，但是由于满足于当前的利润，不愿意将新技术用于实践中。从产业生态的角度来讲，这并非良性的生态系统，是一种亚健康状态的生态系统。网络视频产业的种群结构、市场结构和区域结构均存在较为明显的集中趋势，有助于该产业节约运营成本，但这种状况不利于落后区域的资源开发。在以后的产业规划中，可以通过跨区域合作的方式降低过度集中带来的消极影响。

第三，从传媒产业恢复力这一指标来看，传统媒体的发展潜力存在诸多限制，新兴传媒产业发展潜力较大，应对传媒生态入侵能力较强。传媒产业对外依存度较低，不利于传媒参与国际竞争。传媒经济和整个国民经济发展呈正相关关系。一直以来，中国国民经济发展态势良好，为传媒产业发展提供了不竭动力。中国传媒产业的资本使用效率高于一般产业，平均利润率也相对较高，新媒介的研发费用较高，但传统媒介的研发费用不足，不利于传媒产业升级。传媒产业应对生态入侵的能力较强，主要体现在制度性进入壁垒对进入该市场的抵御作用。媒介产品、高端媒介技术（高技术传媒设备）

出口对外依存度很低，表明媒介产品和媒介技术参与国际竞争的能力较弱。媒介产品进口对外依存度保持比较适度的水平，而传媒产业资本对外依存度相对较低。

第四，推动产业共生模式，有助于提升传媒产业的发展活力；适度调整传媒产业生态结构，有助于提高该产业的市场绩效；增强传媒产业的弹性力，有助于提升该产业应对生态入侵的能力；推进传媒产业政府规制改革，有助于优化传媒产业生态系统健康状况。在今后的传媒产业发展的规划中，可以大力发展互利型、偏利型、寄生型和混合型产业共生模式，使媒介融合落到实处。不断优化传媒产业市场结构、种群结构、组织结构和产业布局等，提高传媒产业的发展活力和经营绩效。适度调整传媒产业对外贸易的结构关系，强化市场在资源配置中的作用，增加传媒产业研发费用投入，从而提高传媒产业的弹性力，为应对产业生态入侵做好准备。政府规制改革在中国传媒产业生态系统建构中起到至关重要的作用，通过转换制度变迁的方式，强化诱致性制度变迁的作用，建立有效的市场退出壁垒，提升政府规制的宏观调控能力，为建构健康的传媒产业生态系统提供制度保障和外部条件。

二　问题反思

（一）传统媒介生态链的多维断裂

21世纪以来，报纸、期刊、广播、电视等四大传统媒体经历了前所未有的挑战。尤其是近年来，四大媒体的受众资源不断流失，随之而来的是几种媒介的广告经营额出现不同程度的下滑，最终使传统媒介进入一个较长的调整转型期。长期以来，媒介产业的上下游资源链进行有效联结，形成了较为完整的产业生态链。近年来，传统媒介的资金链、资源链、市场竞争优势力量、传媒与市场的关系等生态链出现断裂的情况，认识与理解传统媒介生态链的基本状况，对于重塑生态链，构建健康的传媒产业生态有积极的意义。

1. 制度性保护力量减弱：媒体原有的资金链断裂

在中国传媒发展历史上，报纸的经费来源主要分为两种情况，一种情况是，政府部门或地方势力为报纸提供办报经费来源。这种情况在晚清民国时期表现得比较明显，如各政党机构、社会团体和军事力量为所属的报刊提供经费，其前提是报刊能够为所属机构服务，为相应的力量鼓与呼。一旦报刊舆论偏离政治力量的要求，其经费供应链必然被切断。另一种情况是，报纸本身是私营的，其经费来源主要靠私营业主所积累的资金，这类报纸的经费供应链的源头主要是报社负责人或者其他私营企业主。

中华人民共和国成立之后，中国传媒经济经历了一些明显的变化，传媒产业发展的制度性保护力量明显得到加强。在中华人民共和国成立初期，“公营、私营、公私合营并存的报业新格局曾存在一个时期”。[①] 根据当时国家新闻总署的统计资料显示，全国共有报纸 281 家，其中，私营报纸至少有 55 家。[②] 由于私营报纸的广告数量较少，经营效益不好，到 1952 年底，所有的私营报纸均实行公私合营，私营报纸逐步走向公营的道路。中华人民共和国成立之后，报纸经营实行“企业化”方式，要求转变战争时期的供给制思想，将报纸作为生产事业，实行经济核算制度。“逐步改变依靠政府定期定额补贴状况，达到经费全部或大部分自给。”[③] 这一时期，广告收入占报纸总收入的比重逐渐增加，但是总体上来说，报纸广告业务的发展并不成熟。报社采用国产新闻纸，加强经济核算管理，厉行节约，实施“邮发合一”方针。为了改善经营状况，报社还抽调人员专门从事报纸副业经营。从中华人民共和国成立到 1956 年间，行政力量在报纸发行中起到较大作用，制度性保护作用为报纸经营提供了可靠的外源性力量。1956 年之后，国务院取消行政摊派发行报纸的做法，报纸的发行有所下滑。从总体上来说，新中国成立之初，中国报纸经营的指导思想是尝试推广“企业化”经营，减少制度化保护在报纸经营中的主导作用，力图激发报纸经营潜能，实现自给自足。但是，这一阶段，报纸、广播和电视媒体的资金链始终没有出现断裂的局面，当传媒经营遇到困难的时候，最终还是政府财政来修补传媒的资金链，使传媒经营得以顺利进行，从而有效地发挥了传媒引导舆论的功能。

---

① 方汉奇：《中国新闻事业通史》（第三卷），中国人民大学出版社 1999 年版，第 35 页。

② 参见《中国新闻年鉴》，中国社会科学出版社 1988 年版，第 525 页。

③ 方汉奇：《中国新闻事业通史》（第三卷），中国人民大学出版社 1999 年版，第 127 页。

中国传媒产业与西方发达国家传媒产业发展逻辑存在根本性的不同，其主要区别在于，中国传媒产业发展拥有极大的制度性保护力量作为支撑，与这一独特力量相伴生的是相当严格的制度管控能力。西方发达国家的传媒产业也会受到制度的约束，甚至在关键时刻政治的触角会突破制度的管控，直接插手传媒的报道和经营。不过，从总体上来讲，中国传媒产业的舆论引导显然更为有力，甚至传媒经济也因此带有行政色彩。

综上所述，从中华人民共和国成立到改革开放之初，传媒一直被视为事业单位，传媒制度源头为“延安模式”，其特点是将传媒视为政治宣传的工具，通过严密的科层管理维系其组织功能和政治沟通功能。[①] 其固定资产投资、工作人员工资依靠国家财政拨款，传媒日常运行费用主要由财政拨款与传媒经营获利来承担。因此，改革开放以前，中国传媒行业带有浓厚的行政事业单位特色，其资金链的源头是中央财政和地方财政部门。

改革开放以后，中国传媒行业逐步推行“事业单位企业化管理”的双轨制改革方案。1979 年 4 月，财政部发布《关于报社试行企业基金的实施办法》，规定报社属于党的宣传事业单位，其财务上实施企业化管理，为双轨制改革提供了政策依据。在改革开放之初，“事业单位企业化管理”的二元运作模式对于解放传媒产业生产力，推动传媒市场化改革起到积极的作用。在传媒产业化改革的进程中，中央财政对传媒的支持力度逐渐变小，一些市场化媒介慢慢靠自身经营解决传媒发展问题。中国传媒逐渐由事业单位性质向产业性质转变，不过，这一转变过程比较漫长，并非一蹴而就的。党报、党刊等媒体在人事制度、管理机制等方面依然保持事业单位的原有做法，都市报、财经类报纸，电视台的娱乐、体育频道以及时尚杂志等均走向市场化发展道路，其所需资金基本上靠传媒机构自身来解决，主要包括广告费、发行费、收视费以及各种投资等。从 20 世纪 90 年代末以来，中国传媒产业发展所需资金链发生了明显的变化，逐渐从依靠政府财政支出转变为依靠传媒经营来解决，对于市场化传媒来说，原来的财政拨款这条资金链基本上已经断裂。

在传媒实施产业化发展以前，传媒的经营不受重视，发行遇到困难，可

---

① 陈卫星、徐桂权：《权力衍续与媒介寻租：中国与俄罗斯的比较制度分析》，《国际新闻界》2010 年第 7 期。

以通过行政的方式来解决；广播电视技术设备不过关，也可以通过各级财政来解决；传媒产业固定资产投资也依靠财政来解决，等等。也就是说，传媒发展所遇到的重要问题基本上由政府负责解决。由于传媒经营所需的资金链比较简单，主要通过财政支付的方式来解决，因此传媒机构在经营方面的能动性比较差。传媒产业资金链的断裂只是相对而言，一方面，党报、党刊等媒体盈利能力较弱，其经营性收入只能解决一小部分问题，主要资金来源依然靠政府的财政支出；另一方面，资金链并非突然断裂，而是经历了一个较长的过程，为传媒适应市场化改革提供了缓冲的时间。我们应该正确看待这一问题，资金链的断裂将传媒推向市场，传媒自身的经营能力和应对市场变革的能力得到有效提升，多数传媒摆脱了“等靠要”的思维惯性，发挥传媒经营的自主性和能动性，提升了传媒产业化发展水平和传媒自身的竞争力。当然，也有一部分传媒并没有完全摆脱计划经济时代的思维惯性，缺乏主动求变的意识，这一点在中国报业转型中表现得最为明显。2011 年前后，西方发达国家已经尝试为报纸建立付费墙，探索报纸数字化转型，有一些报社取得了成功。而中国当时的报纸广告增长势头较好，不少报纸还沉浸在欢天喜地之中，认为西方国家报纸遭遇危机，目前我们还没有出现颓势，“风景这边独好”。然而，随着读者的不断减少，广告随之下滑，中国报纸在应对转型危机方面显得非常被动，其市场化发展水平不高，自主决策能力不足，加上资金链的断裂，很多报纸在读者流失过程中束手无策，最终丧失转型的机遇，不得不悄然停刊，退出市场。

资金链是中国传统媒介生态链的重要环节，资金链的断裂对中国传统媒介产生很大影响，那些能够适应资金链断裂的媒体，靠自身经营重新获取新的资金链，而那些没能很好地延续资金链的媒体，最终只能在传媒生态转型中败下阵来。中国传媒产业资金链并非突然断裂，而是经历了一个渐进的过程，为传统媒体寻找新的资金链提供了一个过渡空间。各种类型的媒介都在打造适合自身发展的资金链，如报纸的发行、电视的收视、互联网媒体的流量等都成为各类媒体资金链的环节。

2. 受众与广告客户流失：核心资源链的双重断裂

对于传统的报纸、期刊、广播和电视媒体来说，其主要收入来源是广告，也有一部分媒体依靠发行、收视费等维持运营。不管怎么说，传统媒体的发展离不开受众。只要媒体能够吸引受众的注意力，就能够获得一定的发展空间。历史经验表明，大多数市场化传媒拥有两个核心资源链，即受众资源和广告客户资源，一旦两个资源链中任何一个资源链断裂，传媒的发展就会遭遇严重危机。与市场化传媒不同，一些依靠财政拨款维持运营的媒体并不会因为广告客户的流失而丧失生存发展的机遇。因为，此类媒体主要功能并非盈利，而是引导社会舆论。只要媒体能够很好地承担传递信息，引导舆论的功能，就完成了基本使命。至于赚不赚钱的问题，并不是这些媒体所要关心的核心问题。

进入 21 世纪以来，中国传媒产业发生了极大的变化，以至于传统媒介的员工很难适应这种变化。传统媒介所遭受的最大打击是受众的流失，自从互联网不断普及以来，报纸读者不断减少读报时间，报纸订阅量逐年下滑。报纸发行萎缩立即在报业广告经营方面表现出来，发行量和广告经营额的同时下滑给报业经济带来致命的打击。近年来，中国报业广告经营额增长乏力，尤其是近两年，报业广告呈负增长态势。其实不只是报业经济，期刊、广播与电视产业经济也遇到了受众流失与广告下滑的情况。

对于现代传媒来说，受众与广告是其两大支柱，前者为传媒产业发展提供了坚强的后盾，后者为传媒发展提供了物质条件。在传媒经济的各要素中，受众和广告是维系其发展的两个核心资源链，现在两大核心资源链均出现断裂的局面，传统媒介的发展活力明显下降。在各种新兴媒体的强力冲击下，几大传统媒介的应对方案在短期内不可能解决根本问题，其产业弹性力较差，抵御生态入侵的能力不足，产业生态系统健康受到严重威胁。

3. 媒介组织碎片化存在：市场竞争优势力量断裂

中国传统媒介市场存在的突出问题是“大而不强”，整个传媒产业的盘子很大，在世界传媒产业总规模方面，中国的传媒数量和传媒经济总量均排在靠前的位置。但是，单个媒介集团的实力和竞争力并不强，市场中的媒介组织呈现出碎片化的格局。当今世界大型传媒集团呈现出跨国、跨媒体、跨行业发展的趋势，并且经历了数十年，甚至上百年的积累成长起来。这些大型传媒集团拥有明显的市场竞争优势，既能够在世界传媒经济竞争中获取利益，又能够在国际传播中主导媒体话语权。从世界传媒产业发展的历史可以看出，媒介组织的经济实力往往与其话语权之间存在明显的正相关关系。也就是说，那些规模庞大、实力雄厚的媒介集团往往更具有话语权。由此可见，媒介组织的结构状态与传媒产业市场竞争、传媒话语权之间存在复杂的关系。

本书测量了中国传媒产业市场集中度，结果显示，报纸产业的发行、广告市场集中度均很低，属于分散竞争型市场结构；电视产业收视和广告市场集中度从寡占型向分散竞争型过渡。其中，电视广告市场集中度属于低集中寡占型市场结构，大型广播电视集团的市场垄断力量并不强。电视收视市场集中度呈明显的下滑趋势，已经进入分散竞争状态。结合笔者的其他相关研究，我们发现，从全国性市场来看，期刊、广播等传统媒介市场集中度均很低，属于典型的分散竞争市场结构；从区域市场来看，则存在明显的市场垄断因素。① 综合来看，中国报纸、期刊、广播、电视等传统媒介市场竞争比较激烈，并表现出明显的分散竞争态势，大型媒介集团的市场控制力量较弱，媒介组织的碎片化现象表现得尤为突出。

当前中国传媒业形成了由若干媒介机构组成的庞大的传媒市场体系，由于各家传媒机构的实力有限，在全国市场上缺乏竞争力和资源凝聚力。不仅如此，中国大型传媒集团在世界传媒经济中也不具备竞争优势，在一定程度上也会影响中国传媒在世界上的话语权。中国传媒产业的区域布局带有明显的行政色彩，一方面是中国新闻出版广播影视系统的纵向管理，另一方面是各级行政部门对传媒的直接管理，形成了“条块分割”的区域分布格局。从表面上看，部分传媒集团拥有一定的影响力和竞争力，但主要局限于部分区域范围内，在全国范围内缺乏经济支配力，在世界范围内更是难以产生竞争力和影响力。另外，由于多数传媒机构规模较小，实力不强，没有足够的动力和经济实力开展技术创新，导致整个传媒市场只能在相对较低的水平上竞争。从长远的角度来讲，这种格局不利于传媒产业升级，更不利于构建健康的传媒产业生态系统。

4. 市场体系边缘化发展：传媒与市场的关系断裂

改革开放以来，中国逐渐从计划经济向市场经济发展。在经济转轨的同

---

① 陶喜红：《中国传媒产业市场结构演变研究》，中国社会科学出版社2013年版，第71—86页。

时，中国传媒业也在试行产业化发展，一些媒体恢复刊登广告，各家媒体开始重视传媒经营。在计划经济时代，政府在传媒行业的资源配置中起到绝对的控制作用，传媒机构的固定资产、工作人员的工资待遇和媒体日常工作所需经费均由政府财政支出。实施市场化改革之后，传媒行业实行“两个轮子一起转”的方针，既要提高传媒的社会效益，也要提高传媒的经济效益。20世纪90年代以来，中国传媒产业化进程加快，报业集团、广播电视集团以及出版集团不断涌现，传媒资源的归拢与聚合提升了单个传媒机构的实力。

但是，中国传媒集团建设与西方发达国家传媒集团建设的驱动力量不同。西方发达国家传媒集团主要靠市场化运作来组建的，利益链和价值链在传媒集团组建过程中起到了至关重要的作用。其好处在于，多数传媒集团各要素之间往往能够很好地对接，价值链各环节更容易整合，最终为集团的升级与发展壮大奠定了基础。中国传媒集团的组建主要靠行政力量推动的，国家在政策上给予引导，在经费上给予支持，在短时间内组建了数十家区域性传媒集团。这种做法的好处在于传媒集团能够很好地发挥新闻舆论引导功能，为社会主义现代化建设提供舆论支持。其不足之处在于，由于较少考虑传媒之间的经济利益和价值链的整合情况，传媒集团组建后，经营绩效并不一定达到预期，甚至有些传媒集团的经营绩效较差。由此可见，西方发达国家组建传媒集团的出发点是经济效益，而中国组建传媒集团的出发点是兼顾社会效益和经济效益。组建传媒集团不可能脱离新闻舆论，也不可能不管媒介经营，只是各有侧重，中国传媒集团更关注前者，而西方传媒集团更侧重后者。

中国的报业集团化建设经历了较长时间的酝酿，并于20世纪90年代中期正式实施。“报业集团化改革实际上是一次报业组织制度的变革”，其目的是“建立一种不同于报社的组织形式，使它能够更加适应市场经济的要求，尽快做大做强”。[①] 在具体管理中，报业集团实行宣传、经营“两分开”的体制，即“报纸宣传与报业经营业务分开，新闻采编队伍与经营管理队伍分开”。上述管理方案在报业集团以及其他媒介集团中均得到一定程度的体现，但是在具体实施过程中还是出现了很多问题。

中国传媒集团的建设不可能脱离行政管理体制的约束，“条块分割”的现

① 张晓群：《关于报业集团制度建设的思考》，《当代传播》2005年第4期。

状依旧存在，并时时刻刻地影响着传媒集团的市场化运营。当前中国传媒产业不可能完全按照市场的逻辑来发展，传媒产业中的垄断也并非纯粹的市场垄断，而是夹杂着行政垄断，即经济垄断与行政垄断所组成的混合垄断。当然，这种垄断力量也在悄然发生变化，“在制度变迁的推动下，传媒产业中的垄断力量的演变趋势是：一方面，传媒经济运行中的行政垄断力量在逐渐减小；另一方面，媒介市场集中度总体上将处于提高趋势，即经济性垄断力量在不断提升”。[①] 尽管经济性垄断力量在不断提升，但并没有超越行政垄断的影响力。因而，在中国传媒经济发展中，市场体系一直处于边缘化的地位，行政力量的主导地位并没有发生根本性的改变。这是中国传媒体制所决定的，也是长久以来为了确保新闻舆论安全而进行的制度设计。

（二）传媒产业生态结构多重失衡

1. 市场结构失衡：分散竞争为主，缺乏竞争优势

市场结构的稳定与平衡是维持传媒产业持续健康发展的重要条件。传媒产业市场结构的稳定与平衡是相对的，在笔者看来，绝对的稳定与平衡并非最健康的产业生态系统。之所以这么说，是因为从理论上来讲，完全竞争的市场结构是最稳定、最平衡的结构状态，但是这种市场结构并不能最大限度地激发产业活力，其市场绩效较低，并不能维持产业的健康发展。那么，到底什么样的市场结构才属于最优的市场结构呢？根据各个产业发展的经验性研究表明，寡占型市场结构最能够激发产业活力和技术创新，属于相对稳定和平衡的市场结构。与此相对应，极端的垄断和过度的分散就属于市场结构失衡。目前，在传媒产业各个子产业中，既存在市场结构相对平衡的状态，也存在市场结构失衡的状态。其中，市场结构失衡状态表现得更为明显。

（1）市场主体的原子型分布：集中度低，竞争力弱。

在中国传媒产业的各个子产业中，报纸和期刊产业属于分散竞争型市场结构，其明显的特点是，各家媒介所占的市场份额较小，市场集中度低。近20年来，中国报业发行市场集中度均值为：前4家报纸发行市场份额为

---

① 陶喜红：《中国传媒产业市场结构演变研究》，中国社会科学出版社2013年版，第118页。

15.76%，前8家报纸发行市场份额为25.64%，前10家报纸发行市场份额为29.59%；中国报业广告市场集中度均值为：前4家报纸广告市场份额为22.00%，前8家报纸广告市场份额为31.92%，前10家报纸广告市场份额为35.85%。由此可见，中国报纸的发行和广告市场集中度均很低，属于典型的分散竞争型市场结构。发行和广告是报纸产业最重要的两个指标，基本上能够决定该产业经济状况。从上述两项指标的情况来看，在全国市场上，该产业不存在垄断力量。从理论上来讲，中国报业市场以竞争为主旋律。但是，在现实中，中国报业市场存在激烈的竞争与典型的区域垄断。数据显示，全国性市场上报业发行与广告存在激烈的竞争，但是在现实中，报业的竞争并没有在全国范围内展开，其主要原因在于中国报业市场的区域分割严重，各种竞争主要局限于相应的区域范围内。报业的市场垄断也并非全国范围内的垄断，而是在各个中心城市的发行与广告垄断。其中，垄断的区域主要集中在各个省会城市。

在中国传媒产业中，期刊和广播媒介的市场集中度非常低。之所以出现这种情况，主要原因在于以下几点。一是这两种媒介都具有不同程度的区域性，在一定程度上限制了其受众群体的拓展，进而影响到其市场集中度。二是多数期刊的细分比较明显，受众群体范围相对较少；过去，广播媒介受到技术的限制，影响了传播的广泛性。尽管现在技术问题得到解决，但是听众的流失现象使广播媒介的发展受到较大限制，市场集中度的提升也因此受限。三是两种媒介的集团化建设相对落后，影响了市场结构优化。在传统的纸质媒介中，报纸的市场地位高于期刊；在电子媒介中，电视的市场地位高于广播。在传媒集团化建设中，报纸和电视处于明显的优势地位，集团化建设的进展相对较早、较快，而期刊和广播在集团化建设中处于弱势地位，影响了其市场结构的优化。

上述情况说明，中国报纸、期刊和广播媒介的市场集中度较低，以分散竞争为主要特征。这种市场结构的缺陷很明显：第一，媒介机构呈原子型分布，多数媒介机构规模小，缺乏市场竞争力，即便是大型的媒介集团，其经济影响力也局限于相应的区域。离开特定区域，其竞争力就会大打折扣。第二，分散竞争所带来的经济效益较低。分散竞争容易造成资源浪费，媒介产品生产、流通成本相对较高。相比较而言，规模大、实力强的传媒机构，往往能够整合资源，有助于节约成本，实现规模经济效益。第三，分散竞争型市场结构不利于媒介产品创新。在分散竞争的市场中，媒介产品以同质化为特征，多数媒介没有实力开展技术创新，并且传媒机构容易满足于现状，不愿意推动技术进步，低水平重复成为这种市场结构的主要弊端。第四，分散竞争容易引发过度竞争。由于同质化产品不断增多，很难进行差别化营销，媒体之间的受众、广告客户争夺往往不是靠产品质量和媒介的品牌实力，而是靠低价营销，以量取胜，媒介产品的品质难以提升。第五，在国际竞争中，低集中的分散竞争很难造就有影响力的媒介集团，不利于建立传媒的竞争优势和国际影响力。在分散竞争型市场结构中，传媒集团的经济实力较弱，与那些跨国、跨地区、跨行业的国际传媒集团相比，不具有竞争优势。经济实力的不足也会在传播技术、传媒人才等方面体现出来，最终会影响中国媒体的国际影响力。因此，分散竞争型市场结构不利于建构健康的传媒生态，亟待做出相应的调整。

（2）高度垄断的典型形态：集中度高，创新不足。

在中国传媒产业中，高度垄断的市场结构比较罕见。因为从总体上来讲，中国传媒产业的垄断格局主要体现在一定区域范围内，在全国市场上的传媒垄断表现得不明显。当然，也存在高度垄断现象的典型案例：一是中央电视台的各个频道在收视率上具有较大优势，如果在收视统计中按照广播电视集团来测算的话，前 4 家广播电视总台的收视市场集中度在 70% 左右，其垄断程度相对较高。尤其是在卫视频道刚刚起步的时候，地方频道覆盖率有限，中央电视台和部分上星的频道所占有的市场份额很高，市场垄断程度较高。二是搜索引擎市场集中度较高，存在明显的垄断趋势。2003—2015 年，中国搜索引擎网站搜索请求量所占的市场集中度不断提高，2003 年，百度在整个搜索引擎市场中所占的市场份额为 34.8%，到 2011 年，其搜索请求量所占的市场份额为 84.7%。[①] 目前，百度的搜索请求量市场份额一直保持在 85% 左右。从 2009 年到现在，中国排名前 4 家的搜索引擎市场请求量所占的市场份额为 99% 以上。从搜索引擎广告市场集中度来看，同样存在着高度垄断的情

① 陶喜红：《中国传媒产业市场结构演变研究》，中国社会科学出版社 2013 年版，第 94 页。

况。这说明，中国搜索引擎市场存在双重的市场垄断情况。

对于传媒产业来说，市场垄断力量强劲，大型传媒机构具有极大的市场控制力，并不利于整个产业生态的健康发展。之所以做出这样的判断，主要是其他领域中的相关经验性案例和研究所得出的结论。2007 年第三季度，诺基亚手机在中国占有 35. 1% 的市场份额，远远高于摩托罗拉（13. 6%）和三星（11. %）的市场份额。① 在最辉煌的时期，世界最畅销的 10 款手机中，诺基亚占有 9 款。其中，诺基亚所创造的单款手机销量超过 2 亿 5 千万的销量纪录，至今没有被打破。即便是拥有如此辉煌的成绩，诺基亚的手机部门业务也于 2013 年悄然出售给微软。之所以出现这样的局面，并不是诺基亚的技术不先进，主要在于其决策上的失误。而决策失误的源头则在于市场的垄断带来了超额利润，公司没有动力去追逐市场创新与技术更新。另一个典型的案例是“胶卷帝国”柯达公司。1975 年，柯达垄断了美国 85% 的相机市场和 90% 的胶卷市场份额。当年，柯达公司发明了数码相机；1991 年，柯达公司又推出 130 万像素的数码相机。但是，柯达的这些领先技术并非民用，而是将其用于航天领域。柯达公司之所以做出这样的选择，主要原因在于，当时的胶卷市场销量极大，柯达拥有无与伦比的垄断势力，竞争对手不会对其构成实质性威胁。在鼎盛时期，柯达在全世界的雇员达到 14. 5 亿人。直到 1999 年，柯达胶卷业务在美国依然保持 14% 以上的增长速度。② 在这种强势的垄断力量之下，柯达即便在市场和业务领域不进行任何形式的创新，依然能够获得高额回报，这就是高度垄断带来的超额利润。面对如此诱人的高额利润，数码相机市场开发显得既费力气，又不能带来现实的利润，因而柯达公司并没有动力去开发数码相机新市场。直到发现数码市场已经对传统的胶卷市场构成实质性威胁的时候，柯达公司才转过头来发展数码相机业务，但是由于这个市场已经为其他品牌所占领，想要获取竞争优势异常困难。2012 年 1 月 19 日，131 岁高龄的柯达自愿向法院递交破产业务重组申请。执着于胶片业务的柯达公司，最终倒在自己发明的数码技术的脚下。

---

① 张燕玲：《2007 年第 3 季度国内手机销量达 3743 万部》，http：//www. cww. net. cn/news/html/2007/11/21/20071121114738730. htm。

② 刘玉林：《巨人柯达的陨落》，http：//money. 163. com/special/view101/。

无论是胶片巨人柯达公司，还是手机巨人诺基亚公司，都曾经经历了辉煌的垄断时期。它们的共性在于，最辉煌的时期并没有居安思危，并没有真正去思考如何进行市场创新，也没有真正将最领先的技术运用到那些具有市场需求空间的业务中去。之所以出现这种情况，主要原因在于这些公司在一个特定的领域内具有极高的垄断力量，能够获取高额利润。同类公司不可能在同一个市场、同类产品上对其构成威胁，而是运用另一种差别化的产品，从侧面展开进攻，拓展新的业务、新的产品和新的市场，去培育公众新的消费习惯，提升消费者资源承载力，最终使垄断力量失去根基。从产业生态的实际情况来看，产业活动主体的生存能力并非与竞争力成正比。在遭遇严重的产业生态危机时，企业的核心竞争力有可能变成能力陷阱，甚至变成难以突破的核心刚性力量，阻碍企业采取迂回的路径应对产业生态危机。那些竞争力强的企业可能因为组织惰性抑或路径依赖而不能适应产业生态的变化，最终导致企业陷入危机，不能自救。

在中国传媒产业中，也存在类似的垄断情况，尤其以搜索引擎市场最为典型。百度公司凭借其请求量的垄断地位，在搜索引擎市场中具有绝对的竞争优势。在这种情况下，其收入来源主要集中于网络营销收入。“搜索推广和竞价排名为核心的网络营销收入，一直占百度总营销的90%以上，多年平均在95%以上，营收方面过于单一，并未形成很好的补充。”① 单一的盈利模式存在明显的经营风险，一旦这种模式出现问题，就会导致整个公司利润下滑。尤其是医疗广告，在百度的广告收入中占有较大比例。即便百度公司知道竞价排名存在道德风险，但是该企业仍然执着地开展此项业务。对于这种极具垄断力量的企业，并不担心竞争对手的正面竞争，一般的对手也很难打垮这些垄断企业。最终将这些垄断企业打垮的恰恰是企业自身，因为垄断企业容易躺在超额利润所搭建的温床上，不愿意真正地开拓创新，更不愿意抛弃既得利益而去艰难地开辟新的战场，最终形成一种盈利模式的路径依赖。因此，高度垄断并非理想的市场结构，不利于传媒市场创新，也不利于激发市场活力。

---

① 李根：《百度营收增长疲态渐显 管理层信心不足》，http：//tech. sina. com. cn/i/2016 - 07 - 29/doc - ifxunyxy5950050. shtml？qq - pf - to = pcqq. c2c。

（3）市场结构的转型升级：寡头垄断，推进创新。

在完全竞争的市场结构中，企业规模较小，缺乏足以支持创新的经济实力，因此难以推动重大创新；在完全垄断的市场结构中，垄断企业的控制力异常强大，竞争对手无法构成威胁，垄断企业缺乏进行重大创新的动力。而介于竞争和垄断两者之间的市场结构——垄断竞争和寡头垄断市场结构，由于存在垄断，又具有竞争性，所以有利于企业实施较大的创新行为。基于这样的理论，一般认为，“大中型企业由于资金和技术力量雄厚，在新技术和产品开发上具有优势。如果大中型企业在企业总数中占的比重较大，则有利于推动技术进步”。[①] 这种观点为企业规模扩张提供了理论支撑。另外，适度集中对于企业发展来说也有较大的经济利益，因为产业集中有助于打造产业链，能够最大限度地提升企业资源的使用效率，最终提升企业的规模经济效益。

在传媒产业中，既存在小规模的分散竞争，又存在高度集中的市场垄断，其中，分散竞争占据主要地位，这对于提升传媒的竞争力和影响力非常不利。在传统媒介之中，电视产业市场结构曾经接近于寡头垄断，但是其市场集中度并不高，大型电视台的市场竞争优势不明显。并且，行政力量这一因素对电视产业市场结构的形成起到较大的推动作用。目前，互联网媒体中的各种细分媒介最容易形成寡占型市场结构。从表面上来看，这种市场结构并非平衡的结构状态，肯定也会产生一定的福利损失。但是，就目前的情况来看，适度集中的寡占型市场结构是最有助于维持传媒产业生态系统健康的结构形态。这种市场结构能够激发大型传媒集团的竞争活力，既有助于避免高度垄断引发的超额利润和福利损失，又有助于避免过度竞争导致的低利润状态。各家寡头为了避免落后的局面，还会争先恐后地开展技术创新和市场创新。并且，这些大型传媒集团具备开展创新的物质条件。

现有的数据表明，中国传统媒介市场结构呈现出如下特征：全国性市场以分散竞争型市场结构为主，区域性市场以寡头垄断为主，也存在少量的垄断程度较高的市场结构，这种比较复杂的市场结构形态不利于开展市场创新和技术创新，需要从宏观上加以引导，以期建立适度集中的市场结构形态，释放产业活力，激发传媒机构的创造力。

---

① 马建堂：《结构与行为：中国产业组织研究》，中国人民大学出版社 1993 年版，第 183 页。

2. 区域布局失衡

(1) 传媒资源向经济发达的区域倾斜。

中国传媒产业区域布局既包括东、中、西部等大的区域布局，也包括各级省市较小的区域布局。在大的区域范围内，东部沿海城市传媒产业相对较为发达，传媒业区域分布较为密集，传媒经济增长势头较好。中部区域传媒产业发展情况良好，传媒经济总量保持一般水平，增长空间较大，但增长速度一般。西部地区传媒经济不发达，传媒经济总量较小，增长空间很大，但增长速度缓慢。因此，从大的区域来看，中国传媒产业存在明显的区域结构失衡现象，西部地区与东部地区存在巨大的差异。在历史上，中国报纸、期刊、图书等行业的发展也表现出区域失衡的特征。上海、北京、天津、南京等城市的报刊业非常发达，而西部地区的报刊业很落后。之所以出现传媒区域布局失衡的情况，主要原因有以下几方面。一是传媒经济与区域宏观经济发展存在密切的关系，经济发达的区域，其传媒产业发展相对较好。反之，其传媒产业发展相对较差。二是公众的文化消费习惯影响着区域传媒发展水平，有的区域公众有读报、看杂志等媒介消费习惯，就容易成为忠诚度较高的读者群；有的区域公众对影视媒体有极大的热情，这有利于培养公众的电视消费习惯。三是从传媒经营的角度来讲，传媒资源在特定区域的集中有助于形成产业链和规模经济效益。

(2) 传媒资源向各个中心城市倾斜。

中国传媒产业区域布局失衡不仅仅体现在大的区域范围内，在各个省市区域内，也存在较大的区域差异。从总体上来看，传媒产业的优势资源倾向于大型城市，各个省会城市、自治区的首府以及经济发达的城市等成为传媒资源相对集中的地区。比如，在中国报业和电视市场中，北京、上海、广州、南京、长沙、武汉等城市具有较为丰富的传媒资源，此类城市在各个省市范围内明显属于资源优势区域。这些大型城市人口密集，经济发达，文化水平高，公众接触传媒的意愿强，具备发展传媒的各种条件。部分省市下辖的地市级城市经济也比较发达，人口较密集，比较适合培育传媒产业。与一线城市相比，这些二线城市的传媒并不算很发达，但是其居民具备一定的传媒消费习惯，为传媒产业发展奠定了较好的基础。与这些城市相比，一般的县级市的传媒资源相对较少，其居民传媒消费习惯并没有很好地培养起来。在广大的农村地区，报纸、期刊等媒介市场基本处于待开发状态。农村居民基本上以看电视、听广播为主，长期培养起来的传媒消费习惯难以改变。

上述分析可以看出，在长期的演进中，中国传媒产业逐渐形成了大、中、小城市的区域分布格局。其中，大城市是传媒产业最为发达的区域，但是有些媒介种群基本上处于饱和状态，开发空间较小。即便是新兴媒介，其普及率也很高。在二线城市和农村地区，传媒资源分布较少，存在较大的开发空间。从经济学的角度来看，传媒产业的区域聚集具有一定的经济依据。传媒资源的区域聚集能够降低传媒集团的运营成本，便于传媒人才流动，有助于新闻信息的获取。大型城市的居民有较强的信息消费意愿，其经济基础较好，这是广告客户比较看重的。因此，从经济学的角度来讲，适度的区域聚集对于传媒经济发展来说利大于弊。从区域经济发展的角度来看，产业的适度聚集有助于推动产业共生。“产业共生通过组合传统上独立的企业，加强它们之间的合作，促使它们进行物质、能量、水资源以及副产品的交换，提高其竞争优势。”① 一般来说，产业共生情况在地理位置较近的区域容易出现。传媒产业与相关产业形成产业共生显然有利于传媒经济的发展，也有助于推动媒介融合。但是，如果从社会效益的角度来说，传媒资源区域布局的不均衡，容易造成数字鸿沟，对偏远地区的社会发展不利。因此，传媒资源过度集中于某些区域，会造成信息传播上的不公平；传媒资源在区域布局上过度分散，也会造成社会福利损失。因而在满足新闻信息传播的基本条件下，适度推动传媒产业区域集中，以兼顾信息公平与传媒经济发展。

（3）各子产业区域失衡状况存在差异。

从传媒产业的区域布局情况来看，传媒产业各子产业的资源均存在区域布局失衡的情况，只是每种媒介区域布局失衡表现出不同的特征。从报纸种数来看，除了北京、上海、广东等报业比较发达的区域之外，部分省市因为人口多或者区域面积大而拥有更多的报纸资源，如新疆、辽宁、河南、黑龙江等区域。从人均占有报纸资源情况来看，天津、辽宁、陕西等省市人均占

---

① Chertow, M. R., “Industrial Symbiosis: Literature and Taxonomy”, *Annual Review of Energy and Energy and Environment*, 2000, Vol. 25, No. 1, pp. 313 - 337.

有报纸资源相对较多。报纸资源的分配主要考虑各个省市新闻信息传播的需求，同时也兼顾各地区公众的读报意愿、经济发展情况等因素。从中国报业发展的历史来看，政府在报业资源配置方面起到的作用比较大。所以，报纸资源的区域布局失衡既有资源配置方面的原因，也有各地区经济发展方面的原因。另外，公众读报习惯的培养状况也影响着报业的成长性。

电视是传统电子媒介的代表。中国的广播电视资源较丰富的省市主要有北京、天津、上海、浙江、江苏、广东等。政府在电视台的宏观布局方面所起到的作用比较大，尤其是对于电视传输技术与硬件配置方面，政府的投入力度较大。政府在各种类型的转播发射台、电视发射机等方面做了大量投入，其资源配置并非完全依据经济发展水平，主要根据当地的信息需求状况和区域地貌情况等来决定的。从电视广告资源区位熵的情况来看，中国电视资源的区域分布存在明显的差异，湖南、安徽、北京、上海等省市的电视广告资源丰富，其余的省市电视广告资源存在很大的差异。电视广告资源与电视台的资源配置方式不一样，前者主要根据各地区经济发展状况、电视节目水平、观众资源状况等因素来决定，市场在电视广告资源配置中起到主导作用，而后者主要靠政府来配置资源。

互联网资源的区域布局存在明显的区域失衡状况，北京、上海、浙江、福建、广东等省市的网络资源极为丰富，而其余的区域互联网资源的分布存在巨大的差异。如果仅仅从网站的域名和 CN 域名等资源来看，中国互联网资源的区域布局失衡状况最为严重。一般认为，互联网具有无地域性，其信息传播能够克服空间距离，传之广远。然而，从产业经济发展的角度来讲，资源分布的区域性差异对各地区产业经济的影响很大。因而，互联网资源的无地域性可以满足公众的信息传播需求，但不会缓解网络媒体经济的区域差异。

综上所述，传媒资源的区域布局失衡有多重影响因素。从新闻舆论工作的角度来讲，传媒资源分配方式的相对均衡更有利于新闻信息传播，更能够充分发挥新闻舆论引导功能。但是，均衡地分布传媒资源则会导致传媒的分散竞争，不利于集中优势资源开展传媒的创新性经营，并容易提升传媒运营成本。与之相反，传媒资源在某些区域过度集中则不利于部分地区的舆论引导工作。不过，从传媒经济的角度来讲，传媒区域聚集有助于形成传媒产业集群，形成特定区域多个产业相互融合的传媒产业带。这种空间上的聚集有助于传媒人才的流动、媒介产品的深度加工和产业链的延伸，在一定意义上，是传媒产业结构优化升级的基础。鉴于此，我们认为，传媒产业区域布局的指导原则是，在满足各个区域新闻信息传播基本需求的基础上，推动传媒资源的适度聚集，构建创新型、融合型的传媒产业集群，优化传媒产业空间布局，保持传媒产业生态系统健康。

3. 贸易结构失衡

（1）总量结构差异：对外依存度低，贸易逆差显著。

中国媒介产品对外贸易结构存在以下特点。首先，从媒介产品的进出口数量上来讲，传媒产业对外依存度很低。从报纸发行数量上来计算，中国历年报纸进口对外依存度均低于0.06%，历年出口对外依存度均低于0.004%。电视节目进出口对外依存度明显高于报纸的进出口对外依存度。如果从电视节目进出口数量来看，2006—2015年，中国电视节目进口对外依存度均值为0.81%，出口对外依存度为0.56%。与传统的报纸、电视等媒介相比，网络媒介产品的贸易自主性明显要多一些。并且，网络媒介与其他产业的融合进程明显快于传统媒介，其媒介产品的开放性、多样性和嵌入性特点更为鲜明，这些因素为促进网络媒介产品的对外贸易奠定了基础。其次，从媒介产品贸易金额上来讲，传媒产业对外依存度同样很低，中国报纸历年进口对外依存度均低于0.60%，出口对外依存度均低于0.05%；从电视节目进出口金额来看，2006—2015年，中国电视节目进口对外依存度的均值为9.41%，电视节目出口对外依存度的均值为3.02%。再次，中国媒介产品的对外贸易中存在一定的贸易逆差现象。从媒介产品进出口量的情况来看，进口数量明显大于出口数量。从媒介产品进出口金额上来看，2006—2015年间，中国报纸产品进口总金额是出口总金额的22.34倍；电视产品进口总金额是出口总金额的3.61倍。这些数据表明，中国报纸和电视媒介产品的出口对外依存度低于进口对外依存度。从经济的角度上来讲，中国报纸和电视媒介产品的国际市场竞争力很有限。综上所述，中国媒介产品对外贸易存在明显的结构失衡问题，进出口贸易逆差明显，贸易总量较少。传媒产业的资源循环以固定区域内的自循环为主，影响了整个传媒生态资源的流动，不利于传媒产业生态系统健康。

（2）产品结构差异：电视节目占优，纸媒出口冷淡。

2006年，全国电视节目进口总额达到33714.22万元，出口电视节目16939.79万元。同年，期刊进口92956.53万元，出口2436.02万元；报纸进口16807.98万元，出口1067.19万元。从媒介产品进口来看，在三类媒介产品中，电视节目和期刊进口量相对较大；从媒介产品出口来看，电视节目的出口量较大，其出口金额分别是报纸和期刊的15.87倍和6.95倍。2015年，全国电视节目进口总金额为99398万元，出口总金额为51332万元，进出口对外依存度分别为6.00%和3.10%。报纸进口金额为9704.92万元，出口金额为281.65万元，进出口对外依存度分别为0.26%和0.01%。从媒介产品进口的情况来看，电视节目的进口量依然较大，而报纸的进口量相对较小。从媒介产品出口的情况来看，电视节目出口量较大，其出口金额分别是报纸和期刊的97.91倍和8.05倍。从上述数据可以看出，在中国传媒产业进出口贸易中，电视节目进出口贸易所占的比例相对较高，期刊进口量较大，但出口量较小。报纸在媒介产品贸易中表现得最不活跃，进出口量均比较小。媒介产品贸易结构之所以存在这样的差异，与各种媒介的属性密切相关。电视媒介的娱乐性较强，电视剧、动画电视、纪录片等意识形态属性稍弱的节目是贸易的主体，在一定程度上提升了贸易的比例。期刊进口比例较大，主要体现在两个方面：一方面是学术性期刊，另一方面是娱乐性期刊。在几类媒介中，报纸产品对时事动态关注得最多，意识形态属性表现得更为明显，报纸的进出口都受限于这方面因素，因而报纸的对外贸易额相对较小。

（3）区域结构差异：贸易空间集中，亚洲美洲活跃。

中国媒介产品对外贸易存在明显的区域集中现象。以2015年电视节目进出口情况为例，当年中国从五大洲进口电视节目的比例分别为：亚洲占66.02%、美洲占22.92%、欧洲占9.70%、大洋洲占1.33%、非洲占0.02%。中国向五大洲出口电视节目的比例分别为：亚洲占72.22%、美洲占13.52%、欧洲占9.47%、大洋洲占2.56%、非洲占2.14%。从电视节目进出口国家分布来看，电视节目进口量排名前3位的国家或地区依次为：日本、美国、韩国，其进口额占比分别为39.19%、21.79%和11.75%；电视节目出口量排名前3位的国家或地区依次为：中国香港、中国台湾、美国，其出口额占比分别为18.15%、16.40%和7.64%。上述表明，中国电视节目进出口贸易存在明显的区域偏向，亚洲的国家或地区是中国电视节目的主要贸易伙伴，美欧次之。另外，电视节目进出口国家或地区的排名也存在差异，中国从日本、美国和韩国等国家进口的电视节目较多，合计占比达72.73%；中国出口到中国香港、中国台湾和美国等地区或国家的电视节目较多，合计占比达42.19%。

从上述分析可以看出，中国电视节目进出口以亚洲国家或地区为主。之所以出现这种情况，主要原因在于，中国和亚洲其他国家或地区都属于汉字文化圈。这些国家或地区早期从中国引进了国家制度、政治思想和文化价值观，受儒家文化影响深远。“同一个文化圈中的各个民族虽然会有不同的发展道路，但是在文化上有明显的趋同性。”① 不同国家的空间距离较近，文化交流较多，文化习俗较容易为对方所适应，在跨文化传播中产生的误解相对较少，不同国家或地区的影视媒介产品很容易为贸易对象国或地区所理解。在这种情况下，媒介产品贸易的文化折扣②相对较低。最近几年，韩国影视节目在中国热播，出现了影视“韩流”热潮。相比较而言，欧洲、非洲、大洋洲等地区的文化与汉字文化圈的文化习俗、政治制度等方面存在很大的差异，容易产生媒介产品贸易的文化折扣现象。因而，中国与上述几大洲的媒介产品贸易相互依存度较低。另外，经济贸易对文化贸易也产生一定程度的影响，经济贸易较多的国家或地区之间，其文化贸易相对较多。由于中美之间的经济贸易较多，加上美国文化具有开放性，中美媒介产品之间的相互依存度相对较高，双方均希望了解对方媒介文化，在此基础上开展更多的媒介产品贸易。

---

① 李春燕：《荆楚文化圈发展与建设研究》，世界图书出版广东有限公司2017年版，第27页。

② 文化折扣是由霍斯金斯和米卢斯提出来的，他们认为，一种文化产品对于熟悉这种文化的受众来说具有极强的吸引力，而对于不熟悉这种文化的受众来说，其吸引力会明显降低，这种现象就是文化折扣。其计算公式为：文化折扣 =（国内相应产品的价值 − 进口价值）/国内相应产品价值。参见［加］考林·霍斯金斯等《全球电视和电影——产业经济学导论》，刘丰海等译，新华出版社2004年版，第47页。

（三）传媒生态承载力的时空演化

1. 传统媒介生态承载力持续下滑

20 世纪 90 年代是纸质媒介的辉煌时代，报纸产业经历了黄金十年的规模扩张，经济效益普遍较好。都市生活类报纸的发行和广告增长速度迅猛，报纸产业展现出一片繁荣的景象。那个时代，电视产业的发展势头也很好，电视超过报纸、广播和期刊，成为传媒产业中广告经营的龙头老大。中国经济发展较好，国民收入持续增长，公众的收视习惯已经培育起来，电视媒介面临很好的发展势头，加上各省市的卫视频道先后建立起来，为电视媒介提升生态承载力奠定了良好的基础。

从 2011 年到现在，中国报纸总印张数不断下滑，读者资源承载力逐年下降。据广州社情民意调查中心的调查数据显示，将近 40% 的人"基本不看报纸"，61% 的人"基本不听广播"。报纸的阅读率从 2011 年的 65.7% 下降到 2015 年的 38.4%，4 年合计下滑了 41.6%。① 据中国报业协会对全国 151 家中央、省级和地市级报纸的调查显示，从 2012 年到现在，中国报纸总印刷量连续 4 年均处于下降趋势。2014 年，共使用新闻纸 305 万吨，2015 年 257 万吨，比 2014 年下降了 15.74%。② 随着报纸读者资源承载力的不断下滑，报纸印刷数量大幅减少。近年来，中国报业广告经营额经历了"断崖式下滑"，从 2011 年到 2015 年，中国报纸广告累计降幅已经达到 55%。这种下滑趋势丝毫没有得到遏制，并呈愈演愈烈之势。2015 年，房地产广告的投放同比下滑 44.8%，而交通广告下滑 46.0%，医疗广告下滑 48.9%。③ 目前，房地产、交通和医疗广告是报业广告的主要来源，三大类型的广告同时大幅度下滑，给报业经济发展带来致命打击。

报业危机出现的时间比电视产业要早一些，并且强度明显大一些。从

---

① 田珂：《2015 年中国报纸媒体传播影响力发展》，参见崔保国《中国传媒产业发展报告》（2016），社会科学文献出版社 2016 年版，第 94 页。

② 中国报业协会印刷工作委员会：《2015 年报纸印量呈现两位数下滑 下降幅度超 15%》，http://www.keyin.cn/special/kyyd/201604/11-1093542.html。

③ 姚林：《中国报业经营在广告"断崖式"下降中的转型》，参见崔保国《中国传媒产业发展报告》（2016），社会科学文献出版社 2016 年版，第 93 页。

2001 年到现在，中国观众每天收看电视的时间不断减少，上网的时间正在逐步增加。在几大媒介中，受众接触电视的时间所占的比例在 50% 左右。最近 5 年，中国电视观众收看电视时间占媒介消费时间的比例下降了将近 12%。[①] 数据显示，传统媒介受众接触的时间都呈下滑趋势。由此可见，中国传统媒介的受众资源承载力不断下降，最终导致其广告资源承载力也大幅下滑。大众传媒是注意力经济，对于媒介来说，首先要解决的是为公众提供新闻信息，发挥舆论引导功能，在此基础上，传媒吸引公众的注意力，进而吸引广告客户。受众注意力的丧失，意味着传媒对于广告客户的吸引力丢失了。现有的受众注意力和广告经营额已经不能很好地支撑传媒的发展了。这就像一块耕地，当土地的地力充足的时候，可以供养一定数量的人群；当土地资源流失或者地力不足的时候，即便人口数量没有增加，土地的承载力不足也难以养活原有的人口。中国传统媒介现有的注意力资源和物质资源不足以承载媒介的发展，受众的注意力在转移，传媒必须跟着转型，这样才能重新获得生态承载力，维持传媒的健康发展。

2. 新兴媒介生态承载力不断提升

进入 21 世纪，互联网的迅速发展为各种新媒体的成长提供了良好的平台。媒介的发展需要几大因素：传播者、信息接收者、经济支撑体系等。对于以互联网为平台的各种新媒介，专业的传播者队伍正在逐渐成长起来，信息接收者群体异常庞大，这是支撑新媒体发展的最大动力。2006 年 6 月，中国网民总规模为 1. 23 亿人，到 2018 年 8 月，中国网民总规模达到 8. 02 亿人，10 年间，网民数量增长了 5. 52 倍。互联网的普及率为 57. 70%。[②] 网民规模的大幅增加为各种新媒体的发展奠定了扎实的基础。在互联网发展的初期，人们对新兴媒介的接受与使用的积极性还不算很高，在人们享受互联网所带来的各种便利之后，网民对于各种新媒介的接触与使用有着较高的积极性，这为新媒介的推广与普及提供了方便。尤其是微博、微信等自媒体的发展，极大地激发了广大受众的主动性和积极性，手机网民的数量保持高速增长态

---

① 资料来源：艾瑞咨询，http：//www. iresearch. com. cn/view/253162. html。

② 中国互联网络信息中心（CNNIC）：《第 42 次中国互联网络发展状况统计报告》，2018 年 8 月，http：//www. cnnic. net. cn/gywm/xwzx/rdxw/20172017_ 7047/201808/t20180820_ 70486. htm。

势，移动传播成为新的趋势。从受众资源承载力的角度来看，新兴媒介具备较强的生态承载力。随着信息技术的日渐成熟以及受众信息接收习惯的养成，这种生态承载力将不断得到加强。

互联网平台的成熟推动了网络经济的发展，2011 年，中国网络经济规模为 2198 亿元，到 2016 年，中国网络经济营收规模已经达到 14707 亿元。① 网络经济的高速增长为新媒介的发展奠定了物质基础。近 10 年来，中国网络媒体广告经营额增势迅猛。不仅如此，网络媒体的盈利模式明显优于传统媒体。传统的报纸、广播、电视、期刊等媒介以广告经营为主，其盈利模式过于单一，存在较大的经营风险。新兴媒介除了依靠广告盈利之外，还有付费阅读与观看、线上营销、线下营销。不仅如此，一些新媒介的经营方式非常灵活，具有创造性，新媒介经济的总量不断提升。

随着中国经济发展水平和人均可支配收入的不断提升，人们用于传媒方面的经费也有所提升。从理论上讲，传统媒体和新兴媒体都有机会获得新的生态承载力。然而，受众的注意力是有限的。当受众的注意力转向新媒介的时候，传统媒介的生态承载力就相应地降低了。因此，如何重新获取受众注意力，建立足以支撑传媒发展的生态承载力，是传统媒介这些年一直努力探索的方向。并且，传统媒介的转型之路还很漫长，直到重新获得生态承载力。

3. 传媒产业生态承载力的时空差异

改革开放以来，传媒产业生态承载力经历了较为明显的演变。从纵向的角度来看，传统媒介生态承载力呈下降趋势，新兴媒介生态承载力呈提高趋势，这是对传媒生态承载力历时演变的基本判断。改革开放之初，受众对传媒的消费习惯正在培养之中，传媒的覆盖率较低，报纸、期刊的发行量、广播的收听率、电视的收视率都比较低。与此相适应，传统四大媒介的广告经营刚刚起步，中国的传媒经济总量很小。因此，传媒产业的生态承载力较低。经历了较长一段时间的探索，到了 20 世纪 90 年代中期以后，中国传媒经济发展进入快车道，电视和报纸两大媒体进入黄金发展时期，受众覆盖率空前

---

① 艾瑞咨询：《2017 年中国网络经济年度监测报告 - 简版》，http：//report. iresearch. cn/report/201705/3000. shtml。

提高，广告经营绩效不断提升，期刊和广播产业也取得稳定的发展。这一时期，中国传统媒介产业生态承载力达到历史新高，并持续了十余年时间。进入21世纪，互联网产业的发展进入快车道，网络媒体对传统媒体的发展带来巨大的冲击，传统媒体的受众占有率和广告经营额等出现增幅下滑的情况。最近几年，传统媒体的受众资源承载力和传媒经济承载力均呈下降趋势。

总体来看，报纸、期刊、广播、电视等传统媒体生态承载力经历了低－高－低的变化过程，呈不对称的倒V形变化趋势。在这一漫长的发展过程中，前期的生态承载力增长速度较快，因为各种类型的生态承载力的基数较低，所以增幅较大。到了20世纪90年代中后期，由于传媒产业生态承载力较高，其增幅逐渐下降。随着各类新媒介的生态入侵的力量不断提升，传统媒体的生态承载力出现下滑趋势。从不同媒介形态来看，纸质媒介生态承载力最先出现下滑的趋势，并且其下滑的幅度最为明显。传统的广播、电视等电子媒介生态承载力呈一定程度的下滑趋势，不过其下滑的幅度处于可控范围，为广播电视产业转型发展留下了相对充裕的时间和空间。

从区域分布来看，传媒产业的生态承载力存在明显的空间差异。上海、北京、广东、浙江、天津、江苏等省市的报纸产业发行生态承载力明显较高。上海、北京、广东等省市报业经济承载力也相对较高，为这些地区报业发展奠定了良好的基础。一些西部地区报业发行和广告承载力相对较低，产业发展受到较大限制。上海、北京、天津、江苏、浙江、广东、福建等省市的广播电视资源承载力较高，而湖南、安徽、北京、上海等省市的广播电视广告资源承载力相对较高，产业发展形势较好。相比较而言，新疆、甘肃、天津、内蒙古、青海等省区市的广播电视广告资源稀缺，生态承载力较低，限制了产业的发展。另外，不同区域的传媒生态承载力的变化情况也存在一定的差异。比如，从电视观众收视时间的变化情况来看，2001—2015年间，东北、华北、西南、华中等几个地区的人均每日收视时间变化较小，而西北、华东、华南等地区的人均每日收视时间变化幅度较大。具体到更小的区域，因为存在经济社会条件和信息接触习惯的不同，观众对电视媒体的接触必然存在一定程度的差异。

三 不足之处

在文化体制改革、文化“走出去”与媒介融合战略背景下，传媒产业生态系统健康问题越来越迫切需要研究的问题。本书运用传媒产业生态系统健康评价指标体系分析了中国传媒产业生态系统健康现状，发现了一些问题，本书有针对性地提出了对策建议。当然，本研究面临较多的困难，也存在一些亟待解决的问题：一是传媒产业生态系统健康问题在国内较少有，现有的参考文献不多，本书在框架设计、理论分析与数据处理方面还存在一些不足，需要在今后的研究中不断改进。二是本书缺乏全媒体生态思维，在媒介融合背景下，传媒产业融合逐渐从产品融合过渡到平台融合，对传媒产业生态系统健康的评价需要有全媒体思维①，这样才能够对传媒生态有更科学、更全面的认识与评价。由于考虑到不同媒介的经营特点存在一定的差异，本书对传媒产业进行了分类考察，并从各个类别中找一个具有代表性的媒介形态，对其生态系统健康做出评价，这样便于比较分析。在今后的研究中，有必要建立新的指标体系，对传媒产业的全媒体生态水平做出评估，一方面可以为改进传媒产业发展提供参考，另一方面也有助于拓展传媒产业生态系统健康评价的研究视野。三是本书还没有构建出较为完善的传媒产业生态系统健康预警体系，在以后的研究中，可以采取合适的方法构建较为科学的传媒产业生态系统健康预警体系，用于测度分析传媒产业生态系统健康状况，为传媒产业把脉，力争发现更加细微的问题。总之，尽管查阅了大量数据与资料，但由于研究能力有限，本书还有很多不足之处，恳请专家批评指正，但愿本书对传媒产业生态系统建设有一定的帮助，同时也希望该成果能够起到抛砖引玉的作用。

① 胡正荣：《媒体的未来发展方向：建构一个全媒体的生态系统》，《中国广播》2016 年第 11 期。

参考文献

中文专著

卜彦芳：《传媒经济理论》，中国广播电视出版社 2012 年版。

崔保国：《中国传媒产业发展报告》（2017），社会科学文献出版社 2017 年版。

邓伟根、王贵明：《产业生态学导论》，中国社会科学出版社 2006 年版。

丁和根：《传媒竞争力——中国媒体发展核心方略》，复旦大学出版社 2007 年版。

丁俊杰、赵子忠：《问题解构与战略选择：中国广电产业发展研究》，中国传媒大学出版社 2009 年版。

董鸣：《生态学透视：种群生态学》，科学出版社 2017 年版。

樊纲、王小鲁等：《中国市场化指数》，经济科学出版社 2017 年版。

方汉奇：《中国新闻事业通史》（第三卷），中国人民大学出版社 1999 年版。

傅玉辉：《大媒体产业：从媒介融合到产业融合》，中国广播电视出版社 2008 年版。

高吉喜：《可持续发展理论探索：生态承载力理论、方法与应用》，中国环境科学出版社 2001 年版。

鲍丹禾：《中国报业集团的文化产业发展研究》，人民日报出版社 2016 年版。

国家新闻出版广电总局发展研究中心：《广电蓝皮书：中国广播电影电视发展报告》（2016），中国广播影视出版社 2016 年版。

国家新闻出版广电总局发展研究中心：《广电蓝皮书：中国广播电影电视发展报告》（2015），社会科学文献出版社 2015 年版。

胡川：《产业组织演进与产权制度变迁的关联研究》，武汉大学出版社 2007 年版。

胡永佳：《产业融合的经济分析》，中国经济出版社 2008 年版。

胡正荣：《媒介管理研究》，北京广播学院出版社 2000 年版。

胡正荣：《21 世纪初我国大众传媒发展战略研究》，中国广播电视出版社 2007 年版。

胡正荣：《全球传媒产业发展报告》（2012），社会科学文献出版社 2012 年版。

胡正荣：《全球传媒发展报告》（2015），社会科学文献出版社 2015 年版。

胡正荣：《新媒体前沿发展报告》（2015），社会科学文献出版社 2015 年版。

黄升民：《广电媒介区域化进程研究——中国城市广播电视媒介区域化生存与发展》，中国国际广播出版社 2009 年版。

黄欣荣：《产业生态论》，经济科学出版社 2010 年版。

金碚：《产业组织经济学》，经济管理出版社 1999 年版。

金碚：《报业经济学》，经济管理出版社 2002 年版。

金冠军、郑涵：《当代传媒制度变迁》，上海三联书店 2008 年版。

鞠宏磊：《媒介产权制度：英美广播电视产权制度变迁及其对我国的启示》，四川大学出版社 2006 年版。

鞠美庭、盛连喜：《产业生态学》，高等教育出版社 2008 年版。

郎劲松：《中国新闻政策体系研究》，新华出版社 2003 年版。

梁晓涛、汪文斌：《网络视频》，武汉大学出版社 2013 年版。

黎斌、蒋淑媛等：《中国电视广告经营模式创新研究》，中国传媒大学出版社 2005 年版。

李博：《生态学》，高等教育出版社 2000 年版。

李春燕：《荆楚文化圈发展与建设研究》，世界图书出版广东有限公司 2017 年版。

李继东：《中国影视政策创新研究》，中国传媒大学出版社 2014 年版。

李岚：《电视产业价值链：理论与个案》，社会科学文献出版社 2006 年版。

李良荣：《中国传媒业的战略转型：以沿海非省会城市平面媒体为例》，复旦大学出版社 2008 年版。

李孟刚：《产业安全理论分析》（第二版），经济科学出版社 2010 年版。

李欣：《西方传媒新秩序：从独立传媒、家族传媒到公司传媒》，南方日报出版社 2008 年版。

李玉红、陈婧薇、宋阳、张炜华：《中国传媒产业发展的实证研究》，科学出版社 2016 年版。

李振基、陈小麟、郑海雷：《生态学》，科学出版社 2007 年版。

李竹荣等：《中国传媒产业效益评价研究》，中国传媒大学出版社 2009 年版。

林育真、付荣恕：《生态学》（第二版），科学出版社 2011 年版。

栾轶玫：《融媒体传播》，中国金融出版社 2014 年版。

刘成付：《中国广电传媒体制创新》，南方日报出版社 2007 年版。

刘洁：《主导·协作·博弈——当代媒介产业与政府关系》，华中科技大学出版社 2006 年版。

柳旭波：《传媒业产业组织研究——一个拓展的 RC－SCP 产业组织分析框架》，经济科学出版社 2007 年版。

陆地：《中国电视产业启示录》，上海交通大学出版社 2007 年版。

卢恩光：《中国报业集团治理探析》，华夏出版社 2007 年版。

卢文浩：《中国传媒业的系统竞争研究：一个媒介生态学的视角》，中国经济出版社 2009 年版。

吕尚彬：《中国大陆报纸转型》，上海交通大学出版社 2009 年版。

马健：《产业融合论》，南京大学出版社 2006 年版。

马建堂：《结构与行为：中国产业组织研究》，中国人民大学出版社 1993 年版。

倪祖敏：《报刊传播业经营管理》，复旦大学出版社 2003 年版。

潘祥辉：《媒介演化论：历史制度主义视野下的中国媒介制度变迁研究》，

中国传媒大学出版社 2009 年版。

钱辉：《生态位、因子互动与企业演化——企业生态位对企业成长影响研究》，浙江大学出版社 2008 年版。

冉华、张金海、程明、李小曼：《报业数字化生存与转型研究——基于产业发展的视角》，武汉大学出版社 2010 年版。

尚玉昌：《普通生态学》（第三版），北京大学出版社 2010 年版。

邵培仁、刘强：《媒介经营管理学》，浙江大学出版社 1998 年版。

邵培仁等：《媒介生态学：媒介作为绿色生态的研究》，中国传媒大学出版社 2008 年版。

宋红梅：《中国区域媒体发展研究》，中国传媒大学出版社 2007 年版。

苏东水：《产业经济学》（第三版），高等教育出版社 2010 年版。

孙光海、陈立生：《传媒博弈论》，生活・读书・新知三联书店 2008 年版。

孙洪军：《日本出版产业论》，中国传媒大学出版社 2009 年版。

唐绪军：《报业经济与报业经营》，新华出版社 1999 年版。

唐亚明、王凌洁：《英国传媒体制》，南方日报出版社 2007 年版。

陶喜红：《中国传媒产业市场结构演变研究》，中国社会科学出版社 2013 年版。

童清艳：《传媒产业经济学导论》，复旦大学出版社 2007 年版。

王菲：《媒介大融合：数字新媒体时代下的媒介融合论》，南方日报出版社 2007 年版。

吴信训、金冠军：《中国传媒经济研究：1949—2004》，复旦大学出版社 2004 年版。

吴信训、金冠军、李海林等：《现代传媒经济学》，复旦大学出版社 2005 年版。

肖弦弈：《中国传媒产业结构升级研究》，中国传媒大学出版社 2010 年版。

肖赞军：《报业市场结构研究》，岳麓书社 2009 年版。

许芳、刘殿国：《产业安全的生态预警机制研究》，科学出版社 2010 年版。

严三九：《媒介经营与管理》，华中科技大学出版社 2012 年版。

杨步国、张金海等：《整合：集团化背景下的报业广告经营》，武汉大学出版社 2005 年版。

易旭明：《中国电视产业制度变迁与需求均衡研究》，上海交通大学出版社 2013 年版。

游梦华：《制度变迁与新时期广东报业发展研究》，暨南大学出版社 2008 年版。

余东华：《双重转型下的中国产业组织优化研究》，经济管理出版社 2009 年版。

喻国明、丁汉青：《传媒发展的范式革命：传统报业的困境与进路——基于 2015—2016 中国报业景气状况调查与研究》，人民日报出版社 2016 年版。

喻国明、张小争：《传媒竞争力：产业价值链案例与模式》，华夏出版社 2005 年版。

喻国明、丁汉青、支庭荣、陈端：《传媒经济学教程》，中国人民大学出版社 2009 年版。

喻国明：《中国传媒发展指数报告》（2012），人民日报出版社 2012 年版。

喻国明：《中国传媒发展指数报告》（2013），中国人民大学出版社 2013 年版。

余丽丽、吴飞：《大众传媒经济学：理论与实务》，上海交通大学出版社 2008 年版。

于刃刚、李玉红、麻卫华、于大海：《产业融合论》，人民出版社 2006 年版。

曾静平、杜振华：《中外新媒体产业论》，北京邮电大学出版社 2014 年版。

臧具林：《中国现代传媒发展观》，中国国际广播出版社 2006 年版。

张殿元：《中国报业传媒体制创新》，南方日报出版社 2007 年版。

张宏武、时临云：《技术创新与产业生态化研究》，经济管理出版社 2009 年版。

张辉锋：《传媒经济学——理论、历史与实务》，人民日报出版社 2012 年版。

张辉锋：《转型与抉择——十字路口的传媒业》，人民日报出版社 2016 年版。

张昆：《传播观念的历史考察》（第二版），武汉大学出版社 2015 年版。

张金海、梅明丽：《世界十大传媒集团产业发展报告》，武汉大学出版社 2007 年版。

张明新：《媒体竞争分析：架构、方法与实证——一种生态位理论范式的研究》，华中科技大学出版社 2011 年版。

张旭昆：《制度演化分析导论》，浙江大学出版社 2007 年版。

张耀辉：《产业组织与规制》，经济科学出版社 2006 年版。

赵农、刘小鲁：《进入与退出的壁垒：理论及其应用》，中国市场出版社 2007 年版。

赵曙光：《媒介经济学》，清华大学出版社 2007 年版。

支庭荣：《西方媒介产业化历史研究》，广州人民出版社 2004 年版。

钟瑛、黄瑛：《中国互联网管理与体制创新》，南方日报出版社 2006 年版。

周鸿铎等：《报业经济》，经济管理出版社 2003 年版。

周鸿铎：《传媒产业经营与管理》，经济管理出版社 2003 年版。

周新生：《产业分析与产业策划》，经济管理出版社 2005 年版。

朱春阳：《现代传媒集团成长理论与策略》，上海人民出版社 2008 年版。

朱旭光：《网络视频产业的业态融合与行业治理》，中国广播电视出版社 2014 年版。

［法］泰勒尔：《产业组织理论》，张维迎译，中国人民大学出版社 1997 年版。

［法］让·梯若尔：《产业组织理论》，中国人民大学出版社 2015 年版。

［加］考林·霍斯金斯等：《全球电视和电影——产业经济学导论》，刘丰海等译，新华出版社 2004 年版。

［加］考林·霍斯金斯、斯图亚特·麦克法蒂耶、亚当·费恩：《媒介经济学：经济学在新媒介与传统媒介中的应用》，支庭荣、吴非译，暨南大学出版社 2005 年版。

［美］阿德斯·布罗德里克·索恩等：《媒介管理：案例研究法》（第二版），王海、冯悦主译，中国人民大学出版社 2007 年版。

［美］阿兰·B. 阿尔瓦兰：《传媒经济与管理学导论》，崔保国、杭敏、徐佳等译，清华大学出版社 2010 年版。

［美］爱德华·赫尔曼、罗伯特·麦克切斯尼：《全球媒体：全球资本主义的新传教士》，甄春亮译，天津人民出版社 2001 年版。

［美］艾莉森·亚历山大、詹姆斯·奥厄斯等：《媒介经济学：理论与实践》（第三版），丁汉青译，中国人民大学出版社 2008 年版。

［美］爱伦·B. 艾尔巴兰等：《全球传媒经济》，中国传媒大学出版社 2007 年版。

［美］本杰明·M. 康佩恩、道格拉斯·戈梅里：《谁拥有媒体？大众传媒业的竞争与集中》（第三版），詹正茂、张小梅、胡燕等译，中国人民大学出版社 2006 年版。

［美］本·H. 贝戈蒂克安：《媒体垄断》（第六版），吴靖译，河北教育出版社 2004 年版。

［美］丹尼斯·卡尔顿、杰弗里·佩罗夫：《现代产业组织》，黄亚钧、谢联胜、林利军主译，上海三联书店，上海人民出版社 1998 年版。

［美］道格拉斯·C. 诺斯：《制度、制度变迁与经济绩效》，杭行译、韦森译审，格致出版社、上海三联书店、上海人民出版社 2008 年版。

［美］格雷柯：《媒体与娱乐产业》，饶文靖、谢静颖、王茜译，清华大学出版社 2006 年版。

［美］吉利恩·多伊尔：《传媒所有权》，陆剑南等译，中国传媒大学出版社 2005 年版。

［美］罗伯特·G. 皮卡德、杰弗里·H. 布罗迪：《美国报纸产业》，周黎明译，中国人民大学出版社 2004 年版。

［美］罗伯特·皮卡特：《传媒管理学导论》，韩骏伟、常永新等译，人民邮电出版社 2006 年版。

［美］迈克尔·波特：《竞争优势》，华夏出版社 2005 年版。

［美］乔治·J. 斯蒂格勒：《产业组织》，上海三联书店、上海人民出版

社2006年版。

［美］R. 科斯、A. 阿尔钦、D. 诺斯：《财产权利与制度变迁——产权学派与新制度学派译文集》，上海三联书店、上海人民出版社1994年版。

［美］斯蒂芬·P. 布雷德利、理查德·L. 诺兰：《感测与响应——网络营销战略革命》，新华出版社2000年版。

［美］托马斯·P. 索思威克：《走向信息网络社会——美国有线电视50年》，吴贤纶译，中国广播电视出版社2008年版。

［美］威廉·G. 谢泼德，乔安娜·M. 谢泼德：《产业组织经济学》（第五版），张志奇、陈叶盛、崔书锋译，中国人民大学出版社2007年版。

［美］约翰·W. 迪米克：《媒介竞争与共存：生态位理论》，王春枝译，清华大学出版社2003年版。

［美］詹姆斯·沃克、道格拉斯·弗格森：《美国广播电视产业》，陆地、赵丽颖译，清华大学出版社2005年版。

［日］植草益等：《日本的产业组织理论与实证的前沿》，经济管理出版社2000年版。

［英］E. 马尔特比：《生态系统管理——科学和社会问题》，科学出版社2003年版。

［英］哈耶克：《致命的自负》，中国社会科学出版社2000年版。

［英］肯·格林：《产业生态学与创新研究》，化学工业出版社2009年版。

［英］托马斯·罗伯特·马尔萨斯：《人口原理》，陕西师范大学出版社2008年版。

［日］植草益：《信息通讯业的产业融合》，《中国工业经济》2001年第2期。

中文期刊

艾莉莎、李钢：《物媒融合的间性嬗变——新型物联化传媒生态的技术哲学解读》，《系统科学学报》2015年第4期。

毕竟、范旭：《美国报纸的危机与转型》，《当代传播》2005年第3期。

蔡雯：《媒介融合前景下的新闻传播变革——试论“融合新闻”及其挑

战》,《国际新闻界》2006 年第 5 期。

陈怀林:《论中国报业市场化的非均衡发展》,《新闻与传播研究》1996 年第 2 期。

陈乐天、王开运、邹春静等:《上海市崇明岛区生态承载力的空间分异》,《生态学杂志》2009 年第 4 期。

陈蕾、李本乾:《中国传媒产业发展的结构与规模》,《新闻大学》2005 年第 3 期。

陈力丹、付玉辉:《论电信业和传媒业的产业融合》,《现代传播》2006 年第 3 期。

陈述云、吴小钢:《我国地区经济市场化程度的比较研究》,《数量经济技术经济研究》1995 年第 1 期。

陈卫星、徐桂权:《权力衍续与媒介寻租:中国与俄罗斯的比较制度分析》,《国际新闻界》2010 年第 7 期。

陈文婷、李新春:《上市家族企业股权集中度与风险倾向、市场价值研究——基于市场化程度分组的实证》,《中国工业经济》2008 年第 10 期。

陈艳彩、曲红:《论媒介产业集群的竞争优势》,《当代传播》2006 年第 6 期。

陈有真、段龙龙:《产业生态与产业共生——产业可持续发展的新路径》,《理论视野》2014 年第 2 期。

成力为、孙玮:《市场化程度对自主创新配置效率的影响——基于 Cost - Malmquist 指数的高技术产业行业面板数据分析》,《中国软科学》2012 年第 5 期。

程曼丽:《论百年新闻传播史上的两次飞跃》,《国际新闻界》2000 年第 6 期。

崔保国:《传媒经济学研究的理论范式》,《新闻与传播研究》2012 年第 4 期。

崔大沪:《中国外贸依存度的分析与思考》,《世界经济研究》2004 年第 4 期。

崔连翔、曾繁华:《试论廉价劳动力对我国经济发展的阻碍》,《江西社会科学》2012 年第 2 期。

董明放、韩先锋：《研发投入强度与战略性新兴产业绩效》，《统计研究》2016 年第 1 期。

董学锋、王林：《我国产业发展潜力的模糊评价体系探讨》，《科技进步与对策》2000 年第 3 期。

杜传忠：《网络型寡占市场结构与中国产业的国际竞争力》，《中国工业经济》2003 年第 6 期。

杜传忠：《网络型寡占市场结构与企业技术创新——兼论实现中国企业自主技术创新的市场结构条件》，《中国工业经济》2006 年第 11 期。

杜骏飞：《新媒介策略："长尾"时代的双重博弈》，《国际新闻界》2007 年第 5 期。

杜焱：《旅游产业发展潜力的测度与评价——以湖南省为例》，《经济地理》2014 年第 6 期。

范爱军、罗璇：《中国市场经济地位的确认与改革进程评价——基于经济自由度的视角》，《经济学动态》2009 年第 5 期。

范从来、袁静：《成长性、成熟性和衰退性产业上市公司并购绩效的实证分析》，《中国工业经济》2002 年第 8 期。

范军：《我国出版物出口现状、问题及对策》，《中国出版》2005 年第 12 期。

范卫平：《出版生态平衡与出版业治散治滥》，《中国出版》2008 年第 10 期。

付海燕、陈丹、刘松：《中国出版物出口竞争力提升研究》，《科技与出版》2016 年第 9 期。

傅钧文：《外贸依存度国际比较与中国外贸的结构型风险分析》，《世界经济研究》2004 年第 4 期。

符林、刘轶芳、迟国泰：《上市公司的成长性判定方法与实证研究》，《财经问题研究》2008 年第 6 期。

傅首清：《区域创新网络与科技产业生态环境互动机制研究——以中关村海淀科技园区为例》，《管理世界》2010 年第 6 期。

高铖：《中国大陆电影产业的市场结构：集中度分析》，《北京电影学院学报》2007 年第 2 期。

耿同劲：《文化产业供应链融资研究》，《贵州社会科学》2013 年第 6 期。

顾海兵：《中国经济市场化程度的最新估计与预测》，《管理世界》1997 年第 2 期。

顾海兵：《中国经济市场化程度："九五"估计与"十五"预测》，《经济学动态》1999 年第 4 期。

郭兵、李富华、罗守贵：《基于互补性资产的文化传媒企业生态位态势效率评价研究》，《现代管理科学》2015 年第 11 期。

国家经济贸易委员会中小企业司，国家统计局工业交通司，中国企业评价协会联合课题组：《成长型中小企业评价的方法体系》，《北京统计》2001 年第 5 期。

国秋华、刘畅：《传统媒体的镜像能力与虚拟价值链的建构》，《现代传播》2018 年第 9 期。

郭莉、苏敬勤、徐大伟：《基于哈肯模型的产业生态系统演化机制研究》，《中国软科学》2005 年第 11 期。

郭炜华：《传媒经济研究的进路——兼与〈传媒经济学的研究范式〉商榷》，《新闻记者》2005 年第 2 期。

郭骁：《种群密度、企业异质与创新强度的实证研究》，《中州学刊》2011 年第 6 期。

韩建中：《视听新媒体的崛起对我国电视群落的影响——基于媒介生态视角的分析》，《现代传播》2011 年第 11 期。

郝婷、黄先蓉：《论媒介融合背景下数字版权交易制度的完善》，《数字图书馆论坛》2016 年第 7 期。

何志勇：《我国出版传媒类上市公司成长性评价实证研究》，《现代出版》2015 年第 5 期。

胡聃：《生态系统可持续性的一个测试框架》，《应用生态学报》1997 年第 2 期。

胡晓鹏：《网络型组织结构与模块化创新》，《财经科学》2007 年第 4 期。

胡正荣、张锐：《论电视产业结构调整——盘活中国电视产业论系列之一》,《现代传播》2003 年第 2 期。

胡正荣、李继东：《我国媒介规制变迁的制度困境及其意识形态根源》,《新闻大学》2005 年第 1 期。

胡正荣：《传统媒体与新兴媒体融合的关键与路径》，《新闻与写作》2015 年第 5 期。

胡正荣：《中国如何把握机会在国际话语体系中争取一席之地》,《理论导报》2015 年第 8 期。

胡正荣：《媒体的未来发展方向：建构一个全媒体的生态系统》,《中国广播》2016 年第 11 期。

黄力：《传媒企业市场化改革探析——基于厦门广播电视集团制播分离的实践》,《新疆财经大学学报》2008 年第 2 期。

黄少安：《制度变迁的三个理论假说及其验证》，《中国社会科学》2000 年第 4 期。

霍影：《战略性新兴产业发展潜力评价方法研究——以东北 3 省为例》,《科学管理研究》2012 年第 1 期。

纪华强、刘忻、范鹏：《对大陆传媒“市场化”发展问题的反思》，《上海管理科学》2008 年第 6 期。

江凌：《中国文化软实力建设的十个问题——基于中美文化软实力比较的视角》,《福建论坛》（人文社会科学版）2012 年第 6 期。

姜南：《自主研发、政府资助政策与产业创新方向——专利密集型产业异质性分析》,《科技进步与对策》2017 年第 3 期。

蒋晓丽、杨琴：《媒介生态与和谐准则》，《西南民族大学学报》（人文社会科学版）2005 年第 7 期。

蒋晓丽、李建华：《中国新闻传媒 30 年巨变及其反思》，《西南民族大学学报》（人文社会科学版）2008 年第 12 期。

江晓薇、宋红旭：《中国市场经济度的探索》，《管理世界》1995 年第 6 期。

姜照君、顾江：《江苏省传媒业的广告资源竞争——基于生态位理论的实证分析》,《现代传播》2014 年第 8 期。

孔德明:《论和谐媒介生态环境的构建》,《中国广播电视学刊》2006 年第 10 期。

孔红梅、赵景柱、马克明、张 萍、姬兰柱、邓红兵、陆兆华:《生态系统健康评价方法初探》,《应用生态学报》2002 年第 4 期。

孔令顺:《论电视生态和谐的三个维度》,《中国广播电视学刊》2013 年第 4 期。

匡导球:《报业资本运营的内在逻辑与现实路径》,《南京社会科学》2008 年第 8 期。

蓝甲云、王铁军、陈冠梅:《文化产业市场化的价值导向》,《财经理论与实践》2007 年第 3 期。

李慧明、朱红伟、廖卓玲:《论循环经济与产业生态系统之构建》,《现代财经》2005 年第 4 期。

李丽红:《试析特别保障措施条款的非公正性与双重危害性》,《中央财经大学学报》2006 年第 3 期。

李良荣、沈莉:《试论当前我国新闻事业的双重性》,《新闻大学》1995 年第 2 期。

李宣、任重:《威客视角下网络文化产业生态危机治理》,《人民论坛》2013 年第 14 期。

厉亚、俞涛、贺战兵:《生态出版产业内涵研究》,《出版科学》2012 年第 5 期。

林发彬:《全球价值链下中国提高出口依存度与其经济风险的防范研究》,《现代经济探讨》2015 年第 10 期。

林炜:《企业创新激励:来自中国劳动力成本上升的解释》,《管理世界》2013 年第 10 期。

刘传江、吴晗晗、胡威:《中国产业生态化转型的 IOOE 模型分析——基于工业部门 2003－2012 年数据的实证》,《中国人口·资源与环境》2016 年第 2 期。

刘红梅、陆健健、董双林、方建光:《区域生态建设与经济发展的双赢理论及模式研究》,《生态经济》2008 年第 6 期。

刘江会、唐东波:《财产性收入差距、市场化程度与经济增长的关系——基于城乡间的比较分析》,《数量经济技术经济研究》2010 年第 4 期。

刘洁:《中国媒介产业布局与产业区域联合》,《现代传播》2006 年第 3 期。

刘洁、胡君:《媒介产业增长极“孤岛现象”成因及解决路径》,《新闻与传播研究》2007 年第 3 期。

刘力:《贸易依存度的演化规律及对中国的启示》,《国际经贸探索》1999 年第 3 期。

刘苏、王祥荣:《生态入侵及其对植被生态系统服务功能的影响研究》,《复旦学报》(自然科学版)2002 年第 4 期。

刘姝辰:《中国图书出口促进战略研究》,《科技与出版》2014 年第 6 期。

刘小燕:《中国民营报业托拉斯道路的破灭》,《新闻大学》2003 年第 4 期。

刘则渊、代锦:《产业生态化与我国经济的可持续发展道路》,《自然辩证法研究》1994 年第 12 期。

娄美珍、俞国方:《产业生态系统理论及其应用研究》,《当代财经》2009 年第 1 期。

卢劼:《关于传媒生态可持续发展的思考》,《现代传播》2011 年 5 期。

卢中原、胡鞍钢:《市场化改革对我国经济运行的影响》,《经济研究》1993 年第 5 期。

吕明元、陈磊:《“互联网 +”对产业结构生态化转型影响的实证分析——基于上海市 2000 -2013 年数据》,《上海经济研究》2016 年第 9 期。

马少军:《重建广播健康和谐的媒介生态》,《中国广播电视学刊》2009 年第 2 期。

马世骏、王如松:《社会 - 经济 - 自然复合生态系统》,《生态学报》1984 年第 1 期。

毛志锋、郑洋、肖劲松、朱高洪:《城市生态示范区产业生态系统发展对策研究》,《中国软科学》2004 年第 5 期。

蒙英华、黄宁:《中国文化贸易的决定因素——基于分类文化产品的面板数据考察》,《财贸研究》2012 年第 3 期。

苗壮:《制度变迁中的改革战略选择问题》,《经济研究》1992 年第 10 期。

闵宗陶:《优化产业市场结构的选择》,《当代经济科学》2001 年第 4 期。

莫林虎:《新技术对我国传媒产业商业模式的完善与重塑》,《编辑之友》2016 年第 3 期。

牟俊翰、李昕:《我国电视版权贸易现状与问题研究》,《编辑之友》2011 年第 11 期。

潘力剑:《传媒经济学的研究范式——传媒经济研究的一个基础问题》,《新闻记者》2004 年第 7 期。

潘忠党:《新闻改革与新闻体制的改造——我国新闻改革实践的传播社会学之探讨》,《新闻与传播研究》1997 年第 3 期。

彭兰:《未来传媒生态:消失的边界与重构的版图》,《现代传播》2017 年第 1 期。

戚聿东:《资源优化配置的垄断机制———兼论我国反垄断立法的指向》,《经济研究》1997 年第 2 期。

强月新、张明新:《中国传媒产业间的广告资源竞争:基于生态位理论的实证分析》,《新闻与传播研究》2009 年第 5 期。

邱立成:《论国际直接投资与国际贸易之间的联系》,《南开经济研究》1999 年第 6 期。

冉华、梅明丽:《中国传媒产业发展的现实困境——兼论文化体制改革背景下的传媒体制改革》,《武汉大学学报》(人文科会学学版)2007 年第 6 期。

冉华、周立春:《2007—2013 广播、电视与网络媒介产业间的竞争态势——基于生态位理论与受众资源的实证分析》,《现代传播》2015 年第 11 期。

单波、王冰:《西方媒介生态理论的发展及其理论价值与问题》,《新闻与传播研究》2006 年第 3 期。

商建辉、赵亮:《SCP 视角下电视产业集中度的分析》,《新闻界》2011 年第 9 期。

邵培仁：《论媒介生态的五大观念》，《新闻大学》2001 年第 4 期。

邵培仁：《论中国媒介的地理集群与能量积聚》，《新闻大学》2006 年第 3 期。

邵培仁：《发展与振兴我国文化产业的基本原则与主要建议》，《中国广播电视学刊》2007 年第 10 期。

邵培仁：《媒介生态城堡的构想与建设》，《当代传播》2008 年第 1 期。

申凡：《解放以来我国报业结构演变探析》，《新闻与传播研究》1999 年第 3 期。

申中华：《中国传媒产业集聚的内在机制与发展前景——基于城市经济学视角》，《当代传播》2017 年第 2 期。

石培龙：《新时期中国报业制度变迁探析》，《宁夏社会科学》2004 年第 4 期。

施晓清、杨建新、王如松、赵吝加：《产业生态系统资源代谢分析方法》，《生态学报》2012 年第 7 期。

宋一淼、李卓、杨昊龙：《文化距离、空间距离哪个更重要——文化差异对于中国对外贸易影响的研究》，《宏观经济研究》2015 年第 9 期。

宋则行：《试论考察地区经济市场化程度的指标体系》，《学术研究》1993 年第 4 期。

孙天琦：《“寡头主导，大、中、小共生”的产业组织结构研究》，《人文杂志》2001 年第 2 期。

谭天、张冰冰：《电视与新兴媒体融合的新生态与新变局》，《新闻与写作》2015 年第 4 期。

唐剑武、郭怀成、叶文虎：《环境承载力及其在环境规划中的初步应用》，《中国环境科学》1997 年第 1 期。

陶喜红：《中国期刊产业市场结构的特征》，《国际新闻界》2011 年第 3 期。

陶喜红：《中日两国日报发行市场集中度比较》，《国际新闻界》2012 年第 3 期。

陶喜红：《中国传媒产业广告市场集中度研究》，《新闻大学》2014 年第1期。

陶喜红：《不同生命周期状态下传媒市场结构的特征》，《现代传播》2014年第1期。

田本相、崔文华：《论电视、报纸、广播的关系》，《中国广播电视学刊》1988年第4期。

徐艳梅、韩福荣、柳玉峰：《技术进步对产业生态扰动、变迁的影响——以数码成像对传统成像的替代为例》，《科技管理研究》2003年第5期。

王斌：《空间变革：嵌入地域发展的传媒产业集群》，《山西大学学报》（哲学社会科学版）2008年第6期。

王桂科：《我国媒介业的产业视角分析》，暨南大学博士学位论文，2004年。

王检贵、黄磊：《如何看待和应对美国贸易赤字持续激增》，《国际经济评论》2007年第1期。

王晶晶、陈启斐：《扩大内需、人力资本积累与FDI结构性转变》，《财经研究》2013年第9期。

王举颖、汪波、赵全超：《基于BSC－ANP科技型中小企业成长性评价研究》，《科学学研究》2006年第4期。

王俊豪、王建明：《中国垄断性产业的行政垄断及其管制政策》，《中国工业经济》2007年第12期。

王礼生：《中国电视业市场结构实证分析》，《系统工程》2007年第5期。

王丽英：《市场化程度与区域经济增长的实证研究——基于省际面板数据的分析》，《经济体制改革》2010年第2期。

王琪泰：《中国成长型传媒经济的政治经济学分析》，《现代传播》2011年第9期。

王仁曾、仲鑫：《欧盟与美国、日本的国际竞争力比较》，《欧洲》2001年第4期。

王仕卿、韩福荣：《高新技术企业种群的演化规律》，《北京工业大学学报》2006年第11期。

王守国：《我国报业经营改革的制度变迁分析》，《河南社会科学》2004

年第3期。

王松、付芬芬：《我国高技术产业研发经费投入与产业发展关系的实证研究》，《生产力研究》2015年第2期。

王威：《我国媒介广告市场集中度分析》，《国际新闻界》2007年第4期。

王武彬：《勃兴的企业自媒体，正在改变媒体生态》，《中国记者》2015年第2期。

王艳萍：《报业市场集中度的中外比较》，《学术研究》2006年第8期。

王燕武、李文溥、李晓静：《基于单位劳动力成本的中国制造业国际竞争力研究》，《统计研究》2011年第10期。

王中根、夏军：《区域生态环境承载力的量化方法研究》，《长江职工大学学报》1999年第4期。

王忠云、张海燕：《基于生态位理论的民族文化旅游产业演化发展研究》，《内蒙古社会科学》（汉文版）2011年第2期。

魏浩、郭也：《中国制造业单位劳动力成本及其国际比较研究》，《统计研究》2013年第8期。

魏婷、夏宝莲：《中国影视文化贸易逆差形成的原因及对策分析》，《经济问题》2008年第1期。

魏婷、夏宝莲：《中国影视文化贸易现状及原因分析》，《国际经贸探索》2008年第3期。

魏武挥：《自媒体：对媒介生态的冲击》，《新闻记者》2013年第8期。

韦欣、龙文静、王于鹤：《循环经济的风险识别、评估与控制》，《生态经济》2017年第3期。

吴丹：《高科技企业成长性评价研究综述与展望》，《工业技术经济》2016年第3期。

吴刚、郭青海：《生态系统健康学与生态系统健康评价》，《土壤与环境》1999年第1期。

吴鸣然、赵敏：《中国不同区域可持续发展能力评价及空间分异》，《上海经济研究》2016年第10期。

吴颖、蒲勇健：《区域过度集聚负外部性的福利影响及对策研究——基于空间经济学方法的模拟分析》,《财经研究》2008 年第 1 期。

向芸芸:《生态承载力研究和应用进展》,《生态学杂志》2012 年第 11 期。

向志强、黄盈:《中国传媒产业区域非均衡发展实证研究》,《新闻与传播研究》2009 年第 6 期。

肖风劲、欧阳华:《生态系统健康及其评价指标和方法》,《自然资源学报》2002 年第 2 期。

肖光华:《我国报业产业市场结构实证分析》,《求索》2004 年第 10 期。

肖赞军:《产业融合进程中传媒业市场结构的嬗变》,《新闻大学》2009 年第 3 期。

肖赞军:《产业融合进程中传媒产业的市场结构——从纵向一体化向横向一体化的演变》,《湖南师范大学社会科学学报》2010 年第 3 期。

谢明礼:《关于绿色出版、循环出版和低碳出版的几点思考》,《编辑之友》2010 年第 9 期。

邢彦辉:《传媒生态系统中的资源循环》,《当代传播》2006 年第 3 期。

徐浩然、许箫迪、王子龙:《产业生态圈构建中的政府角色诊断》,《中国行政管理》2009 年第 8 期。

徐凌云:《市场结构范式选择:完全竞争跨向寡头垄断》,《社会科学战线》2004 年第 5 期。

徐学军、唐强荣、樊奇:《中国生产性服务业与制造业种群的共生——基于 Logistic 生长方程的实证研究》,《管理评论》2011 年第 9 期。

杨丹辉:《跨国并购、战略联盟与网络型寡占市场结构的形成》,《中国工业经济》2001 年第 12 期。

杨蕙馨:《集中度、规模与效率》,《文史哲》2001 年第 1 期。

杨琳:《论媒介生态与传媒业科学发展观的构建》,《兰州大学学报》(社会科学版)2007 年第 1 期。

杨明品:《我国广播影视发展的新形势和新趋势》,《中国广播电视学刊》2014 年第 9 期。

杨瑞龙:《论我国制度变迁方式与制度选择目标的冲突与协调》,《经济研究》1994 年第 5 期。

杨瑞龙：《我国制度变迁方式转换的三阶段论——兼论地方政府的制度创新行为》，《经济研究》1998 年第 1 期。

杨贤智：《开发草地资源发展农区草业》，《广东农业科学》1990 年第 1 期。

杨宜苗：《业态战略，企业规模，资本结构与零售企业成长——以零售上市公司为样本》，《财贸研究》2010 年第 1 期。

姚必鲜、蔡骐：《论新媒介生态下受众、媒体和社会的多维互动》，《求索》2011 年第 6 期。

姚德权、徐军：《新闻出版市场准入规制：共时考量与简要评析》，《财经理论与实践》2005 年第 6 期。

姚德权、曹海毅：《外资进入中国传媒业态势与政府规制创新》，《吉林大学社会科学学报》2007 年第 2 期。

尹鸿：《电视媒介：被忽略的生态环境——谈文化媒介生态意识》，《电视研究》1996 年第 5 期。

殷琦：《转型政治经济环境下中国传媒治理结构的变迁与走向》，《国际新闻界》2012 年第 6 期。

殷琦：《1978 年以来中国传媒体制改革观念演进的过程与机制——以“市场化”为中心的考察》，《新闻与传播研究》2017 年第 2 期。

喻国明、姚飞：《项目制公司：电视节目制播分离的可行性模式探讨——基于操作层面的运营模式设计》，《现代传播》2014 年第 3 期。

喻国明、李慧娟：《中国传媒发展指数（2014）：区域传媒经济差异与相关因素分析》，《西南民族大学学报》（人文社科版）2015 年第 6 期。

喻国明、高兴利、李力可、孙航：《新闻传播新业态下传媒转型中的基因重组》，《新闻战线》2015 年第 9 期。

俞涛、王道平、张高明、黄桂芳、屈姝存：《科技期刊生存与发展的生态学思考》，《编辑学报》2007 年第 1 期。

于晓风：《我国电视剧产业的媒介生态与政策调整》，《南京社会科学》2014 年第 12 期。

余许友：《战略性新兴产业周期性研究》，《科学管理研究》2014 年第 4 期。

袁增伟、毕军：《生态产业共生网络运营成本及其优化模型开发研究》，

《系统工程理论与实践》2006 年第 7 期。

翟光勇、高月：《中国媒介产业集聚的风险及其规避》，《编辑之友》2015 年第 6 期。

张芳、陈家作：《区域产业发展潜力评价指标体系设计及测算》，《统计与决策》2013 年第 14 期。

张辉锋：《传媒经济增长极及其效应分析》，《国际新闻界》2009 年第 10 期。

张辉锋：《区域经济学视角下的中国传媒业发展模式分析》，《国际新闻界》2009 年第 5 期。

仉建涛：《中原崛起与河南成长性产业研究》，《经济经纬》2006 年第 1 期。

张军果：《传统经济发展模式的风险》，《中国金融》2015 年第 3 期。

张昆：《考察传播发展的五个关键指标》，《国际新闻界》2007 年第 12 期。

张立伟：《战略联盟：盈利模式清晰的媒体融合》，《当代传播》2016 年第 4 期。

张嵎喆、周振：《制度供给约束与新兴产业发展——基于东北地区经济振兴的逻辑》，《宏观经济研究》2016 年第 12 期。

赵琨、隋映辉：《基于创新系统的产业生态转型研究》，《科学学研究》2008 年第 1 期。

赵卫宏、熊小明、苏晨汀：《生态区域品牌的维度及构建策略研究：资源与制度视角》，《宏观经济研究》2016 年第 1 期。

植草益：《信息通讯业的产业融合》，《中国工业经济》2001 年第 2 期。

郑春芳：《再议中国经济的市场化程度》，《山西财经大学学报》2005 年第 1 期。

钟瑛：《我国互联网发展现状及其竞争格局》，《新闻与传播研究》2006 年第 4 期。

周广胜、张时新：《全球气候变化的中国自然植被的净第一生产力研究》，《植物生态学报》1996 年第 1 期。

周建安：《我国循环经济战略实施与产业生态发展的制度安排》，《宁夏大学学报》（人文社会科学版）2008 年第 3 期。

周锦、顾江：《基于区位商理论的区域文化产业发展分析》，《统计与决策》2013 年第 17 期。

周劲：《转型期中国传媒制度变迁的经济学分析——以报业改革为案例》，《现代传播》2005 年第 1 期。

周庆山、骆杨：《网络媒介生态的跨文化冲突与伦理规范》，《现代传播》2010 年第 3 期。

周蔚华：《当前中国图书出版生态的十大失衡现象》，《国际新闻界》2006 年第 11 期。

周燕芳、杨钟红：《中国产业生态化政策分层次分析与建议》，《生态经济》2014 年第 8 期。

周业安：《中国制度变迁的演进论解释》，《经济研究》2000 年第 5 期。

朱春阳：《我国影视产业"走出去工程"10 年的绩效反思》，《新闻大学》2012 年第 2 期。

朱春阳：《扶持政策如何才能效能优化——基于我国出版业"走出去"驱动力结构的分析》，《编辑学刊》2013 年第 2 期。

朱建伟：《出版体制改革背景下的出版安全观》，《河南大学学报》（社会科学版）2006 年第 5 期。

［美］兰斯·斯瑞特、林文刚：《刘易斯·芒福德与科技生态学》，杨蕾萍译、崔保国校，载香港《中国传媒报告》（*China Media Reports*）2003 年第 3 期。

英文部分

Abemathy, Utterback, "The Dynamics of Product and Process Innovation", *Omega*, 1975, Vol. 3, No. 6, pp. 639 – 655.

Acs, Z. J. , Audretsch, D. B. , "The Determinants of Small – firm Growth in US Manufacturing", *Applied Economics*, 1990, Vol. 22, No. 2, pp. 143 – 153.

Adizes, I. , Naiman, M. , "Corporate Lifecycles: How and Why Corporations Grow and Die and What to Do About It: Prentice Hall (1988)", *Long Range Planning*,

1992, Vol. 25, No. 1, p. 62.

Albarran, A. B. , *Media Economics: Understanding Markets, Industries and Concepts*, 2nd ed, Ames: Iowa State Press, 2002.

Albarran, A. , Chan – Olmsted, S. M. , *Global Media Economics: Commercialization, Concentration, and Integration of World Media Markets*, Ames: Iowa State University Press, 1998.

Alessandro D'Arma, "Global Media, Business and Politics: A Comparative Analysis of News Corporation's Strategy in Italy and the UK", *International Communication Gazette*, 2011, Vol. 73, No. 8, pp. 670 – 684.

Alexander, A. , Owers, J. & Carveth, R. ed, *Media Economics*, Hillsdale, N. J. : Lawrence Erlbaum Associates, 1993.

R. H. Coase, "The Nature of the Firm", New Series, 1937, Vol. 4, No. 16, pp. 386 – 405.

Alison Alexander, James Owers, Rod Carveth, C. Ann Hollifield, Albert N. Greco, *Media Economics – Theory and Practice(Third Edition)*, New Jersey: Lawrence Erlbaum Associates, 2004.

Sylvia M. Chan – Olmsted, Litman, B. R. , "Antitrust and Horizontal Mergers in the Cable Industry", *Journal of Media Economics*, 1988, Vol. 1, No. 2, pp. 2 – 28.

Bailey, J. A. , *Principles of Wildlife Management*, New York: John Wiley & Sons, 1984.

Bain, Joe S. , *Industrial Organization*, New York: John Wiley &Sons, 1959.

Baum, Joel A. C. and Jitendra V. Singh, "Organizational Niche and the Dynamics of Organizational Mortality", *American Journal of Sociology*, 1994, Vol. 5, No. 4, pp. 346 – 380.

Becker, G. S. , "A Theory of Competition Among Pressure Groups for Political Influence", *Quarterly Journal of Economics*, 1983, Vol. 98, No. 3, pp. 371 – 400.

Besanko, D. , Dranove, D. & Shanley, M. , *Economics of Strategy*, New York: John Wiley & Sons, 1996.

Brown, M. T. , Ulgiati, S. , "Energy – based Indices and Rations to Evaluate Sustainability: Monitoring Economies and Technology Toward Environmentally Sound Innovation", *Ecological Engineering*, 1997, Vol. 9, No. 1 –2, pp. 51 –69.

Chertow, M. R., "Industrial Symbiosis: Literature and Taxonomy", *Annual Review of Energy and Energy and Environment*, 2000, Vol. 25, No. 1, pp. 313 –337.

Chris Bilton, Stephen Cummings, *Creative Strategy: Reconnecting Business and Innovation*, London: Wiley – Blackwell, 2010, pp. 66 –70.

Chung Peichi, "Co – Creating Korean Wave in Southeast Asia: Digital Convergence and Asia' s Media Regionalization", *Journal of Creative Communications*, 2013, Vol. 8, No. 2 –3, pp. 193 – 208.

Clark, J. M., "Toward a Concept of Workable Competition", *American Economic Review*, 1940, Vol. 30, No. 2, pp. 241 –256.

Barro, T. Democracy, *Growth, Growth. A Cross – Country Empirical Study*, Cambridge: MIT Press, 1992.

Cooper, A. C., Gimeno – Gascon, F. J., Woo, C. Y., "Initial Human and Financial Capital as Predictors of New Venture Performance", *Journal of Business Venturing*, 1994, Vol. 9, No. 5, pp. 371 –395.

Costanza, R., Norton, B. G., Hashell, B. D., *Ecosystem Health: New Goals for Environmental Management*, Washington D. C.: Island Press, 1992.

Ambec, S., P. Barla, "Can Environmental Regulations Be Good for Business? An Assessment of the Porter Hypothesis", *Journal of Energy Studies Review*, 2006, Vol. 14, No. 1, pp. 42 –46.

Dimmick, J., Ptterson, S., Albarran, A., "The Theory of the Niche: Competition Between Cable and the Broadcast Industries", *Journal of Media Economics*, 1992, Vol. 5, No. 1, pp. 13 –30.

Dimmick, J., & Wallschlarger, M., "Measuring Corporate Diversification: A Case Study of New Media Ventures by Television Nework Parent Companies", *Journal of Broadcasting Electronic Media*, 1986, Vol. 30, No. 1, pp. 1 –14.

Douglas R. Wholey, Susan M. Sanchez, "The Effects of Regulatory Tools on Organizational Populations", *Academy of Management Review*, 1991, Vol. 16, No. 4, pp. 743 – 767.

Dunne, P. , Hughes, A. , "Age, Size, Growth and Survival: UK Companies in the 1980s", *The Journal of Industrial Economics*, 1994, Vol. 42, No. 2, pp. 115 – 140.

Erkki Laitinen, K. , "A Dynamic Performance Measurement System: Evidence from Small Finnish Technology Companies", *Scandinavian Journal of Management*, 2002, Vol. 18, No. 1, pp. 65 – 99.

Freedom House, *Freedom of the Press* 2006: *A Global Survey of Media Independence*. Ed. Karin Deutsch Karlekar. New York: Rowman & Littlefield, 2006.

Frosch, R. A. , Gallopoulos, N. , "Strategies for Manufacturing", *Journal of Scientific American* , 1989, Vol. 261, No. 3, pp. 144 – 152.

Frosch, R. A. , "Industrial Ecology: Adapting Technology for a Sustainable World", *Journal of Environment*, 1995, Vol. 37, No. 10, pp. 16 – 37. Frosch, R. A. Industrial Ecology, "Adapting Technology for a Sustainable World", *Journal of Environment*, 1995, Vol. 37, No. 10, pp. 16 – 37.

Gort, Michael and Klepper, Steven, "Time Paths in the Diffusion of Product Innovations", *The Economic Journal*, 1982, Vol. 92, No. 367, pp. 630 – 653.

Pascal Zachary, G. , "Lets Play Oligopoly! Why Giants Like Having Other Giants Around", *Wall Street Journal*, 1999, Vol. 8, No. 2, pp. 1 – 10.

Greiner, Larry E. , "Evolution and Revolution as Organizations Grow", *Harvard Business Review*, 1972, Vol. 50, No. 4, pp. 37 – 46.

Haken, H. , *Information and Self – organization: A Macroscopic Approach to Complex System*, Berlin & New York: Springerverlag, 1988.

Gary, Hamel *Heene Aimé. Competence – based Ccompetition*, New York: John Wiley & Sons, 1994.

Hannan, M. and J. Freeman, "Structural Intria and Organizational Change", *American Sociological Review*, 1984, Vol. 49, No. 2, pp. 149 – 164.

Hannan, M. T. , Carroll, G. R. , Dundon, E. A. , and Torres, J. C, "Organizational Evolution in a Multinational Context: Entries of Automobile Manufacturers in Belgium, Britain, France, Germany, and Italy", *American sociological Review*, 1995,

Vol. 60, No. 4, pp. 509 – 528.

Innis, Harold, *The Bias of Communication*, Toronto: University of Toronto Press, 1951.

Hart, P. E., Oulton, N., "Growth and Size of Firms", *The Economic Journal*, 1996, Vol. 106, No. 438, pp. 1242 – 1252.

Humphreys P., *Mass Media and Media Policy in Western Europe(European Policy Research Unit Series)*, Manchester: Manchester Unilrersity Press, 1996.

Ward, Ian, *Politics of the Media*, Queensland: Macmillan Education Australia PTY LTD., 1995, pp. 124 – 153.

James N. Dertouzos and William B. Trautman, "Economic Effects of Media Concentration: Estimates from a Model of the Newspaper Firm", *The Journal of Industrial Economics*, 1990, Vol. 39, No. 1, pp. 1 – 14.

Jamieson, D., "Ecosystem health: Some Preventative Medicine", *Environmental Values*, 1995, Vol. 4, No. 4, pp. 333 – 344.

Alfred McClung Lee, *The Daily Newspaper in America*, New York: Macmillan, 1947.

Covin, J. G., Stevin, D. P., "New Venture Strategic Posture, Structure and Performance: An Industry Lifecycle Analysis", *Journal of Business Venturing*, 1990, Vol. 5, No. 2. pp. 123 – 125.

Tebbel, John, *The Compact History of the American Newspaper*, New York: Hawthorne Books, 1963.

Canals, Jordi, *Managing Corporate Growth*, Oxford: Oxford University Press, 2000.

Korhonen Jouni, "Four Ecosystem Principles for An Industrial Ecosystem", *Journal of Cleaner Production*, 2001, Vol. 9, No. 3, pp. 253 – 259.

Klepper, S., "Entry, Exit, Growth, and Innovation Over the Product Life Cycle", *The American Economic Review*, 1996, Vol. 86, No. 3, pp. 346 – 380.

Krieg, A., *Spiked: How Chain Management Corrupted American's Oldest Newspaper. Old Saybrook*, CT: Peregrine Press, 1987.

Lei, D. T. , “Industy Evolution and Competence Development: the Imperatives of Technological Convergence”, *International Journal of Technology Management*, 2000, Vol. 19, No. 7 – 8, pp. 699 – 738.

Levins, R. , *Evolution in Changing Environments*, Princeton: Princeton University Press, 1968.

Lewis, V. L. , Churchill, N. , “The Five Stages of Small Business Growth”, *Harvard Business Review*, 1983, Vol. 61, No. 3, pp. 30 – 50.

Lieth, H. , *Modeling the Primary Productivity of the World. Primary Productivity of the Biosphere*, Berlin: Springer, 1975.

Low, Linda, *Economics of Information Technology and the Media*, Singapore: World Scientific Co. & Singapore University Press, 2000.

Lowes, B. , Pass, C. & Sanderson, S. , *Company and Market: Understanding Bussiness Strategy and the Market Enviroment*, Oxford: Blackwell, 1994.

Lucas R. , “On the Mechanism of Economic Development”, *Journal of Monetary Economics*, 1988, Vol. 22, No. 1, pp. 3 – 42.

Mary Vipond, *The Mass Media in Canada*, Toronto: James Lorimer and Company, Publications, 1989.

Noam, E. , *Video Media Competition: Regulation, Economics, and Technology*, New York: Columbia University Press, 1985.

Noll, Roger & Price, Monroe, “Communicationn Policy” *Noll, Roger & Price, Monroe (eds.), A Communications Cornucopia*, Washington: Brookings Institution Press, 1998.

Odum, E. P. , *Fundamentals of Ecology*, Saunders: Philadephia, PA, 1971.

Odum, H. T. , Pinkerton, R. C. , “Times' Speed Regulator: the Optimum Efficiency for Maximum Power Output in Physical and Biological Systems”, *American Scientist*, 1955, Vol. 43, No. 2, pp. 331 – 343.

Ono, R. and Aoki, K. , “Conwergence and New Regulatory Frameworks”, *Telecommunications Policy*, 1998, Vol. 22, No. 10, pp. 817 – 838.

Owen, B. M. & Wildman, S. S. , *Video Economics*, Boston: Harvard University

Press, 1992.

Park, R. E. , E. W. Burgess, *Introduction to the science of sociology*, Chicago: The University of Chicago Press, 1921.

Penrose, E. T. , *The Theory of the Growth of the Firm*, Oxford: Oxford University Press, 1959.

Humphrey, Peter J. , *Media and media Policy in Western Europe*, Oxford: Providence, 1994.

Picard, R. G. , "Measures of Concentration in the Daily Newspaper Industry", *Journal of Media Economics*, 1988, Vol. 1, No. 1, pp. 61 – 74.

Picard, R. G. , *The Economics and Financing of Media Companies*, New York: Fordham University Press, 2002.

Prahalad, C. K. , Hamel, G. , *The Core Competence of the Corporation. Organization of Transnational Corporations*, Berlin: Springer, 1993.

Prosser, Tony and Verhulst, Stefaan, *EC Media Law and Policy*, London: Longman, 1998.

Rapport, D. J. , Costanza, R. , McMichael, A. J. , "Assessing Ecosystem Health", *Trends in Ecology and Evolution*, 1998, Vol. 13, No. 10, pp. 397 – 402.

Rapport, D. J. , *Ecosystem Health*, Oxford: Blackwell Science, Inc, 1998.

Rapport, D. J. , "What Constitutes Ecosystem Health?", *Perspectives in Biology and Medicine*, 1989, Vol. 33, No. 1, pp. 120 – 132.

Rees, W. E. , "Ecological Footprint and Appropriated Carrying Capacity: What Urban Economics Leaves Out", *Environment and Urbanization*, 1992, Vol. 4, No. 2, pp. 121 – 130.

Romer, Paul M. , "Increasing Returns and Long – Run Growth", *Journal of Political Econom*, 1986, Vol. 94, No. 5, pp. 1002 – 1037.

Russell, Merz G. , Sauber, M. H. , "Profiles of Managerial Activities in Small Firms"*Strategic Management Journal*, 2007, Vol. 16, No. 7, pp. 551 – 564.

Skyrme, D. J. , *Knowledge Networking: Creating the Collaborative Enterprise*, Oxford: Butterworth – Heinemann, 2001.

Sosnick, Stephen H. , "A Critique of Concepts of Workable Competition", *Quarterly Journal of Economics*, 1958, Vol. 72, No. 3, pp. 380 – 423.

Stephen Lacy, Lucinda Davenport, "Daily Newspaper Market Structure, Concentration and Competition", *Journal of Media Economics*, 1994, Vol. 7, No. 3, pp. 33 – 46.

Storey, D. J. , "New Firm Growth and Bank Financing", *Small Business Economics*, 1994, Vol. 6, No. 2, pp. 139 – 150.

Teece, D. J. , *Dynamic Capabilities and Strategic Management: Organizing for Innovation and Growth*, USA: Oxford University Press, 2009.

Tomas A. Lipinski1, Johannes Britz, "Rethinking the Ownership of Information in the 21st Century: Ethical Implications", *Ethics and Information Technology*, 2000, Vol. 2, No. 1, pp. 49 – 71.

Vaclav Stetka, "From Multinationals to Business Tycoons: Media Ownership and Journalistic Autonomy in Central and Eastern Europe", *The International Journal of Press/Politics*, 2012, Vol. 17, No. 4, pp. 433 – 456.

Watkinson, John, *Convergence in Broadcast and Communications Media*, Oxford: Focal Press, 2001.

William E. Rees, "The Ecology of Sustainable Development", *The Ecologist*, 1990, Vol. 20, No. 1, pp. 18 – 23.

Williamson, O. E. , *The Economic Institutions of Capitalism*, New York: Free Press, 1985.

Williamson, O. , *Markets and Hierarchies: Analysis and Anti – Trust Implications*. New York: The Free Press, 1975.

Yu, Hong, "Between Corporate Development and Public Service: the Cultural System Reform in the Chinese Media Sector", *Media, Culture & Society*, 2014, Vol. 36, No. 5, pp. 610 – 627.

附　　录

附表 1　　中国各级报纸区域布局情况（1996—2014）　　单位：种

年份	1996	1997	1998	1999	2000	2001	2002	2003	2004	2005	2006	2007	2008	2009	2010	2011	2012	2013	2014
全国总计	2163	2149	2053	2038	2007	2111	2137	2119	1922	1931	1938	1938	1943	1937	1939	1928	1928	1915	1912
中央	206	206	211	211	206	210	212	213	218	220	221	221	224	225	227	217	217	219	221
地方	1957	1943	1842	1827	1801	1901	1925	1906	1704	1711	1717	1717	1719	1712	1712	1711	1711	1696	1691
北京	36	36	36	36	34	33	35	37	35	35	35	35	35	35	35	37	37	35	35
天津	29	29	27	26	26	26	27	27	27	26	27	27	28	28	28	27	27	24	24
河北	70	69	66	66	66	72	77	66	66	65	66	66	66	66	66	64	64	64	65
山西	59	59	56	57	59	66	65	67	60	60	60	60	60	60	60	60	60	60	60
内蒙古	62	63	59	50	63	69	69	68	60	59	61	61	61	61	61	61	61	60	58
辽宁	97	89	85	85	87	88	92	90	81	82	81	81	81	75	75	73	73	70	70
吉林	58	54	56	56	55	55	55	55	50	51	50	50	52	52	52	52	52	52	52
黑龙江	86	87	73	76	75	76	76	76	72	72	72	72	72	70	70	69	69	68	68
上海	87	87	80	75	72	74	72	71	74	74	74	74	72	72	72	72	72	73	72
江苏	103	102	86	88	92	94	94	94	80	80	80	80	80	80	80	80	80	81	81
浙江	86	86	83	78	87	84	83	83	70	70	70	70	70	70	70	71	71	69	69

续表

年份	1996	1997	1998	1999	2000	2001	2002	2003	2004	2005	2006	2007	2008	2009	2010	2011	2012	2013	2014
安徽	62	60	56	62	50	51	53	53	49	50	51	51	51	51	51	51	51	51	51
福建	47	48	48	49	47	51	53	53	43	43	43	43	43	43	43	44	44	42	42
江西	40	40	39	40	40	44	46	46	40	40	40	40	40	40	40	52	52	41	41
山东	101	100	94	92	97	108	105	106	85	84	85	85	86	88	88	87	87	87	87
河南	86	85	79	81	81	81	81	81	79	79	79	79	79	79	79	78	78	78	78
湖北	112	112	101	101	98	110	103	105	74	75	74	74	74	74	74	73	73	74	74
湖南	63	61	55	62	54	65	65	64	50	50	50	50	50	50	50	50	50	49	48
广东	130	131	128	113	101	120	126	128	100	102	101	101	100	100	100	99	99	101	101
广西	64	68	66	66	60	59	67	64	54	54	55	55	55	55	55	51	51	54	54
海南	18	19	19	19	19	21	21	20	16	15	16	16	16	14	14	14	14	14	14
重庆	—	—	30	30	31	29	30	25	26	26	26	26	27	26	26	26	26	27	27
四川	126	125	100	100	81	87	88	89	84	84	85	85	86	87	87	89	89	89	88
贵州	40	40	40	40	35	39	41	31	31	32	31	31	31	31	31	31	31	31	30
云南	49	48	48	41	47	50	50	50	42	42	42	42	42	43	43	43	43	42	42
西藏	14	12	12	14	16	17	19	19	21	21	23	23	23	23	23	23	23	23	25
陕西	55	56	50	49	48	54	52	52	44	44	44	44	44	44	44	44	44	43	43
甘肃	60	60	56	47	52	51	51	55	56	58	56	56	56	56	56	52	52	51	50
青海	16	16	14	17	18	17	18	19	23	23	25	25	25	25	25	27	27	27	26
宁夏	14	14	13	13	16	16	14	13	13	15	15	15	15	15	15	15	15	14	14
新疆	87	87	87	98	94	94	97	99	99	100	100	100	99	99	99	96	96	102	102

资料来源：根据历年《中国新闻出版统计资料汇编》整理。

附表 2　　各省市千人拥有报纸数量（1996—2014）　　单位：份

年份	1996	1997	1998	1999	2000	2001	2002	2003	2004
全国	61.40	63.73	65.96	69.35	71.18	75.36	78.45	81.22	84.81
北京	174.17	159.81	156.77	180.94	179.89	193.31	224.48	223.71	235.28
天津	162.62	166.37	172.12	166.67	163.97	199.74	219.57	222.98	231.58
河北	30.77	29.93	38.90	40.30	36.91	37.76	43.19	43.79	52.84
山西	51.43	57.80	62.15	59.09	53.00	85.17	117.23	132.73	161.01
内蒙古	22.10	15.33	18.97	20.50	20.76	22.40	21.59	33.03	29.57
辽宁	58.36	65.64	69.21	72.08	82.40	84.78	82.76	84.35	94.47
吉林	41.63	37.35	42.15	47.76	56.51	68.09	69.98	67.48	87.28
黑龙江	51.56	53.17	53.82	56.85	52.69	50.59	53.34	53.72	54.77
上海	365.49	363.73	369.31	342.31	285.05	278.23	262.47	263.25	293.36
江苏	67.40	72.10	70.97	85.21	87.14	96.21	93.60	95.89	89.70
浙江	86.63	92.91	91.80	102.01	101.60	117.31	121.59	136.51	142.21
安徽	22.94	23.11	30.21	27.75	34.13	33.73	31.51	35.74	38.26
福建	45.04	45.94	49.45	53.04	55.29	58.13	62.25	62.34	69.33
江西	22.66	23.14	22.87	26.11	26.24	29.86	33.35	33.93	34.62
山东	43.98	50.42	54.85	54.36	61.22	63.14	63.17	64.70	77.37
河南	28.99	27.70	32.39	35.49	37.22	38.67	44.39	42.15	47.55
湖北	35.68	44.49	45.43	57.45	64.92	66.51	72.21	78.18	73.51
湖南	27.10	29.12	31.97	35.65	34.85	38.19	39.19	46.49	42.16

续表

年份	1996	1997	1998	1999	2000	2001	2002	2003	2004
广东	98. 86	100. 53	107. 30	119. 69	109. 67	122. 26	131. 91	129. 84	131. 87
广西	28. 92	31. 74	31. 78	32. 22	32. 30	34. 15	38. 62	38. 99	35. 82
海南	39. 86	40. 22	38. 15	44. 35	43. 15	63. 68	61. 32	61. 68	61. 85
重庆	—	—	41. 60	46. 92	46. 73	52. 96	47. 89	46. 23	46. 53
四川	37. 00	54. 52	40. 30	40. 92	49. 28	45. 20	45. 79	46. 67	51. 60
贵州	14. 72	15. 66	15. 84	17. 76	21. 01	22. 84	22. 50	24. 17	23. 64
云南	18. 66	19. 73	18. 98	19. 38	23. 21	23. 41	24. 75	26. 57	28. 99
西藏	32. 20	29. 54	11. 02	29. 28	26. 00	23. 33	30. 02	28. 26	32. 74
陕西	40. 17	41. 27	36. 65	48. 10	52. 76	51. 35	49. 46	49. 14	51. 38
甘肃	24. 67	24. 11	28. 91	24. 32	27. 69	27. 13	30. 91	41. 24	38. 54
青海	23. 88	22. 39	20. 70	21. 92	21. 40	22. 20	23. 28	24. 38	22. 19
宁夏	24. 80	23. 79	23. 41	26. 01	30. 31	32. 74	36. 75	35. 66	45. 02
新疆	32. 48	32. 87	30. 33	34. 73	43. 69	50. 48	50. 13	51. 72	50. 77

年份	2005	2006	2007	2008	2009	2010	2011	2012	2013	2014
全国	86. 45	88. 48	90. 82	91. 38	90. 15	92. 38	95. 05	94. 32	97. 13	92. 92
北京	198. 03	182. 77	156. 05	138. 04	114. 41	111. 83	191. 34	186. 21	141. 18	120. 49
天津	226. 96	239. 24	226. 47	219. 89	213. 45	198. 39	186. 74	178. 59	151. 93	137. 25
河北	86. 89	88. 23	91. 68	92. 54	73. 26	56. 03	54. 16	53. 66	61. 36	58. 49
山西	217. 46	167. 41	170. 00	148. 60	162. 35	158. 24	154. 33	153. 14	165. 61	162. 24
内蒙古	39. 02	28. 37	28. 24	29. 55	32. 17	29. 98	32. 41	32. 22	30. 12	36. 75
辽宁	101. 11	104. 98	102. 81	113. 74	110. 94	98. 19	100. 81	100. 40	101. 87	93. 95

续 表

年份	2005	2006	2007	2008	2009	2010	2011	2012	2013	2014
吉林	68.68	62.95	90.22	90.30	79.72	86.53	78.16	77.92	99.42	92.19
黑龙江	53.47	54.76	56.11	52.05	54.23	55.91	56.62	56.47	53.53	49.35
上海	275.33	243.28	243.51	219.89	201.69	188.51	184.98	181.92	148.68	128.74
江苏	96.71	93.45	100.11	96.44	91.41	94.17	97.08	96.55	98.61	97.08
浙江	145.42	154.55	154.68	156.21	163.07	163.49	180.09	179.13	172.56	167.81
安徽	45.41	45.19	47.89	45.28	47.33	53.67	55.44	55.11	56.67	54.58
福建	67.20	73.15	75.53	72.45	66.74	73.94	75.25	74.49	87.53	80.58
江西	39.57	41.03	42.49	41.80	42.56	43.26	45.43	45.15	77.65	68.36
山东	68.44	70.56	81.16	86.77	85.57	95.45	97.97	97.22	89.04	85.80
河南	57.21	58.81	61.45	61.11	61.30	61.83	62.55	62.26	62.35	60.89
湖北	70.14	74.32	76.50	83.40	81.76	86.89	94.21	93.61	93.64	89.68
湖南	45.86	44.24	47.21	44.57	54.04	53.63	50.76	50.29	54.75	55.61
广东	118.65	126.01	120.83	121.67	123.27	119.63	119.32	118.00	112.23	99.60
广西	34.39	35.08	36.64	36.92	37.89	41.34	39.65	39.23	41.69	42.05
海南	85.90	77.01	81.35	85.60	71.92	65.24	75.58	74.52	77.54	74.65
重庆	53.46	56.35	52.01	59.40	54.29	56.40	62.00	61.28	57.78	56.66
四川	52.11	52.25	52.42	56.38	51.13	57.79	58.93	58.58	57.42	56.44
贵州	20.94	23.54	19.62	26.68	28.03	29.06	35.49	35.24	30.37	28.39
云南	30.52	32.44	33.84	35.39	38.59	37.86	38.21	37.88	38.07	35.61

续　表

年份	2005	2006	2007	2008	2009	2010	2011	2012	2013	2014
西藏	25.74	33.07	35.91	53.42	54.86	61.13	58.24	57.14	66.95	65.92
陕西	43.45	46.69	46.13	43.33	43.95	45.64	48.96	48.69	49.70	49.53
甘肃	37.71	40.19	41.27	40.46	43.17	43.49	48.91	48.51	54.70	53.91
青海	22.63	22.53	40.05	43.58	45.46	47.51	47.68	47.13	58.86	64.52
宁夏	46.30	49.38	51.30	48.28	37.40	46.77	42.97	42.32	46.77	45.47
新疆	47.80	51.03	55.73	57.42	53.40	58.03	58.08	57.30	68.39	65.67

资料来源：根据历年《中国统计年鉴》各省市人口数量、历年《中国新闻出版统计资料汇编》各省市报纸印刷数量计算所得。计算方法为：各省市千人拥有报纸数量 = 各省市当年报纸总印数 ÷ 当年该省市人数 ÷ 当年总天数 × 1000。

附表 3　　　　中国报业广告市场集中度演变（1995—2014）

年份	排名	单位名称	广告营业额(万元)	市场份额(%)	前n家报业广告总额(万元)	CR_n (%)
1995	1	《广州日报》	46000	7.11	46000	7.11
	2	《羊城晚报》	46000	7.11	92000	14.22
	3	《新民晚报》	32416	5.01	124416	19.24
	4	《北京晚报》	20836	3.22	145252	22.46
	5	《深圳特区报》	20500	3.17	165752	25.63
	6	《解放日报》	17770	2.75	183522	28.38
	7	《新华日报》	16000	2.47	199522	30.85
	8	《南方日报》	15359	2.37	214881	33.22
	9	《人民日报》	13700	2.12	228581	35.34
	10	《成都晚报》	13700	2.12	242281	37.46

续 表

年份	排名	单位名称	广告营业额(万元)	市场份额(%)	前 n 家报业广告总额(万元)	CR_n(%)
1996	1	《新民晚报》	52511	6.76	52511	6.76
	2	《广州日报》	51000	6.56	103511	13.32
	3	《北京日报》	39970	5.14	143481	18.47
	4	《深圳特区报》	24000	3.09	167481	21.56
	5	《解放日报》	22125	2.85	189606	24.41
	6	《南方日报》	21000	2.70	210606	27.11
	7	《天津今晚报》	14000	1.80	224606	28.91
	8	《钱江晚报》	12000	1.54	236606	30.46
	9	《深圳商报》	12000	1.54	248606	32.00
	10	《人民日报》	11848	1.53	260454	33.53
1997	1	《新民晚报》	61287	6.33	61287	6.33
	2	《广州日报》	50000	5.16	111287	11.49
	3	《羊城晚报》	50000	5.16	161287	16.66
	4	《北京日(晚)报》	47108	4.87	208395	21.52
	5	《深圳特区报》	31000	3.20	239395	24.72
	6	《新华日报》	29900	3.09	269295	27.81
	7	《解放日报》	23479	2.42	292774	30.24
	8	《天津今晚报》	22000	2.27	314774	32.51
	9	《扬子晚报》	22000	2.27	336774	34.78
	10	《计算机世界报》	20000	2.07	356774	36.85

续　表

年份	排名	单位名称	广告营业额(万元)	市场份额(%)	前 n 家报业广告总额(万元)	CR_n (%)
1998	1	《广州日报社》	73978	7.09	73978	7.09
	2	《新民晚报社》	73400	7.03	147378	14.12
	3	《北京日报社》	46000	4.41	193378	18.53
	4	《深圳特区报社》	38297	3.67	231675	22.20
	5	《新华日报社》	31026	2.97	262701	25.17
	6	《今晚报》	26000	2.49	288701	27.67
	7	《解放日报社》	22221	2.13	310922	29.79
	8	《深圳商报社》	21636	2.07	332558	31.87
	9	《北京青年报社》	20707	1.98	353265	33.85
	10	《南方日报》	20400	1.95	373665	35.81
1999	1	《广州日报社》	97390	8.67	97390	8.67
	2	《文汇新民联合报业集团》	82987	7.39	180377	16.06
	3	《深圳特区报业集团》	61804	5.50	242181	21.56
	4	《羊城晚报社》	61000	5.43	303181	26.99
	5	《北京晚报社》(含日报)	43000	3.83	346181	30.82
	6	《新华日报社》	37355	3.33	383536	34.15
	7	《北京青年报社》	35100	3.12	418636	37.27
	8	《计算机世界报》	32723	2.91	451359	40.18
	9	《精品购物指南》	32479	2.89	483838	43.07
	10	《今晚报》	32000	2.85	515838	45.92

续 表

年份	排名	单位名称	广告营业额（万元）	市场份额（%）	前 n 家报业广告总额（万元）	CR_n（%）
2000	1	《广州日报》	127000	8.67	127000	8.67
	2	《文汇新民联合报业集团》	90665	6.19	217665	14.86
	3	《羊城晚报社》	70000	4.78	287665	19.64
	4	《深圳特区报》	67900	4.64	355565	24.28
	5	《北京青年报》	64000	4.37	419565	28.65
	6	《北京晚报》	52000	3.55	471565	32.20
	7	《计算机世界报》	50000	3.41	521565	35.61
	8	《中国经营报》	50000	3.41	571565	39.02
	9	《深圳商报社》	45000	3.07	616565	42.10
	10	《新华日报》	39383	2.69	655948	44.78
2001	1	《广州日报》	141000	8.94	141000	8.94
	2	《文汇新民联合报业集团》	79232	5.02	220232	13.97
	3	《北京青年报》	65000	4.12	285232	18.09
	4	《北京晚报》	62000	3.93	347232	22.02
	5	《深圳特区报社》	57000	3.61	404232	25.63
	6	《深圳商报社》	52000	3.30	456232	28.93
	7	《解放日报报业集团》	48006	3.04	504238	31.97
	8	《羊城晚报社》	47434	3.01	551672	34.98
	9	《新华日报》	45494	2.88	597166	37.87
	10	《成都商报》	39000	2.47	636166	40.34

续　表

年份	排名	单位名称	广告营业额(万元)	市场份额(%)	前 n 家报业广告总额(万元)	CR_n (%)
2002	1	《深圳报业集团》	198022	10.51	198022	10.51
	2	《广州日报社》	150625	7.99	348647	18.50
	3	《北京晚报》	75600	4.01	424247	22.51
	4	《文汇新民联合报业集团》	73715	3.91	497962	26.42
	5	《新华日报报业集团》	56694	3.01	554656	29.43
	6	《解放日报报业集团》	52192	2.77	606848	32.20
	7	《北京晚报社》	37610	2.00	644458	34.19
	8	《天津日报报业集团》	37319	1.98	681777	36.17
	9	《齐鲁晚报》	35000	1.86	716777	38.03
	10	《华西都市报》	34800	1.85	751577	39.88
2003	1	《深圳报业集团》	238126	9.80	238126	9.80
	2	《南方日报报业集团》	170000	7.00	408126	16.79
	3	《广州日报》	167567	6.90	575693	23.69
	4	《北京日报报业集团北京晚报》	88000	3.62	663693	27.31
	5	《成都商报》	71615	2.95	735308	30.26
	6	《解放日报报业集团》	69725	2.87	805033	33.13
	7	《文汇新民联合报业集团》	65865	2.71	870898	35.84
	8	《天津日报报业集团》	59050	2.43	929948	38.27
	9	《新华日报报业集团》	56000	2.30	985948	40.57
	10	《湖北日报报业集团》	47700	1.96	1033648	42.54

续 表

年份	排名	单位名称	广告营业额（万元）	市场份额（%）	前 n 家报业广告总额（万元）	CR_n（%）
2004	1	《深圳报业集团》	271351	11.76	271351	11.76
	2	《广州日报社》	171700	7.44	443051	19.20
	3	《北京日报报业集团北京晚报》	97850	4.24	540901	23.44
	4	《羊城晚报报业集团》	92000	3.99	632901	27.43
	5	《解放日报报业集团》	85558	3.71	718459	31.14
	6	《京华时报社》	71266	3.09	789725	34.23
	7	《新民晚报》	70072	3.04	859797	37.27
	8	《新华日报报业集团》	64000	2.77	923797	40.04
	9	《湖北日报报业集团》	58600	2.54	982397	42.58
	10	《长江日报报业集团》	56000	2.43	1038397	45.01
2005	1	《深圳报业集团》	273000	10.66	273000	10.66
	2	《广州日报报业集团》	214000	8.36	487000	19.02
	3	《南方都市报》	142000	5.55	629000	24.57
	4	《解放日报报业集团》	102722	4.01	731722	28.58
	5	《京华时报社》	86903	3.39	818625	31.97
	6	《杭州日报报业集团》	85824	3.35	904449	35.32
	7	《羊城晚报》	76500	2.99	980949	38.31
	8	《北京晚报》	73600	2.87	1054549	41.19
	9	《天津日报报业集团》	73260	2.86	1127809	44.05
	10	《湖北日报报业集团》	67500	2.64	1195309	46.68

续　表

年份	排名	单位名称	广告营业额(万元)	市场份额(%)	前 n 家报业广告总额(万元)	CR_n (%)
2006	1	《深圳报业集团》	289421	9.26	289421	9.26
	2	《广州日报》	180300	5.77	469721	15.03
	3	《解放日报报业集团》	110645	3.54	580366	18.57
	4	《京华时报》	102502	3.28	682868	21.85
	5	《杭州日报报业集团》	95080	3.04	777948	24.89
	6	《羊城晚报》	86000	2.75	863948	27.64
	7	《湖北日报报业集团》	73000	2.34	936948	29.97
	8	《新华日报报业集团》	66000	2.11	1002948	32.09
	9	《华西都市报》	65000	2.08	1067948	34.16
	10	《钱江晚报》	65000	2.08	1132948	36.24
2007	1	《深圳报业集团》	336510	10.44	336510	10.44
	2	《广州日报社》	201700	6.26	538210	16.70
	3	《杭州日报报业集团》	104300	3.24	642510	19.94
	4	《羊城晚报社》	104000	3.23	746510	23.17
	5	《解放日报报业集团》	103877	3.22	850387	26.39
	6	《天津日报报业集团》	88500	2.75	938887	29.14
	7	《新华日报报业集团》	81000	2.51	1019887	31.65
	8	《湖北日报传媒集团》	71000	2.20	1090887	33.86
	9	《华西都市报社》	68000	2.11	1158887	35.97
	10	《长江日报报业集团》	67700	2.10	1226587	38.07

续 表

年份	排名	单位名称	广告营业额（万元）	市场份额（%）	前n家报业广告总额（万元）	CR_n（%）
2008	1	《深圳报业集团》	370497	10.81	370497	10.81
	2	《广州日报社》	220600	6.44	591097	17.25
	3	《成都商报社》	105491	3.08	696588	20.33
	4	《广东羊城晚报广告公司》	103000	3.01	799588	23.33
	5	《今晚传媒广告有限公司》	76000	2.22	875588	25.55
	6	《浙江都市快报传媒有限公司》	76000	2.22	951588	27.77
	7	《湖北日报楚天广告总公司》	71000	2.07	1022588	29.84
	8	《新民晚报社》	66920	1.95	1089508	31.79
	9	《钱江晚报有限公司》	66126	1.93	1155634	33.72
	10	《华商报社》	55000	1.61	1210634	35.33
2009	1	《深圳报业集团》	372700	10.06	372700	10.06
	2	《广州日报》	215000	5.80	587700	15.86
	3	《广东羊城晚报广告公司》	104000	2.81	691700	18.67
	4	《福建报业集团》	100000	2.70	791700	21.37
	5	《钱江报系有限公司》	96003	2.59	887703	23.96
	6	《天津市今晚传媒广告有限公司》（今晚报社）	80000	2.16	967703	26.12
	7	《都市快报》	77800	2.10	1045503	28.22
	8	《江苏新华日报报业集团》	76722	2.07	1122225	30.29
	9	《西安华商广告有限公司》（华商报）	60676	1.64	1182901	31.93
	10	《宁波日报报业集团》	45635	1.23	1228536	33.16

续　表

年份	排名	单位名称	广告营业额(万元)	市场份额(%)	前n家报业广告总额(万元)	CR_n (%)
2010	1	《深圳报业集团广告中心》	388760	8.86	388760	8.86
	2	《广州日报》	251299	5.72	640059	14.58
	3	《大众报业集团》	120000	2.73	760059	17.31
	4	《羊城晚报》	112000	2.55	872059	19.86
	5	《成都商报社》	106800	2.43	978859	22.30
	6	《天津日报传媒集团有限公司》	90749	2.07	1069608	24.36
	7	《天津市今晚传媒广告有限公司》（今晚报）	90000	2.05	1159608	26.41
	8	《宁波日报报业集团有限公司》	77680	1.77	1237288	28.18
	9	《华商报社》	77000	1.75	1314288	29.94
	10	《齐鲁晚报》	72000	1.64	1386288	31.58
2011	1	《深圳报业集团》	399062	8.19	399062	8.19
	2	《成都商报社》	120522	2.47	519584	10.66
	3	《今晚传媒集团》	120000	2.46	639584	13.13
	4	《宁波日报报业集团有限公司》	102185	2.10	741769	15.22
	5	《天津日报报业集团》	100000	2.05	841769	17.27
	6	《华西都市报》	89000	1.83	930769	19.10
	7	《文汇新民联合报业集团》	81558	1.67	1012327	20.77
	8	《华商报社》	80000	1.64	1092327	22.42
	9	《山东大众报业(集团)有限公司》	76689	1.57	1169016	23.99
	10	《楚天都市报》	65500	1.34	1234516	25.33

续 表

年份	排名	单位名称	广告营业额(万元)	市场份额(%)	前 n 家报业广告总额(万元)	CR_n (%)
2012	1	《深圳报业集团》	396588	7.14	396588	7.14
	2	《大众报业集团》	128210	2.31	524798	9.45
	3	《今晚传媒集团》	125000	2.25	649798	11.69
	4	《天津日报报业集团》	105000	1.89	754798	13.58
	5	《成都商报》	103000	1.85	857798	15.44
	6	《宁波日报报业集团有限公司》	94242	1.70	952040	17.13
	7	《西安华商广告有限责任公司》	84000	1.51	1036040	18.65
	8	《文汇新民联合报业集团》	72224	1.30	1108264	19.95
	9	《浙江都市快报传媒有限公司》	68000	1.22	1176264	21.17
	10	《海峡都市报社》	64658	1.16	1240922	22.33
2013	1	《深圳报业集团》	379614	7.52	379614	7.52
	2	《京报传媒经营有限公司》	139585	2.77	519199	10.29
	3	《重庆日报报业集团》	120163	2.38	639362	12.67
	4	《天津日报传媒集团有限公司》	113468	2.25	752830	14.92
	5	《成都商报》	96580	1.91	849410	16.83
	6	《杭州日报报业集团有限公司》	96346	1.91	945756	18.74
	7	《华西都市报》	87900	1.74	1033656	20.48
	8	《宁波日报报业集团有限公司》	86119	1.71	1119775	22.19
	9	《华商报社》	68000	1.35	1187775	23.53
	10	《文汇新民联合报业集团》	63035	1.25	1250810	24.78

续表

年份	排名	单位名称	广告营业额(万元)	市场份额(%)	前n家报业广告总额(万元)	CR_n (%)
2014	1	《深圳报业集团》	350536	8.50	350536	8.50
	2	《重庆日报报业集团》	114155	2.77	464691	11.27
	3	《浙江传媒集团股份有限公司》	95723	2.32	560414	13.59
	4	《上海报业集团》	92441	2.24	652855	15.83
	5	《华商报社》	50000	1.21	702855	17.04
	6	《上海证券报社》	45216	1.10	748071	18.14
	7	《厦门日报社》	35432	0.86	783503	19.00
	8	《广西日报传媒集团广告中心》	34247	0.83	817750	19.83
	9	《宁波日报传媒集团广告中心》	30737	0.75	848487	20.57
	10	《温州日报报业集团》	29553	0.72	878040	21.29

资料来源：根据《中国广告业二十年统计资料汇编》和历年《中国广告年鉴》《中国统计年鉴》《中国新闻年鉴》、中国广告协会网（http：//xh.cnadtop.com/xh_list.html?id1=24&id2=1）发布的有关数据计算整理。

附表4　各省、自治区、直辖市广播电视收入状况（2005—2013）　单位：万元

地区/年份	2005	2006	2007	2008	2009	2010	2011	2012	2013
全国	9311473	10991237	13164032	15839106	18528471	23018677	27173157	32687891	37348848
总局直属	1638424	1899833	2209989	3088547	3570601	4255460	4838912	5807801	6355319
北京	482926	594103	734178	954883	1154192	1655168	2104218	3079306	4187070
天津	145542	173144	233650	238149	257352	302879	395658	435047	466794
河北	227431	257440	287474	337816	378918	425316	473733	526663	574191

续 表

地区/年份	2005	2006	2007	2008	2009	2010	2011	2012	2013
山西	128974	143823	159545	226471	206861	218709	270957	341268	353459
内蒙古	88186	109646	179155	194316	243128	246927	296063	393047	373872
辽宁	344832	412875	483641	525559	597193	712633	737275	843435	941153
吉林	130227	148259	192237	221506	267892	307431	360168	405764	439455
黑龙江	203727	222736	264719	293822	351629	389766	487199	522303	548639
上海	785137	918752	1049370	1202165	1506003	2149275	2484258	2811032	3229097
江苏	600694	728392	892620	1095202	1299858	1742991	2234331	2528657	2597395
浙江	766125	888971	1042703	1166763	1392659	1931085	2238696	2578885	3236833
安徽	186109	226890	277156	344907	409230	487445	611603	715327	832176
福建	274299	336704	447671	465409	501379	552444	686754	807092	1030926
江西	148884	165905	190322	222849	239221	290619	342867	474764	529238
山东	471591	571615	683890	806315	925384	1028085	1195350	1395645	1583414
河南	224009	270577	327358	370629	400197	440237	504462	620072	636740
湖北	252288	292026	336748	391806	480384	551105	651820	779803	820199
湖南	337725	435238	567174	641307	798132	1028642	1376603	1588853	1895665
广东	1040133	1239790	1332335	1514700	1668971	2173506	2521355	2743532	3031301
广西	146708	186515	223997	285464	318130	319384	363221	440582	478871
海南	41754	52071	52875	77966	83652	98635	123451	126927	139581
重庆	148787	180221	222293	266481	291970	344709	345846	367060	389124
四川	296053	335591	428678	462779	598296	668237	786052	1010593	1157753
贵州	74061	103192	135975	171161	210800	344379	376384	491815	545929

续　表

地区/年份	2005	2006	2007	2008	2009	2010	2011	2012	2013
云南	156617	178631	224692	238671	277431	331659	423805	516557	512362
西藏	16269	21070	32652	33871	49470	50151	61094	71952	97695
陕西	152453	181171	225451	258631	293402	383356	355717	578194	705516
甘肃	61703	78459	103472	119793	142396	143732	157725	285363	265706
青海	26889	26961	40398	46397	77036	43295	61742	78477	126821
宁夏	32989	36417	46662	57258	63265	82657	109036	179839	129178
新疆	101778	115242	162765	166634	206656	225734	249556	328040	389230

资料来源：根据历年《中国社会统计年鉴》的相关数据整理计算所得。

附表 5　　中国电视广告市场集中度（1988—2014）

年份	排名	单位名称	广告营业额(万元)	市场份额(%)	前 n 家电视广告总额(万元)	CR_n(%)
1988	1	中央电视台	4998	18.39	4998	18.39
	2	广东电视台	3100	11.41	8098	29.80
	3	上海电视台	2660	9.79	10758	39.58
	4	北京电视台	980	3.61	11738	43.19
	5	四川电视台	850	3.13	12588	46.32
	6	天津电视台	714	2.63	13302	48.94
	7	山东电视台	550	2.02	13852	50.97
	8	福建电视台	517	1.90	14369	52.87
	9	浙江电视台	500	1.84	14869	54.71
	10	陕西电视台	440	1.62	15309	56.33

续 表

年份	排名	单位名称	广告营业额(万元)	市场份额(%)	前n家电视广告总额(万元)	CR_n(%)
1989	1	中央电视台	6295	17.39	6295	17.39
	2	广东电视台	3250	8.98	9545	26.37
	3	上海电视台	2800	7.74	12345	34.11
	4	北京电视台	1262	3.49	13607	37.60
	5	浙江电视台	1037	2.87	14644	40.46
	6	天津电视台	1016	2.81	15660	43.27
	7	福建电视台	781	2.16	16441	45.43
	8	山东电视台	750	2.07	17191	47.50
	9	四川电视台	731	2.02	17922	49.52
	10	辽宁电视台	637	1.76	18559	51.28
1990	1	中央电视台	10000	17.81	10000	17.81
	2	广东电视台	5500	9.80	15500	27.61
	3	上海电视台	3400	6.06	18900	33.67
	4	北京电视台	2573	4.58	21473	38.25
	5	山东电视台	2003	3.57	23476	41.82
	6	浙江电视台	1505	2.68	24981	44.50
	7	陕西电视台	1300	2.32	26281	46.82
	8	福建电视台	1285	2.29	27566	49.10
	9	四川电视台	1279	2.28	28845	51.38
	10	天津电视台	1180	2.10	30025	53.49

续　表

年份	排名	单位名称	广告营业额(万元)	市场份额(%)	前n家电视广告总额(万元)	CR_n (%)
1992	1	中央电视台	49045	23.87	49045	23.87
	2	上海电视台	14675	7.14	63720	31.01
	3	广东电视台	11400	5.55	75120	36.56
	4	北京电视台	8000	3.89	83120	40.45
	5	山东电视台	8000	3.89	91120	44.35
	6	天津电视台	5460	2.66	96580	47.00
	7	广州电视台	5320	2.59	101900	49.59
	8	福建电视台	4545	2.21	106445	51.81
	9	浙江电视台	4235	2.06	110680	53.87
	10	陕西电视台	3300	1.61	113980	55.47
1993	1	中央电视台	64693	21.98	64693	21.98
	2	上海电视台	19326	6.56	84019	28.54
	3	北京电视台	13000	4.42	97019	32.96
	4	广东电视台	12400	4.21	109419	37.17
	5	上海东方电视台	12070	4.10	121489	41.27
	6	浙江电视台	7415	2.52	128904	43.79
	7	天津电视台	6600	2.24	135504	46.03
	8	江苏电视台	4500	1.53	140004	47.56
	9	湖南电视台	4000	1.36	144004	48.92
	10	山东电视台	4000	1.36	148004	50.27

续 表

年份	排名	单位名称	广告营业额(万元)	市场份额(%)	前n家电视广告总额(万元)	CR_n(%)
1994	1	中央电视台	96904	21.65	96904	21.65
	2	上海电视台	22135	4.95	119039	26.60
	3	北京电视台	21488	4.80	140527	31.40
	4	上海东方电视台	20014	4.47	160541	35.87
	5	广东电视台	16000	3.57	176541	39.44
	6	天津电视台	7379	1.65	183920	41.09
	7	广州电视台	6800	1.52	190720	42.61
	8	浙江电视台	6800	1.52	197520	44.13
	9	江苏电视台	6123	1.37	203643	45.50
	10	辽宁电视台	6000	1.34	209643	46.84
1995	1	中央电视台	200000	30.78	200000	30.78
	2	北京电视台	35899	5.52	235899	36.30
	3	上海电视台	31000	4.77	266899	41.07
	4	上海东方电视台	24327	3.74	291226	44.82
	5	广东电视台	18800	2.89	310026	47.71
	6	山东电视台	15000	2.31	325026	50.02
	7	浙江电视台	13500	2.08	338526	52.10
	8	广州电视台	13000	2.00	351526	54.10
	9	天津电视台	11500	1.77	363026	55.87
	10	福建电视台	11000	1.69	374026	57.56

续　表

年份	排名	单位名称	广告营业额(万元)	市场份额(%)	前 n 家电视广告总额(万元)	CR_n(%)
1996	1	中央电视台	351088	38.67	351088	38.67
	2	北京电视台	62455	6.88	413543	45.55
	3	上海电视台	37700	4.15	451243	49.70
	4	上海东方电视台	34132	3.76	485375	53.46
	5	浙江电视台	23920	2.63	509295	56.10
	6	山东电视台	22000	2.42	531295	58.52
	7	上海有线电视台	16000	1.76	547295	60.28
	8	广东电视台	15700	1.73	562995	62.01
	9	天津电视台	14500	1.60	577495	63.61
	10	广东有线电视台	12000	1.32	589495	64.93
1997	1	中央电视台	417364	36.48	417364	36.48
	2	重庆电视台	75176	6.57	492540	43.05
	3	北京电视台	68373	5.98	560913	49.03
	4	上海电视台	51256	4.48	612169	53.51
	5	上海东方电视台	50600	4.42	662769	57.93
	6	浙江电视台	27000	2.36	689769	60.29
	7	山东电视台	27000	2.36	716769	62.65
	8	上海有线电视台	21150	1.85	737919	64.50
	9	天津电视台	18400	1.61	756319	66.11
	10	广东有线电视台	17100	1.49	773419	67.60

续 表

年份	排名	单位名称	广告营业额（万元）	市场份额（%）	前 n 家电视广告总额（万元）	CR_n（%）
1998	1	中央电视台	407289	30. 03	407289	30. 03
	2	北京电视台	71389	5. 26	478678	35. 29
	3	上海东方电视台	50889	3. 75	529567	39. 04
	4	上海电视台	48883	3. 60	578450	42. 65
	5	国家广电总局电影频道	30093	2. 22	608543	44. 87
	6	山东电视台	22000	1. 62	630543	46. 49
	7	上海有线电视台	21194	1. 56	651737	48. 05
	8	广州有线广播电视台	20800	1. 53	672537	49. 58
	9	天津电视台	20000	1. 47	692537	51. 06
	10	浙江电视台	19600	1. 45	712137	52. 50
1999	1	中央电视台	471400	30. 19	471400	30. 19
	2	北京电视台	80000	5. 12	551400	35. 31
	3	上海东方电视台	57949	3. 71	609349	39. 02
	4	上海电视台	57300	3. 67	666649	42. 69
	5	国家广电总局电影频道	34319	2. 20	700968	44. 89
	6	山东电视台	28200	1. 81	729168	46. 70
	7	上海有线电视台	26033	1. 67	755201	48. 36
	8	广州有线广播电视台	23442	1. 50	778643	49. 87
	9	浙江电视台	22000	1. 41	800643	51. 27
	10	天津电视台	20000	1. 28	820643	52. 55

续　表

年份	排名	单位名称	广告营业额(万元)	市场份额(%)	前n家电视广告总额(万元)	CR_n (%)
2000	1	中央电视台	535000	31.67	535000	31.67
	2	北京电视台	94954	5.62	629954	37.29
	3	上海电视台	71480	4.23	701434	41.53
	4	上海东方电视台	66487	3.94	767921	45.46
	5	广东有线电视台	58000	3.43	825921	48.90
	6	上海有线电视台	40066	2.37	865987	51.27
	7	山东电视台	32024	1.90	898011	53.16
	8	黑龙江电视台	29850	1.77	927861	54.93
	9	浙江电视台	29670	1.76	957531	56.69
	10	安徽电视台	28500	1.69	986031	58.38
2001	1	中央电视台	540000	30.10	540000	30.10
	2	上海文广新闻传媒集团	172800	9.63	712800	39.74
	3	北京电视台	155000	8.64	867800	48.38
	4	广州电视台	100000	5.57	967800	53.95
	5	广东电视台	70937	3.95	1038737	57.91
	6	上海有线电视台	54920	3.06	1093657	60.97
	7	江苏广播电视总台	47000	2.62	1140657	63.59
	8	国家广电总局电影频道	40000	2.23	1180657	65.82
	9	安徽电视台	39100	2.18	1219757	68.00
	10	辽宁电视台	32000	1.78	1251757	69.78

续 表

年份	排名	单位名称	广告营业额（万元）	市场份额（%）	前 n 家电视广告总额（万元）	CR_n（%）
2002	1	中央电视台	638388	27.63	638388	27.63
	2	上海文广新闻传媒集团	211050	9.14	849438	36.77
	3	北京电视台	139000	6.02	988438	42.78
	4	广东广播电影电视局	82000	3.55	1070438	46.33
	5	浙江电视台	63037	2.73	1133475	49.06
	6	江苏广播电视总台	56000	2.42	1189475	51.49
	7	国家广电总局电影频道	48000	2.08	1237475	53.56
	8	山东电视台	44300	1.92	1281775	55.48
	9	深圳电视台	44188	1.91	1325963	57.39
	10	安徽电视台	43000	1.86	1368963	59.25
2003	1	中央电视台	753000	29.52	753000	29.52
	2	上海文广新闻传媒集团	212608	8.34	965608	37.86
	3	北京电视台	142800	5.60	1108408	43.46
	4	广东电视台	100000	3.92	1208408	47.38
	5	湖南电广传媒股份有限公司	66000	2.59	1274408	49.97
	6	江苏省广播电视总台	63000	2.47	1337408	52.44
	7	国家广电总局电影频道	60000	2.35	1397408	54.79
	8	广东南方电视台	56567	2.22	1453975	57.01
	9	江苏电视台	56136	2.20	1510111	59.21
	10	山东电视台	55000	2.16	1565111	61.37

续　表

年份	排名	单位名称	广告营业额（万元）	市场份额（%）	前 n 家电视广告总额（万元）	CR_n（%）
2004	1	中央电视台	800268	27.45	800268	27.45
	2	上海文广新闻传媒集团	252000	8.64	1052268	36.09
	3	北京电视台	154000	5.28	1206268	41.38
	4	广东南方广播影视传媒集团	130000	4.46	1336268	45.83
	5	国家广电总局电影频道	70000	2.40	1406268	48.24
	6	上海东方宽频传播有限公司	67500	2.32	1473768	50.55
	7	安徽电视台	66000	2.26	1539768	52.81
	8	江苏省广播电视总台	65997	2.26	1605765	55.08
	9	四川广播电视集团	63703	2.19	1669468	57.26
	10	天津电视台	53000	1.82	1722468	59.08
2005	1	中央电视台	860000	24.21	860000	24.21
	2	上海文广新闻传媒集团	305500	8.60	1165500	32.80
	3	北京电视台	160000	4.50	1325500	37.31
	4	广东南方广播影视传媒集团	160000	4.50	1485500	41.81
	5	浙江广播电视集团	121000	3.41	1606500	45.22
	6	江苏省广播电视集团	113705	3.20	1720205	48.42
	7	湖南广播影视集团	107000	3.01	1827205	51.43
	8	国家广电总局电影频道	72000	2.03	1899205	53.46
	9	安徽电视台	71400	2.01	1970605	55.47
	10	天津电视台	63000	1.77	2033605	57.24

续 表

年份	排名	单位名称	广告营业额（万元）	市场份额（%）	前 n 家电视广告总额（万元）	CR_n（%）
2006	1	中央电视台	920000	22.77	920000	22.77
	2	上海文广新闻传媒集团	335100	8.29	1255100	31.06
	3	南方广播影视传媒集团	189000	4.68	1444100	35.74
	4	北京电视台	170000	4.21	1614100	39.95
	5	湖南电广传媒股份有限公司	160000	3.96	1774100	43.91
	6	江苏省广播电视集团	149457	3.70	1923557	47.61
	7	浙江广播电视集团	145000	3.59	2068557	51.20
	8	安徽电视台	90000	2.23	2158557	53.43
	9	国家广电总局电影频道	76000	1.88	2234557	55.31
	10	天津电视台	70000	1.73	2304557	57.04
2007	1	中央电视台	1000000	22.58	1000000	22.58
	2	上海文广新闻传媒集团	370908	8.37	1370908	30.95
	3	北京电视台	211000	4.76	1581908	35.71
	4	南方广播影视传媒集团	202955	4.58	1784863	40.29
	5	湖南电视台	170300	3.84	1955163	44.14
	6	深圳广播电影电视集团	161000	3.63	2116163	47.77
	7	江苏省广播电视集团	160000	3.61	2276163	51.39
	8	安徽电视台	112500	2.54	2388663	53.93
	9	国家广电总局电影频道	100000	2.26	2488663	56.18
	10	广东电视台	100000	2.26	2588663	58.44

续 表

年份	排名	单位名称	广告营业额(万元)	市场份额(%)	前n家电视广告总额(万元)	CR_n(%)
2008	1	中央电视台	1610000	32.10	1610000	32.10
	2	上海文广新闻传媒集团	369612	7.37	1979612	39.47
	3	湖南电视台	280000	5.58	2259612	45.06
	4	北京电视台	250000	4.99	2509612	50.04
	5	深圳广播电影电视集团	188600	3.76	2698212	53.80
	6	浙江广播电视集团	171300	3.42	2869512	57.22
	7	江苏电视台	145000	2.89	3014512	60.11
	8	安徽电视台广告中心	142300	2.84	3156812	62.95
	9	山东电视台	117500	2.34	3274312	65.29
	10	国家广电总局电影频道	110000	2.19	3384312	67.48
2009	1	中央电视台	1610000	30.03	1610000	30.03
	2	上海东方传媒集团有限公司(原上海文广新闻传媒集团)	385200	7.18	1995200	37.21
	3	湖南电广传媒股份有限公司广告分公司	288063	5.37	2283263	42.58
	4	北京电视台	260000	4.85	2543263	47.43
	5	浙江广播电视集团	205759	3.84	2749022	51.27
	6	安徽电视台广告中心	155000	2.89	2904022	54.16
	7	国家广播电影电视总局电影卫星频道节目制作中心广告部	117290	2.19	3021312	56.35
	8	天津电视台	115000	2.14	3136312	58.49
	9	湖北省广电总台	103720	1.93	3240032	60.43
	10	广东电视台	101000	1.88	3341032	62.31

续 表

年份	排名	单位名称	广告营业额(万元)	市场份额(%)	前n家电视广告总额(万元)	CR_n(%)
2010	1	中央电视台广告经营管理中心	1884000	30.55	1884000	30.55
	2	上海东方传媒集团有限公司（广播电视部分）	500736	8.12	2384736	38.68
	3	湖南电视台	425000	6.89	2809736	45.57
	4	浙江广播电视集团	270821	4.39	3080557	49.96
	5	山东广播电视台	218324	3.54	3298881	53.50
	6	安徽电视台广告中心	200000	3.24	3498881	56.74
	7	国家广播电影电视总局电影卫星频道节目制作中心广告部	151900	2.46	3650781	59.21
	8	广东电视台广告部	100000	1.62	3750781	60.83
	9	苏州广播电视总台	86000	1.39	3836781	62.22
	10	云南电视台	78984	1.28	3915765	63.51
2011	1	中央电视台	2280000	32.44	2280000	32.44
	2	上海东方传媒集团有限公司	700000	9.96	2980000	42.40
	3	湖南电广传媒广告分公司	600000	8.54	3580000	50.93
	4	江苏省广播电视总台	435267	6.19	4015267	57.12
	5	浙江广播电视集团	352794	5.02	4368061	62.14
	6	山东广播电视台	337003	4.79	4705064	66.94
	7	北京电视台	325000	4.62	5030064	71.56
	8	安徽(广播)电视台广告中心	245800	3.50	5275864	75.06
	9	深圳广电集团	244900	3.48	5520764	78.54
	10	国家广播电影电视总局电影卫星频道	160000	2.28	5680764	80.82

续　表

年份	排名	单位名称	广告营业额(万元)	市场份额(%)	前n家电视广告总额(万元)	CR_n(%)
2012	1	中央电视台	2690000	23.76	2690000	23.76
	2	上海东方传媒集团有限公司	646100	5.71	3336100	29.47
	3	江苏电视台(集团)	473200	4.18	3809300	33.65
	4	江苏省广播电视总台	435267	3.84	4244567	37.49
	5	浙江广播电视集团	387101	3.42	4631668	40.91
	6	山东广播电视台	315000	2.78	4946668	43.69
	7	深圳广电集团	280800	2.48	5227468	46.17
	8	安徽(广播)电视台广告中心	273800	2.42	5501268	48.59
	9	河南电视台	187317	1.65	5688585	50.24
	10	天津电视台	175000	1.55	5863585	51.79
2013	1	中央电视台	2559793	23.25	2559793	22.61
	2	湖南电视台	708400	6.43	3268193	29.04
	3	上海文化广播影视集团有限公司	638200	5.80	3906393	34.84
	4	江苏省广播电视(集团)	525200	4.77	4431593	39.61
	5	浙江广播电视集团	515000	4.68	4946593	44.29
	6	深圳广播电影电视集团广告管理中心	357700	3.25	5304293	47.53
	7	山东广播电视台	317885	2.89	5622178	50.42
	8	安徽广播电视台广告中心	313800	2.85	5935978	53.27
	9	辽宁电视台	250000	2.27	6185978	55.54
	10	天津电视台	210000	1.91	6395978	57.45

续 表

年份	排名	单位名称	广告营业额(万元)	市场份额(%)	前n家电视广告总额(万元)	CR_n(%)
2014	1	中央电视台	2720000	21.27	2720000	21.27
	2	湖南电视台	833000	6.52	3553000	27.79
	3	上海文化广播影视集团有限公司（电视部分）	544357	4.26	4097357	32.04
	4	浙江卫视	487000	3.81	4584357	35.85
	5	江苏电视台	478000	3.74	5062357	39.59
	6	深圳广电集团	354700	2.77	5417057	42.37
	7	北京电视台	280000	2.19	5697057	44.56
	8	安徽电视台	251800	1.97	5948857	46.53
	9	天津电视台	205000	1.60	6153857	48.13
	10	辽宁电视台	205000	1.60	6358857	49.73

注：缺少1991年相关数据，书中分析根据统计学相关原理做了处理。

资料来源：根据《中国广告业二十年统计资料汇编》《中国广告年鉴》《中国统计年鉴》《中国新闻年鉴》以及《现代广告》2000年第3期、2001年第7期、2002年第3期、2003年第4期、2005年第4期、2008年第7期，《中国广播影视》2009年第2期、中国广告协会网（http：//xh. cnadtop. com/xh_ list. html？id1 =24&id2 =1）发布历年《中国媒体单位广告营业额前100名排序》等相关数据计算。

附表 6　　中国电视收视市场集中度（2002—2014）

年份	排名	频道	市场份额（%）	CR_n（%）
2002	1	中央电视台一套	30. 30	30. 30
	2	中央电视台六套	9. 50	39. 80
	3	中央电视台五套	8. 60	48. 40
	4	中央电视台八套	6. 30	54. 70
	5	中央电视台三套	4. 60	59. 30
	6	中央电视台二套	3. 40	62. 70
	7	山东卫视	2. 90	65. 60
	8	安徽一套	2. 50	68. 10
	9	北京卫视	2. 30	70. 40
	10	湖南电视台卫星频道	2. 10	72. 50
2003	1	中央电视台综合频道	30. 60	30. 60
	2	中央电视台六套	7. 50	38. 10
	3	中央电视台八套	7. 20	45. 30
	4	中央电视台五套	4. 80	50. 10
	5	湖南电视台卫星频道	4. 60	54. 70
	6	中央电视台三套	4. 30	59. 00
	7	中央电视台四套	4. 00	63. 00
	8	安徽一套	3. 00	66. 00
	9	山东卫视	2. 90	68. 90
	10	中央电视台二套	2. 70	71. 60

续 表

年份	排名	频道	市场份额（%）	CR_n（%）
2004	1	中央电视台综合频道	24.80	24.80
	2	中央电视台五套	7.60	32.40
	3	中央电视台八套	7.40	39.80
	4	中央电视台六套	7.10	46.90
	5	湖南电视台卫星频道	5.70	52.60
	6	中央电视台三套	5.20	57.80
	7	中央电视台二套	3.30	61.10
	8	中央电视台新闻频道	3.10	64.20
	9	安徽一套	3.00	67.20
	10	中央电视台四套	2.80	70.00
2005	1	中央电视台综合频道	22.90	22.90
	2	中央电视台八套	8.40	31.30
	3	中央电视台三套	6.80	38.10
	4	湖南电视台卫星频道	6.40	44.50
	5	中央电视台六套	6.20	50.70
	6	中央电视台五套	5.30	56.00
	7	中央电视台二套	4.30	60.30
	8	中央电视台新闻频道	3.00	63.30
	9	中央电视台四套	2.90	66.20
	10	中央电视台少儿频道	2.50	68.70

续　表

年份	排名	频道	市场份额(%)	CR_n(%)
2006	1	中央电视台综合频道	18. 30	18. 30
	2	中央电视台八套	7. 40	25. 70
	3	中央电视台三套	7. 00	32. 70
	4	中央电视台五套	6. 80	39. 50
	5	中央电视台六套	6. 30	45. 80
	6	湖南电视台卫星频道	5. 60	51. 40
	7	中央电视台二套	3. 50	54. 90
	8	中央电视台少儿频道	3. 10	58. 00
	9	中央电视台四套	3. 00	61. 00
	10	安徽一套	2. 90	63. 90
2007	1	中央电视台综合频道	16. 20	16. 20
	2	中央电视台八套	7. 30	23. 50
	3	中央电视台三套	7. 00	30. 50
	4	中央电视台六套	6. 40	36. 90
	5	中央电视台五套	5. 30	42. 20
	6	湖南电视台卫星频道	5. 20	47. 40
	7	安徽一套	3. 50	50. 90
	8	中央电视台少儿频道	3. 30	54. 20
	9	中央电视台二套	3. 30	57. 50
	10	中央电视台四套	3. 20	60. 70

续 表

年份	排名	频道	市场份额(%)	CR_n(%)
2008	1	中央电视台综合频道	16.80	16.80
	2	中央电视台八套	6.30	23.10
	3	中央电视台三套	5.90	29.00
	4	中央电视台五套	5.80	34.80
	5	中央电视台六套	5.60	40.40
	6	湖南电视台卫星频道	5.40	45.80
	7	中央电视台四套	3.80	49.60
	8	中央电视台二套	3.50	53.10
	9	中央电视台少儿频道	3.10	56.20
	10	中央电视台新闻频道	3.00	59.20
2009	1	中央电视台综合频道	7.50	7.50
	2	湖南电视台卫星频道	3.70	11.20
	3	中央电视台六套	3.20	14.40
	4	中央电视台三套	3.20	17.60
	5	中央电视台八套	3.20	20.80
	6	中央电视台五套	2.20	23.00
	7	浙江卫视	2.10	25.10
	8	中央电视台四套	2.00	27.10
	9	江苏卫视	1.90	29.00
	10	中央电视台少儿频道	1.80	30.80

续　表

年份	排名	频道	市场份额（%）	CR_n（%）
2010	1	中央电视台综合频道	6. 60	6. 60
	2	湖南电视台卫星频道	3. 60	10. 20
	3	中央电视台六套	2. 90	13. 10
	4	中央电视台五套	2. 90	16. 00
	5	中央电视台三套	2. 60	18. 60
	6	江苏卫视	2. 40	21. 00
	7	中央电视台八套	2. 00	23. 00
	8	浙江卫视	2. 00	25. 00
	9	中央电视台新闻频道	1. 90	26. 90
	10	安徽卫视	1. 80	28. 70
2011	1	中央电视台综合频道	5. 90	5. 90
	2	湖南电视台卫星频道	3. 90	9. 80
	3	中央电视台三套	3. 10	12. 90
	4	中央电视台六套	2. 70	15. 60
	5	江苏卫视	2. 50	18. 10
	6	安徽卫视	2. 20	20. 30
	7	中央电视台新闻频道	2. 20	22. 50
	8	中央电视台八套	2. 10	24. 60
	9	浙江卫视	2. 10	26. 70
	10	中央电视台五套	2. 00	28. 70

续 表

年份	排名	频道	市场份额(%)	CR_n(%)
2012	1	中央电视台综合频道	5.50	5.50
	2	湖南电视台卫星频道	3.40	8.90
	3	江苏卫视	3.00	11.90
	4	中央电视台三套	2.90	14.80
	5	中央电视台新闻频道	2.70	17.50
	6	中央电视台六套	2.40	19.90
	7	中央电视台八套	2.40	22.30
	8	中央电视台少儿频道	2.30	24.60
	9	中央电视台四套	2.30	26.90
	10	浙江卫视	2.10	29.00
2013	1	中央电视台综合频道	5.60	5.60
	2	湖南卫视	4.10	9.70
	3	中央电视台三套	3.20	12.90
	4	中央电视台新闻频道	2.90	15.80
	5	江苏卫视	2.70	18.50
	6	中央电视台少儿频道	2.60	21.10
	7	中央电视台四套	2.50	23.160
	8	中央电视台六套	2.20	25.80
	9	中央电视台八套	2.20	28.00
	10	浙江卫视	2.10	30.10

续　表

年份	排名	频道	市场份额(%)	CR_n(%)
2014	1	中央电视台综合频道	5. 80	5. 80
	2	湖南电视台卫星频道	3. 90	9. 70
	3	中央电视台新闻频道	3. 10	12. 80
	4	中央电视台三套	2. 80	15. 60
	5	中央电视台六套	2. 70	18. 30
	6	江苏卫视	2. 50	20. 80
	7	中央电视台四套	2. 50	23. 30
	8	山东卫视	2. 20	25. 50
	9	中央电视台少儿频道	2. 20	27. 70
	10	中央电视台五套	2. 20	29. 90

附表 7　　历年中国各省市域名数（2006—2016）

地区	2006	2007	2008	2009	2010	2011	2012	2013	2014	2015	2016
北京	171099	2098552	3023608	3839778	2319472	1280851	1244441	1539013	2309879	2302910	5360095
天津	94203	113735	114938	142337	103262	88967	90130	101731	128111	230078	236526
河北	155060	215761	237997	274797	253538	234595	235907	221139	288399	413637	567717
山西	51172	78925	86600	95369	74964	57907	65998	79791	102935	150826	180088
内蒙古	29140	48609	62970	49153	35876	32911	34576	45707	54390	71775	87426
辽宁	170877	280251	344735	259346	181421	149970	189640	222850	239034	412319	415678
吉林	74558	86677	103368	89363	66936	52517	56851	85180	91768	121863	122181
黑龙江	77404	111905	163192	175855	99446	79700	58248	93186	883255	781719	170342

续 表

地区	2006	2007	2008	2009	2010	2011	2012	2013	2014	2015	2016
上海	171472	1860950	1881429	1428472	825961	719800	720313	752435	902456	1162284	2135468
江苏	460611	577434	661698	784645	501740	407071	433648	602741	672225	933501	1624130
浙江	585543	807060	1363434	1054257	806391	881697	1006244	3552894	813873	998112	3775592
安徽	114484	148827	171031	214616	110782	91606	100362	194984	257157	361251	537289
福建	704150	826644	839505	894675	1075975	580612	625471	720325	782529	1005887	4329072
江西	91786	131325	178560	127760	84847	66891	64816	87970	129571	217600	321214
山东	459683	597460	684221	642637	448231	394951	417342	728145	4104990	3133763	2155462
河南	165191	253469	296463	327343	214566	209726	198418	366222	452556	694698	1042026
湖北	168096	234116	334491	370494	247427	146908	138620	200952	248515	864429	888450
湖南	181977	263368	330473	490066	271291	120118	129242	176868	228320	363723	652064
广东	111343	1421600	1782681	1720229	1211749	1217017	1524497	2996860	3397311	4159798	5116578
广西	94684	142096	157191	132390	76447	49281	56460	81982	112164	314704	398951
海南	26248	38321	58217	70509	50929	37415	39685	154531	187546	207325	96842
重庆	94432	134508	170493	197759	117622	100188	94211	138128	170765	260649	303003
四川	402249	458023	448232	509078	255928	251198	251276	355921	451424	674321	1077531
贵州	27514	51736	66237	90055	36952	26985	27978	38280	51701	98772	122976
云南	54699	87790	107622	73426	46415	42425	47615	72514	92842	120481	323863
西藏	2543	11224	13828	12479	6645	5960	4301	5152	7148	8728	10061
陕西	96136	117478	155801	146709	109698	92572	99308	132144	147944	234568	316285
甘肃	22722	37781	42363	32322	21834	18051	18728	29024	34261	63909	79464

续 表

地区	2006	2007	2008	2009	2010	2011	2012	2013	2014	2015	2016
青海	3794	9537	14289	13510	13334	12390	11746	11337	13353	18143	15037
宁夏	32453	44112	38447	20000	16755	17876	14465	16013	20620	35360	29805
新疆	25957	42941	54908	40958	26604	25812	27192	39464	49999	60615	109242
其他	169791	595828	862478	1935655	1488862	363569	699376	847182	1720232	1830427	4376559
合计	917630	1192804	1485150	16256042	1120190	7857537	8727105	14690665	1914727	22308175	36977017

资料来源：根据中国互联网络信息中心（CNNIC）发布的历年《中国互联网络发展状况统计报告》的数据整理。

附表 8　　历年中国各省市 CN 域名数（2006—2016）

地区	2006	2007	2008	2009	2010	2011	2012	2013	2014	2015	2016
北京	1346010	1738023	2671206	3446010	1777987	685708	573719	545288	1084776	825589	2822139
天津	36822	63541	73655	89327	43928	30617	24860	31977	38369	73511	91583
河北	84323	150713	179156	185750	87141	54804	44793	66320	89512	175610	195484
山西	28513	54181	68808	82160	37746	17450	16397	22730	30596	59667	73701
内蒙古	16457	39594	53168	41701	15687	12722	10017	13850	17400	29156	43949
辽宁	90473	204028	260803	194518	101528	53922	72053	67261	75273	197794	171685
吉林	48989	66709	83014	75043	32838	15469	13884	19708	26647	49634	46492
黑龙江	42900	80758	133107	133162	68919	45929	23741	28806	678739	598308	64912
上海	1429873	1570583	1589763	1067984	368164	239507	231389	271816	316676	434401	1125236
江苏	200994	342294	411902	433306	264672	147811	141817	194917	240595	362788	536586
浙江	320125	549793	1111042	795249	504587	571768	670945	2765296	321135	410610	1831430
安徽	79226	116201	138117	132631	61019	35985	36076	55088	77900	170632	183071

续 表

地区	2006	2007	2008	2009	2010	2011	2012	2013	2014	2015	2016
福建	435836	557132	572966	696904	680104	162126	221245	325392	329271	454569	2243501
江西	56194	107120	154591	105593	45036	25362	20787	29882	53375	125448	139415
山东	325957	463676	544009	483985	199225	106877	100510	400602	3198572	2368270	1427862
河南	101015	192587	236303	216257	100173	55348	51723	71481	117130	304628	462011
湖北	97948	172440	273372	272109	172549	64368	49747	64065	84494	580233	534351
湖南	125256	215272	280250	444661	214552	52801	49651	56771	92522	193813	281449
广东	631977	903628	1247653	1209433	631888	568224	794462	1869984	2105194	2480409	2285932
广西	59541	113490	129410	110933	49432	21271	21660	30609	47176	215275	237489
海南	13018	27045	46748	60450	22607	10053	10073	15213	15995	21784	41178
重庆	55918	100332	132934	127329	64316	37408	25740	41788	57006	108307	100466
四川	253174	309798	298748	284985	97951	50851	54066	79485	120076	227623	351756
贵州	17130	44429	58578	81501	22157	10832	9271	15135	22842	60517	59395
云南	31927	65935	85080	58034	25913	18133	17312	29330	39896	61070	140046
西藏	1974	10524	13048	10908	2518	2852	1011	1212	2167	3037	5263
陕西	49750	84601	113166	108016	58736	29827	30051	36290	44453	98520	109456
甘肃	12163	29102	33762	25280	11694	7698	7021	10384	11120	27416	27894
青海	2231	7857	11650	9781	2874	2741	1634	2264	2630	5089	6865
宁夏	23347	39090	32096	15625	6951	9082	4946	4219	5775	7612	13667
新疆	14385	30867	42211	34545	10229	9430	9361	14198	20748	26322	52979

续　表

地区	2006	2007	2008	2009	2010	2011	2012	2013	2014	2015	2016
其他	113266	547416	816498	1926995	1459880	341449	640248	622895	1282322	1486883	3788258
合计	6146712	8998759	11896814	12960165	7243001	3498425	3980210	7804256	10650382	12244525	19495501

资料来源：根据中国互联网络信息中心（CNNIC）发布的历年《中国互联网络发展状况统计报告》的数据整理。

附表 9　　历年中国各省、自治区、直辖市拥有网站数量（2006—2014）　　单位：个

区域	2006	2007	2008	2009	2010	2011	2012	2013	2014
北京	149566	305380	258888	340439	371579	385000	398000	439000	457000
天津	10800	11969	18173	32337	33289	26000	37000	37000	36000
河北	23765	26079	41573	100699	68395	66000	86000	90000	94000
山西	6766	7176	14065	15269	21119	17000	22000	35000	36000
内蒙古	4590	5423	7080	10752	11548	10000	13000	12000	12000
辽宁	25787	28196	48390	54741	45502	48000	64000	86000	97000
吉林	7834	8522	11377	12947	20117	16000	21000	21000	21000
黑龙江	8353	9736	18238	54866	45552	17000	20000	27000	28000
上海	78982	297217	256972	201626	244577	238000	270000	317000	314000
江苏	64259	68160	117233	163705	151406	126000	171000	166000	165000
浙江	63749	66971	222265	338738	263928	217000	196000	220000	219000
安徽	11294	23429	26674	41247	30734	26000	35000	38000	40000
福建	43518	52729	101169	157546	139779	151000	189000	221000	223000
江西	9751	13724	20525	25129	23154	16000	22000	22000	23000

续 表

区域	2006	2007	2008	2009	2010	2011	2012	2013	2014
山东	37718	45357	100545	142001	129734	109000	143000	146000	158000
河南	15327	25031	45327	67374	60476	63000	79000	111000	124000
湖北	18554	26169	41055	114580	61786	52000	60000	64000	68000
湖南	12447	19442	28928	154720	93025	40000	48000	50000	49000
广东	154130	157407	291802	397639	396536	384000	436000	536000	533000
广西	9370	14273	23215	32676	24107	13000	18000	25000	25000
海南	2238	4441	4999	9188	9745	10000	12000	12000	12000
重庆	8857	12576	16528	54427	46085	25000	31000	31000	34000
四川	16766	27470	41455	84783	62584	72000	83000	110000	122000
贵州	4122	5318	7197	10196	9567	6000	8000	10000	10000
云南	6182	7369	14142	15536	13398	10000	13000	14000	14000
西藏	756	460	848	3651	1915	1000	1000	1000	1000
陕西	10867	12962	16166	38646	40536	30000	39000	37000	38000
甘肃	3684	4349	3292	7729	6330	5000	6000	7000	7000
青海	835	758	1743	3621	2395	2000	2000	2000	2000
宁夏	3409	2788	2952	3830	4049	3000	4000	4000	4000
新疆	2696	3336	5505	8317	4496	4000	6000	8000	8000
合计	843000	1311600	1918500	3061109	2787480	2297000	2678000	3202000	3350000

资料来源：根据中国互联网络信息中心（CNNIC）发布的历次《中国互联网络发展状况统计报告》相关数据整理。

后　记

进入21世纪以来，中国传媒产业总体规模呈现出稳步增长的态势。然而，不同形态的媒介所面临的状况却大相径庭。报纸产业经历了难得的黄金发展期之后，逐渐步入衰落期；电视产业的总体规模增速持续放缓，其赖以生存的广告业务收入不断下滑；各种新兴媒介的发展呈现出包容性和开放性的特征，不断提升自身的营销价值，表现出良好的增长势头。然而，很多新兴媒介并没有找到稳定的盈利模式，其生存发展还处于探索之中。不少媒介通过媒介+电商、传统媒介+新兴媒介等方式拓展新业务，挖掘产业潜能。综合来看，中国传媒产业正处于转型升级的新阶段，媒介融合成为大势所趋。近10年来，我一直关注传媒产业发展的结构性因素，尤其对传媒产业市场结构做了较多研究。针对当前传媒产业的发展格局，我一直思考传媒的生态结构问题，想从产业生态的角度去解释传媒转型中所面临的困境，以期为产业发展提供些许建议。过去我没有深入地研究过媒介生态学，更没有学过生态学，出于对该问题的兴趣，我找来一些媒介生态学、产业生态学和生态学的著作研读，发现自己逐渐被生态学的相关理论所吸引。学术界的研究已经证明，生态学的相关理论在产业发展中有一定的解释力，在比对传媒产业发展的相关现象之后，我进一步坚定了从产业生态的角度研究传媒产业发展的信心。

在前期的研究中，我已经就传媒产业的市场集中度、对外依存度、区域聚集等问题做了研究。在此基础上，我进一步思考这些结构性因素对传媒产业生态的影响。这项跨学科的研究显然给我带来较大的挑战。一方面，要熟悉理论，大量阅读文献，借鉴其他领域学者的研究成果；另一方面，要搜集整理大量数据，为开展研究奠定基础。这期间，我通过阅读产业生态学和生态学方面的著作，逐渐明确了研究的目标和任务。随着研究的不断推进，我觉得这个选题涉及面越来越宽，既要有横向的对比分析，又要有纵向的历史考察。整个研究需要处理上万组数据，由于很多统计数据并不具有连续性，其统计口径往往会发生变化，给本项研究带来很大难度。有时候会因为缺少一个数据而难以开展下一步的研究，不得不放下手中的活儿，继续寻找数据，直到发现“珍宝”，才继续启动研究工作。为了找到所需的数据，我徘徊在图书馆的各个角落，不亚于在杂草里寻找一根丢失的针。曾经在半夜里想起来一个数据出处而兴奋不已，也曾经因为有一点新的想法而沾沾自喜……点点滴滴，乐在其中。

关于这项研究，我设想得较好，希望能够建立一个模型，客观地评价中国传媒产业生态系统健康状况。但是，在实际操作中，我遇到了很多难题，包括评价体系的科学性、数据来源的准确性、分析判断的合理性等问题，都在一定程度上制约了研究的客观性。尽管框架搭起来了，但这项研究并没有完成，甚至只是研究的开始。由于本人的能力所限，本书的理论性和现实借鉴作用都亟待提升，在研究方法和研究设计上还有许多值得改进的地方。

本书是在我博士后研究报告的基础上修改而成。几年的博士后研究工作，让我内心充满了感激、感恩与感谢！感谢我的合作导师胡正荣教授！胡老师知识渊博、视野宽广、治学严谨、待人温和，能够师从胡老师，是我终身的荣幸。我对胡老师仰慕已久，一直想找机会到胡老师门下学习。但我深知自己基础薄弱，才疏学浅，担心达不到胡老师的要求。2012 年 5 月 14 日，我抱着试试看的态度，带着自己的博士论文走进胡老师的办公室，恳请跟着胡老师从事博士后研究工作。初次见到胡老师，甚是激动，胡老师了解了我的情况后，给了我很多鼓励。我下定决心，争取在站期间努力工作，珍惜来之不易的机会。有点遗憾的是，几年来，我的研究工作推进得并不顺利，每当我向胡老师汇报自己的研究进展，谈到自己工作中存在的问题，胡老师总是表示理解，并不断地鼓励我，给我指明方向。在站的几年里，我经常自责，但是胡老师从来没有一丝责怪，总是笑着告诉我如何做，既高屋建瓴，又细致入微，让我有了继续开展研究的信心。从胡老师身上，我体会到了如何做学问，更感悟到了如何做人，让我受益终身，我由衷地感谢胡老师！同时，也希望自己在以后的工作中，能够戒骄戒躁，埋头苦干，不辜负胡老师的期望。

感谢参加博士后出站报告答辩专家学者：国家新闻出版广电总局发展研究中心政策所所长李岚教授、中国人民大学的栾轶玫教授、中国传媒大学的王宇教授、李智教授、周亭教授。他们在百忙之中认真审阅我的出站报告，提出很多宝贵的修改建议，有机会向他们请教让我受益匪浅。感谢多年来一直给予我帮助和关心的王灿发老师、龙耘老师、李继东老师、张磊老师、唐晓芬老师、姬德强老师、王润珏老师、朱瑞娟博士等等。感谢我的好友曾光老师，在该书撰写过程中给予我较多帮助。最后，要感谢我的家人，我的岳父、岳母知道我们工作艰辛，为我们分忧解难，长期帮我们带孩子，解决了我的后顾之忧。我的父亲、母亲每次打电话总是嘘寒问暖，关心我们的工作、学习和孩子的成长。感谢我的妻子李春燕女士，她是单位的业务骨干，既要攻读博士学位，又要忙于教学工作，但她在繁忙的工作之余，总是尽力承担家务，使我有更充裕的时间和精力做研究。家庭的温暖是我努力工作的强大支撑，也是我今后继续前进的动力之源。

虽然此书即将付梓，内心依旧忐忑不安。因本人能力、研究方法等方面的欠缺，观点难免存在偏颇，书中留下一些遗憾。好在今后我还将继续从事此类研究，希望在接下来的研究中不断改进，恳请各位专家学者不吝赐教，深表感谢！

陶喜红

2018 年 10 月 22 日